DERECHO INTERNACIONAL PÚBLICO

EDICIONES UNIVERSIDAD CATÓLICA DE CHILE
Vicerrectoría de Comunicaciones
Av. Libertador Bernardo O'Higgins 390, Santiago, Chile

lea.uc.cl

DERECHO INTERNACIONAL PÚBLICO

Álvaro Paúl

Octubre 2025
ISBN 978-956-14-3484-4
ISBN digital 978-956-14-3485-1

Diseño: Salvador Verdejo Vicencio | versión productora gráfica SpA
Impresión: Equipo Gráfico Impresores

CIP – Pontificia Universidad Católica de Chile

Nombres: Paúl Díaz, Álvaro, autor.
Título: Derecho internacional público / Álvaro Paúl Díaz.
Descripción: Santiago, Chile : Ediciones UC | Incluye bibliografía.
Materias: CCAB: Derecho público internacional.
Clasificación: DDC 341 –dc23

Registro disponible en: https://buscador.bibliotecas.uc.cl/permalink/56PUC_INST/vk6o5v/alma 997669426603396

DERECHO INTERNACIONAL PÚBLICO

ÁLVARO PAÚL

EDICIONES UC

Para los alumnos que se esmeran en resolver sus dificultades

TABLA DE CONTENIDO

SEGUNDA PARTE
SUJETOS DEL DERECHO INTERNACIONAL PÚBLICO

SIGLAS Y ABREVIATURAS

AG	Asamblea General
AGNU	Asamblea General de Naciones Unidas
Arsiwa	Artículos sobre Responsabilidad del Estado por Hechos Internacionalmente Ilícitos (por su sigla en inglés)
BIT	Tratado bilateral de inversión (por su sigla en inglés)
C. de Ap.	Corte de Apelaciones
C. de S.	Consejo de Seguridad
CADH	Convención Americana sobre Derechos Humanos
Cepal	Comisión Económica para América Latina y el Caribe
Ciadi	Centro Internacional de Arreglo de Diferencias Relativas a Inversiones
CIDH	Comisión Interamericana de Derechos Humanos
CIJ	Corte Internacional de Justicia
Convemar	Convención de las Naciones Unidas sobre el Derecho del Mar
COP	Conferencias de las partes (por su sigla en inglés)
Corte IDH	Corte Interamericana de Derechos Humanos
CPI	Corte Penal Internacional
CPJI	Corte Permanente de Justicia Internacional
CPR	Constitución Política de la República de Chile
CS	Corte Suprema
CVDT	Convención de Viena sobre el Derecho de los Tratados
DD. HH.	Derechos humanos
DIP	Derecho internacional público
Ecosoc	Consejo Económico y Social (por su sigla en inglés)
ITLOS	Tribunal Internacional del Derecho del Mar (por su sigla en inglés)
NU	Naciones Unidas
OEA	Organización de los Estados Americanos
OIT	Organización Internacional del Trabajo
OMC	Organización Mundial del Comercio
ONG	Organización no gubernamental
ONU	Organización de las Naciones Unidas
OTAN	Organización del Tratado del Atlántico Norte
PIDCP	Pacto Internacional de Derechos Civiles y Políticos
PIDESC	Pacto Internacional de Derechos Económicos, Sociales y Culturales
RR. EE.	Relaciones Exteriores
TC	Tribunal Constitucional

TEDH	Tribunal Europeo de Derechos Humanos
TIAR	Tratado Interamericano de Asistencia Recíproca
Unesco	Organización de las Naciones Unidas para la Educación, la Ciencia y la Cultura

AGRADECIMIENTOS

Doy las gracias a la Facultad de Derecho de la Pontificia Universidad Católica de Chile por su apoyo en la publicación de este libro. También agradezco a los alumnos de los cursos de Derecho Internacional Público que he tenido a cargo, que me han motivado a escribir este manual.

Las siguientes personas ayudaron, en mayor o menor medida, en la elaboración de este trabajo, por lo que les estoy agradecido: Mirentxu Alberdi, Martín Álvarez, Felipe Bravo, Martín Bustamante, Josefina Briceño, Francisca Bustos, Nicolás Cobo, Alberto Conejero, Gabriela Dañin, Cristóbal Donoso, José Ignacio Escobar, Benjamín Gallegos, Jacinta García, María Victoria Godoy, Juan Luis Goldenberg, Agustín González, Sebastián González, Viviana Guajardo, Esperanza Hope, Clemente Huneeus, Sebastián López, Rodrigo Maldonado, Valentina Muñoz, Máximo Onetto, Alejandra Ovalle, Rodrigo Palavecino, Luciano Pardo, Verónica Pérez, María Elena Pimstein, Sebastián Rioseco, Matías Rivera, Francisco Sepúlveda, Raimundo Sepúlveda, Felipe Tagle, Francisco Torres, Ariel Urzúa, Magdalena Velásquez, Elisa Zavala y Yuyang Zhou.

PREÁMBULO

Este libro está pensado como una primera aproximación al derecho internacional público, particularmente para estudiantes de Derecho, pues se basa en los apuntes que mis alumnos de segundo año de la Pontificia Universidad Católica de Chile deben estudiar para poder aprobar este ramo. Esto último motiva que se expliquen cuestiones que podrían parecer básicas para alguien con más experiencia.

El presente libro no pretende ser un tratado, ni busca desarrollar materias en gran detalle (a excepción de algunos temas relativos al derecho chileno en la materia). Tampoco profundiza en los aspectos que quedan sin respuesta al observar con mayor detención las normas generales del derecho internacional, ni presenta muchos ejemplos que reafirmen las reglas de esta área jurídica. Aquí se encontrará solo lo indispensable, confiando en que los interesados pueden obtener información adicional acudiendo a las fuentes que se observan en las notas al pie de página.

El manual de Santiago Benadava sobre el derecho internacional —una magnífica síntesis— me sirvió de base para programar y enseñar mi primer curso de derecho internacional público. Por ello, este libro tiene múltiples referencias a dicha obra. A mi juicio, la extensión y distribución del trabajo de Benadava lo hacían ideal para sugerirlo a los alumnos de la asignatura de Derecho Internacional. Si no fuera por la desactualización de tal obra, sería quizá innecesario escribir este libro.

En general, los manuales no cuentan con un gran número de referencias al pie de página, aunque tienden a citar muchas obras de lectura complementaria. Este libro rompe con esa práctica, para reconocer a los autores que dan autoridad a mis afirmaciones. Tales citas servirán también para que los interesados recurran a obras que pueden tratar los temas de este libro con mayor profundidad. Atendido que este trabajo surgió como apuntes de clases —los que suelen redactarse sin el escrúpulo de quien escribe trabajos de investigación—, podría ocurrir que alguna afirmación no reconozca debidamente su fuente, a pesar de mis esfuerzos por evitarlo, y pido disculpas por ello. Las obras que cito en este libro son tratados de derecho internacional general, detallados y rigurosos —con los que los profesores suelen preparar sus clases—, así como fuentes primarias y trabajos especializados.

Confío que este libro sirva no solo a alumnos de Derecho Internacional Público, sino también a profesionales —jueces, profesores y abogados— que quieran conocer de esta materia. Si este manual cumple su misión, ayudará a difundir mejor esta rama del derecho que, no obstante ser cada día más citada, requiere de una comprensión global por parte de los profesionales que se aventuran en la materia.

PRIMERA PARTE

DERECHO INTERNACIONAL PÚBLICO Y SUS FUENTES

CAPÍTULO 1

INTRODUCCIÓN AL DERECHO INTERNACIONAL PÚBLICO

1.1. CONCEPTO Y CARACTERÍSTICAS

1.1.1. Analogía de De Vattel

Si muchas personas de distintas naciones y culturas naufragan en una isla desierta, sin posibilidades de ser rescatadas en un futuro cercano, ¿qué derecho les sería aplicable?, ¿quién estaría llamado a actuar como juez?, ¿existiría una policía a cargo del cumplimiento de los acuerdos? Esta situación sirve como analogía para comprender los inicios del derecho internacional, entendiendo que cada una de estas personas es análoga a un Estado.[1] También ilustra a grandes rasgos —con las imperfecciones que puede tener toda analogía— la lógica que subyace al funcionamiento del derecho internacional público. Por ejemplo, se verá que estas personas no tienen un derecho común que las rija, por lo que deben acordar las reglas a las que se sujetarán. Si se entiende que los contratos entre los náufragos son como tratados entre Estados, se deducirá que solo obligan a quienes los acordaron, y no pueden afectar a terceros, salvo que estos consientan en ello. También se comprenderá que los Estados son libres de hacer lo que estimen conveniente, con tal de que su actuar no esté prohibido por el mismo derecho en que ellos hayan convenido (a esta idea sobre la libertad estatal se le suele llamar el *principio del caso Lotus*[2]), y que no contradiga las nociones más elementales

---

1 Los Estados suelen llamarse *países* en el lenguaje común, pero es más adecuado usar la primera expresión, pues la última puede referirse también a ciertos territorios dentro de un Estado, por ejemplo, el País Vasco.

2 *Lotus* fue un caso decidido por la Corte Permanente de Justicia Internacional (CPJI), que afirmó que el derecho internacional gobierna relaciones entre Estados independientes, que las reglas de dicha área del derecho provienen de la voluntad estatal, y que no puede presumirse la existencia de restricciones a la independencia de los Estados. Dicho de otro modo, los Estados serían libres para actuar según estimen más conveniente, salvo que existiera una prohibición expresa. CPJI, *Case of the S.S. "Lotus"*, 1927, p. 18. Sin embargo, se discute si este principio se aplica realmente. En contra, véase Handeyside, H. The *Lotus* Principle in ICJ Jurisprudence: Was the Ship Ever Afloat? Michigan Journal of International Law 29, 1, 2007. A favor, véase Klabbers, J. International Law 4. Cambridge: Cambridge University Press, 2024, p. 24. En la opinión consultiva sobre la declaración de independencia de Kosovo, el principal argumento de la Corte Internacional de Justicia (CIJ) para no declarar ilegal el actuar de las autoridades del pueblo de Kosovo, fue el hecho de que el derecho internacional no prohíbe las declaraciones de independencia, lo que es consistente con el

de justicia. En esta isla habrá individuos más fuertes que los demás, a quienes les será más fácil abusar de otros y escapar de sanciones, como puede ocurrir actualmente con Estados poderosos.[3] Hace algunos siglos atrás, un autor clásico, Emer de Vattel, usaba una analogía parecida para referirse al derecho internacional público. Él comparaba las relaciones entre Estados con las relaciones entre individuos en un "estado de naturaleza", es decir, libres y sin hallarse obligados frente a otros (excepto en aquellas materias en las que libremente hubieran consentido).[4]

Han pasado ya varios siglos desde De Vattel, y la imagen que se acaba de presentar es una visión privatista del derecho internacional público, es decir, una en que los Estados se comportan como si no estuvieran limitados por normas superiores. Además, esta visión es insuficiente para dar cuenta de desarrollos recientes y de realidades institucionales de esta área del derecho.[5] En efecto, mientras más se desarrolla el derecho internacional público, la comunidad global se aleja más de esta situación de estado de naturaleza, y más se acerca a la realidad de una sociedad compleja. Así, por ejemplo, con la evolución de la comunidad internacional se empezaron a crear organismos internacionales con voluntad propia (como serían las eventuales personas jurídicas en la isla desierta), y se prohibió pactar en contra de ciertas normas fundamentales, ya sea por razones de humanidad o de utilidad (las normas *jus cogens*, que se estudiarán pronto).

Sin embargo, a pesar de las complejidades del derecho internacional actual, la analogía anterior aún refleja a grandes rasgos las características de la sociedad jurídica internacional, la práctica de los Estados, los fundamentos y el desarrollo del derecho internacional. Por ejemplo, a estas alturas, más de la mitad de los tratados multilaterales han sido propuestos y concluidos al alero de organizaciones internacionales,[6] pero esta realidad, que muestra un rol preponderante de estos organismos, no modifica el hecho de que los Estados son quienes forman las organizaciones gubernamentales y mandan a ellas sus representantes, y que son, finalmente, los Estados quienes ratifican los tratados internacionales.[7]

---

principio Lotus. CIJ, *Accordance with International Law of the Unilateral Declaration of Independence in Respect of Kosovo*, 2010, párrs. 78 ss.

3 Como decía Andrés Bello, "[t]odas las naciones fuertes han abusado i abusarán de su poder; no hai congreso en el mundo que pueda oponer resistencia eficaz a una lei que tiene su oríjen en la constitncion [sic] moral del hombre". Bello, A. Congreso Americano. En Obras Completas de Don Andrés Bello, vol. X. Santiago, Pedro Gómez Ramírez, 1886, p. 495.

4 De Vattel, E. The Law of Nations, or, Principles of the Law of Nature, Applied to the Conduct and Affairs of Nations and Sovereigns. From the French of Monsieur de Vattel. London, 1797, p. lvi.

5 Von Bogdandy, A.; Goldmann; M., Venzke, I., From Public International to International Public Law: Translating World Public Opinion into International Public Authority. En The European Journal of International Law 28, 1, 2017, pp. 118 y 119. Incluso, se ha dicho que esta visión le ha hecho daño al derecho internacional. Véase Clapham, A. Brierly's Law of Nations 7, Oxford: Oxford University Press, 2012, pp. 39-40.

6 Álvarez, J. E. International Organizations as Law-Makers. Oxford: Oxford University Press, 2005, p. x.

7 También se puede pensar en el llamado *derecho internacional institucional*, que se refiere a las normas, reglas o estándares que son dictados directamente por organizaciones internacionales (*Ibid.*,

La figura de la isla desierta también ilustra que la evolución desde un "estado de naturaleza" a uno donde rija un derecho más desarrollado se produce mediante la voluntad —directa o indirecta— de los náufragos, al igual como ocurre con los desarrollos del derecho internacional, que se generan principalmente por la voluntad explícita o implícita de los Estados.[8] En otras palabras, la analogía anterior, aunque imperfecta, muestra que el derecho internacional público es el conjunto de normas de conducta que surgen —directa o indirectamente— de acuerdos entre Estados, o entre estos y otros sujetos creados o reconocidos por los Estados (análogos a las personas jurídicas que podrían surgir con el transcurso del tiempo en esta isla desierta), y que buscan regular la conducta de estos sujetos. Esta afirmación podría recibir críticas, pero los dos tipos de normas más importantes del derecho internacional —los tratados y la costumbre— son generados a partir de la voluntad estatal, ya sea expresa o tácita,[9] directa o indirecta.[10]

El principal ámbito donde la analogía anterior resulta inútil, es para representar los cambios que pueden producirse por una mayor complejidad al interior de los mismos Estados, por el surgimiento de entidades infraestatales, como podrían ser las empresas transnacionales, ONG y divisiones administrativas internas, que también pueden cumplir un cierto rol a nivel internacional, ya sea formal o informal.[11]

1.1.2. Uso actual del derecho internacional público

El derecho internacional público existe porque los Estados no pueden conseguir todos sus objetivos por sí mismos, por lo que requieren de la interacción con otros para lograrlo; el derecho internacional público regula dicha interacción.[12] Hoy en día sus normas constituyen una "red de reglas que protegen intereses comunes y valores compartidos, que dieron origen a una ley de cooperación «basada en la comunidad»".[13] El derecho internacional también regula órganos internacionales, como instituciones técnicas y sistemas de derechos humanos.

---

p. 61). Sin embargo, dichas organizaciones tienen tal poder solo porque los Estados se los dieron en los tratados o instrumentos que crearon dichas organizaciones.

8 El derecho internacional público actual es complejo, con organismos internacionales, diversos modos de manifestar la voluntad estatal, etc., pero todo ello puede explicarse con una visión "privatista", pues esta no excluye la creación de organismos con voluntad autónoma.

9 En materia de costumbre internacional (que se verá más adelante en este libro), no se exige una voluntad expresa, y la voluntad tácita es bastante discutible, pero la teoría sigue exigiendo la voluntad estatal.

10 Un ejemplo de creación indirecta se produce cuando los Estados entregan a las organizaciones internacionales —que ellos mismos crean— la capacidad para dictar normas que los obliguen.

11 Pauwelyn, J.; Wessel, R. A.; Wouters, J. When Structures Become Shackles: Stagnation and Dynamics in International Lawmaking, The European Journal of International Law 25, 3, 2014, pp. 741-742.

12 Lowe, V. International Law, Oxford: Oxford University Press, 2007, pp. 1 y 2.

13 Yusuf, A. A. Why International Law Matters. Inaugural McNair Lecture, En McNair International, 2022, p. 6 (la traducción es nuestra).

En consecuencia, el derecho internacional público ya no solo interesa a los Estados en sus relaciones recíprocas (por ejemplo, al permitirles resolver problemas limítrofes), sino que afecta a todas las personas, pues los Estados regulan muchas materias de interés cotidiano, como el transporte internacional o los aranceles cobrados por ingresar bienes y servicios a un Estado (lo que condiciona el precio de los productos). En efecto:

> No podemos viajar en avión, transportar bienes por barcos y *containers*, acceder a internet, usar Zoom y otras herramientas de conferencia por video para tener reuniones virtuales, dedicarnos a la inversión internacional, combatir pandemias y otras enfermedades infecciosas, o incluso ver nuestras películas favoritas en Netflix o YouTube, sin una compleja red de reglas multilaterales, regulaciones y estándares que facilitan e informan todas estas actividades.[14]

Como se desprende de lo dicho, el derecho internacional es ampliamente usado y observado en la actualidad. Como afirmó Louis Henkin, "casi todas las naciones cumplen casi todos los principios del derecho internacional y casi todas sus obligaciones, casi todo el tiempo".[15] En otras palabras, el derecho internacional es generalmente respetado por los Estados, aunque algunos lo vulneren en ocasiones específicas, aprovechando debilidades en el sistema de imposición de sanciones disuasivas (lo mismo ocurre a nivel nacional, cada vez que una persona, por ejemplo, comete un crimen o evade la tarifa del transporte público). Muchas veces las personas tienen la impresión de que el derecho internacional es menos respetado de lo que realmente es, porque los casos de graves violaciones son ampliamente difundidos, como ocurre con las agresiones entre Estados, pero no toman en consideración las normas que permiten actividades comunes, como las telecomunicaciones, el transporte y el comercio.

El derecho internacional no es la única forma en que los Estados cooperan entre sí, pues existen otras formas de cooperación más informales, como el llamado *soft law* —del que se hablará más adelante— o, incluso, la que se logra mediante foros más políticos, en reuniones internacionales entre dos o más mandatarios u otras autoridades, como el llamado Grupo de los Veinte (G20).[16]

---

14 *Ibid.*, p. 8 (la traducción es nuestra).

15 Henkin, L. How Nations Behave. New York: Columbia University Press, 1979, p. 47 (la traducción es nuestra; con cursiva en el original).

16 Pauwelyn y otros. When Structures Become Shackles..., *op. cit.*, pp. 743-744. El G20 es un foro donde los representantes de importantes economías discuten sobre algunas políticas. "Cumbre del G20 2019: qué es el Grupo de los 20, el mayor espacio de deliberación política y económica del mundo (y por qué genera controversia)". *BBC News Mundo*. Disponible en: bit.ly/4j4heJk. Fecha de consulta: 07/01/2025.

1.1.3. Definiciones del derecho internacional público

Una definición tradicional de *derecho internacional público*[17] habría dicho que "es la colección de las leyes o reglas jenerales de conducta que las naciones o estados deben observar entre sí para su seguridad i bienestar común".[18] En la actualidad, este tipo de definiciones se han visto sobrepasadas, porque *las naciones o Estados* no son los únicos sujetos del derecho internacional. Hoy en día son también sujetos los organismos internacionales gubernamentales, algunos sujetos *sui generis*, e incluso las personas naturales para ciertos efectos, entre otros. Por eso, es más exacto definir el derecho internacional público como el conjunto de normas y principios que regulan las relaciones entre Estados, las relaciones de estos con otros entes a los que ellos les reconocen capacidad jurídica para actuar internacionalmente, o entre algunos de estos últimos en determinadas materias. Una definición simplificada dirá que es el área del derecho que regula las relaciones entre los sujetos del derecho internacional. La desventaja de esta definición es que no indica quiénes son estos sujetos, ni excluye acciones reguladas por el derecho interno.

El derecho internacional podría ser estudiado desde distintos puntos de vista, pero este libro lo analizará desde una aproximación jurídica, es decir, estudiando las normas que rigen a la comunidad internacional.[19]

1.1.4. Principales características

Las principales características del derecho internacional público se detectan fácilmente al recordar el ejemplo de Emer de Vattel o del naufragio. Ellas son:[20]

- Los principales sujetos de derecho internacional público son los Estados: esto no quiere decir que no haya otros actores,[21] pero, en general, los otros sujetos son

---

17 Jeremy Bentham le dio a esta área del derecho el nombre de *derecho internacional*. Él consideró que la expresión *derecho de las naciones* o *derecho de gentes* no expresaba adecuadamente su contenido. (Bentham, J. The Works of Jeremy Bentham, Published under the Superintendence of His Executor, John Bowring, vol. 1 (An Introduction to the Principles of Morals and Legislation). Edimburgh: Simpkin, Marshall, & Co., 1843, p. 149). La expresión actual denota que se trata de un derecho entre naciones, sin incluir el derecho nacional (Allott, P. El Derecho Internacional como Verdadero Derecho: Un Nuevo Enfoque para un Problema Antiguo, Revista Tribuna Internacional 11, 21, 2022, p. 1). Hoy en día se proponen diversos nombres para reemplazar esta denominación (E. Vargas Carreño, Derecho Internacional Público. Santiago: El Jurista, 2023, pp. 15 y 16).

18 Bello, Derecho Internacional, *op. cit.*, p. 11.

19 Otras aproximaciones podrían ser una *axiológica* (analizar los valores o principios subyacentes al derecho internacional), o una *histórica* o *sociológica* (preguntar por qué el derecho internacional es como es) (Pastor Ridruejo, J. A. Curso de Derecho Internacional Público y Organizaciones Internacionales. Madrid: Tecnos, 2024, pp. 30-32).

20 Esta sección sigue de cerca a Benadava, aunque en el cuarto punto, Benadava se refiere solo a las sanciones (Benadava, Derecho Internacional Público, *op. cit.*, pp. 24-25).

21 Este libro usa las expresiones "actor" y "sujeto" de derecho internacional como sinónimos, sin ignorar que en castellano se hace, en ocasiones, una distinción entre ambos conceptos.

creados por la voluntad estatal, o se les permite interactuar en el ámbito del derecho internacional por voluntad estatal.[22]

- Las fuentes del derecho internacional derivan principalmente de la voluntad estatal: como regla general, los Estados determinan el contenido fundamental de las normas por las cuales se obligan.[23] La doctrina voluntarista, dominante especialmente a principios del siglo XX, afirmaba que *todas* las fuentes del derecho internacional provenían de la voluntad de los Estados.[24] Sin embargo, esta doctrina no es aceptada hoy en día, pues ciertas fuentes no se derivan directamente de la voluntad estatal, como las normas de *jus cogens* o principios generales del derecho (esto se entenderá mejor cuando se expliquen estos conceptos).
- La jurisdicción tiene una base voluntaria: *a priori,* ningún Estado está obligado a someterse a un mecanismo concreto para solucionar sus controversias. Por ejemplo, un tribunal internacional solo tiene jurisdicción sobre los Estados que le han dado, ya sea inmediata o remotamente, el poder de resolver un conflicto. Para hacer más concreto este ejemplo: Chile no habría estado obligado a someterse a la Corte Internacional de Justicia en el caso sobre el límite marítimo con Perú, si no fuera porque le era aplicable el Pacto de Bogotá, un tratado en el que Chile sometió los eventuales conflictos con los demás Estados parte a la jurisdicción de dicha corte.
- No hay un mecanismo centralizado de ejecución: cuando un Estado incurre en un ilícito internacional, no puede recurrirse a una policía que exija el cumplimiento del derecho o la imposición de una sanción. Lo más parecido que existe, es la potestad del Consejo de Seguridad de la Organización de las Naciones Unidas (ONU) para tomar medidas coercitivas.[25]

Estas características del derecho internacional lo hacen intrincado y difícil de comprender, ya que algunos Estados estarán vinculados por ciertas normas, pero otros no, y esas normas pueden ser aplicadas por tribunales internacionales que tengan jurisdicción sobre unos Estados y no otros. Además, existen normas con ámbitos de aplicación distinta, por ejemplo, de aplicación regional o universal, que en ocasiones se superponen —y podrían contradecirse—. También podría ocurrir que una nueva disposición derogue otra para ciertos

---

22 Algunos autores actuales, sin embargo, afirman que la globalización ha cambiado la estructura del derecho internacional, generando una mayor interrelación entre el derecho internacional y el nacional, y una expansión de los entes que regulan el actuar de los Estados y organizaciones. Un ejemplo de dichos autores son los proponentes del derecho administrativo global, por ejemplo, Krisch, N.; Kingsbury, B. Introduction: Global Governance and Global Administrative Law in the International Legal Order, The European Journal of International Law 17, 1, 2006. Sobre otras doctrinas similares, véase López Escarcena, S. Contextualizando el Derecho Administrativo Global, Anuario Colombiano de Derecho Internacional 11, 2018.

23 Por ejemplo, son los mismos Estados los que acuerdan los tratados que los obligarán.

24 Benadava, Derecho Internacional Público, *op. cit.*, pp. 41-42.

25 Por ejemplo, las múltiples medidas adoptadas contra Corea del Norte por realizar ensayos nucleares contrarios a sus resoluciones. Véase ONU, C. de S.: "Resolución 2094(2013)" [No Proliferación/República Popular Democrática de Corea], S/RES/2094(2013) (07/03/2013).

Estados, pero que la norma antigua mantenga su vigencia respecto de otros. Además, aunque pueda alegarse que esta afirmación se aleja del ámbito del *derecho* internacional, hay reglas de diversa naturaleza que pueden coexistir, por ejemplo, hay instrumentos vinculantes que conviven con otros no vinculantes.

1.1.5. Su carácter jurídico

Atendido que el derecho internacional público no cuenta con órganos centrales que emitan ni que ejecuten sus normas, algunos negaron su naturaleza jurídica. Sin embargo, el derecho internacional público es derecho, sin perjuicio de que tiene algunos elementos particulares.[26] Esta discusión está zanjada desde hace muchas décadas,[27] pero no está de más recordar unos argumentos sobre el carácter jurídico del derecho internacional público:

- Los Estados le reconocen su calidad jurídica. Por esto, generalmente, ellos cumplen sus normas.[28] Más aún, cuando los Estados violan el derecho internacional, alegan alguna excepción o una interpretación diversa del contenido del derecho internacional, es decir, buscan excusas para su actuar, lo que no hace sino reconocer que ellos estaban obligados por sus normas.[29]
- Los actores internacionales aplican el derecho internacional siguiendo las lógicas jurídicas. En efecto, sus normas operan como verdaderas reglas jurídicas, por lo que se invocan, interpretan, y se determina su vigencia, utilizando principios jurídicos.[30]
- Se puede distinguir entre las normas del derecho internacional y la moral o cortesía internacionales. Así, por ejemplo, la prohibición de abordar violentamente buques extranjeros deriva de una norma jurídica, mientras que el saludo entre buques en

---

26 Dupuy, P. M. Droit International Public, Paris: Dalloz, 2006, p. 12. En todo caso, hay diversas concepciones de lo que es la ley, y sobre qué se requiere para que algo lo sea. Incluso, algunos consideran que lo importante no es tanto si una regla es conceptualmente derecho, sino cuáles son sus efectos. Véase Shaffer, G. The New Legal Realist Approach to International Law, Leiden Journal of International Law 28, 2, 2015, p. 201

27 Ya en 1936, un autor decía que difícilmente se tomaba en serio la teoría que negaba el carácter jurídico del derecho internacional público (Starke, J. G. Monism and Dualism in the Theory of International Law, British Yearbook of International Law 17, 1936, p. 69).

28 Dupuy, Droit International Public, *op. cit.*, p. 14.

29 Por ejemplo, cuando EE. UU. y un pequeño grupo de Estados invadieron Irak en la segunda Guerra del Golfo, a pesar de no contar con una autorización actual del C. de S., se alegó la supuesta vigencia de una antigua resolución de 1990 (Murphy, S. D. Principles of International Law. Saint Paul: West Academic Publishing, 2018, pp. 595-596). Asimismo, cuando Rusia invadió Ucrania en 2022, dijo hacerlo para proteger a habitantes del territorio de Ucrania que habían sido objeto de genocidio (CIJ, *Allegations of Genocide under the Convention on the Prevention and Punishment of the Crime of Genocide (Ukraine v. Russian Federation)*, 16 de marzo de 2022 (order), párr. 39).

30 Benadava, Derecho Internacional Público, *op. cit.*, p. 26. Ello, sin perjuicio de que muchos autores abogan por el concepto de la *relatividad normativa*, es decir, sostienen que existen distintos grados de obligatoriedad dentro de las normas del derecho internacional. Se hablará de esta doctrina más adelante.

altamar forma parte de la cortesía internacional o *comitas gentium*.[31] Las obligaciones morales, como ayudar a Estados que han sufrido catástrofes, también se distinguen del derecho internacional.

- El derecho nacional reconoce el derecho internacional.[32] Más aún, en ocasiones el derecho nacional reenvía a normas del derecho internacional.[33] Es por eso que los tribunales internos también aplican derecho internacional. Por ejemplo, en Chile se comenzó a prohibir la prisión por giro doloso de cheques alegando la aplicación de la Convención Americana sobre Derechos Humanos.[34]

1.1.6. Dominio reservado del Estado

El artículo 2.7 de la Carta de Naciones Unidas dispone que esta no podrá "intervenir en los asuntos que son esencialmente de la jurisdicción interna de los Estados". Esta norma recoge parte del llamado principio de no intervención,[35] y del dominio reservado de los Estados. Este último es un concepto que surgió para excluir ciertas materias (como los "intereses vitales", "el honor de la Nación", "la soberanía estatal", etc.) de las competencias de organizaciones y órganos internacionales, como los tribunales arbitrales.[36] Existen diversos modos de entender este *domaine réservé*, desde quienes afirman que se referiría a cuestiones *esencialmente* reservadas al derecho nacional (por lo que el derecho internacional no debiera regularlas, del mismo modo en que el derecho interno debiera respetar cierto núcleo básico de la libertad humana); quienes lo identifican solo con aquello que el derecho internacional no ha regulado; quienes consideran que es una noción política y no jurídica, y hasta quienes niegan su existencia.[37]

31 Casanovas, O.; Rodrigo, A. J. Compendio de Derecho Internacional Público. Madrid: Tecnos, 2024, pp. 63-64.

32 Dupuy, Droit International Public, *op. cit.*, p. 15.

33 *Ibid.*

34 Irigoin Barrenne, J. La Convención Americana de Derechos Humanos como Derecho Interno Chileno, Revista Chilena de Derecho 23, 2 y 3, 1996, pp. 304-306. El giro doloso de cheques consistía en emitir cheques por montos que no estaban disponibles en las cuentas corrientes de quienes los emitían. Esta acción estaba sancionada con penas de cárcel (en realidad, la prisión no era por tener una deuda, sino que por engañar al receptor del cheque, afirmando falsamente que se tenía dinero suficiente en una cuenta bancaria).

35 Este principio, según su formulación clásica, es más restringido de lo que aparenta, pues se refiere a la prohibición de la intervención mediante coerción (Milanovic, M. Revisiting Coercion as an Element of Prohibited Intervention in International Law, The American Journal of International Law 117, 4, 2023, p. 602). Sobre las formas de presión prohibidas, véase ONU, AG: "Declaración sobre la Inadmisibilidad de la Intervención en los Asuntos Internos de los Estados y Protección de su Independencia y Soberanía", A/RES/2131(XX) (21/12/1965).

36 Kolb, R. Du Domaine Réservé : Réflexions sur la Théorie de la Compétence Nationale, Revue Générale de Droit International Public XV, 3, 2006, p. 599. Muchas veces se hace referencia a este concepto con su nombre en francés, *domaine réservé*.

37 *Ibid.*, pp. 602-618.

En 1923, la Corte Permanente de Justicia Internacional interpretó una norma del Pacto de la Liga de Naciones, que parecía referirse al dominio reservado,[38] como entendiendo que su extensión dependía del desarrollo y alcance del derecho internacional, de modo que no habría temas que estuvieran circunscritos por esencia o por naturaleza a la jurisdicción de un Estado.[39] Eso es consistente con la práctica internacional, pues muchas veces se citaba como áreas del *domaine réservé* la inmigración, las tarifas aduaneras, la nacionalidad,[40] los derechos humanos o el colonialismo,[41] y hoy en día se observa que ellas se han internacionalizado mediante tratados, y cualquier materia podría serlo, pues los Estados son libres de convenirlo.

1.1.7. Derecho internacional público y derecho internacional privado

En términos generales, el derecho internacional privado es aquel que rige las relaciones jurídicas donde existe un *elemento extranjero relevante.*[42] Se refiere a situaciones donde dos o más ordenamientos legales podrían regular un conflicto jurídico, por lo que hay que definir qué normas aplicar (las del país A o del país B), y ante qué tribunales alegarlas. Así, por ejemplo, el derecho internacional privado define el derecho aplicable y la jurisdicción competente para resolver una controversia surgida por la herencia de un argentino fallecido en Chile, respecto de un bien inmueble situado en Italia, cuando sus herederos son estadounidenses. Es por ello que, en algunos países anglosajones, el derecho internacional privado se suele llamar *conflict of laws* (conflicto de legislaciones). Atendida esta gran diferencia, cuando este libro hable de derecho internacional, a secas, se estará refiriendo al derecho internacional público.

Ha habido intentos por unificar las normas de derecho internacional privado mediante tratados internacionales (los que son competencia del derecho internacional público), como el llamado "Código de Bustamante" de 1928 y las convenciones negociadas al alero de la Conferencia de La Haya de Derecho Internacional Privado.[43] Ello muestra que el derecho internacional público puede usarse para regular el derecho internacional privado.

---

38 En dicho asunto, la CPJI interpretó el Art. 15, inc. 8°. Véase Pacte de la Société des Nations (28 de junio de 1919).

39 CPJI, *Nationality Decrees Issued in Tunis and Morocco*, 1923, p. 24.

40 Kolb, Du Domaine Réservé..., *op. cit.*, p. 614.

41 Vargas Carreño, Derecho Internacional Público, *op. cit.*, p. 181.

42 Sobre este elemento, véase Villarroel Barrientos, C.; Villarroel Barrientos, G. Derecho Internacional Privado. Santiago: Editorial Jurídica de Chile, 2015, p. 28. Ellos observan que el derecho internacional privado también busca "regular los efectos de las sentencias extranjeras y determinar la nacionalidad de las personas naturales y jurídicas y la condición jurídica de los extranjeros" (*Ibid.*, p. 26).

43 Véase el Estatuto de la Conferencia de La Haya de Derecho Internacional Privado (31 de octubre de 1951).

1.2. DERECHO INTERNACIONAL Y BIEN COMÚN[44]

El derecho internacional permite que los Estados cooperen para conseguir el bien común, cuando ellos no pueden alcanzarlo por sí mismos. En efecto, les posibilita coordinar su actuar, resolver conflictos, crear organizaciones intergubernamentales y acordar reglas sobre el tratamiento de sus propios nacionales en materia laboral o de derechos humanos, entre otras cosas.

Un principio ligado al bien común enseña que conviene que las comunidades menores o inferiores —como las familias o juntas vecinales— sean las que resuelvan sus necesidades y procuren alcanzar sus propios fines, y que las sociedades superiores —como las regiones o el Estado— no se inmiscuyan en ello, a menos que deban auxiliarlas, cuando aquellas no puedan lograrlo por sí mismas. Este es el *principio de subsidiariedad*, que tiene dos facetas, una que dispone que la comunidad superior se abstenga de actuar, y otra que le exige actuar.[45] La faceta negativa (la que exige abstención) permite que los más cercanos a un determinado problema, quienes mejor lo conocen, sean los que encuentren el modo más apto para resolverlo, contribuyendo a que las soluciones sean más eficaces. También evita que las sociedades mayores se inmiscuyan en los asuntos de las comunidades más pequeñas, evitando así totalitarismos. Esta faceta del principio favorece el desarrollo de una sociedad civil más viva, diversa, fuerte, libre e independiente. Por otro lado, la vertiente positiva del principio de subsidiariedad exige a las comunidades superiores auxiliar a las inferiores que no son capaces de proveer a sus propias necesidades. Esta faceta asigna a una entidad concreta la actuación subsidiaria, para contar con mayores posibilidades de conseguir los objetivos buscados.

El derecho internacional y el principio de subsidiariedad se relacionan,[46] pues un Estado puede considerarse una comunidad inferior, pues es más acotado y cercano a los problemas que la comunidad internacional, la que puede, a su vez, entenderse como una comunidad superior. Por esto, los Estados tienen el derecho y el deber de coordinar los esfuerzos de sus cuerpos intermedios para alcanzar el bien común. Podemos ilustrar este principio con un tema relativamente reciente: la pandemia de Covid-19. Es útil que los Estados establezcan o encarguen a un órgano internacional el rol de coordinar los esfuerzos estatales para superar la pandemia, pero la extensión de los poderes de este órgano internacional debiera limitarse

44 Esta sección es tomada, con modificaciones, de Paúl, A. Nueva Constitución y Derecho Internacional, Revista Chilena de Derecho 48, 1, 2021 pp. vi-vii.

45 Pío XI, Quadragesimo Anno, 1931, párr. 79. Sobre el tema, véase Ortúzar, P. Subsidiariedad. Más Allá del Estado y del Mercado. Santiago: Instituto de Estudios de la Sociedad, 2015.

46 Sobre este principio y el derecho internacional, véase Carozza, P. G. Subsidiarity as a Structural Principle of International Human Rights Law, The American Journal of International Law 97, 2003, y Carozza, P. G. The Problematic Applicability of Subsidiarity to International Law and Institutions, The American Journal of Jurisprudence 61, 1, 2016. En un sentido diverso, véase Follesdal, A. The Principle of Subsidiarity as a Constitutional Principle in International Law, Global Consitutionalism 2, 1, 2013. En contra de la pertinencia de llamar principio de subsidiariedad a la realidad internacional, véase Castaño, S. R. El Estado en el Orden Internacional. Buenos Aires: EDUCA, 2019.

a las cuestiones que los Estados no puedan resolver por sí mismos. Así, por ejemplo, debe evitarse que este órgano, regulado por el derecho internacional, determine qué actividades públicas deben prohibirse, en atención a que los Estados están más capacitados para hacerlo, debido a su conocimiento de las condiciones de su población, y de los valores y bienes que le son más preciados (a su vez, convendría que el Estado se autolimite si comunidades inferiores pueden determinar esto por sí mismas).

En definitiva, el derecho internacional es muy necesario para regular asuntos que los Estados no pueden enfrentar individualmente, como el comercio internacional, los temas medioambientales de carácter global, el funcionamiento de correos o el tráfico marítimo. No obstante, los Estados no deben desligarse de sus deberes de regulación y encargárselos a la comunidad internacional; el derecho internacional no debe regular áreas que los Estados pueden normar adecuadamente. En parte, esto es así porque los ciudadanos eligieron democráticamente a las autoridades estatales, no a las internacionales, para regular el mejor modo de alcanzar el bien común. Por ello, sería un despropósito y un golpe a la confianza depositada por los ciudadanos, que el Estado renunciara a sus propios poderes, alejando así de las autoridades electas democráticamente la toma de decisiones. En consecuencia, los Estados deben obligarse conforme al derecho internacional, pero solo cuando sea imprescindible para alcanzar el bien común, o cuando genere un beneficio real y significativo para los gobernados y los cuerpos intermedios. Esto también evitará que las autoridades nacionales utilicen el derecho internacional para presionar cambios normativos a nivel interno, alegando frente a los gobernados que ciertas decisiones son exigidas por normas u organizaciones sobre las que no se tiene mayor control.

1.3. HISTORIA DEL DERECHO DE LAS NACIONES

1.3.1. Dos "fundadores" del derecho internacional público

Existen muchos teóricos que podrían catalogarse como "fundadores" del derecho internacional público. En atención a que este libro es introductorio, se exponen solo dos de ellos, que permiten comprender distintos momentos en la evolución del derecho internacional.[47]

Francisco de Vitoria (1486-1546)

Él sería el pensador que propuso "por vez primera la existencia de un *jus inter gentes*", por lo que algunos lo consideran el padre del derecho internacional.[48] Vitoria fue un monje dominico, profesor de la Universidad de Salamanca, cuyas enseñanzas se conservan en apuntes de sus clases, denominados *Relecciones Teológicas*. En ellos, Vitoria toca algunos temas relativos al derecho internacional, como en *De Indis* (Sobre los Indios) y *De Jure Belli*

---

47 Algunos otros autores relevantes fueron el jesuita Francisco de Suárez, Alberico Gentili, Samuel Pufendorf, Richard Zouche y Emer de Vattel.

48 Vargas Carreño, Derecho Internacional Público, *op. cit.*, p. 46.

(El Derecho de la Guerra). El primero analiza críticamente los títulos que tendrían los reyes españoles sobre los dominios indígenas.[49] El segundo se relaciona con el primero, pues después de hablar de los títulos justos e injustos de posesión y ocupación de las provincias de los indígenas, concluye que los territorios buenamente adquiridos se pueden defender por el derecho de la guerra, por lo que Vitoria consideró necesario tratar sobre la guerra justa.[50]

Vitoria se esfuerza por presentar argumentos que sirvan para los cristianos y los indígenas no cristianos. Por eso, los argumentos teológicos no son su principal insumo (a diferencia de los autores de su época), sino que los argumentos filosóficos y la aplicación de:

- El derecho natural:[51] se trata de una noción elaborada en el mundo griego y desarrollada en la Europa medieval, según la cual la naturaleza humana, común a todos, es la fuente del contenido de ciertas normas jurídicas, las que pueden conocerse utilizando la razón (así, por ejemplo, la razón permite conocer la grave malicia de asesinar al inocente, por lo que el derecho debe buscar impedir este acto).[52] El legislador debe procurar ajustar las leyes positivas al derecho natural.
- El *ius gentium* o derecho de gentes: originalmente se refería al ordenamiento que se les aplicaba a los extranjeros en Roma, a aquellos que no eran ciudadanos (por lo que no compartían la cultura y costumbres romanas), pero posteriormente evolucionó hasta ser un derecho privado universal, un derecho aplicable a las relaciones con otras naciones.[53]

Como resultado de la aplicación de estas fuentes, Vitoria determina que unos títulos para el dominio español eran injustos (como afirmar que América era una *terra nullius*, o considerar al emperador como un soberano universal), pero otros eran justos (como el derecho a asentarse en tierras deshabitadas, a viajar, a comerciar, a predicar la Fe). También observa que la guerra solo puede ser llevada a cabo por motivos específicos, dentro de los cuales no

49 De Vitoria, F. O.P., Relecciones Jurídicas y Teológicas, vol. II. Salamanca: Editorial San Esteban, 2017 [1535-1543], pp. 507-511.

50 *Ibid.*, p. 753. Vitoria tiene frases notables, como cuando afirma, después de exponer que la Iglesia plantea que no se debe forzar a creer: "la guerra no es ningún argumento en pro de la verdad de la fe cristiana. Luego por la guerra no pueden los indios ser movidos a creer, sino a fingir que creen y que reciben la fe cristiana, lo que es un gran sacrilegio" (*Ibid.*, p. 637).

51 Se ha afirmado que los lineamientos jurídicos del derecho natural se disciernen mediante el uso de la razón, la observación de la naturaleza y una apertura a lo trascendente (O'Connell M. E.; Day, C. M. Sources and the Legality and Validity of International Law. Natural Law as Source of Extra-Positive Norms. En Samantha Besson, Jean d'Aspremont (eds.) The Oxford Handbook on the Sources of International Law. Oxford: Oxford University Press, 2017, p. 563).

52 El derecho positivo no está totalmente determinado por el derecho natural, pues este último dispone el contenido del derecho solo "de manera general e inespecífica" (Contreras Aguirre, S. Ley Natural, *Determinatio* y Derecho Positivo. Lo Indiferente y las Determinaciones del Legislador. Veritas 25, Septiembre, 2011, p. 40). El legislador debe determinar algunas materias que están indeterminadas por el derecho natural (*Ibid.*, pp. 40-41).

53 Esta evolución habría ocurrido durante el tiempo del Digesto de Justiniano. Wouters, J.; Ryngaert, C.; Ruys, T.; De Baere, G. International Law. A European Perspective. Oxford: Hart Publishing, 2020, p. 17.

se encuentra la diversidad religiosa.[54] La importancia de estas obras de Vitoria consiste en idear un sistema de normas basado en la razón, que rigiera las relaciones con naciones ajenas a la Cristiandad, con pueblos que no compartieran ciertos elementos comunes básicos.[55]

Hugo Grocio (1583-1645)

Este autor holandés disputa con Vitoria el título de padre del derecho internacional.[56] Él murió un par de años antes de que terminara la Guerra de los Treinta Años, un hito fundamental en el desarrollo del derecho internacional público, según se verá. Él sostuvo que el derecho internacional público es consecuencia de la naturaleza humana, pues el hombre tiene un deseo inherente de formar sociedades pacíficas y organizadas, regidas por leyes que derivan del deseo racional de preservar la sociedad.[57] La misma lógica de la naturaleza humana se aplica a la sociedad internacional, pues los Estados requieren auxilio de otros Estados y, atendido que ninguna comunidad puede subsistir sin legislación, la comunidad que abarca a toda la especie humana o, al menos, a un gran número de naciones, requiere una legislación.[58]

Al referirse a la idea del derecho natural, Grocio afirma que el ser humano puede formarse un juicio adecuado sobre lo que es bueno o malo, y actuar sobre ese juicio. Llega a decir que estas ideas serían válidas, incluso, si se concediera algo que él no podría conceder, "que no hay Dios, o que él no se preocupa de los asuntos humanos".[59] Es por esto que, aunque Grocio cita a Dios en múltiples oportunidades en su obra, en ella se observa el principio de secularización del derecho internacional público.

El principal de sus escritos es *De Jure Belli ac Pacis*, que Grocio reconoció estar influenciado por una obra previa de Alberico Gentili.[60] En su trabajo, Grocio no solo se refirió a normas de derecho internacional en tiempos de guerra, sino que también a las relaciones

---

54 En general, véase Vitoria, Relecciones Jurídicas y Teológicas, *op. cit.*, vol. II, pp. 481-851.

55 Clapham, Brierly's Law of Nations, *op. cit.*, p. 24.

56 Se dice que es exagerado calificarlo como fundador del derecho internacional, pues sería concederle a su obra mayor originalidad de la que tuvo, además de ser injusto con sus predecesores (*Ibid.*, p. 26).

57 Grotius, H. The Law of War and Peace. New York: Walter J. Black, 1949 [1625], pp. 4-5.

58 *Ibid.* p. 9.

59 *Ibid.*, pp. 5-6 (la traducción es nuestra).

60 Al escribirla, Grocio dijo estar en deuda con la obra *De Jure Belli* de Gentili (Clapham, Brierly's Law of Nations, *op. cit.*, p. 25). Alberico Gentili (1552-1608) fue un italiano protestante que huyó a Inglaterra para evitar la persecución religiosa, y se convirtió en profesor de la Universidad de Oxford (*Ibid.*, pp. 24-25). Su obra más importante se llama *De Jure Belli*, que muchos afirman ser la primera ocasión en que se hace una sistematización secularizada de normas de derecho internacional, separándolas de los principios de teología (*Ibid.*, p. 25). Sin embargo, algunos discuten que Gentili haya hecho una laicización del derecho internacional, en atención a que él considera que éste es parte de la ley divina. Lo que habría hecho es sostener que el derecho internacional es una materia que debe estudiar el jurisconsulto y no el teólogo (Vauthier Borges de Macedo, P. E. Catholic and Reformed Traditions in International Law. A Comparison Between the Suarezian and the Grotian Concept of Ius Gentium. Cham: Springer, 2017, p. 57).

en tiempos de paz, haciendo más completa su obra.[61] Otro de sus trabajos es *Mare Liberum* —extraído de otra obra previa de Grocio, escrita cuando trabajaba en la Compañía Holandesa de las Indias Orientales—, donde sostuvo que altamar era un territorio libre, es decir, que los buques de cualquier Estado podían navegar por ella.[62] Esta doctrina le convenía a Holanda, que no tenía la capacidad militar para resguardar una ruta marítima completa. La doctrina del *mare liberum* fue posteriormente disputada por el inglés John Selden, quien postulaba la del mar cerrado (*mare clausum*).[63] Hoy en día, el derecho del mar adopta la doctrina del mar libre (con matices que permiten a los Estados ejercer jurisdicción sobre aguas adyacentes).

1.3.2. Desarrollo del derecho internacional clásico

Como ocurre con todos los temas tratados en este libro, podrían escribirse obras completas sobre lo que ahora se describirá en forma brevísima: la historia del derecho internacional público. Este libro resumirá el asunto tratado a lo más básico, entendiendo que hay también visiones más críticas del modo como se relata la historia del derecho internacional.[64] Esto implicará omitir algunos hechos o miradas de gran relevancia.

Desde los tiempos antiguos existen antecedentes o prefiguraciones del derecho internacional clásico, pues los distintos pueblos —en todo el mundo— alcanzaban acuerdos, por ejemplo, al cabo de una guerra.[65] En particular, eso podía observarse en Grecia, formada

---

61 Esto se observa, principalmente, en su libro segundo, donde trata de materias como la adquisición de territorios, las promesas, las embajadas y los bienes que pertenecen a la humanidad en común (Grotius, The Law of War and Peace, *op. cit.*).

62 Con esto, debía argumentar en contra de la bula *Inter Caetera*, del papa Alejandro VI, que concedía las rutas de navegación a los portugueses, pero presentó sus argumentos en forma astuta, invocando a santo Tomás de Aquino y a Francisco de Vitoria. Vauthier Borges de Macedo, Catholic and Reformed Traditions..., *op. cit.*, p. 4.

63 Klabbers, International Law, *op. cit.*, p. 7.

64 En nuestro medio, una visión más crítica puede verse en Pérez Godoy, F. Historia del Derecho Internacional Público. En Jaime Tijmes, Andrés Delgado Casteleiro, Andrea Lucas Garín (eds.), Derecho Internacional Público. Valencia: Tirant lo Blanch, 2023. Las visiones más críticas del derecho internacional no se refieren solo a cuestiones históricas, sino al modo como se trata actualmente. Por ejemplo, existen críticas llamadas del *tercer mundo* (véase Gathii, J. T. TWAIL: A Brief History of its Origins, its Decentralized Network, and a Tentative Bibliography, Trade, Law and Development 3, 1, 2011), feministas (Charlesworth, H.; Chinkin, C.; Wright, S. Feminist Approaches to International Law, The American Journal of International Law 85, 4, 1991) o marxistas (Bianchi, A. International Law Theories. An Inquiry into Different Ways of Thinking. Oxford: Oxford University Press, 2016). Sobre distintas teorías sobre el derecho internacional, véase Bianchi, International Law Theories..., *op. cit.* y Dunoff, J. L.; Pollack, M. A. (eds.), International Legal Theory. Foundations and Frontiers. Cambridge: Cambridge University Press, 2022.

65 Algunos consideran que estas prefiguraciones también podrían llamarse derecho internacional, y que la variante europea es sólo una forma histórica del derecho internacional (Diez de Velasco, M. Instituciones de Derecho Internacional Público. Madrid: Editorial Tecnos, 2018, p. 62). Otros consideran que "propiamente, no puede afirmarse la existencia de un derecho internacional" antes del siglo XVI (Vargas Carreño. Derecho Internacional Público. *op. cit.*, p. 45).

por ciudades-Estado, cuyos acuerdos eran una forma primigenia del derecho internacional como lo conocemos hoy, y regulaban algunos temas que suenan bastante actuales, como el modo de tratar a los prisioneros de guerra.[66] Antecedentes más próximos del derecho internacional público clásico se observan en la Edad Media, pues distintos reinos y unidades de poder acordaban tratados, y las ciudades-Estado italianas iniciaron el sistema de embajadas y diplomáticos.[67] Tales antecedentes medievales tenían una gran diferencia con el derecho internacional público clásico, pues en la Edad Media coexistían distintas unidades de poder político: los señores feudales, los abades, los príncipes, el emperador, el papa, etc., por lo que no puede hablarse de acuerdos entre entidades jurídicamente iguales, como ocurrió posteriormente con los Estados.

En el siglo XVI, las monarquías comienzan a gobernar territorios más definidos, sin disputar su poder con entidades internas, y se van independizando de autoridades externas como el imperio y el papado.[68] En general, se entiende que la historia del derecho internacional clásico comenzó en el siglo XVII.[69] En dicho siglo se libró la Guerra de los Treinta Años, que abarcó a gran parte de Europa. Ella comenzó como una guerra religiosa entre católicos y protestantes, pero posteriormente se hizo más compleja, con fines políticos diversos, lo que hacía que Estados de una misma denominación religiosa se enfrentaran entre sí.[70] Dicha guerra terminó en 1648 con la *Paz de Westfalia*, que sentó algunas de las bases más importantes para el surgimiento del derecho internacional clásico.[71] Dicha *paz* consistió en un conjunto de tratados con los que se puso término a la Guerra de los Treinta Años, estableciendo la igualdad entre los Estados, ninguno de los cuales tendría la capacidad de imponer su religión a otro, y se prohibió la intervención externa, de modo que no hubiese ningún poder temporal superior al poder estatal, con lo que se puede hablar del nacimiento del sistema de Estados moderno.[72]

Estas nuevas unidades políticas seguían relacionándose entre sí, pero carecían de una autoridad común que regulara dichas relaciones, por lo que ellos mismos debieron hacerlo, recurriendo a cimientos que todos consideraran razonables: el derecho natural y el *ius gentium*, conceptos que dieron origen al derecho internacional clásico.[73]

Según ya se vio, los dos padres del derecho internacional reseñados argumentaron basándose en estos cimientos. Lo hicieron antes de que terminara la Guerra de los Treinta Años, lo que muestra que no pueden trazarse líneas claras para definir el momento preciso en el que surge el derecho internacional. También deja en claro que las ideas que dieron

66 Klabbers, International Law. *op. cit.*, p. 4.

67 *Ibid.*

68 Benadava, Derecho Internacional Público, *op. cit.*, p. 31.

69 Klabbers, International Law, *op. cit.*, p. 4. También se afirma que a finales del siglo XVI. Clapham, Brierly's Law of Nations, *op. cit.*, p. 23.

70 Guthrie, W. P. Battles of the Thirty Years War. From White Mountain to Nordlingen, 1618-1635. Westport: Greenwood Press, 2002, p. 1.

71 Klabbers, International Law, *op. cit.*, p. 5.

72 *Ibid.*

73 O'Connell; Day, Sources and the Legality…, *op. cit.*, p. 569.

origen al derecho internacional clásico son bastante anteriores, pues venían desarrollándose desde Vitoria, quien murió más de cien años antes de la Paz de Westfalia.

En un comienzo, el derecho internacional clásico regía a la Europa cristiana, pero se universaliza de modo gradual. Esto no quiere decir que en otras culturas no hubiera elementos de derecho internacional, como los acuerdos entre distintos pueblos, pero dichas sociedades no contaban con un derecho internacional con el contenido y principios del europeo clásico.

A finales del siglo XVIII y comienzos del XIX se independiza gran parte de las colonias americanas, y como sus élites eran de raíces europeas, rigieron sus relaciones por el derecho internacional clásico. Dichas excolonias hicieron importantes contribuciones a esta disciplina.[74] También el Imperio Turco Otomano empezó a regirse por este derecho.[75] Antes del siglo XIX, hubo significativas contribuciones teóricas al derecho internacional, pero fue en ese siglo que se produjeron grandes avances prácticos y el derecho internacional se expandió.[76] En los siglos XIX y XX, cuando se profundizaron los contactos con Asia, se continuó universalizando el derecho internacional.[77] Estos siglos coinciden con algunos momentos claves en el desarrollo del derecho internacional: la incorporación de normas positivas universales a fines del siglo XIX, y la creación de cierta institucionalidad internacional a comienzos del siglo XX.[78] El proceso de universalización terminó en la segunda mitad del siglo XX, con la independencia de las colonias africanas.

1.3.3. Visión de las antiguas colonias europeas

Con posterioridad a la Segunda Guerra Mundial —momento en que surge el derecho internacional contemporáneo— se produce un gran movimiento de descolonización, y una explosión en la creación de Estados. Las antiguas colonias africanas, que nacieron a la vida independiente cerca de los años sesenta, tuvieron una visión bastante ambivalente frente al derecho internacional.

---

74 Por ejemplo, contribuyeron con los principios de no intervención, el *uti possidetis*, el derecho al asilo diplomático, etc. (Pérez Godoy, Historia del Derecho Internacional Público, *op. cit.*, p. 31). Para un breve repaso sobre la historia del derecho internacional público en Chile, véase *Ibid.*, pp. 38-43.

75 Algunos dicen que fue en el siglo XIX, pero otros, que algunos siglos antes. En el siglo XIX, mediante el Tratado de Paz de París, el Imperio habría sido admitido en la comunidad internacional como primera nación no cristiana, pero no está claro qué añadía esto a su ya existente capacidad de ratificar tratados (Orakhelashvili, A. Akehurst's Modern Introduction to International Law. New York: Routledge, 2019, p. 19). Sobre las relaciones con el Imperio Turco Otomano, véase Becker Lorca, A. Mestizo International Law. A Global Intellectual History 1842-1933. Cambridge: Cambridge University Press, 2016, pp. 79-85.

76 Shaw, M. N. International Law. Cambridge: Cambridge University Press, 2021, pp. 22-23.

77 Benadava. Derecho Internacional Público, *op. cit.*, p. 38.

78 Becker Lorca, A. International Law in Latin America or Latin American International Law? Rise, Fall, and Retrieval of a Tradition of Legal Thinking and Political Imagination, Harvard International Law Journal 47, 1, 2006, p. 292.

Se ha dicho que las "reglas de Derecho internacional en áreas claves, tales como las leyes relativas a la adquisición del territorio, el reconocimiento, la responsabilidad estatal y la sucesión de Estados fueron moldeadas según las necesidades del colonialismo".[79] Por eso, algunos líderes de los nuevos Estados vieron con desconfianza las instituciones del derecho internacional, y argumentaron que sus Estados no debían verse regulados por un derecho que ellos no habían contribuido a crear.[80] Sin embargo, por otro lado, este mismo derecho les era bastante útil, pues contemplaba principios como el de no intervención e igualdad soberana de los Estados.[81] Es por esto que, finalmente, terminaron aplicando el derecho internacional en sus relaciones con otros Estados, aunque el derecho internacional siga generando cierta desconfianza y críticas de algunos autores del mundo no desarrollado.[82]

No solo en África se dieron miradas regionalistas del derecho internacional. También se defendió la existencia de un derecho internacional americano, idea en la que el chileno Alejandro Álvarez tuvo un rol preponderante a comienzos del siglo XX.[83] Como respuesta a estas miradas regionalistas, podría alegarse que, si bien ciertas tradiciones han contribuido al derecho internacional general, dando más énfasis a algunos principios, o con algunas normas propias,[84] dichas particularidades se insertan dentro de un derecho internacional global.[85]

---

79 Chimni, B. S. The Past, Present and Future of International Law: A Critical Third World Approach, Melbourne Journal of International Law 8, 2, 2007, p. 501 (la traducción es nuestra). Asimismo, los efectos de algunas normas del derecho internacional público fueron usadas "para negar soberanía a Estados africanos, negar estatus jurídico a acuerdos concluidos entre soberanos africanos y potencias europeas, y para justificar la colonización y opresión de los pueblos de África" (Yusuf, Why International Law Matters…, *op. cit.*, p. 2; la traducción es nuestra).

80 Orakhelashvili, Akehurst's Modern Introduction…, *op. cit.*, p. 27.

81 Benadava, Derecho Internacional Público, *op. cit.*, pp. 39-40.

82 Esto se ha expresado, por ejemplo, en la escuela crítica llamada *Third World Approaches to International Law* (TWAIL), aunque ella va más allá de una simple reacción al colonialismo, y adopta posiciones ideológicas. Véase Gathii, TWAIL: A Brief History…, *op. cit.*

83 Álvarez, A. Le Droit International Américain, son Fondement, sa Nature. D'Après l'Histoire Diplomatique des Etats du Nouveau Monde et leur Vie Politique et Économique. Londres: Forgotten Books, 2017 [1909].

84 Por ejemplo, se ha afirmado que en América se le da un valor especial al principio de no intervención. Véase el voto disidente del juez Caicedo en CIJ, *Colombian-Peruvian Asylum Case (Colombia v. Peru)*, 1950, párrs. 1 y 24.

85 Esta afirmación es discutida, por ejemplo, por Quintana, quien afirma que el rol de América Latina es uno que buscó transformar radicalmente el derecho internacional (Quintana, F. J. Approaching "Latin American Approaches to International Law", Proceedings of the ASIL Annual Meeting 117, 2023, p. 356). Sin embargo, no es exclusivo de Latinoamérica el buscar transformar el derecho internacional, y tampoco era lo que buscaba la mayoría de los internacionalistas americanos, pues puede hablarse de dos tendencias, que Becker denomina regionalista y universalista (Becker Lorca, International Law in Latin America…, *op. cit.*).

1.3.4. Desarrollo del derecho internacional contemporáneo

El derecho internacional público clásico, entendiendo por tal al desarrollado hasta antes de 1945, estaba centrado en el Estado, era poco institucionalizado y no democrático. En cambio, el derecho internacional público contemporáneo no es tan así. Ello, porque se producen muchos cambios con posterioridad a la Segunda Guerra Mundial y a la creación de la ONU. Antes de la formación de esta organización internacional existió la Liga de las Naciones, creada en 1920. Ella tenía una misión y ámbito de actuación bastante más limitado que la ONU, y no fue exitosa en su objetivo de mantener la paz. La ONU es el primer organismo político reconocido universalmente. El instrumento que la crea —la Carta de las Naciones Unidas— contempló, por primera vez en la historia, una prohibición general del uso de la fuerza. Anteriormente, en el derecho internacional clásico, la fuerza era un método legítimo para resolver conflictos. Hoy, esto es incompatible con el derecho internacional, salvo en unos pocos casos, como la legítima defensa. Las guerras actuales son excepciones y constituyen quiebres del ordenamiento jurídico. En el derecho internacional contemporáneo se multiplican los sujetos del derecho internacional, tanto por la independencia de muchos pueblos en las décadas posteriores a la Segunda Guerra Mundial, como porque se empieza a considerar a otras entidades como sujetos del derecho internacional, como las organizaciones internacionales gubernamentales (organizaciones formadas generalmente por acuerdos entre Estados).

El derecho internacional contemporáneo muestra algunas tendencias, dentro de las cuales se encuentran las siguientes:[86]

- Humanización: Por regla general, el derecho internacional clásico regulaba los intereses de los Estados, como temas fronterizos, acuerdos de paz u otras necesidades particulares.[87] Después de 1945, en cambio, hay una preocupación mayor por los seres humanos. Esto se manifiesta, por ejemplo, en el surgimiento del derecho internacional de los derechos humanos,[88] y el mayor desarrollo del derecho internacional humanitario (una rama del derecho aplicable durante los conflictos armados, que protege a los combatientes, los civiles y otros bienes).[89]
- Expansión a nuevas áreas: Los Estados comienzan a internacionalizar temas que van más allá de asuntos tradicionales. Así, por ejemplo, se concluyen tratados en

86 En este apartado se sigue, en gran medida Benadava, Derecho Internacional Público, *op. cit.*, pp. 36-39. Sin embargo, se reemplaza una tendencia y se modifican los títulos de un par de ellas.

87 *Ibid.*, p. 36.

88 Algunos ejemplos son la Declaración Universal de los Derechos Humanos de 1948 (aprobada en la ONU, AG: "Carta Internacional de los Derechos del Hombre", A/RES/217A(III) (10/12/1948)), y muchos tratados de derechos humanos, tales como el Pacto Internacional de Derechos Civiles y Políticos (16 de diciembre de 1966).

89 Si bien esta rama del derecho surge en la segunda mitad del siglo XIX, en 1949 se amplía notablemente su contenido.

materias de derechos humanos, inversión extranjera, avances tecnológicos, espacio ultraterrestre,[90] asuntos bioéticos[91] y protección del medio ambiente.[92]

- Influencia de organizaciones internacionales: Después de 1945 aumenta radicalmente la creación de organizaciones internacionales gubernamentales, las que expanden su ámbito de actuación. La más importante es la ONU. Otros ejemplos son la Organización de Estados Americanos, la Organización Mundial del Comercio o la Organización Internacional de la Aviación Civil. También existen organizaciones *sui generis*, como la Unión Europea.
- Codificación: Hay una tendencia a la codificación de las normas del derecho internacional consuetudinario, es decir, tratados internacionales recogen normas que ya existían como costumbre de cumplimiento obligatorio.[93] Por ejemplo, la Convención de Viena sobre el Derecho de los Tratados codificó reglas que los Estados ya aplicaban consuetudinariamente. En esta tendencia, fue fundamental que la Asamblea General de Naciones Unidas creara la Comisión de Derecho Internacional, formada por juristas importantes, cuya misión es codificar y desarrollar el derecho internacional.[94] Desde hace algunos años, este proceso de codificación no siempre concluye con la aprobación de tratados internacionales, sino que puede decantar en estudios o propuestas que la Comisión presenta como informes o "artículos".[95]
- Fragmentación: Alrededor del inicio del siglo XXI se comenzó a hablar de este fenómeno.[96] Se refiere a que ha surgido una serie de nuevos regímenes jurídicos regionales o especializados por materias, así como nuevos tribunales internacionales, que pueden generar contradicciones normativas o interpretativas, produciendo una supuesta falta de coherencia del derecho internacional público.[97] Así, podría ocurrir que un tribunal internacional especializado dictara una sentencia basándose en un principio propio del área en la que se desenvuelve, yendo en contra de lo dispuesto por un tribunal que se base en normas más generales. La

90 Por ejemplo, el Tratado sobre los Principios que Deben Regir las Actividades de los Estados en la Exploración y Utilización del Espacio Ultraterrestre, Incluso la Luna y Otros Cuerpos Celestes (27 de enero de 1967).

91 Por ejemplo, Convention for the Protection of Human Rights and Dignity of the Human Being with regard to the Application of Biology and Medicine (Oviedo Convention) (4 de abril de 1997).

92 Como el Acuerdo de París (12 de diciembre de 2015).

93 Benadava, Derecho Internacional Público, *op. cit.*, pp. 37-38.

94 Establecida por ONU, AG: "Establecimiento de una Comisión de Derecho Internacional", A/RES/174(II) (21/11/1947). El Estatuto de la Comisión se encuentra anexo a esta resolución.

95 Véase Crema, L. The ILC's New Way of Codifying International Law, the Motives Behind It, and the Interpretive Approach Best Suited to It. En Panos Merkouris, Jörg Kammerhofer, Noora Arajärvi (eds.) The Theory, Practice and Interpretation of Customary International Law. Cambridge: Cambridge University Press, 2022.

96 Cohen, H. G. Fragmentation. En Jean d'Aspremont, Sahib Singh (eds.) Concepts for International Law. Contributions to Disciplinary Thought. Cheltenham - Northampton: Edward Elgar Publishing, 2019, p. 315.

97 *Ibid.*

Comisión de Derecho Internacional de Naciones Unidas se dedicó a analizar este asunto, y consideró que no era realmente un problema, sino que la expresión de que el derecho internacional sería un sistema en el que hay que analizar cada fuente del derecho, usando principios como el de la *lex specialis* y la *lex posterior* (de los que se hablará más adelante), para determinar cuál es la normativa aplicable y el órgano competente.[98] Sin embargo, esta materia aún se presta para debates, pues las técnicas propuestas por la Comisión son flexibles y pueden entrar en conflicto entre sí, y porque la misma Comisión no se refirió a la dimensión institucional de la fragmentación ni a las fuentes normativas *quasi-autónomas*.[99]

---

98 Véase en general Comisión de Derecho Internacional, "Fragmentación del Derecho Internacional: Dificultades Derivadas de la Diversificación y Expansión del Derecho Internacional", Anuario de la Comisión de Derecho Internacional 2006. Informe de la Comisión a la Asamblea General sobre la Labor Realizada en su Quincuagésimo Octavo Período de Sesiones, vol. II, A/CN.4/SER.A/2006/ Add. 1 (Part 2), 2006.

99 Young, M. A. (ed.), Regime Interaction in International Law. Facing Fragmentation. Cambridge: Cambridge University Press, 2012, pp. 3-4.

CAPÍTULO 2

FUENTES DEL DERECHO INTERNACIONAL[100]

2.1. DEFINICIÓN Y ENUMERACIÓN

2.1.1. Cuestiones generales

Las fuentes *formales* del derecho internacional público son uno de los temas más relevantes en esta disciplina. Ello es así porque las fuentes dicen, justamente, qué es el derecho internacional, cuáles son las normas que deben seguir los Estados para actuar conforme a derecho. Las fuentes formales no son de fácil definición, pero puede decirse que son los tipos de normas que componen el derecho. También se dice que son los "procedimientos mediante los que se crean las normas de un determinado sistema jurídico".[101]

La palabra "fuente" es equívoca, y su aplicación al derecho internacional público lo refleja. En efecto, la expresión *fuentes del derecho internacional público* podría referirse también a las fuentes *materiales*, que son "las condiciones sociales, políticas, económicas o culturales que están en el origen de las normas y que influyen en su contenido"[102] (por ejemplo, la Segunda Guerra Mundial fue una fuente material de la protección jurídica internacional de los refugiados). Este libro se centrará en las fuentes formales, aunque se haga alguna que otra referencia esporádica a las fuentes materiales.[103]

La tesis dominante considera que las fuentes formales disponen qué es el derecho.[104] Sin embargo, existe la teoría de la relatividad normativa, según la cual no sería tan fácil determinar el contenido del derecho internacional, atendido que no habría realmente una

---

100 Partes de este capítulo fueron publicadas previamente en Paúl, A. Las Fuentes del Derecho Internacional Público: Cuestiones Generales. En Jaime Tijmes, Andrés Delgado Casteleiro, Andrea Lucas Garín (eds.) Derecho Internacional Público. Valencia: Tirant lo Blanch, 2023.

101 Casanovas; Rodrigo, Compendio de Derecho Internacional Público, *op. cit.*, p. 67.

102 *Ibid.*

103 Además de los conceptos que se nombran, la palabra fuentes podría referirse a las "fuentes de conocimiento", que son los libros o documentos donde se encuentran las fuentes formales, por ejemplo, recopilaciones de tratados o sitios de internet. *Ibid.*

104 La mayoría de los libros de derecho internacional público comienzan haciendo referencia a las fuentes, lo que denota que, en cierto grado, se adopta la tesis de las fuentes, es decir, una visión relativamente formalista o positivista del derecho internacional, que ha sido la tesis dominante en la doctrina sobre el derecho internacional. Sin embargo, no es la única tesis que adoptan los autores, pues existen escuelas diversas, como el realismo, el New Haven, o teorías posmodernas. Véase D'Aspremont, J. Formalism and the Sources of International Law. A Theory of the Ascertainment of Legal Rules. New York: Oxford University Press, 2011, pp. 83-117.

distinción clara entre lo que es derecho internacional y lo que no lo es —entre lo que obliga y lo que no—, sino que existirían instrumentos con diverso grado de obligatoriedad.[105] Quienes apoyan esta teoría pueden fundarla en el hecho de que hay *normas no jurídicas de comportamiento* que compelen fuertemente a los Estados. Ello es similar al modo en que ciertas conductas socialmente esperables, o que forman parte de un mandato moral, pueden ser más respetadas a nivel interno que algunas normas jurídicas. Sin embargo, dichas expectativas de comportamiento compelen por criterios extrajurídicos, por lo que no debieran ser aplicadas por tribunales, pues estos están llamados a aplicar solo mandatos jurídicos.[106] Por otro lado, las normas jurídicas no pueden obligar (o prohibir o permitir) a medias, sin perjuicio de que ellas puedan ser poco respetadas en algunos casos.[107] En efecto, el respeto por ciertas normas no es reflejo necesario de su juridicidad.[108]

2.1.2. Artículo 38 del Estatuto de la Corte Internacional de Justicia

El primer párrafo del artículo 38 del Estatuto de la Corte Internacional de Justicia (CIJ) recoge las fuentes del derecho internacional público universalmente aceptadas.[109] Dicha norma fue copiada casi literalmente del artículo 38 del Estatuto de la Corte Permanente de Justicia Internacional (predecesora de la CIJ).[110] El estatuto de la CIJ dispone:

105 Goldmann, M. Relative Normativity. En Jean d'Aspremont, Sahib Singh (eds.) Concepts for International Law. Contributions to Disciplinary Thought. Cheltenham - Northampton: Edward Elgar Publishing, 2019, pp. 740-741.

106 Algunos propulsores de la relatividad normativa consideran que se les debería dar cierta normatividad a reglas que cumplan con criterios de respetabilidad del órgano que las crea, la transparencia en su proceso de creación, la aceptación de la regla, entre otras (Pauwelyn y otros, When Structures Become Shackles..., *op. cit.*, p. 757).

107 En ese sentido, a nivel interno, no es menos jurídica la norma del tránsito que prohíbe tocar la bocina en zonas urbanas, salvo para prevenir accidentes, que la que prohíbe avanzar en una luz roja, aunque una se acate más que la otra (Cfr. Arts. 74 y 104, Chile, Decreto con Fuerza de Ley 1 (29/10/2009), *Fija Texto Refundido, Coordinado y Sistematizado de la Ley de Tránsito*).

108 En efecto, puede ocurrir que los sujetos internacionales acaten más algunas normas extrajurídicas que otras jurídicas, al igual como ocurre con los ordenamientos nacionales. Por ejemplo, es probable que las personas respeten más la norma meramente social que exige alabar la ternura o belleza de los recién nacidos, que la norma del tránsito que prohíbe tocar la bocina (Art. 74, *Ibid.*). Un poco más de la opinión del autor de este libro sobre la relatividad normativa puede verse en Paúl, Las Fuentes del Derecho Internacional..., *op. cit.*, pp. 72-74.

109 Estatuto de la Corte Internacional de Justicia (26 de junio de 1945) (en adelante, Estatuto de la CIJ).

110 Estatuto de la Corte Permanente de Justicia (16 de diciembre de 1920). Esta corte pertenecía a la Sociedad de las Naciones o Liga de las Naciones (predecesora de la ONU).

Artículo 38

1. La Corte, cuya función es decidir conforme al derecho internacional las controversias que le sean sometidas, deberá aplicar:

a. las convenciones internacionales, sean generales o particulares, que establecen reglas expresamente reconocidas por los Estados litigantes;

b. la costumbre internacional como prueba de una práctica generalmente aceptada como derecho;

c. los principios generales de derecho reconocidos por las naciones civilizadas;

d. las decisiones judiciales y las doctrinas de los publicistas de mayor competencia de las distintas naciones, como medio auxiliar para la determinación de las reglas de derecho, sin perjuicio de lo dispuesto en el Artículo 59.

2. [...]

Artículo 59

La decisión de la Corte no es obligatoria sino para las partes en litigio y respecto del caso que ha sido decidido.

Entonces, las fuentes universalmente aceptadas serían las convenciones internacionales (tratados), la costumbre y los principios generales del derecho. Antes de la creación de la Corte Permanente de Justicia Internacional (CPJI), los tribunales arbitrales (tribunales creados por acuerdo de las partes) ya usaban estas fuentes para fallar, por lo que esta norma no innovó al establecerlas, sino que solo trató de plasmarlas para efectos de regular el actuar de la CIJ.[111] Tampoco innovó al referirse a los medios auxiliares para la determinación de las reglas del derecho.

El artículo 38 no dispone que las fuentes enumeradas sean las del derecho internacional público en general, sino que solo afirma que son las fuentes que la CIJ ha de aplicar. Sin embargo, dado que ella debe fallar conforme al derecho internacional (como indica el propio artículo), y que es una corte de jurisdicción general (es decir, que puede revisar cualquier tema y aplicar cualquier norma de derecho internacional),[112] se puede concluir que las fuentes allí indicadas son fuentes del derecho internacional público en general.

La mayoría de los autores afirma que el artículo 38 no agotaría todas las fuentes del derecho internacional público,[113] por lo que sería posible afirmar la existencia de otras fuentes. Más adelante se tratarán algunas de esas potenciales fuentes adicionales.

---

111 Thirlway, H. The Sources of International Law. Oxford: Oxford University Press, 2019, p. 10.

112 Es decir, no tiene competencia para resolver solo sobre un tema en específico, como lo sería, por ejemplo, el derecho del mar o el derecho de los DD. HH.

113 Algunos afirman esto porque el Art. 38 no dispone que las enumeradas sean las *únicas* fuentes del derecho internacional, aunque sí dispone que la CIJ debe aplicar el derecho internacional, a secas, y luego enumera cuáles serían las fuentes de ese derecho, lo que haría pensar que se trata de una lista taxativa.

El orden en el que aparecen las fuentes en el artículo 38 no expresa una jerarquía,[114] pues no hay orden de prelación entre las fuentes del derecho internacional (a excepción de lo que ocurre con las normas de *jus cogens*[115] y los principios generales del derecho, según se verá más adelante). Sin embargo, los tratados suelen prevalecer por sobre la costumbre, pues cuando existe una costumbre en la misma materia que un tratado, ella es generalmente anterior, y la norma posterior tiende a recoger o derogar la anterior. Los tratados también suelen prevalecer porque "surten a menudo efectos de ley especial en relación con el derecho consuetudinario pertinente y con los principios generales".[116] Además, la costumbre internacional suele ser de formación lenta e imprecisa, y es difícil que surja en un área que ya está regulada por un tratado.

Más adelante se verá que los tratados y la costumbre pueden estar relacionados, sobre todo en temas clásicos como el uso de la fuerza o el derecho de los tratados. La CIJ ha afirmado que una misma norma puede existir, a la vez, de modo consuetudinario y convencional, manteniendo cada fuente su independencia.[117] Esto podría parecer redundante, pero no lo es, pues un Estado puede no ser parte de un tratado (por lo que no estaría obligado por este), pero estar vinculado por una costumbre que disponga lo mismo.

Sin perjuicio de que no existe una jerarquía entre las fuentes, los principios generales del derecho suelen ser de aplicación supletoria, pues sirven para llenar un vacío legal o para indicar cómo aplicar tratados y costumbre. Por ejemplo, el principio de la buena fe auxilia en la interpretación de las obligaciones derivadas de un tratado o costumbre. Se hablará en detalle de cada fuente más adelante, lo que hará más fácil entender lo que se acaba de decir.

Finalmente, las decisiones judiciales y la doctrina de los publicistas no son fuentes del derecho internacional (aunque algunos las llamen fuentes auxiliares o secundarias). En efecto, los fallos judiciales o las obras de académicos no pueden crear una regla jurídica —sin perjuicio de lo que se dirá al hablar de la jurisprudencia en particular—, pero pueden servir para mostrar la existencia de una norma (especialmente en el caso de la costumbre) o para interpretar y dar un contenido concreto a disposiciones algo oscuras. Por ejemplo, en el fallo del *caso sobre la Obligación de Negociar (Bolivia contra Chile)*, la CIJ citó sentencias previas que reconocían un principio (que los actos unilaterales de los Estados pueden obligarlos), para analizar la situación concreta que le presentó Bolivia.[118] Así, la CIJ aplicó un principio general del derecho (esa fue la fuente), pero citó sus sentencias previas para evitar detallar nuevamente el razonamiento efectuado en los fallos citados.

---

114 Wouters, J. y otros, International Law..., *op. cit.*, p. 168.

115 Por mientras, basta con decir que son unas pocas normas, pero de particular importancia, que los sujetos internacionales deben respetar, y en contra de las cuales no se puede pactar nada, por ejemplo, la prohibición del genocidio.

116 Comisión de Derecho Internacional, Fragmentación del Derecho Internacional..., *op. cit.*, p. 196.

117 CIJ, *Case Concerning Military and Paramilitary Activities in and Against Nicaragua (Nicaragua v. United States of America)*, 1986, párr. 176.

118 CIJ, *Obligation to Negotiate Access to the Pacific Ocean (Bolivia v. Chile)*, 2018, párr. 146.

El artículo 59 del Estatuto también es relevante, pues indica que la CIJ no funciona con un sistema de precedentes, donde los fallos anteriores sean vinculantes.[119] No obstante esto, ella cita frecuentemente sus sentencias previas para justificar decisiones, y suele respetar su propia línea jurisprudencial. Más aún, la CIJ ha señalado que, aunque no está obligada a seguir sus fallos anteriores, deben existir motivos apremiantes para que ella se aparte de sus interpretaciones previas.[120] Ello es razonable, ya que no parecería justo que, ante una misma situación, la CIJ tomara decisiones distintas.

2.2. GENERALIDADES SOBRE LOS TRATADOS

La rama del derecho internacional que regula los tratados se llama *derecho de los tratados*. Es un área bastante amplia, por lo que se tratará más adelante como una unidad en sí misma. Ahora solo se hará una breve introducción sobre los tratados, para que sea más comprensible la descripción de las demás fuentes, que se tratarán a continuación.

Los tratados son acuerdos, cualquiera sea su denominación particular, celebrados entre sujetos del derecho internacional, y que buscan generar efectos regidos por este derecho.[121] Ellos deben buscar generar obligaciones jurídicas, porque existen acuerdos entre Estados, o entre Estados y otros sujetos del derecho internacional, que solo son acuerdos políticos, que no buscan ser vinculantes.[122] Se afirma que los tratados deben estar regidos por el derecho internacional, porque hay acuerdos entre Estados que se rigen por el derecho nacional, como podría ocurrir si Codelco (una empresa del Estado de Chile) contrata con una empresa perteneciente a otro Estado. En ese caso, habría dos instituciones estatales firmando un acuerdo, pero este estaría probablemente regido por las normas internas del Estado en el que contraten. Los tratados pueden ser bilaterales o multilaterales, según si tienen dos o más partes. Esta distinción es importante para algunas materias.[123]

Las partes pueden dar distintos nombres a los tratados. Algunas denominaciones comunes son:

- Tratado, convención, convenio o acuerdo: son nombres genéricos.
- Pacto: esta expresión suele usarse en tratados que tocan temas fundamentales, como de derechos humanos.

---

119 En otras palabras, la doctrina del *stare decisis* no tiene formalmente un lugar en el derecho internacional.

120 CIJ, *Case Concerning Application of the Convention on the Prevention and Punishment of the Crime of Genocide (Croatia v. Serbia)*, 2008, párrs. 53 y 54.

121 Esta definición se basa parcialmente en Convención de Viena sobre el Derecho de los Tratados (23 de mayo de 1969).

122 Esto ocurre, por ejemplo, con los llamados *memorándums de entendimiento*, aunque, en ocasiones, se les ha dado también este nombre a tratados (Aust, A. Modern Treaty Law and Practice. Cambridge: Cambridge University Press, 2014, p. 24).

123 Por ejemplo, para el proceso de negociación de un tratado, o para las reservas (ambos asuntos se verán al tratar dichos temas en particular).

- Carta: suelen llamarse así los tratados que crean organismos internacionales, por ejemplo, la Carta de las Naciones Unidas o la Carta de la Organización de los Estados Americanos.
- Protocolo: esta designación se refiere a tratados relacionados con, o dependientes de, un tratado anterior, por ejemplo, el Protocolo al Pacto Internacional de los Derechos Civiles y Políticos en Materia de Pena de Muerte.
- Concordato: así se llaman algunos tratados internacionales celebrados entre la Santa Sede y un Estado, que definen las relaciones entre ambos.[124]

Existen otras denominaciones menos comunes, algunas de las cuales pueden inducir a error sobre la naturaleza del instrumento nombrado. Por ello, para determinar si algo es un tratado, hay que escrutar su texto para saber si la intención de las partes era obligarse jurídicamente.[125]

Según se afirmó previamente, los tratados generalmente prevalecen sobre la costumbre. Esto no se da por jerarquía, sino que por la realidad práctica. Una costumbre y un tratado pueden regular conjuntamente un área, sin oponerse. Ello suele ocurrir cuando:

- Existiendo una costumbre en la materia, se aprueba un tratado posterior que recoge esa costumbre (para delimitarla adecuadamente por escrito). Esto es lo que se denomina *codificación* en derecho internacional. Dicho tratado no se opondrá a la costumbre ni buscará apartarse de ella (si el tratado se opusiera a la costumbre, la derogaría entre los Estados parte, por tratarse de una norma posterior).
- Existiendo un tratado en la materia, surge una costumbre posterior. Atendido que la costumbre es imprecisa y de formación lenta (pues uno de sus requisitos es que exista una práctica constante y uniforme), es difícil que vaya contra el texto expreso de un tratado sin que los demás Estados parte se opongan. Por ello, lo más probable es que la costumbre que surja con posterioridad a un tratado sea una que adopte la misma práctica que establece el tratado, pero abarcando también a Estados que no son parte del mismo.

Dentro de los principios aplicables a los tratados, dos muy importantes son el principio del *pacta sunt servanda*, que significa que lo pactado obliga, y el de la *autonomía de la voluntad*,[126] según el cual los Estados son libres de pactar lo que quieran, sobre el tema que quieran, y del modo que quieran (sin perjuicio de que puedan incurrir en responsabilidad internacional al hacerlo, si este tratado contraría una obligación que se tenga con terceros Estados). La única limitación a esta autonomía vendrá dada por la existencia de normas de

124 Hoy en día, se reserva ese uso para convenios solemnes generales, existiendo diversos nombres para otros tipos de tratados celebrados por la Santa Sede, por ejemplo: "*Modus vivendi*, para los Convenios con un cierto matiz bien de interinidad, bien de solución de emergencia" (Corral Salvador, Derecho Internacional Concordatario. Madrid: Biblioteca de Autores Cristianos, 2009, pp. 5-6).

125 Aust, Modern Treaty Law..., *op. cit.*, pp. 24-25.

126 Benadava, Derecho Internacional Público, *op. cit.*, p. 44.

jus cogens, de las que se hablará más adelante. También es pertinente el principio del *pacta tertiis*, según el cual no pueden aplicarse a terceros Estados los tratados en los que ellos no han consentido.

2.3. COSTUMBRE

2.3.1. Concepto y elementos de la costumbre

Tomando lo dispuesto en el artículo 38 del Estatuto de la CIJ, puede decirse que la costumbre internacional es una fuente del derecho internacional consistente en una práctica generalmente aceptada como derecho. En ocasiones se usa la expresión *normas de derecho internacional general* para referirse a la costumbre.[127]

Los elementos de la costumbre son los siguientes:

- Elemento material, objetivo o *usus*: consiste en que haya una práctica general.[128] Para entender esto, se puede dar el siguiente ejemplo hipotético: si los Estados, en forma constante y uniforme, autorizaran el ingreso sin visa a su territorio de los directores de organizaciones intergubernamentales, esa sería una práctica general. La CIJ ha afirmado que debe dársele consideración especial a la práctica de los *Estados especialmente afectados* por una determinada regla, pero esta afirmación es más compleja de lo que parece.[129]
- Elemento subjetivo, espiritual u *opinio juris*. Es la creencia de que la práctica que se sigue es exigida por el derecho.[130] En otras palabras, no basta con que los Estados realicen un acto, sino que deben realizarlo pensando que están obligados a hacerlo. Siguiendo con el ejemplo anterior, no basta con que los Estados autoricen el ingreso a su territorio de los directores de organizaciones intergubernamentales, sino que deben hacerlo porque piensan que el derecho internacional se los exige. Los Estados podrían tener esta creencia por distintos motivos, por ejemplo, porque lo han hecho así siempre y olvidaron el origen voluntario de ese comportamiento, o porque consideran que es una consecuencia lógica de otra norma que sí es claramente vinculante.

---

127 Como en el párrafo final del preámbulo de la Convención de las Naciones Unidas sobre el Derecho del Mar (10 de diciembre de 1982).

128 Solía decirse que la práctica debía ser "constante y uniforme", pero aquí se adopta la definición de la Comisión de Derecho Internacional, que en su texto "Identificación del Derecho Internacional Consuetudinario" habla de una "práctica general" (ONU, Asamblea General, "Informe de la Comisión de Derecho Internacional sobre la Labor Realizada en su 70° Periodo de Sesiones (30 de abril a 1 de junio y 2 de julio a 10 de agosto de 2018)", A/73/10, p. 128).

129 A. Roberts, A.; Sivakumaran, S. The Theory and Reality of the Sources of International Law. En Malcolm D. Evans (ed.), International Law. Oxford: Oxford University Press, 2024, p. 100.

130 La CIJ se refirió a este elemento de la costumbre en los casos de la plataforma continental del Mar del Norte (CIJ, *North Sea Continental Shelf Cases (Federal Republic of Germany/Denmark; Federal Republic of Germany/Netherlands)*, 1969, párrs. 71-72).

Algunas teorías, basadas en el caso de *Nicaragua contra Estados Unidos*, sostienen que la práctica en sí no es necesaria, sino que bastaría la *opinio juris*.[131] Sin embargo, estas teorías han sido bastante criticadas, y la doctrina mayoritaria sigue opinando que los dos elementos son esenciales.[132] Más aún, así lo estima la Comisión de Derecho Internacional de Naciones Unidas.[133] Sin embargo, esto no ha impedido que algunos hablen de diversas formas de costumbre, en las que se le da mayor o menor énfasis a la práctica o a la *opinio juris*,[134] ni que la misma CIJ haya modificado sus estándares a través del tiempo. Por ejemplo, en un caso reciente, ella afirma que una práctica extensa y convincente podría ser considerada una expresión de *opinio juris*.[135]

En principio, la práctica general y la *opinio juris* deben darse en la comunidad internacional como un todo, a nivel *universal*. Sin embargo, pueden existir costumbres regionales o bilaterales, según ha afirmado la CIJ. En efecto:

- En el *caso de Asilo* se alegaba la existencia de una costumbre regional americana relativa al asilo. Si bien la CIJ no dio por probada dicha costumbre, declaró que nada impedía el surgimiento de costumbres regionales.[136]
- En el *caso entre Costa Rica y Nicaragua sobre Derechos de Navegación*, la CIJ declaró la existencia de una costumbre bilateral de autorizar la pesca en la orilla costarricense del río San Juan.[137]

---

131 CIJ, *Case Concerning Military and Paramilitary Activities in and Against Nicaragua (Nicaragua v. United States of America)*, 1986, párr. 186.

132 Petersen, P. Customary Law Without Custom? Rules, Principles, and the Role of State Practice in International Norm Creation, American University International Law Review 23, 2, 2007, pp. 282-283.

133 ONU, AG: "Identificación del Derecho Internacional Consuetudinario", A/RES/73/203 (20/12/2018), anexo, conclusiones 2-3.

134 Por ejemplo, se ha afirmado que la "costumbre tradicional" sería una regla que se obtiene por inducción, donde tendría una gran importancia la práctica, y que se daría especialmente en materias más técnicas (como la que indica por dónde deben adelantar los buques), mientras que la "costumbre moderna" se obtendría por deducción, a partir de reglas establecidas en algunos tratados multilaterales y resoluciones de órganos como la AGNU, teniendo especial importancia la *opinio juris*, y sería más propia de normas de naturaleza moral (como la prohibición de la tortura) (Roberts; Sivakumaran, The Theory and Reality..., *op. cit.*, pp. 109-111).

135 CIJ, *Question of the Delimitation of the Continental Shelf Between Nicaragua and Colombia Beyond 200 Nautical Miles from the Nicaraguan Coast (Nicaragua v. Colombia)*, 2023, párr. 77.

136 CIJ, *Colombian - Peruvian Asylum Case (Colombia v. Peru)*, 1950, p. 277. Desde 1954 existe una convención regional sobre el asilo diplomático, pero no ha sido ratificada por Chile. Convención sobre Asilo Diplomático (28 de marzo de 1954).

137 CIJ, *Dispute Regarding Navigational and Related Rights (Costa Rica v. Nicaragua)*, 2009, párrs. 140-141. Previamente, en el *caso del derecho de paso entre Portugal e India*, ocurrió algo similar al *caso de Asilo*, pues la CIJ no dio por probada una costumbre bilateral, pero reconoció que podría haberlas en otros casos (CIJ, *Case Concerning the Right of Passage Over Indian Territory (Portugal v. India)*, 1960, p. 9).

2.3.2. Otras cuestiones sobre la costumbre

Si un Estado se opone constantemente al surgimiento de una costumbre y —una vez que ella se consolida como tal— a su aplicación, dicho Estado tendría la calidad de "objetor persistente", lo que trae como consecuencia que la costumbre no lo obligará, no le será oponible.[138] Por eso es importante que los Estados se opongan a prácticas o declaraciones que hagan los representantes de otros Estados, cuando no quieran que ellas contribuyan a la formación de una costumbre que los obligue. Como excepción a lo ya dicho, la objeción persistente no eximirá de cumplir una costumbre de *jus cogens*,[139] que son normas de particular relevancia, que se tratarán más adelante.

La costumbre suele ser de formación lenta e imprecisa. Sin embargo, autores como Bin Cheng han afirmado que podría surgir una *costumbre instantánea* cuando una *opinio juris* surgiera en un periodo corto entre los Estados respecto de un determinado punto.[140] Cheng consideraba que una resolución de la Asamblea General de Naciones Unidas podía positivizar esta *opinio juris* instantánea, y él estimaba que esa era la opinión de algunos Estados en relación con dos resoluciones sobre el espacio ultraterrestre o cósmico.[141] Esta teoría está en línea con la idea de que la formación de una costumbre internacional exigiría solo *opinio juris*. Sin embargo, la Comisión de Derecho Internacional opina que es necesario que exista práctica, aunque no exija una duración determinada.[142]

Los tribunales deben dar por probada la existencia de costumbres internacionales, pues no existe un registro internacional que las recoja. En principio, ellos debieran constatar sus dos elementos (práctica y creencia; *usus* y *opinio iuris*), pero como eso es difícil, los tribunales suelen demostrar la existencia de costumbre internacional recurriendo a fallos

---

138 Sin embargo, se afirma que es probable que no sea efectiva la objeción persistente a una regla ampliamente apoyada (Charlesworth, H. Law-Making and Sources. En James Crawford, Martti Koskenniemi (eds.), The Cambridge Companion to International Law. Cambridge: Cambridge University Press, 2013, p. 195). Se ha hablado también sobre la posibilidad de constituirse en un objetor subsecuente, una vez que ya surgió la costumbre, pero dicha propuesta no ha tenido aceptación (*Ibid.*).

139 Comisión de Derecho Internacional; A. G. Naciones Unidas, "Normas Imperativas de Derecho Internacional General (Ius Cogens)", Informe de la Comisión de Derecho Internacional. 71er período de sesiones (29 de abril a 7 de junio y 8 de julio a 9 de agosto de 2019), 2019, p. 158.

140 Así lo planteó Bin Cheng en un artículo de 1965, republicado posteriormente en Cheng, B. Studies in International Space Law, Oxford University Press, Oxford - New York, 1997, pp. 138-139. Para un cuestionamiento de las teorías sobre el surgimiento de costumbre instantánea a propósito de tratados quasi-universales, véase Weil, P. Towards Relative Normativity in International Law?, The American Journal of International Law 77, 1983, pp. 435-436.

141 Cheng, Studies..., *op. cit.*, pp. 139 ss. Las resoluciones revisadas por Cheng son: ONU, AG: "Cooperación Internacional para la Utilización del Espacio Ultraterrestre con Fines Pacíficos", A/RES/1721(XVI) (20/12/1961), y ONU, AG: "Declaración de los Principios Jurídicos que Deben Regir las Actividades de los Estados en la Exploración y Utilización del Espacio Ultraterrestre", A/RES/1962(XVIII) (13/12/1963).

142 ONU, AG: "Identificación del Derecho Internacional Consuetudinario", A/RES/73/203 (20/12/2018), anexo, conclusión 8.2. Léase en conjunto con Jalloh, C. C. Identification of Customary International Law. Statement of the Chair of the Drafting Committee 2018, p. 10.

judiciales anteriores. Los tribunales internacionales no suelen ser particularmente rigurosos al definir que cierta práctica constituye una costumbre. Esta afirmación incluye a la CIJ,[143] como puede observarse en la *opinión consultiva sobre el archipiélago Chagos*, de comienzos de 2019. En ella, la Corte tenía que determinar si existía una costumbre sobre el derecho a la autodeterminación de los pueblos en 1968 (el año en que se independizó la República de Mauricio), pero en vez de analizar la práctica y la *opinio juris*, se basó directamente en lo dispuesto en algunas resoluciones de la Asamblea General de la ONU.[144]

2.3.3. Interacciones entre los tratados y la costumbre

a. Codificación

La expresión *interacciones entre convenciones y costumbre internacional* se refiere a los efectos que ellas pueden tener entre sí, en el sentido de que unas pueden influir en la creación de las otras. La primera de tales interacciones es la codificación, que consiste —en derecho internacional— en que un tratado recoja una costumbre ya existente.[145] Es útil codificar costumbre internacional, porque ello hace indubitable la existencia de la norma, y regula con más claridad su contenido. Como se afirmó previamente, la Convención de Viena sobre el Derecho de los Tratados sirve de ejemplo en este punto, pues codifica —entre otras— ciertas normas sobre la terminación de los tratados.

Cuando un tratado codifica o recoge normas consuetudinarias, comienza a regular un asunto ya regido por la costumbre. Sin embargo, no derogará la costumbre, la que seguirá existiendo. La ventaja de que la costumbre subsista es que ella continuará obligando a los Estados que no forman parte del tratado, y a los que eventualmente se retiren del tratado que codificó costumbre. Además, ella puede complementar las normas del tratado en las materias en que este tenga vacíos.

Puede ocurrir que un tratado regule una materia amplia, y que parte de esta regulación recoja una costumbre, y parte de ella sea contraria a la costumbre. En ese caso, el tratado codificaría una parte de la costumbre, pero derogaría otra parte de la costumbre respecto de los Estados que ratificaron el tratado. Las normas que no sean incompatibles con el tratado mantendrán su vigencia en cuanto costumbre.

143 Sobre los mecanismos que utiliza la CIJ para determinar si una norma es una forma de costumbre internacional, véase Talmon, S. Determining Customary International Law: The ICJ's Methodology between Induction, Deduction and Assertion, The European Journal of International Law 26, 2, 2015.

144 CIJ, *Legal Consequences of the Separation of the Chagos Archipelago from Mauritius in 1965*, 2019, párrs. 148-155.

145 No hay que confundir este significado con el concepto usado en el contexto del proceso de la codificación decimonónica, que se refería a la regulación de toda un área en una sola ley llamada "código".

b. Cristalización

La cristalización ocurre cuando la costumbre surge durante el tiempo de discusión y tramitación de un tratado (la tramitación de un tratado puede durar años, incluso décadas). En estos casos, la discusión y tramitación del tratado puede cristalizar o dar forma a la costumbre, es decir, durante dicho proceso se puede aclarar un elemento oscuro o generar uno que era necesario para el surgimiento de la costumbre. Por ejemplo, si antes de la negociación de un tratado no había *opinio juris* respecto de cierta práctica, pero durante la conferencia que lo negocia y redacta queda de manifiesto que los Estados actúan así porque consideran que es una obligación jurídica, se demuestra que no solo existe la práctica, sino que también la *opinio juris*. Para saber si la aprobación de un tratado cristaliza una costumbre internacional, puede prestarse atención a diversos elementos, como al modo como se propuso una norma o a si permite la interposición de reservas.[146]

c. Generación

Cuando no existía una costumbre —ni antes del tratado ni durante su proceso de negociación—, pero surge después de aprobado un tratado e impulsada por dicha aprobación, se habla de generación. En otras palabras, la comunidad internacional toma ciertas reglas de ese tratado y las aplica universalmente con *opinio juris*, transformándolas en costumbre. Para saber si hay una costumbre, será muy relevante ver cómo actúan los Estados que no son parte del tratado.[147]

146 CIJ, *North Sea Continental Shelf Cases (Federal Republic of Germany/Denmark; Federal Republic of Germany/Netherlands)*, 1969, párrs. 62-63.

147 *Ibid.*, párrs. 76-63.

FIGURA 1. INTERACCIÓN ENTRE TRATADOS Y COSTUMBRE

Líneas de tiempo para comprender la interacción entre los tratados y la costumbre

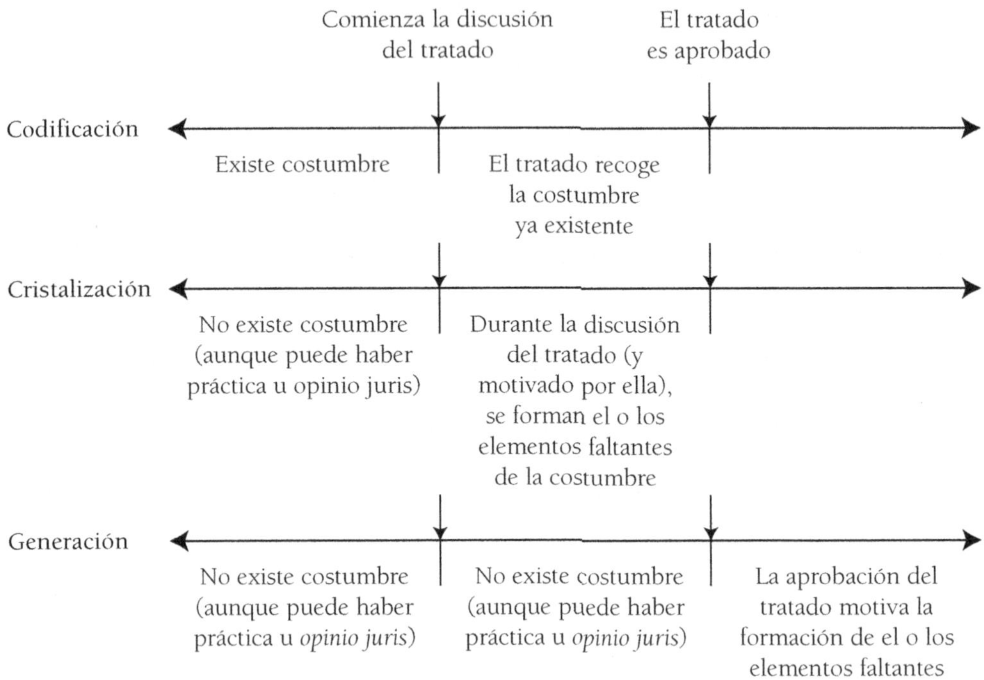

Elaboración propia. Puede dar la impresión de que estas interacciones se refieren solo a una cuestión temporal, pero debe haber una interacción entre la costumbre y el tratado, o su discusión, de modo que una de las fuentes influya en la formación de la otra.

2.4. PRINCIPIOS GENERALES DEL DERECHO

2.4.1. Cuestiones generales

El artículo 38.1.c del Estatuto de la CIJ establece los principios generales del derecho.[148] Los redactores del Estatuto de la Corte Permanente de Justicia Internacional se preguntaron qué ocurriría si no hubiera un tratado o costumbre regulando un cierto problema jurídico. En ese caso, el tribunal podría no tener normas para resolver la cuestión jurídica. Sin embargo, existe un principio procesal general (el *non liquet*) según el cual los tribunales competentes

148 El Estatuto habla de "los principios generales de derecho reconocidos por las naciones civilizadas", pero hoy en día no se utiliza ese término, ya que se considera denigrante.

no pueden abstenerse de fallar. Por eso se estableció que convenía incorporar los principios generales del derecho, para que los jueces pudieran fallar casos donde hay inexistencia de normas aplicables, recurriendo, igualmente, al derecho.[149] En otras palabras, sirven principalmente para llenar vacíos.[150]

Cuando la CIJ utiliza los principios generales del derecho, suele hacerlo sin decirlo explícitamente, sin advertirle al lector que se trata de esta fuente establecida en el artículo 38.1.c de su Estatuto.[151] En todo caso, la CIJ ha hecho uso de los principios en muy contadas ocasiones.[152]

2.4.2. Diversas lecturas de los principios generales

El significado de los principios generales del derecho no es claro, pues existen distintas interpretaciones.[153] En forma reciente, la Comisión de Derecho Internacional adoptó la posición *provisional* de que podría llegar a incluir dos tipos de principios,[154] que antes eran postulados como excluyentes:

- Los principios generales que son comunes a los diversos sistemas jurídicos nacionales: son principios que comparten los distintos grupos de ordenamientos jurídicos nacionales (por ejemplo, los sistemas del derecho continental, los del *common law*, los de inspiración musulmana, etc.). Podría decirse que, mientras que generalmente el derecho internacional se forma en el mismo ámbito internacional, estos principios generales del derecho *pasan* desde los derechos nacionales hacia el internacional. Algunos ejemplos de principios generales del derecho son el principio de la cosa juzgada[155] o el *nemo iudex in causa sua*.[156] Suele afirmarse que parte importante de

---

149 Thirlway, The Sources of International Law, *op. cit.*, pp. 11 y 12. Una reseña detallada de la discusión al elaborar esta norma puede verse en Cheng, B. General Principles of Law as Applied by International Courts and Tribunals. Cambridge: Cambridge University Press, 2006, pp. 6-21.

150 La Comisión de Derecho Internacional sostiene que "contribuyen a la coherencia del sistema jurídico internacional", ya sea que se usen para interpretar y complementar normas de derecho internacional, o "de base" de ciertas normas. Art. 10, Comisión de Derecho Internacional: "Principios Generales del Derecho. Texto Consolidado de los Proyectos de Conclusión 1 a 11 Aprobados Provisionalmente por el Comité de Redacción", A/CN.4/L.971, 2022. Esta afirmación es discutible, pues le daría a los principios un rol diverso del que se tuvo en mente al establecerlos como fuentes del derecho.

151 Crawford, J. Brownlie's Principles of Public International Law. Oxford: Oxford University Press, 2019, p. 33.

152 D'Aspremont, J. The International Court of Justice as a Master of the Sources. En Carlos Espósito, Kate Parlett (eds.) The Cambridge Companion to the International Court of Justice. Cambridge: Cambridge University Press, 2023, pp. 180-185.

153 Es posible encontrar, al menos, cinco formas de entenderlos (Schachter, O. International Law in Theory and Practice. Boston - The Hague - London: Kluwer Law International, 1994, pp. 50-55).

154 Comisión de Derecho Internacional, Principios Generales del Derecho..., *op. cit.* Arts. 3-5.

155 Este principio dispone que cuando una sentencia ejecutoriada ha resuelto definitivamente un asunto, los tribunales no pueden volver a pronunciarse sobre el mismo asunto, salvo excepciones muy calificadas, como lo que ocurre con el recurso de revisión.

156 Significa que nadie puede ser juez en causa propia.

estos principios es de naturaleza procesal,[157] pero también hay bastantes sustantivos, por ejemplo, el principio de que lo pactado obliga, o el que afirma que todo daño intencionalmente causado debe ser debidamente reparado.[158] Se ha dicho que estos principios son un mecanismo por el cual el derecho natural encontró su espacio en el artículo 38 de la CIJ, alejándose del voluntarismo estatal requerido para crear los tratados y la costumbre.[159]

- Los principios generales que puedan formarse en el sistema jurídico internacional, y que se consideran intrínsecos al mismo: estos son principios generales internacionales, como podrían ser el *principio de no intervención* o el *principio de prohibición del uso o de la amenaza del uso de la fuerza.*[160] Estos principios generales del derecho internacional serían propios del actuar en el ámbito internacional, y no se observan necesariamente en el ámbito nacional (algunos carecerían de sentido si fueran adoptados en el ámbito nacional). Cuando la Comisión de Derecho Internacional redactó la disposición provisoria que incluyó estos principios como principios generales del derecho, declaró que no había claridad sobre si estos formaban parte de los establecidos en el artículo 38.1.c.[161] En efecto, puede considerarse que estos no son principios generales del derecho, sino que principios consuetudinarios —en atención a que la Comisión de Derecho Internacional exige que sean reconocidos por la comunidad internacional— o convencionales de aceptación general.

2.4.3. El principio general de la equidad

Al momento de hablar de las fuentes del derecho, es relevante referirse al principio general de la equidad. La equidad puede definirse como un "instrumento de corrección de la ley en lo que ésta falle por su excesiva generalidad, adaptando el mandato normativo a las circunstancias concretas del caso específico".[162]

Es importante referirse a la equidad porque la CIJ la ha usado en múltiples ocasiones, especialmente en casos sobre delimitaciones marítimas.[163] Esto no significa que la CIJ use la equidad pasando por sobre las fuentes del derecho, pues, como ella misma distinguió en el

157 Muchos de ellos pueden verse en Cheng, General Principles of Law..., *op. cit.*, pp. 257-386.

158 Muchos de estos pueden verse en *Ibid.*, pp. 29-253.

159 CIJ, *South West Africa Cases (Ethiopia v. South Africa; Liberia v. South Africa)*, 1966, opinión disidente del juez Tanaka, pp. 294-300.

160 ONU, AG: "Contiene la Declaración Relativa a los Principios de Derecho Internacional Referentes a las Relaciones de Amistad y a la Cooperación entre los Estados de Conformidad con la Carta de las Naciones Unidas", Resolución 2625 (XXV) (24/10/1970). Se ha dicho que gran parte de estos principios estarían codificados en la antedicha declaración, y en el Art. 2 de la Carta de Naciones Unidas (Aguilar Cavallo, G. La Corte Suprema y la Aplicación del Derecho Internacional: Un Proceso Esperanzador, Estudios Constitucionales 7, 1, 2009).

161 Comisión de Derecho Internacional, Informe de la Comisión de Derecho Internacional. 73er periodo de sesiones, Asamblea General, Naciones Unidas, New York, 2022, A/77/10, p. 346.

162 Fundación Tomás Moro, Diccionario Jurídico. Madrid: Espasa Calpe, 1991, p. 380.

163 Thirlway, The Sources of International Law, *op. cit.*, pp. 123-125.

caso de la Disputa Fronteriza entre Burkina Faso y Mali, la equidad podría darse en contra de la ley (*contra legem*), a falta de ley (*praeter legem*), o dentro de la ley (*infra legem* o *secundum legem*),[164] y la CIJ usa esta última para interpretar el derecho vigente.[165] Por otro lado, si la CIJ usa la equidad *praeter legem*, estará haciendo uso de un principio general del derecho (una fuente reconocida en el artículo 38.1.c del Estatuto).[166] La CIJ no ha reconocido hacer uso de la equidad *contra legem*. Así, la equidad en sí misma no debiera ser considerada una fuente del derecho.

También es relevante referirse a la equidad porque el segundo párrafo del artículo 38 del Estatuto establece que las partes pueden conceder a la CIJ el poder de dictar una sentencia *ex aequo et bono*, es decir, fallando totalmente sobre la base de la equidad[167] y no del derecho. Con ello, la CIJ podría obviar las fuentes enumeradas en el primer párrafo, fallando en contra de la ley (*contra legem*). Este poder no impide que la CIJ falle siguiendo el derecho, pero le da la libertad para no hacerlo.

El artículo 38.2 del Estatuto no convierte a la equidad en una fuente del derecho, pues dicha norma es, justamente, una autorización para fallar sin sujetarse necesariamente a las fuentes del derecho. Ni la CIJ ni su antecesora, la CPJI, han utilizado esta figura,[168] probablemente porque los Estados que consideren que el derecho está en su favor, no querrán conceder el poder para fallar *ex aequo et bono*. Además, las partes debieran confiar mucho en la prudencia de la CIJ para darle este poder. En tribunales arbitrales de carácter internacional sí se ha dado un poder equivalente.[169]

2.5. MEDIOS AUXILIARES DE DETERMINACIÓN DE LAS FUENTES

2.5.1. Doctrinas de los más altos publicistas

Como ya se afirmó, el artículo 38.1.d del Estatuto de la CIJ establece que las doctrinas de los más altos publicistas y las decisiones judiciales son un *medio auxiliar* para la determinación de las reglas del derecho, es decir, para identificar normas que pueden catalogarse como aquellas enumeradas en las tres letras anteriores del artículo 38.1. La expresión *doctrinas de*

164 Esta segunda expresión no se usa en el fallo, sino en Pastor Ridruejo, Curso de Derecho Internacional Público..., *op. cit.*, p. 168.

165 CIJ, *Case Concerning the Frontier Dispute (Burkina Faso/Republic of Mali)*, 1986, párr. 28.

166 Thirlway, The Sources of International Law, *op. cit.*, p. 125.

167 Pastor Ridruejo, Curso de Derecho Internacional..., *op. cit.*, p. 168.

168 Thirlway, H. The International Court of Justice. Oxford: Oxford University Press, 2016, p. 28; y Pastor Ridruejo, Curso de Derecho Internacional..., *op. cit.*, pp. 171-172.

169 Por ejemplo, en las comisiones mixtas de reclamaciones entre Venezuela y otros países, se estableció que ellas deberían decidir "sobre la base de la absoluta equidad, sin tener en consideración objeciones de una naturaleza técnica o de las disposiciones de la legislación local". Art. II, Protocolo, 7 de mayo, 1903. Mixed Claims Commission Germany-Venezuela. Constituted under the Protocols of 13 February and 7 May 1903, 1903, en Reports of International Arbitral Awards X, pp. 357-476 (la traducción es nuestra).

los más altos publicistas se refiere a los escritos de los autores especialistas en la materia, a la doctrina. Antiguamente, cuando el derecho internacional no estaba altamente desarrollado, era muy usual recurrir a autores clásicos. Los árbitros de los siglos XIX y comienzos del XX solían citar a los autores del siglo XVII, por ejemplo, a Hugo Grocio. Hoy en día esta fuente no tiene tanta importancia, pero aún se utiliza; particularmente relevantes son los escritos de la Comisión de Derecho Internacional de las Naciones Unidas.

La doctrina y la jurisprudencia son frecuentemente utilizadas para dar por probada una costumbre internacional o una práctica u *opinio juris*. También podrían usarse para conocer el modo en que debe interpretarse una norma. Muchas veces la Comisión de Derecho Internacional de Naciones Unidas declara que ciertas normas tienen valor de derecho consuetudinario, y los tribunales les dan dicho valor al momento de la resolución de conflictos. No obstante, estos medios auxiliares no son fuentes.

2.5.2. Decisiones judiciales

El artículo 38 no especifica a qué tipo de sentencias se refiere, si a decisiones de tribunales internacionales o nacionales, pero se entiende que las incluye a ambas. Sin embargo, los operadores del derecho generalmente recurren a las sentencias de las cortes internacionales, principalmente, de la CIJ o de la antigua Corte Permanente de Justicia Internacional.

Si bien las sentencias tienen un rol auxiliar en la determinación de las fuentes o en su interpretación,[170] hay dos situaciones en que ellas cumplen un rol mayor que el de un simple medio auxiliar para determinar las fuentes. En primer lugar, los tratados internacionales pueden conceder a los tribunales el poder de determinar, con aplicación general, el contenido del derecho. En efecto, unos pocos tratados disponen que ciertas sentencias no tendrán efecto solamente para las partes, sino que también para todo un sistema, algo similar a lo que ocurre con los ordenamientos jurídicos donde se aplica el precedente. Así, por ejemplo, el Estatuto de la Corte Centroamericana de Justicia establece que "su doctrina tendrá efectos vinculantes para todos los Estados, órganos y organizaciones que formen parte o participen en el Sistema de la Integración Centroamericana, y para sujetos de derecho privado" (Art. 3). En ese sentido, dicha jurisprudencia opera como fuente, aunque podría ser más apropiado afirmar que la fuente es el tratado internacional que le concede este poder al tribunal. Cuando los tratados que crean un tribunal internacional no le dan dicho poder, este no tiene la posibilidad de crear derecho legítimamente.[171]

170 En este sentido, es discutible que tengan la función de ser un elemento que auxilie en el "desarrollo del Derecho internacional", como ha afirmado la CS de Chile respecto de las decisiones judiciales. Véase CS, rol 7130-2022, Recurso de Protección (apelación), 25/11/2022 (*Deuda Histórica Post Fallo Corte IDH*), cons. 4.°.

171 Por ello, la Corte IDH interpreta inadecuadamente sus propias facultades al afirmar que sus fallos tendrían poder vinculante *erga omnes*. En esta materia, véase Paúl Díaz, A. Los Enfoques Acotados del Control de Convencionalidad. Las Únicas Versiones Aceptables de esta Doctrina, Revista de Derecho Universidad de Concepción 87, 246, 2019, p. 246.

En segundo lugar, las sentencias judiciales también cumplirán un rol mayor al de un simple medio auxiliar de determinación de las fuentes cuando establezcan o desarrollen reglas que vayan claramente más allá de lo que disponga la norma a aplicar.[172] En tales casos, los fallos operan como fuente —aunque sea irregularmente— mientras los Estados no rechacen eficazmente las actuaciones *ultra vires* de los tribunales.[173] Por ejemplo, aunque algunos lo discuten, suele decirse que, en el *caso de las Pesquerías (Reino Unido contra Noruega)*, la CIJ habría innovado al aceptar el criterio noruego de las líneas de base recta para determinar el mar territorial de territorios costeros muy accidentados[174] (a pesar de que dicho criterio no se había consolidado como parte del derecho internacional).[175] Otros tribunales, como la Corte Interamericana de Derechos Humanos, son más notorios en su intento por dar a sus sentencias el rol de fuentes de derecho internacional.[176]

2.6. OTRAS POSIBLES FUENTES

El artículo 38 del Estatuto de la CIJ no es una lista que fije a perpetuidad las fuentes del derecho, y es por eso que la mayoría de los autores considera que hay más fuentes, al menos una más que en el artículo 38. Ahora se revisarán algunas de ellas.

2.6.1. Actos jurídicos unilaterales

a. Concepto y ejemplos

La gran mayoría de los autores considera que los actos jurídicos unilaterales de los Estados pueden ser una fuente adicional a las del artículo 38 del Estatuto de la CIJ.[177] Se trata de actos realizados por un Estado, referidos a asuntos internacionales, y que buscan tener efectos jurídicos. No todos ellos tendrán el efecto de obligar a los Estados. A continuación,

---

172 Esto puede ocurrir cuando los tribunales se involucren en la "creación informal de derecho internacional", usando instrumentos no vinculantes, y aplicándolos en la "interpretación" del derecho. Véase Pauwelyn y otros, When Structures Become Shackles..., *op. cit.*, pp. 757-759.

173 Un ejemplo relativamente reciente de oposición estatal se observa en la sentencia del TC Federal alemán de mayo de 2020, donde rechaza la decisión del Tribunal Europeo de Justicia (Petersen, N. Karlsruhe's *Lochner* Moment? A Rational Choice Perspective on the German Federal Constitutional Court's Relationship to the CJEU After the PSPP Decision, German Law Journal 21, 2020).

174 CIJ, *Fisheries Case (United Kingdom v. Norway)*, 1951, pp. 128-139.

175 Scovazzi, T. Where the Judge Approaches the Legislator: Some Cases Relating to Law of the Sea. En Nerina Boschiero, Tullio Scovazzi, Cesare Pitea, Chiara Ragni (eds.) International Courts and the Development of International Law. Essays in Honour of Tullio Treves. The Hague: Asser Press y Springer-Verlag, 2013.

176 Para observar algunas modificaciones que ha hecho la Corte IDH, véase Paúl, A. The American Convention on Human Rights: Updated by the Inter-American Court, Juris Dictio 20, 2017, pp. 53-86.

177 No todos los autores consideran que lo sea, por ejemplo, Thirlway, The Sources of International Law, *op. cit.*, pp. 25-26 y 51-59.

antes de tratar los actos jurídicos unilaterales como potenciales fuentes del derecho, se enumeran los actos jurídicos unilaterales más comunes:[178]

- Notificación: Consiste en la comunicación formal de un asunto a otro Estado o entidad, que no podrá en el futuro alegar desconocimiento del asunto informado. Existen notificaciones que son obligatorias, como la notificación de la intención de retirarse de un tratado.[179]
- Reconocimiento: Se trata de la aceptación de una situación, con la voluntad de que se sigan ciertas consecuencias jurídicas de dicha aceptación.[180] Un ejemplo de reconocimiento fue la decisión de Chile en 2019 de reconocer a Juan Guaidó como presidente encargado de Venezuela[181] (más adelante se tratará en detalle el reconocimiento de Estados y Gobiernos). El derecho internacional prohíbe reconocer situaciones surgidas a partir de la violación de normas de *jus cogens*.[182]
- Protesta: "Es un acto expreso por medio del cual un Estado declara su intención de no admitir o reconocer como legítima una pretensión o una situación determinada. La protesta constituye la contrapartida del reconocimiento".[183] Ella "solo es necesaria cuando, según la situación correspondiente, cabe esperar una toma de posición".[184] Sus efectos varían según la situación fáctica, pero la protesta puede indicar que el Estado se reserva el derecho a accionar en contra de la situación reclamada.[185] La protesta también puede evitar la aquiescencia, una especie de acuerdo tácito. Así, por ejemplo, si las autoridades nacionales de un Estado publican mapas que incluyen dentro de sí el territorio disputado por otro Estado, este tiene que protestar para evitar que su silencio, sumado a otros elementos, pueda constituir aquiescencia sobre la pertenencia de ese territorio al primer Estado.
- Renuncia: Ella es una manifestación clara de la voluntad de abandonar una reclamación o un derecho.[186]
- Promesa: Consiste en una o más declaraciones mediante las que un Estado se obliga a un determinado comportamiento.[187] Generalmente se cita como ejemplo el *caso*

178 Para conocer sobre las discusiones y otros asuntos relativos a los actos unilaterales, véase Kassoti, E. The Juridical Nature of Unilateral Acts of States in International Law, Leiden - Boston: Brill Nijhoff, 2015.

179 Art. 56.2, CVDT. Otra notificación importante es la que se observa en Art. 47, CVDT.

180 Los efectos que se sigan del reconocimiento son múltiples (al menos, se generará el *estoppel*, del que se hablará más adelante) (Kassoti, The Juridical Nature…, *op. cit.*, pp. 36-37).

181 CNN Chile (2019): "Chile reconoce a Juan Guaidó como presidente encargado de Venezuela", *CNN Chile*. Disponible en: https://bit.ly/4c7ERxv. Fecha de consulta: 03/01/2025.

182 Sobre el principio de no reconocimiento, puede verse Vitale, A. The Higher Law and the Principle of Non-Recognition, Chinese Journal of International Law 22, 1, 2023.

183 Benadava, Derecho Internacional Público, *op. cit.*, p. 58.

184 Verdross, Derecho Internacional Público, Madrid: Aguilar, 1982, p. 142.

185 Kassoti, The Juridical Nature…, *op. cit.*, pp. 37-38.

186 *Ibid.*, p. 37.

187 Deben "distinguirse claramente de las simples comunicaciones" (Verdross, Derecho Internacional Público, *op. cit.*, p. 142).

de Ensayos Nucleares, donde varias declaraciones de Francia dieron a entender que prometía no continuar con sus ensayos nucleares atmosféricos en el Pacífico Sur.[188]

b. Requisitos para obligar al Estado

De la enumeración anterior, queda claro que algunos actos jurídicos unilaterales, si bien buscan tener efectos jurídicos, no buscan obligar a los Estados, como ocurre con la renuncia o la protesta. Respecto de los actos jurídicos que pueden obligar a los Estados, la CIJ pareciera tratarlos como fuentes del derecho, y ha formulado los requisitos con que debieran contar para surtir efectos.[189] Tales requisitos son:

- El acto debe contar con publicidad, por ejemplo, que una declaración sea realizada en una conferencia internacional, o que una promesa sea notificada a los Estados interesados.
- El Estado debe tener la intención de obligarse. El acto debe expresar esta voluntad, lo que no será siempre fácil de determinar.
- Quienes realizan el acto deben tener capacidad para obligar al Estado, pues este solamente puede ser obligado por quienes pueden representarlo a nivel internacional. Ellos son: el jefe de Estado, el jefe de Gobierno o el ministro de relaciones exteriores.[190] También pueden representarlo ministros de sectores específicos cuando se refieran a temas propios de su cartera ministerial (por ejemplo, declaraciones de un ministro de bienes nacionales o medioambiente sobre el uso de un río internacional).[191]

Algunos consideran que existe un cuarto requisito, la buena fe. Sin embargo, parece más adecuado decir que no es un requisito, sino que un principio sobre el cual se basa la obligatoriedad de los actos jurídicos unilaterales.[192] También podría afirmarse que un requisito de los actos unilaterales es que no violen una norma de *jus cogens*, pero ese es un requisito de validez de todo acto del derecho internacional público, por lo que no es necesario agregarlo como un requisito especial para que los actos jurídicos unilaterales generen obligaciones.

La Comisión de Derecho Internacional trató de redactar algunas normas claras sobre los actos jurídicos unilaterales y sus requisitos. Así, el año 2006 emitió los *Principios Rectores Aplicables a las Declaraciones Unilaterales de los Estados Capaces de Crear Obligaciones Jurídicas*.

---

188 Kassoti, The Juridical Nature..., *op. cit.*, p. 38.

189 CIJ, *Obligation to Negotiate Access to the Pacific Ocean (Bolivia v. Chile)*, 2018, párr. 141. Ya en el *caso sobre los Ensayos Nucleares*, la CIJ se había referido a tales requisitos. CIJ, *Nuclear Test (New Zealand v. France)*, 1974, párr. 46.

190 CIJ, *Case Concerning Armed Activities on the Territory of the Congo (New Application: 2002) (Democratic Republic of the Congo v. Rwanda)*, 2006, párr. 46.

191 *Ibid.*, párr. 47.

192 Véase el primero de los Principios Rectores sobre Declaraciones Unilaterales. Comisión de Derecho Internacional: "Principios Rectores Aplicables a las Declaraciones Unilaterales de los Estados Capaces de Crear Obligaciones Jurídicas", Anuario de la Comisión de Derecho Internacional 2006. Informe de la Comisión a la Asamblea General sobre la Labor Realizada en su Quincuagésimo Octavo Periodo de Sesiones, vol. II, A/CN.4/SER.A/2006/Add. 1 (Part 2), 2006.

Se trata de un instrumento no vinculante, pero ha sido citado por la CIJ.[193] Sin embargo, debido a la diversa naturaleza que pueden tener los actos unilaterales, estos principios son muy generales.

Un acto jurídico unilateral, aunque fuera vinculante, puede ser revocado mediando justificación, cuando las circunstancias materiales han variado, siempre que concurran ciertas circunstancias, como que otros Estados no hayan actuado sobre la base del mismo, y que haya publicidad de la revocación de dicho acto unilateral.[194]

c. Aquiescencia y estoppel

La aquiescencia y el estoppel son dos instituciones cuya naturaleza jurídica no es clara. Algunos autores califican la aquiescencia, que ahora se explicará, como una forma de acto unilateral tácito[195] (motivo por el cual se tratan ambos conceptos en esta sección). Otros consideran que estas dos instituciones serían principios generales del derecho. Tanto la aquiescencia como el estoppel son conceptos que derivarían del principio general de la buena fe y la equidad.[196]

Aquiescencia. Según lo señalado por una sala de la CIJ en el *caso del Golfo de Maine*, la aquiescencia es un acto "equivalente al reconocimiento tácito manifestado por una conducta unilateral que la otra parte puede interpretar como consentimiento".[197] Así, cuando un Estado no protesta ni realiza otra acción equivalente frente a una conducta de otro Estado, que naturalmente exigiría una reacción suya, se entiende que el primero consiente tácitamente, que considera la pretensión del otro Estado como legítima. En el *caso del Templo de Preah Vihear*, ciertos actos u omisiones de Tailandia —incluyendo la falta de protesta ante un mapa oficial desfavorable— fueron considerados como una aquiescencia a la pretensión territorial de Camboya sobre el Templo de Preah Vihear.[198] Es por esto que es importante protestar o reaccionar frente a ciertas acciones de otros Estados.

Estoppel. El estoppel es una regla que impide a un Estado actuar en contra de sus declaraciones previas, cuando otro Estado actuó de buena fe sobre la base de expectativas generadas por tales declaraciones (cuando un cambio de posición por parte del primer Estado le generaría un detrimento al segundo).[199] El estoppel es una figura que viene del derecho anglosajón, y es similar a la *doctrina de los actos propios*, que se estudia en derecho

---

193 CIJ, *Obligation to Negotiate Access to the Pacific Ocean (Bolivia v. Chile)*, 2018, párr. 141.

194 Crawford, Brownlie's Principles…, *op. cit.*, p. 408. Por ejemplo, la Unión Europea revocó su reconocimiento de Juan Guaidó como presidente encargado de Venezuela. Véase Romero, M., 2021: "La Unión Europea deja de reconocer a Juan Guaidó como 'presidente interino' de Venezuela", *France 24*. Disponible en: bit.ly/4j8mATJ. Fecha de consulta: 08/01/2025.

195 *Ibid.*, p. 406, y Dupuy, Droit International Public, *op. cit.*, p. 344.

196 CIJ, *Case Concerning Delimitation of the Maritime Boundary in the Gulf of Maine Area (Canada v. United States of America)*, 1984, párr. 130.

197 *Ibid.* (la traducción es nuestra).

198 CIJ, *Case Concerning the Temple of Preah Vihear (Cambodia v Thailand)*, pp. 22-32.

199 Orakhelashvili, Akehurst's Modern Introduction…, *op. cit.*, p. 142.

administrativo. El estoppel es un concepto jurídico ligado a la preclusión,[200] en el sentido de que el Estado se encuentra impedido de alegar algo, atendido que ya pasó el momento en que podía hacerlo.

El estoppel tiene, al menos, dos elementos: i) Debe haber una declaración o una toma de posición por parte de un Estado y ii) otro Estado tiene que actuar de buena fe sobre la base de esa declaración, presuponiendo que el primer Estado iba a comportarse conforme a esta.

Para ejemplificar el estoppel, supóngase que el Estado A declara que dará al Estado B un acceso privilegiado a uno de sus puertos, y B —movido por dicha declaración— mejora significativamente sus accesos hacia dicha zona; si A se desdijera de su reconocimiento, B se vería perjudicado, por lo que, en virtud del estoppel, A no puede desdecirse.[201]

2.6.2. Decisiones de organizaciones internacionales y COP

a. Cuestiones generales

Además de los actos jurídicos unilaterales, se afirma que las decisiones de organizaciones internacionales gubernamentales serían fuentes formales adicionales del derecho internacional público. Las organizaciones internacionales gubernamentales son entidades creadas generalmente por Estados mediante tratados. En principio, ellas solo pueden dictar reglas que sean vinculantes al interior de la misma organización, como serían sus normas presupuestarias o reglamentarias. Solo excepcionalmente pueden elaborar normas que obliguen a los Estados parte, y para ello es necesario que estos les den previamente esa potestad, como ocurre cuando los mismos Estados miembros de la ONU se comprometen a cumplir las decisiones de su Consejo de Seguridad[202], o cuando los Estados miembros de la Unión Europea se obligan a cumplir ciertas normas que esta dicte.[203] En los casos excepcionales en que los Estados le dan a una organización el poder de obligarlos, podría decirse que se está ante una nueva fuente del derecho internacional, pero también podría decirse lo contrario. En efecto, la calificación que se le dé —de fuente o no— dependerá de si se tiene una definición más o menos amplia de lo que es una fuente del derecho. Así, podría decirse que la fuente no es la decisión de la organización internacional, sino que el tratado que le dio ese poder a dicho organismo. Por otro lado, podría alegarse que, al igual como se afirma que la Constitución y la ley son fuentes del derecho a nivel nacional

200 La preclusión y el estoppel serían dos aspectos de un mismo principio. El primero sería el aspecto procesal, y el segundo el aspecto sustantivo (CIJ, *Case Concerning Delimitation of the Maritime Boundary in the Gulf of Maine Area (Canada v. United States of America)*,1984, párr. 130).

201 El estoppel también puede vislumbrarse en el caso del Templo de Preah Vihear, entre Camboya y Tailandia, donde la CIJ afirmó que, aunque hubiera dudas frente a si Tailandia aceptó un mapa que incluía el Templo dentro de la jurisdicción de Camboya, Tailandia no podía alegar que no lo hubiera aceptado, porque Francia y Camboya confiaron en esa aceptación (CIJ, *Case Concerning the Temple of Preah Vihear (Cambodia v Thailand)*, p. 32).

202 Art. 25, Carta de Naciones Unidas (26 de junio de 1945). En adelante, Carta de las NU.

203 Arts. 288-291, Tratado de Funcionamiento de la Unión Europea (Versión consolidada, 30 de marzo de 2010).

(a pesar de que la Constitución es la que, teóricamente, le da fuerza vinculante a la ley), en el ámbito internacional serían fuentes tanto el tratado como la resolución vinculante de una organización internacional.[204]

Algo similar a lo anterior puede decirse de ciertas decisiones vinculantes de las *conferencias de las partes* (COP, por sus siglas en inglés). Ellas son reuniones entre las partes en un tratado, que se llevan a cabo periódicamente, y que buscan revisar la evolución y aplicación de dicho tratado.[205] Algunas de estas COP cuentan con el poder de dictar decisiones vinculantes para las partes, al igual que algunas organizaciones internacionales.[206]

Dentro de las decisiones de organizaciones internacionales que algunos considerarían ser fuentes de derecho internacional, hay dos que merecen especial mención, que se tratarán a continuación.

b. Resoluciones de la Asamblea General de las Naciones Unidas

Las resoluciones de la Asamblea General (AG) de las Naciones Unidas (NU) son aprobadas por la mayoría de los Estados, o por el *quorum* que se requiera. La Carta de las NU es bastante clara al señalar que las resoluciones de la AG son meras recomendaciones a los miembros de la ONU, a menos que se refieran a cuestiones internas de la Organización (Arts. 9-22), como cuando dicte su propio reglamento y elabore el presupuesto de la Organización (Arts. 17 y 21). En cambio, las demás resoluciones de la AG son recomendaciones o declaraciones que no obligan a las partes. Más aún, en su opinión consultiva sobre el uso de armas nucleares, la CIJ afirmó que las varias resoluciones consistentes de la AG sobre materia nuclear no creaban una norma internacional.[207] Por lo anterior, las resoluciones de la AG de NU difícilmente pueden considerarse una fuente del derecho internacional, a menos que se refieran a cuestiones internas de las Naciones Unidas que obliguen a los Estados. En estos últimos casos, debe recordarse que se puede alegar que la fuente no es la resolución, sino que el tratado que le entrega este poder a la AG.

No obstante lo anterior, algunos consideran que una resolución aprobada por unanimidad de los Estados representados en la AG, dependiendo del lenguaje que se use, podría ser no solo una opinión de gran autoridad, sino que, incluso, una expresión de principios de derecho internacional generalmente aceptados por la comunidad internacional.[208] Sin

---

204 Podría, quizá, hablarse de *fuentes secundarias*. Esto puede relacionarse con la noción de normas internacionales secundarias, véase Goldmann, M. Inside Relative Normativity: From Sources to Standard Instruments for the Exercise of International Public Authority, German Law Journal 9, 11, 2008, pp. 1894-1895.

205 Conclusión 11.1, Comisión de Derecho Internacional: "Los Acuerdos Ulteriores y la Práctica Ulterior en Relación con la Interpretación de Tratados". En Informe de la Comisión de Derecho Internacional sobre la Labor Realizada en su 70° período de sesiones, Nueva York, 2018. Fecha de consulta 09/08/2024, disponible en: https://legal.un.org/ilc/reports/2018/spanish/chp4.pdf.

206 Por ejemplo, Arts. 22.1.a) y 23, Acuerdo en el Marco de la Convención de las Naciones Unidas sobre el Derecho del Mar Relativo a la Conservación y el Uso Sostenible de la Diversidad Biológica Marina de las Zonas Situadas Fuera de la Jurisdicción Nacional (19 de junio de 2023).

207 CIJ, *Legality of the Threat or Use of Nuclear Weapons*, 1996, párr. 70.

208 Cheng, *Studies in International Space Law*, *op. cit.*, pp. 135-141.

embargo, es difícil compartir esa opinión, atendido que cuando los Estados votan por una resolución de la AG de NU, tienen en consideración que dichas resoluciones no son vinculantes; si ellos previeran que las resoluciones serían entendidas posteriormente como vinculantes, pondrían en ellas mucho mayor cuidado, como lo hacen al estudiar tratados internacionales.

Ahora bien, aunque las resoluciones de la AG no fueran fuentes formales del derecho internacional público, pueden constituir una fuente material, pues algunas resoluciones de la AG han jugado un rol fundamental en la posterior aprobación de normas internacionales. Así, es conocido el caso de la Declaración Universal de Derechos Humanos, que fue fundamental para la posterior aprobación del Pacto Internacional de Derechos Civiles y Políticos, y del Pacto Internacional de Derechos Económicos, Sociales y Culturales.[209] Otro ejemplo fue la Declaración de los Derechos del Niño, que precedió a la Convención sobre los Derechos del Niño.[210] Además, las resoluciones de la AG también pueden ser muy importantes para determinar si es que existe *opinio iuris* sobre determinada materia, o para iniciar la formación de una costumbre en cierta área.

c. Resoluciones del Consejo de Seguridad

Las resoluciones del Consejo de Seguridad de las Naciones Unidas son muy importantes, pues pueden dar órdenes vinculantes a los miembros de la ONU. Más aún, en virtud del capítulo VII de la Carta de las NU, pueden ordenar el uso de la fuerza aérea, naval o terrestre "para mantener o restablecer la paz y la seguridad internacionales" (Art. 42). Entonces, a diferencia de la Asamblea General, no solo dicta mandatos relativos al funcionamiento interno de las NU, sino que da órdenes a los miembros de esta organización. No obstante lo anterior, según se afirmó previamente, es la Carta de NU la que les otorga este poder vinculante a las resoluciones del Consejo de Seguridad, por lo que la calificación de este tipo de órdenes como fuente dependerá de la amplitud que se tenga de este último concepto.

2.6.3. *Soft law*[211]

La expresión *soft law* —derecho blando— se refiere generalmente a un instrumento internacional elaborado por Estados o por órganos internacionales, que contiene declaraciones sobre un comportamiento esperado, pero no vincula jurídicamente.[212] La concepción actual de *soft law* incluye decisiones de organismos internacionales, conclusiones de conferencias internacionales, planes de acción, resoluciones de la Asamblea General de la ONU, trabajos

---

209 Por ejemplo, Benadava, *Derecho Internacional Público*, *op. cit.*, pp. 52-53.

210 Véase Convención sobre los Derechos del Niño (20 de noviembre de 1989), en relación con ONU, AG: "Declaración de los Derechos del Niño", A/RES/1386(XIV) (20/11/1959).

211 Parte de esta sección es obtenida, incluso textualmente, de Paúl, A. *Soft Law*: Ni Derecho ni tan Blando. En Sebastián López Escarcena (ed.), Temas de Derecho Internacional para el Diálogo Constitucional Chileno. Santiago: Ediciones UC, Santiago, 2021.

212 *Cfr.* Shelton, D. International Law and "Relative Normativity". En Malcolm D. Evans (ed.), International Law. Oxford: Oxford University Press, 2014, p. 159.

de la Comisión de Derecho Internacional, recomendaciones de comités de monitoreo de tratados, sentencias internacionales respecto de Estados que no fueron parte en los casos respectivos, declaraciones conjuntas de Estados en alguna cumbre, etc. Al tratarse el *soft law* de instrumentos no vinculantes, no pueden incluirse en este concepto normas de tratados ni resoluciones vinculantes de órganos internacionales (dictadas en virtud del poder establecido explícitamente en un tratado, como las resoluciones donde el Consejo de Seguridad exige ciertos comportamientos). En el pasado, se usó la expresión *soft law* para referirse a disposiciones de tratados que eran muy vagas como para crear obligaciones concretas para los Estados, por lo que serían derecho, pero un "derecho blando"[213]. Este libro no usará la expresión *soft law* en este sentido.

Puede ocurrir que sea difícil diferenciar entre el *soft law* y un tratado, pues existen instrumentos internacionales generados por acuerdo estatal, pero que no son vinculantes (acuerdos internacionales jurídicamente no vinculantes).[214] Por ejemplo, el plan de acción Agenda 21 de la Conferencia de Río sobre el Medio Ambiente y el Desarrollo no es un instrumento vinculante, pero tiene normas que son bastante específicas y pueden ser implementadas, e incluso creó la Comisión sobre el Desarrollo Sostenible.[215] Como se observa, mientras normas programáticas de "derecho duro" pueden ser muy blandas, el *soft law* puede llegar a establecer normas muy precisas y con alto grado de cumplimiento, aunque no sean jurídicamente vinculantes (del mismo modo como, en el actuar diario de las personas, algunas convenciones sociales pueden ser más cumplidas que la ley).[216] Además, es frecuente que los Estados prefieran el *soft law* para regular algunas materias técnicas que requieran de constantes ajustes, pues la regulación mediante tratados internacionales es menos flexible y más difícil de actualizar. Para hacerlo, los Estados pueden usar un tratado internacional para crear una organización internacional que, una vez formada, cuente con un mecanismo para dictar *soft law* técnico.[217]

Al derecho internacional vinculante no le es indiferente el *soft law*, pues distintos motivos hacen importante tenerlo presente. Este puede contribuir a crear la *opinio juris* requerida para la formación de costumbre internacional. Además, si bien el *soft law* no es una fuente de derecho formal, puede ser una fuente material que influya en la creación de normas de

---

213 Así, por ejemplo, podría decirse que muchas disposiciones programáticas de tratados serían *soft law* según esta concepción (*Ibid.*, pp. 159-160). Véase también Weil, Towards Relative Normativity..., *op. cit.*, p. 414, y Klabbers, J. Reflections on Soft International Law in a Privatized World, Finnish Yearbook of International Law XVI, 2005, p. 316.

214 La Comisión de Derecho Internacional se encuentra actualmente estudiando este tema, para determinar, entre otras cosas, sus alcances y el modo de distinguirlos de los tratados (Comisión de Derecho Internacional: "Primer informe sobre los acuerdos internacionales jurídicamente no vinculantes". Ginebra: Naciones Unidas, 2024. Fecha de consulta 05/09/2024, en https://documents.un.org/doc/undoc/gen/n24/029/58/pdf/n2402958.pdf).

215 Shelton, International Law..., *op. cit.*, p. 160.

216 Existen distintos motivos que llevan a cumplir este tipo de normas, "p. ej., reputación, reciprocidad, retaliación, consentimiento previo o, en primer lugar, la legitimidad percibida de la norma" (Pauwelyn y otros, When Structures Become Shackles..., *op. cit.*, p. 746; la traducción es nuestra).

217 *Ibid.*, p. 740.

derecho. Aquí es aplicable lo afirmado sobre las resoluciones de la Asamblea General, pues la Declaración Universal de Derechos Humanos y la Declaración de los Derechos del Niño tienen naturaleza jurídica de *soft law*, y fueron fundamentales para la posterior aprobación de tratados en la materia. Más aún, no es infrecuente que algunas convenciones sean precedidas de declaraciones.[218] El *soft law* también puede ser relevante para interpretar tratados o normas vinculantes, por ejemplo, lo que digan los comités de expertos creados para monitorear el cumplimiento de tratados debiera tenerse en cuenta al interpretar una norma, aunque sea para descartarlo. Sin embargo, debe cuidarse de no transformar dicho *soft law* en una extensión del instrumento interpretado, pues su naturaleza jurídica es radicalmente distinta.[219]

Muchas veces se utiliza el *soft law* como argumento en discusiones doctrinales o para hacer activismo, tratando de dar la impresión equivocada de que tales instrumentos son vinculantes, a pesar de que no lo sean, con el afán de convencer a los oponentes o a quienes no están al tanto del valor de estos instrumentos. Esta mala práctica ha logrado que autoridades se confundan y se refieran al *soft law* como si fuera vinculante; más aún, se han referido en tales términos a documentos que no son ni siquiera *soft law.*[220] Por su parte, el Tribunal Constitucional se ha pronunciado acertadamente respecto de cierto tipo de *soft law*, pues ha afirmado que las recomendaciones de la Organización Internacional del Trabajo (OIT), "al no tener ratificación por los Estados no constituyen, de acuerdo a nuestro derecho interno, normas vinculantes de rango legal".[221] Ello no impide que el Tribunal Constitucional use el *soft law* para efectos ilustradores o argumentativos.[222]

La expresión ***estándar internacional*** se relaciona con el concepto de *soft law.*[223] Esta expresión suele ser usada por parte de la doctrina y algunos órganos nacionales o internacionales para

---

218 De modo más reciente, la aprobación de los principios rectores de empresas y DD. HH. sirvieron como motor para comenzar el actual estudio de un tratado internacional en la materia. Véanse ONU, Consejo de DD. HH.: "Los Derechos Humanos y las Empresas Transnacionales y Otras Empresas", A/HRC/RES/17/4 (16/06/2011), y ONU, Consejo de DD. HH.: "Elaboración de un Instrumento Internacional Jurídicamente Vinculante sobre las Empresas Transnacionales y Otras Empresas con Respecto a los Derechos Humanos", A/HRC/RES/26/9 (26/06/2014).

219 Para una propuesta de utilización del *soft law* de buena fe, coherente con su naturaleza no vinculante, véase Paúl, *Soft Law*..., *op. cit.*, pp. 221-223.

220 Esto ocurrió con los *Principios de Yogyakarta*, un instrumento privado suscrito por personas que han sido relevantes en el ámbito internacional. CS, rol 70.584/2016, solicitud de cambio de nombre y sexo (casación en el fondo), 29/05/2018 (*Cambio de Sexo*), cons. 12.°. Tales principios constituyen una interpretación privada sobre cómo debieran aplicarse diversos derechos humanos en el tema de la orientación sexual y la identidad de género (O'Flaherty, M. y otros, Principios de Yogyakarta. Principios sobre la Aplicación de la Legislación Internacional de Derechos Humanos en Relación con la Orientación Sexual y la Identidad de Género).

221 TC, rol 3016(3026)-16-CPT, requerimiento de inconstitucionalidad (preventivo), 09/05/2016 (*Reforma al Código del Trabajo*), cons. 53.°.

222 TC, rol 13.783-2022, inaplicabilidad, 11/10/2023 (*Cierre de la Investigación*), cons. 29.°.

223 Esta parte es obtenida, mayormente en forma textual, de Paúl, A. Derechos Humanos y su Institucionalidad en Chile, Serie Informe. Sociedad y Política, 2022, p. 14. Para un estudio sobre el tema de los estándares en materia de derechos humanos, véase De Casas, I. El Valor Jurídico de los Estándares Internacionales de Derechos Humanos: Estudio desde la Teoría de las Fuentes del Derecho Internacional. Buenos Aires: La Ley - Thomson Reuters, 2025.

juzgar si determinadas prácticas de los Estados son adecuadas.[224] Los gobiernos, organizaciones internacionales e individuos toman en consideración los *estándares internacionales* en forma cotidiana.[225] Podría dársele a este concepto un significado técnico,[226] pero en general no es así. Como señala Makau Mutua, este término es elástico,

> no tiene ningún significado legal en particular, y no implica necesariamente una obligación legal de naturaleza alguna. Un estándar es un receptáculo inerte y vacío, donde uno puede hacer caber casi cualquier cosa. Se refiere a un nivel de logro o expectativa que puede llevar consigo una aspiración moral, cultural u otra de naturaleza civilizadora.[227]

La amplitud de este concepto se observa también en definiciones de algunos órganos internacionales.[228] En ocasiones se usa la expresión estándar internacional para hablar de tratados, pero la mayoría de las veces se utiliza para referirse a las posiciones de ciertos Estados, organizaciones internacionales, incluso ONG, en determinadas materias. Sin embargo, mientras se hace referencia a tales posiciones como "estándares", pueden desconocerse las posturas de otros Estados u organizaciones internacionales en las mismas materias. Muchas veces estos estándares internacionales solo reflejan las prácticas de algunos Estados desarrollados económicamente. También se usa la expresión para referirse a criterios establecidos por tribunales internacionales.[229] Atendida la indeterminación del concepto, un estándar internacional solo será autoritativo si se considera que quienes lo elaboran merecen crédito.[230]

---

224 Véase Rodríguez Alcócer, A. y Bartolini Esparza, M. Las Recomendaciones de los Organismos Internacionales como Herramientas de Presión Política, Derecho Público Iberoamericano 5, 2014, p. 235.

225 Clapham, Brierly's Law of Nations, *op. cit.*, p. 74. Los tribunales chilenos también se refieren a ellos, por ejemplo, véase TC, rol 13.055-2022, inaplicabilidad, 07/03/2023 (*Tomar Parte en Elecciones*), cons. 22.°, 24.° y 39.°.

226 Por ejemplo, uno que diga relación con instituciones de estandarización internacional, como las provenientes de la Organización Internacional de Normalización (ISO). En ese sentido, véase Pauwelyn y otros, When Structures Become Shackles…, *op. cit.*, p. 760.

227 Mutua, M. Standard Setting in Human Rights: Critique and Prognosis, Human Rights Quarterly 29, 2007, p. 557.

228 Por ejemplo, la CIDH afirmó que los estándares jurídicos interamericanos serían "el conjunto de decisiones judiciales, informes temáticos y de país, y otras recomendaciones adoptadas por la [CIDH]. El término 'estándares jurídicos' asimismo se refiere a los tratados regionales de derechos humanos que gobiernan el sistema interamericano, como la Convención Americana y la Convención de Belém do Pará. El concepto igualmente se refiere a las sentencias y opiniones consultivas emitidas por la [Corte IDH]" (Comisión Interamericana de Derechos Humanos, Estándares Jurídicos Vinculados a la Igualdad de Género y a los Derechos de las Mujeres en el Sistema Interamericano de Derechos Humanos: Desarrollo y Aplicación. Actualización del 2011-2014, 2015, p. 13, nota al pie 5). Para ver una posición crítica de los *estándares interamericanos* de la Comisión y Corte interamericanas de DD. HH., véase Tapia Herrera, R. y Candia Falcón, G. Los Estándares Interamericanos de Derechos Humanos y el Estado de Derecho: Una Evaluación Crítica, Revista Chilena de Derecho 50, 2, 2023.

229 Véase Burgorgue-Larsen, L. El Diálogo Judicial: Máximo Desafío de los Tiempos Jurídicos Modernos. México D. F.: Editorial Porrúa - IMDPC, 2013, p. 207.

230 Hay doctrina chilena que ha hecho referencia a la indefinición del concepto de estándar jurídico internacional, como Molina Vergara, M. Estándares Jurídicos Internacionales: Necesidad de un Análisis Conceptual, Revista de Derecho (Coquimbo) 25, 1, 2018.

Como se desprende de lo ya dicho, no todos los estándares internacionales constituyen *soft law*, pero muchos de ellos sí. Por tanto, lo afirmado en esta sección es, en gran medida, aplicable también a los estándares, salvo cuando ellos se refieran a instrumentos vinculantes y cuando, por el contrario, traten de declaraciones o prácticas que no reflejan ni siquiera *soft law*.

2.7. LA JERARQUÍA DE LAS FUENTES

2.7.1. Cuestiones generales y las normas de *jus cogens*[231]

En principio, no hay jerarquía entre las normas del derecho internacional público, aunque hay excepciones. Por una parte, como los principios generales del derecho se pensaron para llenar vacíos, podría decirse que son de una jerarquía inferior en la práctica. Por otra parte, en virtud de la libertad para pactar, las partes pueden darle preeminencia a obligaciones contraídas en algún tratado en concreto, como lo hacen con la Carta de las Naciones Unidas, que dispone:

> Artículo 103
>
> En caso de conflicto entre las obligaciones contraídas por los Miembros de las Naciones Unidas en virtud de la presente Carta y sus obligaciones contraídas en virtud de cualquier otro convenio internacional, prevalecerán las obligaciones impuestas por la presente Carta.

Además de la jerarquía que pueda establecerse en virtud de la autonomía de las partes, existe otra excepción a la igualdad entre las normas del derecho internacional. Se trata de la mayor jerarquía que tienen los preceptos de *jus cogens* o *normas imperativas de derecho internacional general*.[232] La Convención de Viena sobre el Derecho de los Tratados fue el primer tratado internacional que recogió este concepto, que en ese entonces era relativamente discutido.[233] La definición de su artículo 53 es muy importante:

231 Parte de esta sección es obtenida, incluso textualmente, de Paúl, Nueva Constitución..., *op. cit.*

232 Sobre las normas de *jus cogens*, véase Orakhelashvili, A. Peremptory Norms in International Law. Oxford: Oxford University Press, 2006. Se ha afirmado que habría también otras normas de "rango superior o de una situación especial en el ordenamiento jurídico internacional", que incluirían las obligaciones *erga omnes* (Comisión de Derecho Internacional, Fragmentación del Derecho Internacional..., *op. cit.*, pp. 200-201).

233 Verdross, A. Jus Dispositivum and Jus Cogens in International Law, The American Journal of International Law 60, 1, 1966, pp. 56-57. Francia se opuso tenazmente a su tratamiento en la CVDT (Weil, Towards Relative Normativity..., *op. cit.*, p. 428, nota al pie 60).

> [...] una norma imperativa de derecho internacional general es una norma aceptada y reconocida por la comunidad internacional de Estados en su conjunto como norma que no admite acuerdo en contrario y que sólo puede ser modificada por una norma ulterior de derecho internacional general que tenga el mismo carácter.

Ningún instrumento internacional vinculante explicita qué normas son de *jus cogens*, y no es fácil saber cuáles lo son. Se conocen algunos de sus elementos, como su universalidad,[234] pero su misma naturaleza es algo bastante discutido.[235] Sin embargo, está claro que ellas son muy pocas.[236] Algunos tribunales internacionales se han aventurado a calificar algunas normas como *jus cogens*, pero esas calificaciones solo son útiles como mecanismos auxiliares para la determinación de dicha naturaleza.[237] La Comisión de Derecho Internacional da una lista no exhaustiva de algunas normas de *jus cogens*[238], a saber:

- La prohibición de la agresión entre Estados;
- La prohibición del genocidio;
- La prohibición de los crímenes de lesa humanidad;
- Las normas básicas del derecho internacional humanitario;
- La prohibición de la discriminación racial y el *apartheid;*[239]
- La prohibición de la esclavitud;
- La prohibición de la tortura, y
- El derecho a la libre determinación.

---

234 La Comisión de Derecho Internacional y los Estados son firmes en el requisito de la universalidad, pero hay algunos autores que postulan la existencia de *jus cogens* regional. Algunos de tales autores son mencionados —aunque sin que su posición sea necesariamente compartida— en Lima, L. C. y Marotti, L. An Unlikely Duo? Regionalism and *Jus Cogens* in International Law, Goettingen Journal of International Law 12, 1, 2022, p. 222, nota al pie 4.

235 Suele decirse que las normas de *jus cogens* son una forma de costumbre internacional con una *opinio juris* intensificada, pero se discute su naturaleza consuetudinaria (Roberts y Sivakumaran, The Theory and Reality..., *op. cit.*, pp. 106-107).

236 No obstante ello, algunos autores tienen una concepción más laxa al identificar las normas que estarían incluidas en el concepto. Por ejemplo, Verdross, *Jus Dispositivum*..., *op. cit.*, pp. 58-60.

237 Comisión de Derecho Internacional; A. G. Naciones Unidas, Normas Imperativas..., *op. cit.*, pp. 186-189. La Corte IDH ha sido muy proclive a definir normas como de *jus cogens*. Véase Abello-Galvis, R. La Jerarquía Normativa en la Corte Interamericana de Derechos Humanos: Evolución Jurisprudencial del *Jus Cogens* (1993-2012), Revista do Instituto Brasileiro de Direitos Humanos 12, 2012. Incluso, la Corte IDH ha señalado la necesidad de contar con una norma *adicional* de *jus cogens* —sin declararla—, que prohíba ciertas conductas que causen "daños graves, extensos, duraderos e irreversibles al medio ambiente" (Corte IDH, Habitantes de La Oroya vs. Perú, Excepciones Preliminares, Fondo, Reparaciones y Costas, 2024, párr. 129).

238 Comisión de Derecho Internacional; A. G. Naciones Unidas, Normas Imperativas..., *op. cit.*, pp. 160-161. Algunas de estas normas no son claras, pues resta definir cuál es su contenido, por ejemplo, en distintas sociedades se tienen conceptos muy diversos sobre qué constituye tortura, por lo que un mismo acto puede ser considerado tortura en un Estado, mientras que en otro se le califique como una simple sanción o un método de interrogación extraordinario, pero admisible.

239 Se define en Art. 2, Convención Internacional sobre la Represión y el Castigo del Crimen de Apartheid (30 de noviembre de 1973).

No obstante su jerarquía, las normas de *jus cogens* no anulan reglas procedimentales, por ejemplo, la CIJ ha señalado que las reglas sobre inmunidad soberana no cesan de ser aplicables cuando se alegan violaciones de *jus cogens,*[240] y que ella no adquiere competencia por el solo hecho de que se aleguen esas normas.[241] Asimismo, la jerarquía de los preceptos *jus cogens* no implica que tales reglas estén inmediatamente incorporadas en la legislación nacional, pues ello dependerá de la relación que tenga el derecho nacional con el internacional, tema que será tratado más adelante. Esto quiere decir que las normas de *jus cogens* no necesariamente serán ley nacional (aunque es una situación muy improbable, atendido su contenido básico y su condición de universal). Por ejemplo, si en un Estado se permitiera legalmente la esclavitud, el solo hecho de que la prohibición de la esclavitud alcance el rango de *jus cogens* no implica que los esclavos queden automáticamente libres, pues ello dependerá de la regulación constitucional sobre el modo como se incorpora el derecho internacional (sin perjuicio de que el Estado estaría incurriendo en una violación grave del derecho internacional por permitir esta conducta).[242]

Las normas *jus cogens* generan obligaciones *erga omnes.*[243] En el derecho internacional, estas son las obligaciones que se tienen respecto de la comunidad internacional en su conjunto, aquellas en cuyo cumplimiento todos los Estados tienen un interés, por lo que cualquier Estado puede invocar la responsabilidad de otro por su incumplimiento.[244] Las obligaciones *erga omnes* fueron reconocidas por la CIJ en el *caso Barcelona Traction.*[245] Ellas no se deben confundir con las obligaciones *erga omnes partes*, que son las establecidas en un tratado y legitiman a todos los Estados parte para exigir el cumplimiento de las obligaciones acordadas, aunque no sean los Estados directamente afectados.[246] Estas últimas también han sido reconocidas por la CIJ.[247] Actualmente, el artículo 48 de los Artículos sobre Responsabilidad del Estado por Hechos Internacionalmente Ilícitos se refiere a la posibilidad de que un Estado distinto del lesionado invoque la responsabilidad del que causa el perjuicio.

---

240 CIJ, *Jurisdictional Immunities of the State (Germany v. Italy: Greece intervening)*, 2012, párrs. 91 y 97.

241 CIJ, *Case Concerning Armed Activities on the Territory of the Congo (New Application: 2002) (Democratic Republic of the Congo v. Rwanda)*, 2006, párr. 64.

242 *Cfr.*, Arts. 40 y 41, ONU, AG: "Responsabilidad del Estado por Hechos Internacionalmente Ilícitos", A/RES/56/83 (12/12/2001). En adelante, Arsiwa.

243 Comisión de Derecho Internacional; A. G. Naciones Unidas, Normas Imperativas..., *op. cit.*, 2019, p. 208.

244 *Ibid.* Sin embargo, el carácter de *erga omnes* no permite soslayar normas procesales, como las que impiden que un tribunal alegue competencia (CIJ, *Case Concerning East Timor (Portugal v. Australia)*, 1995, párr. 29, y CIJ, *Case Concerning Armed Activities on the Territory of the Congo (New Application: 2002) (Democratic Republic of the Congo v. Rwanda)*, 2006, párr. 64).

245 CIJ, *Case Concerning the Barcelona Traction, Light and Power Company, Limited (New Application: 1962) (Belgium v. Spain)*, 1970, párrs. 33 y 34.

246 La diferencia con las *erga omnes* a secas es que estas últimas se tienen respecto de todo Estado de la comunidad internacional. De algún modo, esta distinción se refleja en Art. 48, Arsiwa.

247 Por ejemplo, al momento de definir el carácter de *erga omnes partes* de las obligaciones de la Convención contra la Tortura, así como la legitimidad activa para demandar ante ella (CIJ, *Questions Relating to the Obligation to Prosecute or Extradite (Belgium v. Senegal)*, 2012, párrs. 67-70).

Es fácil confundirse entre el carácter de *jus cogens* y de *erga omnes*, pero son distintos. El primero dice relación con la naturaleza perentoria e inderogable de una norma, lo que significaría, por ejemplo, que un tratado no puede ir en contra de una regla de *jus cogens*. En cambio, el que una norma sea *erga omnes* dice relación con quién puede exigir su cumplimiento (que será cualquier Estado, con independencia de que no se vea particularmente afectado por la acción).

Todas las normas *jus cogens* son *erga omnes*, pero no todas las *erga omnes* son *jus cogens*.[248] Un ejemplo de normas *erga omnes* que no son *jus cogens*, son las obligaciones que tienen los Estados en relación con espacios comunes, como altamar.[249] Así, por ejemplo, cualquier Estado podría emprender acciones en contra de otro que esté impidiendo la explotación de recursos en altamar, sin importar si el Estado que ejerce acciones no se ve particularmente afectado por dicho actuar ilegal. También se observan obligaciones *erga omnes* en algunos tratados ratificados por la generalidad de los Estados, como las cuatro convenciones de Ginebra de 1949,[250] o de tratados "quasi-universales",[251] como podría ser la Convención sobre los Derechos del Niño de 1989, respecto de la cual solo Estados Unidos no es parte.

2.7.2. Casos de antinomia

La antinomia se refiere al conflicto entre dos normas que disponen cosas incompatibles. Ella puede darse entre dos tratados, o entre un tratado y una costumbre. Atendido que la regla general es que no existe jerarquía en el derecho internacional, es necesario ver cómo solucionar esta situación.

Cuando la antinomia se da entre dos tratados regidos por la Convención de Viena sobre el Derecho de los Tratados, se aplicará dicha convención, que dispone:

> Artículo 30. Aplicación de tratados sucesivos concernientes a la misma materia.
>
> 1. Sin perjuicio de lo dispuesto en el artículo 103 de la Carta de las Naciones Unidas, los derechos y las obligaciones de los Estados partes en tratados sucesivos concernientes a la misma materia se determinaran conforme a los párrafos siguientes.
>
> 2. Cuando un tratado especifique que está subordinado a un tratado anterior o posterior o que no debe ser considerado incompatible con ese otro tratado prevalecerán las disposiciones de este último.
>
> 3. Cuando todas las partes en el tratado anterior sean también partes en el tratado posterior, pero el tratado anterior no quede terminado ni su aplicación suspendida conforme al artículo 59, el tratado anterior se aplicará únicamente en la medida en que sus disposiciones sean compatibles con las del tratado posterior.

248 Comisión de Derecho Internacional, Fragmentación..., *op. cit.*, p. 201.

249 Comisión de Derecho Internacional, Normas Imperativas..., *op. cit.*, p. 210.

250 Otro ejemplo es el Convenio de Viena para la Protección de la Capa de Ozono (22 de marzo de 1985).

251 Para usar la expresión de CIJ, *Case Concerning the Barcelona Traction, Light and Power Company, Limited (New Application: 1962) (Belgium v. Spain)*, 1970, párr. 34.

> 4. Cuando las partes en el tratado anterior no sean todas ellas partes en el tratado posterior:
>
> a) en las relaciones entre los Estados partes en ambos tratados se aplicará la norma enunciada en el párrafo 3;
>
> b) en las relaciones entre un Estado que sea parte en ambos tratados y un Estado que sólo lo sea en uno de ellos, los derechos y obligaciones recíprocos se regirán por el tratado en el que los dos Estados sean partes.
>
> 5. El párrafo 4 se aplicará sin perjuicio de lo dispuesto en el artículo 41 y no prejuzgará ninguna cuestión de terminación o suspensión de la aplicación de un tratado conforme al artículo 60 ni ninguna cuestión de responsabilidad en que pueda incurrir un Estado por la celebración o aplicación de un tratado cuyas disposiciones sean incompatibles con las obligaciones contraídas con respecto a otro Estado en virtud de otro tratado.

Las antinomias entre disposiciones que no estén regidas por la antedicha convención de Viena se resolverán utilizando los principios establecidos en los mismos tratados que contienen las normas aplicadas, o los principios clásicos de la *lex posterior* y la *lex specialis*.[252] En definitiva, como regla general, una norma posterior se aplicará por sobre una norma anterior, salvo que esta sea una norma especial (aquella que regula específicamente una determinada materia), pues ella se aplicará con preferencia a una norma posterior de carácter general.[253] Así, si dos Estados tienen dos tratados sobre el uso de ríos internacionales, el posterior primará sobre el anterior.[254] Sin embargo, si el tratado anterior se refiere a un río en particular, se entiende que dicha norma prima por sobre la norma posterior que regula el uso de los ríos en forma general (a menos que este último tratado muestre claramente que busca aplicarse también a dicho río).[255] No obstante, pueden existir excepciones a la prevalencia de este principio de la especialidad, como cuando la ley general es *jus cogens*.[256] De más está decir que en esta materia es también aplicable el principio del *pacta tertiis*, de modo que los efectos de tratados no se aplicarán a terceros que no han consentido.

---

252 Estos principios también se aplican en el derecho interno, según se puede apreciar en Henríquez Viñas, M. Las Fuentes del Orden Constitucional Chileno. Santiago: Legal Publishing Chile, 2016, pp. 34-36.

253 También hay otras excepciones, por ejemplo, "no podrá aplicarse automáticamente cuando las partes en el tratado posterior no sean idénticas a las partes en el tratado anterior" (Comisión de Derecho Internacional, Fragmentación..., *op. cit.*, p. 199). Asimismo, cuando las normas son de "distintos regímenes, la determinación de cuál de ellos es posterior no entrañará necesariamente ninguna presunción de prioridad entre ellos". *Ibid.* Esta última regla es una expresión del principio de especialidad.

254 En particular, véase el recién copiado Art. 30, CVDT.

255 "La precedencia de la ley especial sobre la ley general se justifica por el hecho de que la ley especial, al ser más concreta, suele tener más en cuenta que cualquier ley general aplicable las características particulares del contexto en el que debe aplicarse. Además, con frecuencia su aplicación puede llevar a un resultado más equitativo y a menudo puede reflejar mejor el propósito de los sujetos de derecho" (Comisión de Derecho Internacional, Fragmentación..., *op. cit.*, p. 196).

256 *Ibid.*

CAPÍTULO 3

TRATADOS INTERNACIONALES

3.1. CUESTIONES GENERALES

3.1.1. Definición

Como se afirmó previamente, los tratados son acuerdos, cualquiera sea su denominación particular, celebrados entre sujetos del derecho internacional, que busquen generar efectos jurídicos y se rijan por el derecho internacional. Esto significa que el tratado crea, modifica o extingue derechos u obligaciones.[257] No todos los acuerdos internacionales pueden considerarse tratados, pues existen acuerdos políticos, que solo buscan mostrar objetivos programáticos, principios comunes u obligaciones de buena voluntad, pero que no crean deberes jurídicos.[258]

Los tratados se rigen por el derecho de los tratados. Este ha sido, en gran medida, codificado en la Convención de Viena sobre el Derecho de los Tratados (CVDT),[259] por ejemplo, en lo relativo a la terminación de los tratados internacionales y a su interpretación.

La CVDT dispone en su artículo 2.1.a) que

> a) se entiende por "tratado" un acuerdo internacional celebrado por escrito entre Estados y regido por el derecho internacional, ya conste en un instrumento único o en dos o más instrumentos conexos[260] y cualquiera que sea su denominación particular;

257 Benadava, Derecho Internacional Público, *op. cit.*, p. 66.

258 Shaw, International Law, *op. cit.*, p. 789. Esto ocurre, por ejemplo, con los llamados *memorándums de entendimiento* (aunque, en ocasiones, se les ha dado también este nombre a tratados) (Aust, Modern Treaty Law..., *op. cit.*, p. 24).

259 Ella se abrió para la firma en 1969 y entró en vigor en 1980, al recibir la cantidad necesaria de ratificaciones.

260 La referencia a "instrumentos conexos" recuerda que los tratados pueden no acordarse en un solo instrumento, sino que también mediante un canje de notas, es decir, mediante sendos escritos firmados por los representantes de dos Estados, y que son intercambiados. Esto se relaciona con el Art. 13 de la CVDT. Un ejemplo de tratado chileno suscrito por esta vía se observa en Chile, en Decreto Supremo 736 (22/12/1982), *Promulga el Acuerdo Concertado entre Chile y Argentina, por Intermedio de Notas del 10 de Septiembre de 1982, por el cual se Prorroga la Vigencia del Tratado General sobre Solución Judicial de Controversias Suscrito en Buenos Aires entre Ambos Países el 5 de Abril de 1972.*

Esta definición tiene dos diferencias importantes con la que se dio al comienzo de esta sección. La definición de la CVDT exige que se trate de un acuerdo celebrado "entre Estados" (lo que excluye acuerdos celebrados con, o entre, otros sujetos del derecho internacional), y que sea "celebrado por escrito" (lo que excluye tratados verbales). Esta diferencia no significa que una definición sea correcta y la otra no. Solo muestra que la CVDT se referirá, exclusivamente, a un tipo específico de tratados, que son los celebrados por escrito y entre Estados.[261] Hay otra convención de Viena que se refiere a tratados celebrados por organizaciones internacionales, la Convención de Viena sobre el Derecho de los Tratados Celebrados entre Estados y Organizaciones Internacionales o entre Organizaciones Internacionales, de 1986. Sin embargo, a esta le faltan dos ratificaciones o adhesiones para entrar en vigor (Chile no es parte).[262]

3.1.2. Capacidad para concluir tratados

Los Estados independientes son sujetos del derecho internacional en plenitud, por lo que tienen absoluta capacidad para concluir tratados. Sin embargo, no solo ellos pueden hacerlo, sino que también algunos Estados dependientes (se verán más adelante), siempre que cuenten con la autorización del Estado del cual dependen.[263] Los estados federados de un Estado federal, u otras entidades análogas, también pueden celebrar tratados internacionales si la Constitución del país lo permite, como ocurre, por ejemplo, en el caso de Alemania,[264] Bélgica,[265] el Reino Unido[266] y Suiza.[267] Estas entidades pueden celebrar tratados internacionales en cuestiones reducidas, y la responsabilidad del Estado federal dependerá de la regulación correspondiente. También hay otros sujetos que pueden celebrar tratados, como las organizaciones internacionales en su ámbito de competencia y otras entidades especiales.

3.1.3. Procedimiento de conclusión de tratados

No existe un procedimiento único que deba seguirse para concluir tratados. Sin embargo, las etapas que más frecuentemente se siguen son:

---

261 Ello, porque el enunciado del Art. 2 de la CVDT dispone que esas definiciones son "[p]ara los efectos de la presente Convención". Además, el Art. 3 de dicho tratado establece que su no aplicación a tratados no escritos ni celebrados entre Estados no afectará su valor jurídico.

262 Esta convención reproduce, en gran medida, la CVDT. Ella entraría en vigor cuando cuente con 35 ratificaciones o adhesiones *estatales* (también la pueden ratificar o adherir organizaciones internacionales). A diciembre de 2024, faltan dos ratificaciones o adhesiones *estatales*. United Nations Treaty Collection, *Status of Treaties*. Disponible en: https://bit.ly/41I6RTx. Fecha de consulta: 08/01/2025.

263 Benadava, Derecho Internacional Público, *op. cit.*, p. 67.

264 Art. 32.3, *Ley Fundamental para la República Federal Alemana* (23/05/1949) (traducción disponible en: https://bit.ly/41JF84X. Fecha de consulta: 07/11/2024).

265 Arts. 127, 128, 130 y 167, *Constitution de la Belgique* (07/02/1831).

266 Aust, Modern Treaty Law…, *op. cit.*, p. 63.

267 Art. 56, *Constitution Fédérale de la Confédération Suisse* (18/04/1999).

a. Negociación y adopción del texto del tratado

Para adoptar el texto del tratado y su preámbulo,[268] los sujetos de derecho interesados deben negociar. El mecanismo para hacerlo suele diferir según si el tratado es bilateral o multilateral.

- Cuando el tratado es bilateral, se negocia "por la vía diplomática o por *plenipotenciarios*[269] designados por cada país. Al término de la negociación se establece el texto del tratado".[270]
- Cuando el tratado es multilateral, existen dos mecanismos: i) Lo adopta el órgano permanente de una organización internacional en cuyo marco se discute el tratado, como podría ser la Asamblea General de Naciones Unidas.[271] En este caso, por ejemplo, la Comisión de Derecho Internacional puede estudiar un tema y proponer un tratado, que luego es aprobado por la Asamblea General de Naciones Unidas, y posteriormente se abre para la firma y ratificación de los Estados. ii) La negociación se lleva a cabo en conferencias internacionales de plenipotenciarios convocadas al efecto. Por ejemplo, la Novena Conferencia Internacional Americana adoptó la Carta de la Organización de los Estados Americanos. Por regla general, el texto debe aprobarse por dos tercios de los Estados presentes y votantes (Art. 9 de la CVDT), sin perjuicio de la utilización de la regla del consenso, que hoy es frecuente.

b. Firma

La firma de un tratado tiene efectos importantes, pero, por regla general, no hace que los Estados queden obligados por el tratado. Sus efectos, salvo que se acuerde algo distinto, son los siguientes:

- En principio, autentica el texto del tratado (Art. 10 de la CVDT). La autenticación se refiere a una indicación formal de que un documento contiene el texto auténtico y definitivo, el que efectivamente resultó de las negociaciones.[272] El gran desarrollo de las comunicaciones y del registro que puede quedar en internet, podría hacer que este efecto pierda parte de su importancia.
- Muestra la intención de hacerse parte, el propósito de adoptar las medidas necesarias para ratificar un tratado,[273] sin que genere la obligación jurídica de hacerlo.[274]

---

268 El preámbulo no es vinculante, pero es útil para efectos de interpretar el tratado.

269 Un plenipotenciario es una persona con *plenos poderes*, y estos se refieren a "un documento que emana de la autoridad competente de un Estado y por el que se designa a una o varias personas para representar al Estado en la negociación, la adopción o la autenticación del texto de un tratado, para expresar el consentimiento del Estado en obligarse por un tratado, o para ejecutar cualquier otro acto con respecto a un tratado" (Art. 2.1.c, CVDT).

270 Benadava, Derecho Internacional Público, *op. cit.*, pp. 68-69 (la cursiva es nuestra).

271 *Ibid.*, p. 69.

272 Aust, Modern Treaty Law…, *op. cit.*, p. 83.

273 Por ello, los Estados no deben firmar tratados que tengan pocas intenciones de ratificar (*Ibid*, p. 98).

274 Murphy, Principles of International Law, *op. cit.*, p. 86.

Atendido que la firma manifiesta la intención de ratificar, algunos Estados prefieren no firmar ciertos tratados, para evitar que se les presione políticamente —a nivel interno o internacional— para hacerse parte. Por ejemplo, Francia no firmó la CVDT, y Estados Unidos tampoco firmó la Convención de Naciones Unidas sobre el Derecho del Mar (Convemar). También puede ocurrir que se presione políticamente para que un Estado firme un tratado. Un Estado puede manifestar su intención de no llegar a ser parte de un tratado ya firmado (lo que se conoce coloquialmente como *retirar la firma*). Esto ocurrió, por ejemplo, con Estados Unidos respecto del tratado que creó la Corte Penal Internacional.[275] Queda la duda, sin embargo, si el Estado que *retiró* su firma pierde la calidad de signatario. Esto puede ser relevante en ciertos casos,[276] como cuando se exige la ratificación de un porcentaje de los signatarios para que el tratado entre en vigor.

- Una vez firmado el tratado, los Estados deben evitar acciones que frustren su objeto y fin (Art. 18, CVDT). Esta obligación nace del principio de buena fe, y persiste mientras ellos no hayan "manifestado su intención de no llegar a ser parte en el tratado" (Art. 18, CVDT). Este efecto no significa que los Estados estén obligados a cumplir lo dispuesto en el tratado, sino solo que no deben frustrar su objeto,[277] como ocurriría, por ejemplo, si dos Estados firman un tratado sobre precios preferentes para el uso de un ferrocarril y, luego, el Estado dueño del ferrocarril vende sus trenes y remueve las líneas férreas por considerar este medio de transporte poco eficiente. Otro ejemplo ocurriría si, habiendo firmado un tratado que obliga a entregar un objeto arqueológico a otro Estado, el Estado firmante lo destruye.[278] La Corte Suprema de Chile ha malentendido esta obligación al afirmar que, según el artículo 18, "la firma obliga a los Estados a no contravenir el objeto y fin del tratado"[279] cuestión que es

275 Kobayashi, T. Revisiting the Legal Nature of "Un-Signing" an Unratified Treaty: Broader Implications of the U.S.' Withdrawal from the TPP, Asian Center for WTO & International Health Law and Policy 12, 2017, p. 387.

276 *Ibid.*, pp. 394-395.

277 En el Proyecto de Artículos sobre el Derecho de los Tratados, con comentarios, la Comisión de Derecho Internacional, respecto del artículo 15 (predecesor del actual artículo 18), recordó que la CPJI había resuelto, en el *caso Algunos Intereses Alemanes en la Alta Silesia*, que "si se efectúa la ratificación, el abuso de sus derechos por parte de un Estado signatario en el intervalo que precede a la ratificación puede equivaler a una violación de sus obligaciones con respecto al tratado" (Comisión de Derecho Internacional: "Informes de la Comisión a la Asamblea General, en Anuario de la Comisión de Derecho Internacional 1966 II", 1967, A/CN.4/SER.A/1966/Add.1, p. 222).

278 Aust proporciona un ejemplo similar (Aust, Modern Treaty Law..., *op. cit.*, p. 109).

279 Además, transcribió mal la norma de la CVDT. CS, rol 70.584/2016, solicitud de cambio de nombre y sexo (casación en el fondo), 29/05/2018 (*Cambio de Sexo*), cons. 8.°, p. 8. Este error de interpretación lo han tenido algunos expertos en el área. Véase Llanos Mansilla, H. Teoría y Práctica del Derecho Internacional Público. Las Relaciones entre el Derecho Internacional y el Derecho Interno, vol. IV. Santiago: Editorial Jurídica de Chile, 2011, p. 344.

distinta a no "frustrar" el objeto y fin del mismo.[280] Anthony Aust considera que una interpretación en dicho sentido está "claramente equivocada", pues lo contrario tornaría inútil la ratificación.[281]

Como se afirmó, por regla general la firma no obliga a los Estados a cumplir el tratado, pero esta regla tiene excepciones, dispuestas en el artículo 12 de la CVDT, y se refieren principalmente a los casos en que el tratado mismo dispone que la firma tendrá ese efecto, o se desprende de otro modo que los Estados tenían esa intención.

Existen distintos modos de firmar,[282] cuales son:

- La firma simple, que es la firma ordinaria.[283]
- La firma *ad referendum*, que requiere ser refrendada posteriormente por una autoridad —sin perjuicio de que, además, el tratado requiera de una ratificación, como se verá más adelante—.[284]
- La rúbrica, que consiste en una firma abreviada o en las simples iniciales de una persona, y puede tener los mismos efectos que la firma completa en casos específicos (Arts. 10 y 12, CVDT). Los representantes de los Estados pueden usar este medio para adoptar o autenticar un tratado por distintos motivos, como para reservar la firma completa a autoridades más relevantes de un Estado, en una ceremonia más formal.
- La firma definitiva, que se verá al tratar de los procedimientos simplificados.
- Generalmente los tratados se firman en un único momento, pero algunos tratados, como el Acuerdo de Escazú, establecen la posibilidad de firmar dentro de un plazo.[285] Algunos autores llaman "firma diferida" a la que hace uso de esta posibilidad.[286]

---

280 Según el *DRAE*, contravenir significa "obrar en contra de lo que está mandado", mientras que la acepción correspondiente de frustrar significa "dejar sin efecto un propósito contra la intención de quien procura realizarlo".

281 Aust, Modern Treaty Law..., *op. cit.*, p. 107. Fuentes afirma que, en materia de derechos humanos, existirían "más opciones para equiparar esta obligación de no frustrar el objeto y fin, con la entrada en vigor anticipada de las obligaciones sustantivas establecidas en un tratado" (Fuentes Torrijo, X. Las Fuentes del Derecho Internacional Público: Los Tratados. En Jaime Tijmes, Andrés Delgado Casteleiro, Andrea Lucas Garín (eds.) Derecho Internacional Público. Valencia: Tirant lo Blanch, 2023, p. 95). Fuentes apoya su afirmación en una sentencia internacional sobre la pena de muerte, que fue apelada, y en que la decisión superior no tuvo necesidad de referirse a dicha pena. TEDH, *Öcalan v. Turkey*, 46221/99, 2005, párrs. 154-155. Una afirmación tan radical requeriría una argumentación más detallada.

282 Estos modos de firmar se mencionan incidentalmente en los Arts. 10 y 12 de la CVDT.

283 Naciones Unidas, Sección de Tratados de la Oficina de Asuntos Jurídicos, Manual de Tratados. Nueva York: Naciones Unidas, 2013, pp. 5-6. Fecha de consulta 11/11/2024. Disponible en: https://bit.ly/4l7Cejt.

284 La firma tendrá efectos solo desde su confirmación, pero se entiende que la fecha de la firma —en caso de ser confirmada— será la de la firma *ad referendum* (Aust, Modern Treaty Law..., *op. cit.*, p. 91).

285 Art. 21.1, Acuerdo Regional sobre el Acceso a la Información, la Participación Pública y el Acceso a la Justicia en Asuntos Ambientales en América Latina y el Caribe (4 de marzo de 2018).

286 Benadava, Derecho Internacional Público, *op. cit.*, p. 69, y Gamboa Serazzi, F.; Fernández Undurraga, M. Tratado de Derecho Internacional Público y Derecho de Integración. Santiago: LexisNexis, 2008, p. 49.

c. Expresión de consentimiento

La expresión del consentimiento en ser obligado por un tratado se realiza, generalmente, en una etapa posterior a la firma. Esto es así porque los Estados suelen requerir una autorización o trámite a nivel nacional para poder consentir en obligarse. Por ejemplo, en el caso de Chile, la regla general es que el Ejecutivo solo puede obligarse por un tratado cuando ha sido previamente aprobado por el Congreso (Art. 54.1 de la Constitución chilena, CPR). Así, los negociadores firman algo con lo que están de acuerdo, luego piden la autorización requerida (en el caso de Chile, al Congreso) y solo entonces pueden dar su consentimiento para obligarse.

Los dos nombres más corrientes para referirse a la expresión de consentimiento son la ratificación y la adhesión.[287] La diferencia entre ambas es que el Estado que ratifica ha firmado previamente el tratado, mientras que el Estado que se adhiere no lo ha hecho.[288]

El tratado obligará al Estado que consiente en obligarse, solo una vez que haya entrado en vigencia.[289] Por ejemplo, si el tratado exige el cumplimiento de un plazo o condición para entrar en vigor (como contar con la ratificación o adhesión de un cierto número de Estados), solo obligará al Estado cuando se haya cumplido el plazo o condición especificada.

d. Canje o depósito de instrumentos

Dependiendo de si el tratado es bilateral o multilateral, los Estados *canjean* o *depositan* los instrumentos de ratificación o adhesión. Para entender esto, debe tenerse presente que la intención de obligarse por un tratado se expresa en un documento que es entregado o notificado a las demás partes. En los tratados bilaterales, los instrumentos se canjean, es decir, cada Estado le entrega al otro el instrumento donde expresa el consentimiento en obligarse.[290] En cambio, en los tratados multilaterales, lo normal es que "los instrumentos de ratificación o de adhesión se confían a la custodia de un *depositario* que designa el tratado. El depositario puede ser el Gobierno anfitrión de la conferencia que adoptó el tratado", o algún otro órgano de un organismo internacional, luego de lo cual el depositario entrega una copia de los instrumentos de ratificación o adhesión a los demás Estados interesados.[291]

3.1.4. Procedimientos simplificados

Sin perjuicio de que los Estados suelen cumplir los trámites descritos anteriormente para concluir tratados, ellos pueden acordar que seguirán alguna forma de procedimiento simplificado, es decir, sin realizar una o más de las etapas ya mencionadas.[292] Así, podría bastar

---

287 Otros nombres dados en el Art. 2.1.b) de la CVDT son aceptación y aprobación, pero son expresiones del consentimiento que no tienen diferencias sustantivas con la ratificación (Aust, Modern Treaty..., *op. cit.*, pp. 100-101).

288 Benadava, Derecho Internacional Público, *op. cit.*, p. 70.

289 Murphy, Principles of International Law, *op. cit.*, p. 87.

290 Aust, Modern Treaty Law..., *op. cit.*, p. 97.

291 Benadava, Derecho Internacional Público, *op. cit.*, p. 71.

292 *Ibid.*

con que se firme el tratado sin necesidad de que se ratifique (en cuyo caso se hablará de una *firma definitiva*)[293] o, incluso, sería posible llegar a un acuerdo en forma verbal (en este último caso, el tratado no estaría regido por la CVDT). En esta materia, es relevante el *caso de las Fábricas de Celulosa en el Río Uruguay*, donde la CIJ consideró que un comunicado de prensa conjunto entre los ministros de relaciones exteriores de Argentina y Uruguay constituía un tratado.[294] Podría cuestionarse la validez de algunos de estos acuerdos verbales debido a la falta de capacidad del representante, que se tratará más adelante.

3.1.5. Trámites posteriores a la conclusión de un tratado

El artículo 80.1 de la CVDT establece:

> Artículo 80. Registro y publicación de los tratados.
>
> 1. Los tratados, después de su entrada en vigor, se transmitirán a la Secretaría de las Naciones Unidas para su registro o archivo e inscripción, según el caso, y para su publicación.

Este artículo consagra la obligación estatal de registrar y publicar los tratados en la ONU, pero no establece consecuencias negativas en caso de que falte dicho trámite. En cambio, el artículo 102 de la Carta de las Naciones Unidas dispone:

> Artículo 102
>
> 1. Todo tratado y todo acuerdo internacional concertados por cualesquiera Miembros de las Naciones Unidas después de entrar en vigor esta Carta, serán registrados en la Secretaría y publicados por ésta a la mayor brevedad posible.
>
> 2. Ninguna de las partes en un tratado o acuerdo internacional que no haya sido registrado conforme a las disposiciones del párrafo 1 de este Artículo, podrá invocar dicho tratado o acuerdo ante órgano alguno de las Naciones Unidas.

---

293 Naciones Unidas, Sección de Tratados de la Oficina de Asuntos Jurídicos, Manual de Tratados, *op. cit.*, p. 6.

294 CIJ, *Case Concerning Pulp Mills on the River Uruguay (Argentina v. Uruguay)*, 2010, párrs. 132, 133 y 138. Previamente, en el *caso de la Plataforma Continental del Mar Egeo*, la CIJ admitió que una conferencia de prensa conjunta podía constituir un acuerdo internacional (CIJ, *Aegean Sea Continental Shelf Case (Greece v. Turkey)*, 1978, párrs. 95 y 96). En 1994, en un caso entre Catar y Baréin, la Corte afirmó que los acuerdos internacionales pueden adoptar múltiples formas y diversos nombres, y que para determinar si son un tratado, habrá que fijarse en los términos y condiciones del acuerdo (luego de lo cual declaró que minutas levantadas en una reunión entre las partes constituían un acuerdo) (CIJ, *Case Concerning Maritime Delimitation and Territorial Questions Between Qatar and Bahrain (Qatar v. Bahrain)*, 1994, párrs. 22-25).

La sanción prevista en esta norma es grave, por la relevancia de dos de los órganos de las Naciones Unidas ante los cuales no se podría alegar un tratado: la CIJ y el Consejo de Seguridad. Sin embargo, la CIJ analiza tratados o acuerdos celebrados por los Estados que no han sido registrados,[295] y Anthony Aust considera impensable que el Consejo de Seguridad desconozca un tratado relevante para la paz y seguridad internacional, por la simple ausencia de un requisito formal.[296] En todo caso, los tratados podrían invocarse en otros foros, como tribunales arbitrales o de inversiones u otros específicos.

3.2. RESERVAS

3.2.1. Cuestiones generales

El artículo 2.1.d) de la CVDT dispone:

> d) Se entiende por "reserva" una declaración unilateral, cualquiera que sea su enunciado o denominación, hecha por un Estado al firmar, ratificar, aceptar o aprobar un tratado o al adherirse a él, con objeto de excluir o modificar los efectos jurídicos de ciertas disposiciones del tratado en su aplicación a ese Estado.

Así, si un tratado multilateral tiene 5 artículos, y uno de los Estados considera que el artículo 2 le resulta muy gravoso, podría hacer una reserva para que no se le aplique dicho artículo, siempre y cuando se cumplan ciertos requisitos que se tratarán más adelante. El tema de las reservas es principalmente relevante en tratados multilaterales, pues en los bilaterales, si a una de las partes no le convence una de sus cláusulas, sencillamente no la incluirá en el tratado o se hará una renegociación. Por eso, se ha dicho que las "reservas" en tratados bilaterales constituyen, en realidad, propuestas de modificación del tratado, motivo por el que el régimen de reservas de la Convención de Viena sobre el Derecho de los Tratados no les es aplicable.[297]

Cada tratado puede definir si acepta o no reservas. Estas tienen aspectos positivos y negativos. Su lado positivo es facilitar que los Estados se hagan parte de un tratado, pues les permite no obligarse por normas que no les resultan convenientes. Así, las reservas son muy útiles en tratados que busquen tener una amplia ratificación. El aspecto negativo

---

295 Aust, Modern Treaty Law..., *op. cit.*, p. 303. El *caso Fábricas de Celulosa*, recién referido, es interesante en esta materia, pues la CIJ no afirma que sea necesario registrar este comunicado conjunto para poder invocarlo ante ella. Esto tampoco lo afirmó en CIJ, *Aegean Sea Continental Shelf Case (Greece v. Turkey)*, 1978, párrs. 95 y 96.

296 *Ibid.*

297 Véase Comisión de Derecho Internacional; Naciones Unidas: "Informe de la Comisión de Derecho Internacional. 63° período de sesiones (26 de abril a 3 de junio y 4 de julio a 12 de agosto de 2011)", 2011, A/66/10/Add.1, pp. 112-120.

es que la mayor participación en el tratado "se hace a expensas de la unidad del régimen convencional",[298] lo que hace más difícil conocer a simple vista a qué se obliga cada Estado y respecto de quién. Por eso, al decidir si aceptar o rechazar reservas, deben ponderarse ambos factores. Así, ha ocurrido que un tratado con vocación universal, como la Convención de Naciones Unidas sobre el Derecho del Mar de 1982, prefirió prohibir las reservas, para mantener el régimen general con el que fue concebida, en el que se equilibraron los intereses de los distintos tipos de Estados (esta prohibición de reservas no le ha impedido tener una amplísima aceptación).

3.2.2. Diversas posturas frente a las reservas

Ha habido diversas posiciones sobre el modo como operan las reservas. La primera —una postura en desuso— es la *posición del derecho internacional clásico*, que no era flexible respecto de las reservas.

> A la época de la Sociedad de las Naciones se admitía que la reserva, para ser válida, debía ser aceptada, expresa o tácitamente, por todos los Estados parte en el tratado. Si uno solo de los contratantes no aceptaba la reserva, el Estado que la había formulado tenía dos caminos: retirar la reserva o no ser parte en el tratado.[299]

Así, si un Estado quería adherirse a un tratado con diez otros Estados parte, pero haciendo una reserva, bastaba que uno de los diez Estados parte se opusiera, para que el Estado tuviera que elegir entre ser parte del tratado completo, o no ser parte.

Una segunda posición, también de carácter histórico, es la *postura panamericana* frente a las reservas. Esta era más compleja y generaba algunas dificultades, pero facilitaba la interposición de reservas. En este sistema, todo Estado que quisiera presentar una reserva tenía derecho a hacerlo, y todo Estado que quisiera objetarla, podía hacerlo.

> El Estado autor de la reserva era considerado parte en el tratado respecto de los Estados que no la habían objetado, con la modificación introducida por la reserva, pero no era considerado parte respecto de los que habían objetado la reserva. Así, dentro del sistema panamericano un Estado podía ser parte en el tratado respecto de algunos contratantes y no serlo respecto de otros.[300]

La coexistencia de estas dos posturas generaba oscuridad sobre la regulación de las reservas. En este contexto, la Unión Soviética decidió hacer una reserva a la Convención sobre la Prevención y Sanción del Genocidio.[301] Frente a ello, la Asamblea General soli-

298 Benadava, Derecho Internacional Público, *op. cit.*, p. 75.

299 *Ibid.*

300 *Ibid.*, p. 76.

301 Convención para la Prevención y la Sanción del Delito de Genocidio (9 de diciembre de 1948).

citó una opinión consultiva a la CIJ. Esta resolvió la opinión en 1951, disponiendo que si un Estado hace una reserva, y esta es aceptada por unos Estados, pero no por otros, el Estado puede considerarse parte en la Convención, "[s]i dicha reserva es compatible con el objeto y el fin de la Convención; de lo contrario, no se le puede considerar parte en la Convención".[302] Además, dispuso que "si una parte en la Convención objeta una reserva que considera incompatible con el objeto y el fin de la Convención, puede, de hecho, considerar que el Estado que formula esa reserva no es parte en la Convención",[303] pero que "si, por el contrario, una parte acepta la reserva como compatible con el objeto y el fin de la Convención, puede, de hecho, considerar que el Estado que formula la reserva es parte en la Convención".[304] Así, esta solución de la CIJ es similar a la postura panamericana, pero incorpora el elemento del objeto y fin de la Convención.

Con posterioridad a esta opinión consultiva, la CVDT adoptó un sistema similar, que está normado entre los artículos 19 y 23. Este es bastante detallado, pero no por eso menos abierto a interpretaciones. Se copian estos artículos a continuación.

> Artículo 19. Formulación de reservas
>
> Un Estado podrá formular una reserva en el momento de firmar, ratificar, aceptar o aprobar un tratado o de adherirse al mismo, a menos:
>
> a) que la reserva esté prohibida por el tratado;
>
> b) que el tratado disponga que únicamente pueden hacerse determinadas reservas, entre las cuales no figure la reserva de que se trate; o
>
> c) que, en los casos no previstos en los apartados a) y b), la reserva sea incompatible con el objeto y el fin del tratado.
>
> Artículo 20. Aceptación de las reservas y objeción a las reservas
>
> 1. Una reserva expresamente autorizada por el tratado no exigirá la aceptación ulterior de los demás Estados contratantes, a menos que el tratado así lo disponga.
>
> 2. Cuando del número reducido de Estados negociadores y del objeto y del fin del tratado se desprenda que la aplicación del tratado en su integridad entre todas las partes es condición esencial del consentimiento de cada una de ellas en obligarse por el tratado, una reserva exigirá la aceptación de todas las partes.
>
> 3. Cuando el tratado sea un instrumento constitutivo de una organización internacional y a menos que en él se disponga otra cosa, una reserva exigirá la aceptación del órgano competente de esa organización.
>
> 4. En los casos no previstos en los párrafos precedentes y a menos que el tratado disponga otra cosa:

302 CIJ, *Reservations to the Convention on the Prevention and Punishment of the Crime of Genocide*, 1951, p. 29 (la traducción es nuestra).

303 *Ibid.* (la traducción es nuestra).

304 *Ibid.*, pp. 29-30 (la traducción es nuestra).

a) la aceptación de una reserva por otro Estado contratante constituirá al Estado autor de la reserva en parte en el tratado en relación con ese Estado si el tratado ya está en vigor o cuando entre en vigor para esos Estados;

b) la objeción hecha por otro Estado contratante a una reserva no impedirá la entrada en vigor del tratado entre el Estado que haya hecho la objeción y el Estado autor de la reserva, a menos que el Estado autor de la objeción manifieste inequívocamente la intención contraria;

c) un acto por el que un Estado manifieste su consentimiento en obligarse por un tratado y que contenga una reserva surtirá efecto en cuanto acepte la reserva al menos otro Estado contratante.

5. Para los efectos de los párrafos 2 y 4, y a menos que el tratado disponga otra cosa, se considerará que una reserva ha sido aceptada por un Estado cuando este no ha formulado ninguna objeción a la reserva dentro de los doce meses siguientes a la fecha en que haya recibido la notificación de la reserva o en la fecha en que haya manifestado su consentimiento en obligarse por el tratado, si esta última es posterior.

Al igual como ocurría con la postura panamericana, esta disposición genera algunas dudas interpretativas, por ejemplo, los tratados multilaterales suelen exigir un mínimo de ratificaciones para entrar en vigor, "¿puede un Estado que es considerado 'parte' respecto de algunos contratantes pero no respecto de otros, ser tomado en cuenta para completar el número mínimo necesario de ratificaciones para la entrada en vigor de la convención?"[305]

Artículo 21. Efectos jurídicos de las reservas y de las objeciones a las reservas

1. Una reserva que sea efectiva con respecto a otra parte en el tratado de conformidad con los artículos 19, 20 y 23:

a) modificará con respecto al Estado autor de la reserva en sus relaciones con esa otra parte las disposiciones del tratado a que se refiera la reserva en la medida determinada por la misma; y

b) modificará, en la misma medida, esas disposiciones en lo que respecta a esa otra parte en el tratado en sus relaciones con el Estado autor de la reserva.

2. La reserva no modificará las disposiciones del tratado en lo que respecta a las otras partes en el tratado en sus relaciones *inter se*.

3. Cuando un Estado que haya hecho una objeción a una reserva no se oponga a la entrada en vigor del tratado entre él y el Estado autor de la reserva, las disposiciones a que se refiere ésta no se aplicarán entre los dos Estados en la medida determinada por la reserva.

305 Benadava, Derecho Internacional Público, *op. cit.*, p. 76.

Las letras a) y b) del primer párrafo del artículo 21 se refieren a la reciprocidad en los efectos de las reservas. Esto significa que el efecto de una reserva no beneficia solo al Estado que la presenta, sino que también al resto de los Estados respecto de este. Por ejemplo, si una disposición de un tratado permite demandar a las demás partes ante la CIJ, el Estado A podría formular una reserva para que no se le aplique dicha norma; como resultado, A no podrá ser demandado ante la CIJ, pero los demás Estados —que no hicieron reserva a esa disposición— tampoco podrán ser demandados ante la CIJ por A (mientras que los demás Estados podrán demandarse entre sí).

El segundo párrafo es bastante claro. El tercero es muy relevante por disponer que, si el Estado objetor no se opone a la entrada en vigor del tratado entre sí mismo y el Estado reservante, el tratado entrará en vigor entre ellos. Sin embargo, no es claro qué significa que las disposiciones a las que se refiere la reserva "no se aplicarán entre los dos Estados en la medida determinada por la reserva". Pareciera indicar que, si se hizo reserva a un artículo, dicho artículo no tendrá efectos; la reserva impedirá que la disposición a la que se formula la reserva entre en vigor entre la parte que la presenta y la que se opone. Lo irónico es que, si la reserva excluía la aplicación de un artículo, la solución de la CVDT haría que el efecto entre la parte que realiza la reserva y la que la objeta —sin oponerse a la entrada en vigor del tratado entre ellas— sea que dicha norma no se aplicará, es decir, el mismo resultado que si la reserva se hubiera aceptado.[306] En caso de que la reserva no excluya la aplicación de un artículo, sino que solo lo modifique, la opinión más autorizada indica que el artículo modificado no se aplicaría entre las partes.[307]

Artículo 22. Retiro de las reservas y de las objeciones a las reservas

1. Salvo que el tratado disponga otra cosa, una reserva podrá ser retirada en cualquier momento y no se exigirá para su retiro el consentimiento del Estado que la haya aceptado.

2. Salvo que el tratado disponga otra cosa, una objeción a una reserva podrá ser retirada en cualquier momento.

3. Salvo que el tratado disponga o se haya convenido otra cosa:

a) el retiro de una reserva solo surtirá efecto respecto de otro Estado contratante cuando ese Estado haya recibido la notificación;

b) el retiro de una objeción a una reserva solo surtirá efecto cuando su notificación haya sido recibida por el Estado autor de la reserva.

306 En la práctica, ante una reserva que excluya un artículo, daría lo mismo si la reserva se acepta o se objeta (Murphy, Principles of International Law, *op. cit.*, p. 92).

307 *Ibid.*, pp. 92-93. Esto puede entenderse mejor leyendo lo dispuesto en Comisión de Derecho Internacional; Naciones Unidas: "Guía de la Práctica sobre las Reservas a los Tratados", en Anuario de la Comisión de Derecho Internacional 2011. Informe de la Comisión a la Asamblea General sobre la Labor Realizada en su Sexagésimo Tercer Período de Sesiones, vol. II. Nueva York y Ginebra: Naciones Unidas, 2011, 4.3.6. Fecha de consulta 14/05/2024. Disponible en: https://bit.ly/4j1JQ54.

Artículo 23. Procedimiento relativo a las reservas

1. La reserva, la aceptación expresa de una reserva y la objeción a una reserva habrán de formularse por escrito y comunicarse a los Estados contratantes y a los demás Estados facultados para llegar a ser partes en el tratado.

2. La reserva que se formule en el momento de la firma de un tratado que haya de ser objeto de ratificación, aceptación o aprobación, habrá de ser confirmada formalmente por el Estado autor de la reserva al manifestar su consentimiento en obligarse por el tratado. En tal caso, se considerará que la reserva ha sido hecha en la fecha de su confirmación.

3. La aceptación expresa de una reserva o la objeción hecha a una reserva, anteriores a la confirmación de la misma, no tendrán que ser a su vez confirmadas.

4. El retiro de una reserva o de una objeción a una reserva habrá de formularse por escrito.

Los internacionalistas del ámbito de los derechos humanos consideraban que las reservas en ese tipo de tratados debían tener un régimen especial, lo que generó un debate con los internacionalistas generalistas.[308] Por eso, la Comisión de Derecho Internacional de Naciones Unidas elaboró la Guía Práctica sobre las Reservas a los Tratados.[309] En ella, interpreta las normas de la CVDT buscando llegar a una solución de consenso, pero no da lugar a la interpretación de que el régimen de las reservas en materia de derechos humanos deba ser distinto al régimen general (negando la visión del "excepcionalismo" del régimen del derecho internacional de los derechos humanos).[310]

3.2.3. Declaraciones interpretativas

Un tema relacionado con las reservas es el de las declaraciones interpretativas, que no están reguladas en la CVDT. Se les puede definir como "una declaración unilateral, cualquiera que sea su enunciado o denominación, hecha por un Estado o por una organización internacional con objeto de precisar o aclarar el sentido o el alcance de un tratado o de algunas de sus disposiciones".[311] Ellas buscan explicar el contenido o la interpretación que un Estado u organización internacional le da a una norma en particular. Por ejemplo, al firmar y ratificar la Convención sobre los Derechos del Niño, Argentina hizo una reserva y un par de declaraciones, una de las cuales afirmó que el artículo 1 de la Convención "debe interpretarse en

308 Sobre las reservas en materia de derechos humanos, puede verse Benavides Casals, M. A. Reservas en el Ámbito del Derecho Internacional de los Derechos Humanos, Ius et Praxis, 13, 1, 2007.

309 Comisión de Derecho Internacional; Naciones Unidas, Guía de la Práctica..., *op. cit.*

310 En todo caso, es pertinente ver la siguiente opinión consultiva: Corte IDH, *El Efecto de las Reservas sobre la Entrada en Vigencia de la Convención Americana sobre Derechos Humanos*, Opinión Consultiva OC-2/82. También es pertinente revisar la actitud adoptada por el TEDH frente a una reserva, en el caso TEDH, *Belilos v. Switzerland*, 10328/83, 1988.

311 Comisión de Derecho Internacional; Naciones Unidas, Guía de la Práctica..., *op. cit.*, p. 31.

el sentido que se entiende por niño todo ser humano desde el momento de su concepción y hasta los 18 años de edad".[312] Argentina no buscó limitar el contenido de la Convención, sino que expresar su visión concreta del concepto de niño, que es compatible con el texto de la Convención, especialmente con el preámbulo, que afirma: "Teniendo presente que, como se indica en la Declaración de los Derechos del Niño, 'el niño, por su falta de madurez física y mental, necesita protección y cuidado especiales, incluso la debida protección legal, tanto antes como después del nacimiento'". Con esta declaración, Argentina no buscó reducir sus obligaciones, pues termina, incluso, ampliándolas.

Hay dos tipos de declaraciones interpretativas:

- Las declaraciones meramente interpretativas, que ofrecen "una interpretación del tratado que puede eventualmente considerarse incorrecta",[313] es decir, solo explicitan la interpretación de una parte del tratado, y
- Las declaraciones interpretativas calificadas, en las que un Estado hace una interpretación que busca imponerse a los demás, es decir, que opera como una verdadera reserva. Atendido que el artículo 2.1.d) de la CVDT dispone que una reserva lo será, "cualquiera que sea su enunciado o denominación", con tal de que tenga el objeto de "excluir o modificar los efectos jurídicos de ciertas disposiciones del tratado en su aplicación a ese Estado", debe entenderse que las declaraciones interpretativas calificadas son, en realidad, reservas. En la práctica, puede ser muy difícil distinguir entre una declaración y una reserva.[314]

A diferencia de lo que ocurre con las reservas, no es raro hacer declaraciones interpretativas en tratados bilaterales. Si la contraparte las acepta, serán entendidas como una interpretación auténtica del tratado.[315] Al igual que las reservas, las declaraciones interpretativas pueden ser retiradas.[316]

3.2.4. Regulación de las reservas en Chile

La Constitución de Chile regula las reservas en su artículo 54. Para entender la norma que se copia a continuación, debe saberse que el presidente de la República requiere generalmente de la aprobación del Congreso antes de poder ratificar un tratado. El artículo 54 dispone que el presidente, junto con informar al Congreso sobre el contenido y alcance del tratado cuya aprobación busca, debe indicar "las reservas que pretenda confirmar o formularle". También establece:

312 Organización de los Estados Americanos, Convención sobre los Derechos del Niño. Fecha de consulta: 14/05/2024. Disponible en: https://bit.ly/3DNfDbc.

313 Fitzmaurice, M. The Practical Working of the Law of Treaties. En Malcolm D. Evans (ed.), International Law. Oxford: Oxford University Press, 2014, p. 191 (la traducción es nuestra).

314 *Ibid.*, p. 191. Un caso donde se aprecia que se trata una declaración interpretativa como reserva —en atención a su contenido— es TEDH, *Belilos v. Switzerland*, 10328/83, 1988, párr. 49.

315 Comisión de Derecho Internacional; Naciones Unidas, Guía de la Práctica…, *op. cit.*, N° 1.6.3.

316 *Ibid.*, N° 2.5.12.

> El Congreso podrá sugerir la formulación de reservas y declaraciones interpretativas a un tratado internacional, en el curso del trámite de su aprobación, siempre que ellas procedan de conformidad a lo previsto en el propio tratado o en las normas generales de derecho internacional.

Esta norma usa el verbo "sugerir", lo que da a entender que el Ejecutivo puede adoptar o no esta *sugerencia* del Congreso. Sin embargo, en general, sería políticamente complejo y contrario a la buena fe desoír esta sugerencia cuando —siendo admisible la presentación de reservas en un tratado concreto— el Congreso hubiera considerado esencial la formulación de una o más reservas para dar su aprobación al tratado.

La Constitución también dispone:

> El retiro de una reserva que haya formulado el Presidente de la República y que tuvo en consideración el Congreso Nacional al momento de aprobar un tratado, requerirá previo acuerdo de éste, de conformidad a lo establecido en la ley orgánica constitucional respectiva. El Congreso Nacional deberá pronunciarse dentro del plazo de treinta días contados desde la recepción del oficio en que se solicita el acuerdo pertinente. Si no se pronunciare dentro de este término, se tendrá por aprobado el retiro de la reserva.[317]

Esta norma se justifica porque el compromiso de formular una reserva puede ser el factor que defina que el Congreso apruebe un tratado internacional. Por eso, retirar dicha reserva constituiría un cambio en los términos en los que se acordó aprobar el tratado. Si no se requiriera el acuerdo del Congreso, el presidente podría defraudarlo presentando reservas que serían prontamente retiradas.

Por último, el artículo 54 de la Constitución establece exigencias de publicidad:

> De conformidad a lo establecido en la ley, deberá darse debida publicidad a hechos que digan relación con el tratado internacional, tales como su entrada en vigor, la formulación y retiro de reservas, las declaraciones interpretativas, las objeciones a una reserva y su retiro, la denuncia del tratado, el retiro, la suspensión, la terminación y la nulidad del mismo.

317 Art. 54, N° 1, inc. 8, CPR. Por su parte, el Art. 64 inc. 2.°, Ley 18.918 (05/02/1990), Ley Orgánica Constitucional del Congreso Nacional, dispone: "El oficio por el cual el Presidente de la República solicita el acuerdo señalado en el inciso anterior será presentado a una de las Cámaras, la que deberá aprobarlo o rechazarlo en un plazo no superior a diez días contado desde la recepción del oficio, al término del cual, habiéndose pronunciado o no sobre la solicitud, pasará a la otra para que se manifieste dentro de igual plazo".

No obstante la disposición constitucional, no existe una ley que regule estas exigencias de publicidad, pero esto se suple parcialmente, haciendo algunas publicaciones en el Diario Oficial.[318]

3.3. ENTRADA EN VIGOR Y EFECTOS DE LOS TRATADOS

La expresión *entrada en vigor de un tratado* se refiere al momento en que este comienza a producir sus efectos jurídicos en forma permanente. En principio, un tratado entrará en vigencia cuando lo acuerden las partes, lo que se definirá en el mismo tratado (por ejemplo, puede pactarse que entrará en vigor un año después de ratificado por todas las partes firmantes) (Art. 24, CVDT). Si el tratado nada dispone, la CVDT establece subsidiariamente que entrará en vigencia cuando "haya constancia del consentimiento de todos los Estados negociadores en obligarse por el tratado" (Art. 24). Es frecuente que las convenciones de Naciones Unidas establezcan la entrada en vigor después de un número mínimo de ratificaciones.

Los tratados son generalmente irretroactivos, lo que significa que sus disposiciones

> no obligarán a una parte respecto de ningún acto o hecho que haya tenido lugar con anterioridad a la fecha de entrada en vigor del tratado para esa parte ni de ninguna situación que en esa fecha haya dejado de existir, salvo que una intención diferente se desprenda del tratado o conste de otro modo.[319]

La CVDT dispone que un tratado o parte de él puede aplicarse en forma provisional, antes de su entrada en vigor, si el propio tratado así lo dispone o si los Estados negociadores convienen en ello de otro modo (Art. 25).[320] La aplicación provisional termina cuando el tratado comienza a regir definitivamente, o cuando uno de los Estados firmantes expresa su intención de no ratificarlo.

---

318 Por ejemplo, véase el aviso que da cuenta de que Chile y el Reino Unido terminaron un acuerdo para la promoción y protección de inversiones, con motivo de la entrada en vigor de otro tratado: Subsecretaría de Relaciones Económicas Internacionales, Artículo 54, 1), inciso noveno, Constitución Política de la República, Diario Oficial, CVE 2584619 (14/12/2024).

319 Art. 28, CVDT. Sin embargo, debe recordarse que la CPJI resolvió, en el *caso Algunos Intereses Alemanes en la Alta Silesia*, que "si se efectúa la ratificación, el abuso de sus derechos por parte de un Estado signatario en el intervalo que precede a la ratificación puede equivaler a una violación de sus obligaciones con respecto al tratado" (Comisión de Derecho Internacional, Informes de la Comisión..., *op. cit.*, p. 222).

320 Por ejemplo, el Art. 7 del Protocolo 14bis a la Convención Europea sobre Derechos Humanos disponía que cualquier parte podía declarar que el Protocolo comenzaría a regir para ella en forma provisional. Otro ejemplo es el Acuerdo Marco Avanzado entre Chile y la Unión Europea y sus Estados Miembros, que dispone en su Art. 41.5 que "las Partes podrán aplicar el presente Acuerdo, total o parcialmente, de forma provisional, de conformidad con sus respectivos procedimientos internos".

Hay dos artículos muy importantes, que se copian a continuación.

> Artículo 26. "*Pacta sunt servanda*"
>
> Todo tratado en vigor obliga a las partes y debe ser cumplido por ellas de buena fe.
>
> Artículo 27. El derecho interno y la observancia de los tratados
>
> Una parte no podrá invocar las disposiciones de su derecho interno como justificación del incumplimiento de un tratado. Esta norma se entenderá sin perjuicio de lo dispuesto en el artículo 46.[321]

El artículo 26 recoge el principio básico y consuetudinario del *pacta sunt servanda*. Este dispone que una vez que un tratado entra en vigor, los Estados parte deben cumplirlo.

El artículo 27 de la CVDT establece otro principio importante y consuetudinario, el de la inoponibilidad del derecho nacional en el ámbito internacional. En la doctrina chilena, algunos cometen el error de pensar que este artículo es aplicable también en el ámbito jurídico nacional, y que exigiría que los tribunales y órganos de la Administración den primacía al derecho internacional cuando colisione con el derecho interno. Sin embargo, la regla del artículo 27 "solo establece una norma obvia de responsabilidad internacional que se basa en el hecho de que el derecho doméstico de los Estados no tiene fuerza normativa en el derecho internacional".[322] Dicha norma no buscó darle aplicación directa en el ámbito interno al derecho internacional, pues el artículo 27 solo se aplica a nivel internacional.[323] Si el artículo 27 estableciera la incorporación y jerarquía superior del derecho internacional en el ámbito interno, implicaría que toda norma internacional sería supraconstitucional,[324] incluso los acuerdos simplificados que no requieren autorización del Congreso nacional. Esta nunca fue la intención plasmada por los redactores de la CVDT, pues habría implicado una revolución legal en los Estados dualistas y en aquellos que se rigen por el principio de la supremacía constitucional.

A nivel interno, es la Constitución del Estado la que definirá si el derecho internacional tiene aplicación inmediata y primacía sobre el derecho nacional. Ello, sin perjuicio de que darle preferencia a la normativa nacional en el derecho interno puede generar responsabilidad a nivel

321 El artículo 46 se refiere a una situación particular de nulidad de tratados, referida a disposiciones de derecho interno que regulan la competencia de los representantes de los Estados.

322 Fuentes Torrijo, X. Una Nueva Constitución para Chile y el Diseño de un Esquema de Incorporación del Derecho Internacional al Sistema Jurídico Chileno. En Eduardo A. Chía, Flavio Quezada (eds.), Propuestas para una Nueva Constitución (Originada en Democracia). Santiago: Instituto Igualdad - Facultad de Derecho Universidad de Chile - Friedrich Ebert-Stiftung, 2015, pp. 174 y 175.

323 Según Aldunate, el Art. 27 es solo una "aplicación del principio en virtud del cual nadie puede alegar su propia culpa o dolo para liberarse de una obligación". Aldunate Lizana, E. La Posición de los Tratados Internacionales en el Sistema de Fuentes del Ordenamiento Jurídico Chileno a la Luz del Derecho Positivo, Ius et Praxis 16, 2, 2010, p. 190.

324 Fuentes Torrijo, Una Nueva Constitución…, *op. cit.*, p. 176.

internacional. Para entender esto mejor, se presenta un ejemplo, sobre la base de un tratado que dispone que el arancel entre dos Estados debe ser del 2 %, mientras que la normativa nacional indica que será del 5 %. A nivel internacional, el Estado no puede excusarse de un incumplimiento alegando la normativa nacional. A nivel interno, el oficial de aduanas deberá decidir qué arancel aplicar. Para hacerlo, revisará si su Estado considera que las normas de los tratados son inmediatamente ejecutables o no, y en qué situaciones (pues el artículo 27 de la CVDT no es una norma que le dé la necesaria autorización para aplicar el derecho internacional). Si la ley nacional no permite aplicar directamente el derecho internacional y, no obstante ello, el oficial de aduanas aplica el arancel del 2 %, podría ser sancionado por contrariar la legislación nacional. Ello, sin perjuicio de que su actuar estaría evitando que el Estado incurra en responsabilidad internacional (la que podría ser reclamada por el Estado afectado por la aplicación de un arancel superior al pactado). El oficial de aduanas solo puede aplicar el derecho internacional en forma directa, cuando la Constitución o el ordenamiento jurídico nacional lo autorizan.

El artículo 34 de la CVDT dispone que los tratados no generan derechos ni obligaciones a terceros Estados, a menos que los Estados contratantes cuenten con el consentimiento de dichos terceros Estados (es lo que se conoce como el principio del *pacta tertiis*).[325] La CVDT establece varias normas sobre los casos en que los tratados referidos a terceros podrían crearles derechos y obligaciones, pero, en ellos, los terceros aceptan de diversos modos tales derechos y obligaciones, o la fuente de la obligación es la costumbre y no el tratado internacional (Arts. 35 a 38).

Cuando se aprueban tratados sucesivos sobre la misma materia, en principio, los tratados posteriores prevalecen en caso de incompatibilidad de sus disposiciones con las del tratado anterior (Art. 30). No obstante, este tema es más complejo, como se vio al tratar los casos de antinomia, dentro de la sección sobre jerarquía de las fuentes.

3.4. NORMAS SOBRE INTERPRETACIÓN

El artículo 31 de la CVDT establece la regla general de interpretación de tratados (y, en la práctica, de todo instrumento internacional).[326]

> Artículo 31. Regla general de interpretación
>
> 1. Un tratado deberá interpretarse de buena fe conforme al sentido corriente que haya de atribuirse a los términos del tratado en el contexto de estos y teniendo en cuenta su objeto y fin.
>
> 2. Para los efectos de la interpretación de un tratado, el contexto comprenderá, además del texto, incluidos su preámbulo y anexos:

325 El nombre de dicho principio viene de las primeras palabras del aforismo *pacta tertiis nec nocent nec prosunt* (Pastor Ridruejo, Curso de Derecho Internacional..., *op. cit.*, p. 124).

326 Crema, The ILC's New Way..., *op. cit.*, p. 162.

a) todo acuerdo que se refiera al tratado y haya sido concertado entre todas las partes con motivo de la celebración del tratado;

b) todo instrumento formulado por una o más partes con motivo de la celebración del tratado y aceptado por las demás como instrumento referente al tratado.

3. Juntamente con el contexto, habrá de tenerse en cuenta:

a) todo acuerdo ulterior entre las partes acerca de la interpretación del tratado o de la aplicación de sus disposiciones;

b) toda práctica ulteriormente seguida en la aplicación del tratado por la cual conste el acuerdo de las partes acerca de la interpretación del tratado;

c) toda forma pertinente de derecho internacional aplicable en las relaciones entre las partes.

4. Se dará a un término un sentido especial si consta que tal fue la intención de las partes.

Como puede verse, la regla más básica dispone que "[u]n tratado deberá interpretarse de buena fe conforme al sentido corriente que haya de atribuirse a los términos del tratado en el contexto de éstos y teniendo en cuenta su objeto y fin". Esta regla exige observar tres elementos: el texto, el contexto, y el objeto y fin del tratado. Estos elementos se aplican conjuntamente, en un solo proceso, pero pueden distinguirse. Así, por ejemplo, cuando se interpreta la norma que prohíbe toda "forma de explotación del hombre por el hombre", del artículo 21.3 de la Convención Americana sobre Derechos Humanos,[327] se comprende inmediatamente que ella busca prohibir que el *ser humano* explote a otro *ser humano*. Sin embargo, la mente llega a esa conclusión solo después de analizar los tres elementos ya mencionados. En efecto, la palabra "hombre" tiene distintos significados: persona, varón, varón adulto, etc. Así, el puro texto no basta para saber qué quiere decir la norma, pues podría significar que los varones no pueden prestar a usura a otros varones, pero sí a las mujeres. Por eso, debe acudirse al contexto (es importante conocer el artículo 31.2 de la CVDT para entender qué se entiende por contexto). En este caso, el resto de las normas de la Convención Americana permite observar que la Convención suele utilizar la palabra hombre como refiriéndose al ser humano en general. Así se puede concluir que tal convención prohíbe que una persona explote a otra. Luego, esta interpretación puede ser confirmada si acudimos al objeto y fin del tratado, que es la protección de los derechos del ser humano, no solo del varón.[328]

327 Ella dispone: "Tanto la usura como cualquier otra forma de explotación del hombre por el hombre, deben ser prohibidas por la ley".

328 Ejemplo planteado en Paúl Díaz, A. La Corte Interamericana in Vitro: Comentarios sobre su Proceso de Toma de Decisiones a Propósito del Caso Artavia, Derecho Público Iberoamericano 2, 2013, p. 321.

El artículo 31 contiene algunas reglas que son más difíciles de interpretar, como la regla establecida en el párrafo 3.c).[329] Además de las reglas básicas de interpretación del artículo 31, la CVDT establece mecanismos adicionales a los que debe recurrirse cuando aquellos no bastan para alcanzar una interpretación conclusiva, según se observa en el artículo 32, que se copia a continuación.

> Artículo 32. Medios de interpretación complementarios
>
> Se podrá acudir a medios de interpretación complementarios, en particular a los trabajos preparatorios del tratado y a las circunstancias de su celebración, para confirmar el sentido resultante de la aplicación del artículo 31, o para determinar el sentido cuando la interpretación dada de conformidad con el artículo 31:
>
> a) deje ambiguo u oscuro el sentido; o
>
> b) conduzca a un resultado manifiestamente absurdo o irrazonable.

Los trabajos preparatorios, o *travaux préparatoires*, son los registros que muestran las discusiones que hubo al momento de acordar el texto de un tratado, así como los antecedentes tenidos en cuenta al hacerlo.

3.5. NULIDAD DE TRATADOS

3.5.1. Cuestiones generales

Existen muchas similitudes entre los contratos a nivel interno y los tratados en el ámbito internacional. Una de ellas es que ambos pueden terminarse y anularse (además, sus causales son similares).[330] Al igual como ocurre con los contratos, hay una gran diferencia entre la nulidad y la terminación de un tratado. La terminación significa que un tratado —que nació a la vida jurídica y tuvo efectos mientras duró— llega a su fin por un motivo u otro. La nulidad, en cambio, significa que un tratado careció de un elemento constitutivo esencial, por lo que, aunque pudo parecer válido, nunca generó efectos realmente jurídicos. Esto es similar a lo que ocurre en los contratos civiles. Por ejemplo, si una persona acepta contraer matrimonio porque estaba siendo amenazada de muerte para hacerlo, no prestó nunca su consentimiento para casarse, el cual es un elemento esencial del contrato. Así, aunque haya habido una apariencia de matrimonio (una ceremonia ante una autoridad competente y una fiesta), este contrato no nació a la vida del derecho.

329 Se sostiene que esta disposición "es expresión del objetivo de la 'integración sistémica'", que puede entenderse mejor al revisar: Comisión de Derecho Internacional, Fragmentación..., *op. cit.*, pp. 197-199.

330 Dupuy, Droit International Public, *op. cit.*, p. 289.

Como consecuencia de lo anterior, al declararse la nulidad, no solo se dispone que el tratado deje de producir efectos, sino que, en la medida de lo posible, la relación entre las partes debe volver a la situación que existía antes del consentimiento —o aparente consentimiento— en obligarse por este tratado nulo. La regulación de la nulidad, terminación y suspensión de los tratados se encuentra entre los artículos 42 y 75 de la CVDT.[331] Es importante notar que, en principio, la nulidad, la terminación y la suspensión de un tratado afectan a todo ese instrumento, no solo a algunas de sus cláusulas, según dispone la misma CVDT (Art. 44; este artículo permite excepciones).

3.5.2. Causales de nulidad de tratados

a. Ciertas faltas de competencia del representante

La regla general es que la falta de competencia de un agente estatal para obligar al Estado no anula el tratado. La excepción se da cuando dicha incompetencia surge por dos situaciones fácticas muy concretas, establecidas en los artículos 46 y 47 de la CVDT.

> Artículo 46: Disposiciones de derecho interno concernientes a la competencia para celebrar tratados.
>
> 1. El hecho de que el consentimiento de un Estado en obligarse por un tratado haya sido manifestado en violación de una disposición de su derecho interno concerniente a la competencia para celebrar tratados no podrá ser alegado por dicho Estado como vicio de su consentimiento, a menos que esa violación sea manifiesta y afecte a una norma de importancia fundamental de su derecho interno.
> 2. Una violación es manifiesta si resulta objetivamente evidente para cualquier Estado que proceda en la materia conforme a la práctica usual y de buena fe.

El artículo anterior muestra que, en general, la falta de competencia del representante no invalida el tratado, salvo que se viole *manifiestamente* una regla de competencia establecida en una norma de *importancia fundamental* en el derecho interno. Esto ocurriría, por ejemplo, si la Constitución de un Estado —una norma de importancia fundamental— dispusiera que el jefe de Gobierno no puede representar al Estado en el plano internacional. La violación de esta norma sería manifiesta, pues la contraparte debiera saber que el firmante es el jefe de Gobierno y no el jefe de Estado. Esta es una de las pocas ocasiones en que el derecho internacional se remite al ordenamiento jurídico interno.

331 En ocasiones se habla de la *ilegalidad* de normas de tratados, pero no se profundizará en dicha cuestión. Esto ocurriría, por ejemplo, si una norma posterior afecta derechos de terceros (por ejemplo, si los Estados A, B y C acuerdan algo en un tratado y, posteriormente, A y B pactan algo en contrario, en desmedro de C).

> Artículo 47: Restricción específica de los poderes para manifestar el consentimiento de un Estado.
>
> Si los poderes de un representante para manifestar el consentimiento de un Estado en obligarse por un tratado determinado han sido objeto de una restricción específica, la inobservancia de esa restricción por tal representante no podrá alegarse como vicio del consentimiento manifestado por él, a menos que la restricción haya sido notificada con anterioridad a la manifestación de ese consentimiento, a los demás Estados negociadores.

El artículo 47 muestra, nuevamente, que la regla general es que la actuación *ultra vires* de un representante no anula el tratado.[332] Esta causal de nulidad se trata de una violación de una norma no fundamental, cuando la restricción específica haya sido notificada previamente al otro Estado. No basta con que se restrinja el poder de una persona para representar al Estado.

b. Vicios del consentimiento[333]

Un tratado es un acuerdo de voluntad, por lo que solo será válido cuando las partes consintieron verdaderamente en obligarse. Así, el tratado puede ser invalidado si hay un vicio del consentimiento,[334] es decir, si hay un defecto grave en la formación de la voluntad. Existen pocos casos donde se haya puesto en práctica la teoría de los vicios del consentimiento en el plano internacional.[335] A continuación, se revisan estos vicios del consentimiento.

- Error esencial: el error debe referirse a un hecho o situación cuya existencia se haya dado por supuesta, y que constituyera una *base esencial* del consentimiento en obligarse por el tratado. La CVDT dispone también excepciones a esta regla.

> Artículo 48: Error.
>
> 1. Un Estado podrá alegar un error en un tratado como vicio de su consentimiento en obligarse por el tratado si el error se refiere a un hecho o a una situación cuya existencia diera por supuesta ese Estado en el momento de la celebración del tratado y constituyera una base esencial de su consentimiento en obligarse por el tratado.

332 *Ultra vires* significa que va más allá de los propios poderes.

333 El texto de los Arts. 46 y 47 de la CVDT dan a entender que las ya referidas faltas de competencia serían vicios del consentimiento, pero eso es discutible, pues no ocurre que el Estado haya prestado un consentimiento defectuoso, que impidiera su perfeccionamiento, sino que no se daban las condiciones, ni siquiera, para que se pensara que el Estado estaba consintiendo.

334 Los vicios del consentimiento están regulados entre los Arts. 48 y 52 de la CVDT.

335 Dupuy, Droit International Public, *op. cit.*, p. 289.

> 2. El párrafo 1 no se aplicará si el Estado de que se trate contribuyó con su conducta al error o si las circunstancias fueron tales que hubiera quedado advertido de la posibilidad de error.
>
> 3. Un error que concierne sólo a la redacción del texto de un tratado no afectará a la validez de éste; en tal caso se aplicará el artículo 79.[336]

Se ha dicho que este "vicio del consentimiento ha sido usado especialmente en casos de tratados territoriales".[337] Esto puede deberse a que "casi todos los casos registrados donde el error ha sido invocado para invalidar un tratado se han referido a errores en mapas".[338]

- **Dolo**: el dolo se refiere a que un Estado negociador persuada a otro, mediante engaño, a celebrar un tratado.

> Artículo 49: Dolo.
>
> Si un Estado ha sido inducido a celebrar un tratado por la conducta fraudulenta de otro Estado negociador, podrá alegar el dolo como vicio de su consentimiento en obligarse por el tratado.

Ejemplos de conductas dolosas que generen un equívoco podrían ser las declaraciones falsas, omisiones de datos y documentos adulterados.[339]

- **Corrupción del representante**: la corrupción del representante se refiere al pago o beneficio que un Estado negociador, directa o indirectamente, otorga a un representante de otro Estado, para que actúe de forma contraria a los intereses del Estado al que representa.[340]

> Artículo 50: Corrupción del representante de un Estado.
>
> Si la manifestación del consentimiento de un Estado en obligarse por un tratado ha sido obtenida mediante la corrupción de su representante, efectuada directa o indirectamente por otro Estado negociador, aquel Estado podrá alegar esa corrupción como vicio de su consentimiento en obligarse por el tratado.

336 El Art. 79 se refiere a las correcciones de errores formales en el texto del tratado, que no vician el consentimiento, como serían problemas de puntuación, referencias cruzadas imprecisas, etcétera.

337 Salmón, S. Curso de Derecho Internacional Público. Lima: Fondo Editorial de la Pontificia Universidad Católica del Perú, 2016, p. 224.

338 Aust, Modern Treaty Law..., *op. cit.*, p. 275; la traducción es nuestra.

339 Salmón, Curso de Derecho Internacional..., *op. cit.*, p. 225.

340 Este pago debe ser sustancial, de modo que mueva efectivamente al representante (no bastan regalos de cortesía) (Aust, Modern Treaty Law..., *op. cit.*, p. 277). No hay registro de un tratado anulado por esta causal (*Ibid.*).

- Coacción del representante: la coacción del representante se refiere al uso o amenaza del uso de la fuerza o violencia en contra del representante del Estado o su familia, para que este consienta en un tratado, actuando de forma contraria a los intereses del Estado al que representa.[341]

> Artículo 51: Coacción sobre el representante de un Estado.
> La manifestación del consentimiento de un Estado en obligarse por un tratado que haya sido obtenida por coacción sobre su representante mediante actos o amenazas dirigidos contra él carecerá de todo efecto jurídico.

- Coacción sobre un Estado:

> Artículo 52: Coacción sobre un Estado por la amenaza o el uso de la fuerza. Es nulo todo tratado cuya celebración se haya obtenido por la amenaza o el uso de la fuerza en violación de los principios de derecho internacional incorporados en la Carta de las Naciones Unidas.

Esta norma se refiere al uso ilegítimo de la fuerza, pero no impide acordar tratados cuando existe una posibilidad del uso de la fuerza conforme a la Carta de Naciones Unidas, como la que podría ordenar el Consejo de Seguridad.[342] Alguna doctrina ha discutido sobre si la CVDT se refiere exclusivamente al uso de la fuerza armada, o si también a algún otro tipo de fuerza, como podría ser la económica o la política.[343] Atendido que la CVDT se refiere a la violación de los principios incorporados en la Carta de las Naciones Unidas, es generalmente aceptado que el artículo 52 alude exclusivamente al uso de la fuerza armada.[344] La prohibición del uso de la fuerza en el derecho internacional comenzó a plantearse en la época de la Sociedad de Naciones, por lo que son válidos los tratados históricos con los que se ponía término a una guerra, cuando el Estado vencido se encontraba más o menos forzado para aceptar los términos del armisticio, pero esto cambia a partir de la entrada en vigor de la Carta de las Naciones Unidas, que prohíbe el uso de la fuerza, salvo casos excepcionales.[345]

---

341 Ha habido algunos casos donde se ha registrado esta causal, como el ocurrido antes de la aprobación de la CVDT, cuando el presidente y ministro de RR. EE. de Checoslovaquia fueron sometidos a presión extrema, en 1939, para crear un protectorado alemán sobre Bohemia y Moravia (Aust, Modern Treaty Law…, *op. cit.*, p. 277).

342 *Ibid.*, p. 278.

343 Salmón, Curso de Derecho Internacional…, *op. cit.*, p. 226.

344 La tercera parte de este libro contiene una sección completa sobre el tema del uso de la fuerza.

345 *Ibid.*, pp. 277-278. Sobre los tratados de paz impuestos al Estado agresor, *Ibid.*, p. 278.

c. Violación de una norma de *jus cogens*

> Artículo 53: Tratados que están en oposición con una norma imperativa de derecho internacional general ("*jus cogens*").
>
> Es nulo todo tratado que, en el momento de su celebración, esté en oposición con una norma imperativa de derecho internacional general. Para los efectos de la presente Convención, una norma imperativa de derecho internacional general es una norma aceptada y reconocida por la comunidad internacional de Estados en su conjunto como norma que no admite acuerdo en contrario y que sólo puede ser modificada por una norma ulterior de derecho internacional general que tenga el mismo carácter.

Ejemplificando lo anterior, sería absolutamente nulo un tratado secreto por el cual dos Estados acordaran una operación conjunta para hacer desaparecer forzadamente a los disidentes políticos de los regímenes gobernantes.

3.5.3. Tipos de nulidad y sus efectos

Las causales de nulidad tienen diversos efectos según la CVDT, lo que permitiría clasificarlas en dos grupos. Santiago Benadava afirma que la nulidad de un tratado puede ser relativa o absoluta.[346] Es importante recalcar que la nulidad, sea ella absoluta o relativa, no puede ser declarada unilateralmente. Ella solo puede ser "invocada" por el Estado, pero debe ser declarada por un órgano judicial o por acuerdo entre los Estados.

a. Nulidad relativa

La nulidad relativa es la forma de nulidad que deriva de las causales menos graves. Ella es generada por las siguientes causales:

- incapacidad del representante,
- error,
- dolo y
- corrupción del representante (Art. 45, CVDT).

Solo puede ser alegada por la parte afectada.[347] Así, por ejemplo, un Estado parte de un tratado no puede alegar su nulidad basado en la corrupción del representante de otro Estado.

Puede sanearse (Art. 45, CVDT). Esto significa que la parte afectada puede, después de tomar conocimiento de los hechos que generan la nulidad, declarar que el tratado es válido o que permanece en vigor, o tener un comportamiento que dé aquiescencia a la validez del mismo.

Puede, en algunos casos, declararse la nulidad solo respecto las cláusulas del tratado afectadas por la nulidad, y no de todo el tratado (Art. 44, CVDT).

346 Benadava, Derecho Internacional Público, *op. cit.*, p. 84.

347 Esto se desprende de los Arts. que establecen estas causales, pues cada uno de ellos usa expresiones que denotan que solo puede alegarlas el Estado afectado.

b. Nulidad absoluta

La nulidad absoluta es aquella que se deriva de las causales que implican coacción o violación de una norma *jus cogens*, por lo que su gravedad requiere una mayor rigidez por parte del derecho internacional.

Ella es generada por las siguientes causales:

- coacción del representante,
- coacción sobre el Estado y
- violación de una norma de *jus cogens*.[348]

La nulidad absoluta puede ser alegada por cualquiera de las partes, o *ex officio*[349] por un tribunal que esté conociendo de un caso. No puede sanearse,[350] porque es de orden público internacional.

Este tipo de nulidad impide distinguir entre normas nulas y válidas dentro del tratado, pues estos vicios afectan la validez del tratado en su conjunto. Por ello, no procede anular las disposiciones inconvenientes y mantener vigentes aquellas sobre las cuales el Estado no tuviera objeción (Art. 44.5, CVDT).

3.6. CAUSALES DE TERMINACIÓN DE TRATADOS

3.6.1. Causales consentidas expresamente por las partes

a. Ejecución del tratado

Un tratado puede terminar cuando se ejecuta, cuando todas sus disposiciones se han llevado a cabo.[351] Por ejemplo, si un tratado buscaba la cooperación de dos Estados en la construcción de una represa en un río internacional, y dicha construcción se finaliza.

b. Causales de término indicadas en el tratado

El tratado mismo también puede disponer causales para su terminación,[352] por ejemplo, un plazo,[353] una condición resolutoria (es decir, una condición que le ponga fin) o la posibilidad

348 Art. 45, CVDT, *a contrario sensu*.

349 *Ex officio* significa "en atención al cargo que se tiene" (Domingo, R; Rodríguez-Antolín, B. Reglas Jurídicas y Aforismos (con Jurisprudencia Actualizada y Remisiones a la Legislación Vigente). Pamplona: Aranzadi, 2000, p. 178). Esto quiere decir que la puede declarar un tribunal, sin necesidad de que le sea solicitado por alguna de las partes.

350 Art. 45, CVDT, *a contrario sensu*. También Aust, Modern Treaty Law..., *op. cit.*, p. 282.

351 Aust, Modern Treaty Law..., *op. cit.*, p. 269.

352 Art. 54.a, CVDT. Los tratados pueden también establecer las llamadas *sunset clauses* o cláusulas de expiración, que buscan que el término del tratado no sea algo abrupto, y que ciertos efectos puedan mantenerse por algún tiempo. Esto se ha usado en tratados que dan derechos a inversionistas extranjeros, y que buscan que ellos tengan ciertas seguridades de que no se verán desprotegidos de un momento a otro.

353 Por ejemplo, el Art. II.2 del Tratado del Canal de Panamá (7 de septiembre de 1977) estableció que duraría hasta 1999.

de su *denuncia* (palabra técnica que significa que una parte se "retira" del tratado, que deja de formar parte del mismo). Los tratados multilaterales suelen establecer la posibilidad de denuncia y las condiciones para que ella sea válida. Hay tratados que consagran formas sencillas de denuncia, por ejemplo, la Carta de la Organización de los Estados Americanos establece que cualquier parte puede denunciar el tratado, y que tal denuncia tendrá efecto una vez que hayan transcurrido dos años desde la notificación a las demás partes (Art. 143, Carta de la OEA). En cambio, otros tratados establecen mecanismos más complejos de denuncia[354] o prohíben hacerlo.

c. Consentimiento posterior a la entrada en vigor del tratado

Siguiendo el aforismo según el cual "las cosas se deshacen como se hacen", los tratados también pueden terminarse por consentimiento entre todas las partes. Este modo de terminar un tratado se llama *abrogación*, y puede ser expreso o tácito.[355] La abrogación sería tácita cuando las mismas partes celebran un nuevo tratado con la finalidad de regular el tema abarcado por el tratado anterior, o cuando las disposiciones de ambos tratados son incompatibles.[356]

3.6.2. Otras causales reconocidas en la Convención de Viena

a. Denuncia no establecida en el tratado

Aunque el tratado no establezca la posibilidad de denunciarlo, es igualmente posible hacerlo cuando (Art. 56.1):

- "conste que fue intención de las partes admitir la posibilidad de denuncia o de retiro", o
- "el derecho de denuncia o de retiro pueda inferirse de la naturaleza del tratado".[357]

Un ejemplo contrario podría ser el del Pacto Internacional de Derechos Civiles y Políticos, pues el Comité de Derechos Humanos de Naciones Unidas consideró que, en virtud de su naturaleza y otras características, no puede ser objeto de denuncias.[358]

---

354 Como el Convenio 169 de la OIT, que establece un mecanismo que permite la denuncia solo cada diez años de entrada en vigencia (Art. 39).

355 Benadava, Derecho Internacional Público, *op. cit.*, p. 86.

356 *Ibid.*

357 La regla tradicional era distinta, pues se consideraba que un Estado solo podía denunciar o retirarse de un tratado cuando el tratado lo permitía expresamente, o cuando los demás Estados contratantes lo consentían (Benadava, Derecho Internacional Público, *op. cit.*, p. 86).

358 ONU, Comité de DD. HH.: "Comentario General 26: Comentario General sobre Cuestiones Relacionadas con la Continuidad de las Obligaciones del Pacto Internacional de Derechos Civiles y Políticos", CCPR/C/21/Rev.1/Add.8/Rev.1 (08/12/1997). El Comité de DD. HH. es creado por el mismo instrumento que, según el Comité, no podía denunciarse. Para conocer los motivos que llevaron a dictar este comentario, véase Evatt, E. Democratic People's Republic of Korea and the ICCPR: Denunciation as an Exercise of the Right of Self-Defence?, Australian Journal of Human Rights 5, 1, 1999.

b. Grave incumplimiento

La CVDT recoge la *exceptio inadimpleti contractus*, es decir, una excepción que puede oponerse a quien incumple su parte de un contrato. En efecto, el artículo 60 de la CVDT considera que la violación grave de un tratado permite ponerle término, pero distingue entre lo que ocurre en tratados bilaterales y multilaterales. La CVDT dispone que:

- "Una violación grave de un tratado bilateral por una de las partes facultará a la otra parte para alegar la violación como causa para dar por terminado el tratado o para suspender su aplicación total o parcialmente" (Art. 60.1).
- Si el tratado es multilateral, se aplican varias reglas, que pueden leerse a partir del segundo párrafo de su artículo 60, que se copia a continuación.

> 2. Una violación grave de un tratado multilateral por una de las partes facultará:
>
> a) a las otras partes, procediendo por acuerdo unánime, para suspender la aplicación del tratado total o parcialmente o darlo por terminado, sea:
>
> i) en las relaciones entre ellas y el Estado autor de la violación;
>
> ii) entre todas las partes;
>
> b) a una parte especialmente perjudicada por la violación para alegar ésta como causa para suspender la aplicación del tratado total o parcialmente en las relaciones entre ella y el Estado autor de la violación;
>
> c) a cualquier parte, que no sea el Estado autor de la violación, para alegar la violación como causa para suspender la aplicación del tratado total o parcialmente con respecto a sí misma, si el tratado es de tal índole que una violación grave de sus disposiciones por una parte modifica radicalmente la situación de cada parte con respecto a la ejecución ulterior de sus obligaciones en virtud del tratado.
>
> 3. Para los efectos del presente artículo, constituirán violación grave de un tratado:
>
> a) un rechazo del tratado no admitido por la presente Convención; o
>
> b) la violación de una disposición esencial para la consecución del objeto o del fin del tratado.
>
> 4. Los precedentes párrafos se entenderán sin perjuicio de las disposiciones del tratado aplicables en caso de violación.
>
> 5. Lo previsto en los párrafos 1 a 3 no se aplicará a las disposiciones relativas a la protección de la persona humana contenidas en tratados de carácter humanitario, en particular a las disposiciones que prohíben toda forma de represalias con respecto a las personas protegidas por tales tratados.

c. Imposibilidad sobreviniente

El artículo 61 de la CVDT considera que la imposibilidad sobreviniente de cumplimiento permite ponerle término a un tratado. Así, por ejemplo, si un tratado se refiere a la construcción de ciertas obras en una isla del Pacífico, que posteriormente desaparece por el cambio climático, el tratado se terminaría por imposibilidad sobreviniente.[359] Para que esto se entienda mejor, se copia la norma relevante a continuación.

> Artículo 61. Imposibilidad subsiguiente de cumplimiento
>
> 1. Una parte podrá alegar la imposibilidad de cumplir un tratado como causa para darlo por terminado o retirarse de él si esa imposibilidad resulta de la desaparición o destrucción definitiva de un objeto indispensable para el cumplimiento del tratado. Si la imposibilidad es temporal, podrá alegarse únicamente como causa para suspender la aplicación del tratado.
>
> 2. La imposibilidad de cumplimiento no podrá alegarse por una de las partes como causa para dar por terminado un tratado, retirarse de él o suspender su aplicación si resulta de una violación, por la parte que la alegue, de una obligación nacida del tratado o de toda otra obligación internacional con respecto a cualquier otra parte en el tratado.

d. Nueva regla de *jus cogens*

Cuando surge una norma de *jus cogens*, los tratados incompatibles con ella pierden su eficacia. Esto es distinto a lo referido al estudiar la nulidad, donde la norma de *jus cogens* ya existía antes de la celebración del tratado. Cuando la norma de *jus cogens* surge después de celebrado el tratado, este habrá sido válido hasta que surgió dicha norma.

> Artículo 64. Aparición de una nueva norma imperativa de derecho internacional general ("*jus cogens*")
>
> Si surge una nueva norma imperativa de derecho internacional general, todo tratado existente que esté en oposición con esa norma se convertirá en nulo y terminará.

Se afirmó previamente que cuando los tratados terminan, se entiende que los efectos generados durante su vigencia fueron válidos y se mantienen, por lo que no deben retrotraerse. Sin embargo, en el caso de esta causal de terminación en particular, los efectos podrán mantenerse solo en cuanto no violen la norma *jus cogens* que ya surgió.[360]

359 Este ejemplo no es de ciencia ficción, ya que existen Estados —como Tuvalu— preocupados porque sus islas desaparezcan o sean inhabitables en el futuro. Véase Art. 2, *The Constitution of Tuvalu* (01/10/2023).

360 Benadava, Derecho Internacional Público, *op. cit.*, p. 91.

e. Cambio fundamental en las circunstancias

"La doctrina tradicional enseñaba que los tratados debían considerarse celebrados con la cláusula tácita *rebus sic stantibus* (mientras las cosas permanezcan)".[361] Esta permite poner término a un tratado cuando haya un cambio fundamental en las circunstancias en las que se acordó el tratado. Sin embargo, esta doctrina ha sido muy criticada por prestarse para que los Estados busquen dejar sin cumplimiento un tratado alegando razones espurias.[362]

Por eso, al codificar la costumbre existente en la materia, la CVDT adoptó una regla según la cual los cambios en las circunstancias *no* son una causal para ponerle término a un tratado. Dicha regla general tiene una excepción, que se produce cuando:

- la existencia de una circunstancia formaba parte de la *base esencial del consentimiento* de las partes,
- el cambio en la circunstancia modifica radicalmente las obligaciones del Estado, y
- dicho cambio es imprevisto.

Esta excepción tiene contra excepciones, pues, aunque se den las condiciones anteriores, no se le puede poner término al tratado si:

- este establece una frontera, o
- el cambio fundamental es resultado de que la parte que la alega haya violado una obligación nacida del tratado u otra obligación internacional con respecto a cualquier otra parte del tratado.

Para comprender mejor la reserva y objeción interpuestas por Chile, que se detallan más adelante, se copia a continuación la norma relevante.

> Artículo 62. Cambio fundamental en las circunstancias
>
> 1. Un cambio fundamental en las circunstancias ocurrido con respecto a las existentes en el momento de la celebración de un tratado y que no fue previsto por las partes no podrá alegarse como causa para dar por terminado el tratado o retirarse de él, a menos que:
>
> a) la existencia de esas circunstancias constituyera una base esencial del consentimiento de las partes en obligarse por el tratado; y
>
> b) ese cambio tenga por efecto modificar radicalmente el alcance de las obligaciones que todavía deban cumplirse en virtud del tratado.
>
> 2. Un cambio fundamental en las circunstancias no podrá alegarse como causa para dar por terminado un tratado o retirarse de él:
>
> a) si el tratado establece una frontera; o
>
> b) si el cambio fundamental resulta de una violación, por la parte que lo alega, de una obligación nacida del tratado o de toda otra obligación internacional con respecto a cualquier otra parte en el tratado.
>
> 3. [...]

361 *Ibid.*, p. 87.

362 Shaw, International Law, *op. cit.*, p. 829.

Chile interpuso dos reservas a la CVDT, ambas relacionadas con este artículo. Ellas disponen:

> 1) La República de Chile declara su adhesión al principio general de la inmutabilidad de los Tratados, sin perjuicio del derecho de los Estados de estipular, particularmente, normas que modifiquen dicho principio, por lo cual formula reserva a lo preceptuado en los apartados 1 y 3 del artículo 62 de la Convención, los que considera inaplicable a su respecto.
>
> 2) La República de Chile formula objeción a las reservas que se hayan efectuado o se efectuaren en el futuro al apartado 2° del artículo 62 de la Convención.

Con esto, el Estado de Chile rechaza la idea de que se pueda aplicar el principio del *rebus sic stantibus* en su contra. A su vez, Chile se priva de la posibilidad de alegar el cambio de circunstancias.

3.6.3. Causales no reconocidas en la Convención de Viena

El artículo 42.2 de la CVDT establece que la terminación de tratados se producirá *solo* en virtud de las causales que ella establece. Esto ha sido criticado, porque suelen aducirse también otras causales de terminación, aunque algunos afirman que estas podrían estar incluidas dentro de las de la CVDT.[363] Entre ellas se encuentra la *desuetudo* o desuso u obsolescencia de un tratado, que se refiere a que el tratado deja de aplicarse, sin que las partes hagan explícito su término.[364] Otra posible causal sería la *extinción de la personalidad legal internacional de una de las partes*, lo que podría ocurrir cuando dos Estados se fusionan en un Estado nuevo, o un Estado se divide en dos o más Estados nuevos.[365] También ha sido muy discutido si la guerra es una causal de terminación,[366] aunque existe un argumento de texto para alegar que ella no pone término a un tratado[367] y, en la práctica, los tratados se han seguido aplicando, a menos que su continuación sea imposible durante un periodo de hostilidades.[368]

---

363 Aust, Modern Treaty Law..., *op. cit.*, p. 269.

364 *Ibid.*, p. 270. Podría también decirse que sería un término derivado del consentimiento de las partes.

365 *Ibid.* Podría también decirse que esta terminación constituye una forma de imposibilidad de cumplimiento, o un cambio fundamental en las circunstancias (*Ibid.*).

366 Diez de Velasco, Instituciones..., *op. cit.*, p. 223.

367 El Art. 75 de la CVDT podría ser un argumento para alegar que la guerra no es una causal de terminación, pues se refiere a potenciales medidas adoptadas conforme a la Carta de las NU respecto de tratados que rijan para un "Estado agresor".

368 Aust, Modern Treaty Law..., *op. cit.*, p. 272.

3.6.4. Hechos que no ponen término a un tratado

Con el fin de aclarar posibles dudas, la CVDT dispone que dos hechos no ponen término a un tratado: a) La "[r]educción del número de partes en un tratado multilateral a un número inferior al necesario para su entrada en vigor" (Art. 55), y b) la "[r]uptura de relaciones diplomáticas o consulares [...], salvo en la medida en que la existencia de relaciones diplomáticas o consulares sea indispensable para la aplicación del tratado" (Art. 63). En todo caso, en virtud del principio de la autonomía de las partes, los Estados podrían pactar expresamente que estas situaciones sí ponen término al tratado.

3.7. SUSPENSIÓN DE TRATADOS

Es posible suspender o interrumpir los efectos de un tratado. Esto puede ocurrir en las siguientes hipótesis:

- Estipulación en un tratado, que establecerá que puede suspenderse en determinadas situaciones.
- Acuerdo entre las partes, aunque el tratado no lo disponga expresamente.
- Imposibilidad temporal de cumplimiento, es decir, es momentáneamente imposible ejecutar el tratado, como ocurriría si este permite explotar una mina de otro Estado, pero un desastre natural imprevisible destruye las vías de acceso a la misma, por lo que se suspende el tratado mientras estas no sean reparadas.
- Cambio fundamental de circunstancias. Esta es también una causal de terminación del tratado, pero la parte afectada por el cambio puede decidir suspenderlo hasta que las circunstancias mejoren (Art. 62, párrafo final).
- Violación grave. Esta causal también permite terminar el tratado, pero la parte afectada por la violación puede decidir suspenderlo, en lugar de ponerle término.

3.8. PROCEDIMIENTO PARA ANULAR, TERMINAR, SUSPENDER Y RETIRARSE DE UN TRATADO

Los artículos 65 a 67 de la CVDT establecen el procedimiento para anular, terminar, suspender y retirarse de un tratado. Ellos exigen, primero, que se notifique al otro Estado. La parte notificante puede llevar a cabo su intención, si no hay objeción de la contraparte dentro de un plazo de tres meses (o lo que disponga el tratado, o menos en casos de particular urgencia).

> Artículo 65. Procedimiento que deberá seguirse con respecto a la nulidad o terminación de un tratado, el retiro de una parte o la suspensión de la aplicación de un tratado
>
> 1. La parte que, basándose en las disposiciones de la presente Convención, alegue un vicio de su consentimiento en obligarse por un tratado o una causa para impugnar la validez de un tratado, darlo por terminado, retirarse de él o suspender su aplicación, deberá notificar a las demás partes su pretensión. En la notificación habrá de indicarse la medida que se proponga adoptar con respecto al tratado y las razones en que ésta se funde.
>
> 2. Si, después de un plazo que, salvo en casos de especial urgencia, no habrá de ser inferior a tres meses contados desde la recepción de la notificación, ninguna parte ha formulado objeciones, la parte que haya hecho la notificación podrá adoptar en la forma prescrita en el artículo 67 la medida que haya propuesto.
>
> 3. Si, por el contrario, cualquiera de las demás partes ha formulado una objeción, las partes deberán buscar una solución por los medios indicados en el Artículo 33 de la Carta de las Naciones Unidas.
>
> 4. Nada de lo dispuesto en los párrafos precedentes afectará a los derechos o a las obligaciones de las partes que se deriven de cualesquiera disposiciones en vigor entre ellas respecto de la solución de controversias.
>
> 5. Sin perjuicio de lo dispuesto en el artículo 45,[369] el hecho de que un Estado no haya efectuado la notificación prescrita en el párrafo 1 no le impedirá hacerla en respuesta a otra parte que pida el cumplimiento del tratado o alegue su violación.

Si hay objeción, habrá una controversia internacional, con lo que corresponderá seguir el procedimiento del artículo 66.

369 Se refiere a que un Estado puede perder el derecho a alegar la nulidad, terminación, retiro o suspensión de un tratado cuando, después de haber tomado conocimiento de los hechos, conviniera expresamente en que mantiene sus efectos, o se comporta de un modo en que da su aquiescencia a que mantenga sus efectos.

Artículo 66. Procedimientos de arreglo judicial, de arbitraje y de conciliación.

Si, dentro de los doce meses siguientes a la fecha en que se haya formulado la objeción, no se ha llegado a ninguna solución conforme al párrafo 3 del artículo 65, se seguirán los procedimientos siguientes:

a) cualquiera de las partes en una controversia relativa a la aplicación o la interpretación del artículo 53 o el artículo 64 podrá, mediante solicitud escrita, someterla a la decisión de la Corte Internacional de Justicia a menos que las partes convengan de común acuerdo someter la controversia al arbitraje;

b) cualquiera de las partes en una controversia relativa a la aplicación o la interpretación de cualquiera de los restantes artículos de la Parte V de la presente Convención podrá iniciar el procedimiento indicado en el Anexo de la Convención presentando al Secretario General de las Naciones Unidas una solicitud a tal efecto.[370]

370 Dicho anexo establece un procedimiento para designar una comisión de conciliación que auxilie a las partes a llegar a una solución amistosa de la controversia.

CAPÍTULO 4

RELACIÓN ENTRE EL DERECHO INTERNACIONAL Y EL NACIONAL

4.1. RELACIÓN ENTRE EL DERECHO INTERNACIONAL Y LOS ORDENAMIENTOS NACIONALES

El objeto propio de los tratados es generar efectos jurídicos a nivel internacional, no nacional. Sin embargo, muchos de ellos buscan también que los Estados adopten algunas medidas a nivel interno. En dichos casos, es relevante conocer el modo como los Estados *incorporan* el derecho internacional en el ámbito nacional. Esta "es una cuestión que deben definir los propios ordenamientos jurídicos internos —en virtud del clásico principio de la soberanía de los Estados—".[371] El dualismo y el monismo son las dos grandes doctrinas que tratan de explicar el modo como interactúan el derecho interno y el internacional. Algunos autores han propuesto doctrinas nuevas,[372] pero ellas no explican tan bien los modos de interacción entre ambos derechos, por lo que no han tenido muchos seguidores. Así, aunque las doctrinas del monismo y el dualismo tienen limitaciones, son muy útiles para explicar a grandes rasgos la posición que adoptan los Estados en su relación con el derecho internacional. A continuación, se describen ambas doctrinas.

371 Díaz Tolosa, R. I. Relaciones entre el Derecho Internacional Público y los Ordenamientos Jurídicos Internos. En Jaime Tijmes, Andrés Delgado Casteleiro, Andrea Lucas Garín (eds.), Derecho Internacional Público. Valencia: Tirant lo Blanch, 2023, p. 131.

372 Por ejemplo, el "pluralismo jurídico" (*legal pluralism*) propuesto por von Bogdandy (von Bogdandy, A. Pluralism, Direct Effect, and the Ultimate Say: On the Relationship Between International and Domestic Constitutional Law, International Journal of Constitutional Law 6, 3-4, 2008, pp. 399-401). Este "pluralismo" no debe confundirse con el concepto usado por Kelsen, pues este llama así al dualismo (Kelsen, H. Principios de Derecho Internacional Público. Granada: Comares, 2013 [1952], p. 315). Del "pluralismo", como alternativa a las doctrinas clásicas, se ha dicho que, no obstante estar en boga, no es muy diferente al dualismo (Kirchmair, L. The Theory of the Law Creators' Circle: Re-Conceptualizing the Monism-Dualism-Pluralism Debate, German Law Journal 17, 2, 2016). Otra propuesta, menos conocida, sería el "holismo" (Finegan, T. Neither Dualism nor Monism: Holism and the Relationship Between Municipal and International Human Rights Law, Transnational Legal Theory 2, 4, 2011).

4.1.1. Dualismo

Los principales exponentes del dualismo son Heinrich Triepel y Dionisio Anzilotti.[373] Según esta doctrina, los ordenamientos internacional e interno "constituyen dos sistemas jurídicos independientes y separados, los que nunca llegan a confundirse, por lo cual no puede plantearse un conflicto entre ellos".[374] Cada sistema regula el ámbito que le corresponde, por lo que no interactúan. Esta absoluta separación entre los sistemas jurídicos nacional e internacional se basa en las importantes diferencias que se observan entre ellos, a saber:

- Tienen distintos destinatarios: El derecho internacional se dirige a los Estados y a otros sujetos del derecho internacional, mientras que el derecho nacional se dirige a las personas naturales y jurídicas;[375]
- Tienen distintas fuentes: el derecho nacional emana principalmente de la voluntad de las autoridades de un Estado (por ejemplo, la ley y la jurisprudencia),[376] mientras que las fuentes del derecho internacional se basan principalmente en la voluntad común o los acuerdos entre Estados,[377] y
- Tienen una estructura diversa:[378] el derecho nacional, además de consagrar reglas, establece órganos para garantizar su cumplimiento —un sistema jurisdiccional obligatorio—, y mecanismos de coacción, mientras que el derecho internacional carece de ellos. Además, los sistemas judiciales tienen naturalezas muy distintas.

Dado que estos dos ordenamientos jurídicos son diversos, el derecho internacional tendría efectos a nivel nacional solo si los órganos legislativos del Estado incorporan sus normas al derecho interno. Así, volviendo sobre un ejemplo previo, aunque un tratado internacional establezca un arancel de 2 % para la importación de productos entre dos Estados, los oficiales de aduanas deberán seguir cobrando el arancel que establezca la ley nacional, mientras la legislación estatal no incorpore este nuevo arancel. Esto es sin perjuicio de que, si el Estado no modifica su legislación, incurrirá en responsabilidad internacional (debe recordarse que el artículo 27 de la CVDT dispone: "Una parte no podrá invocar las disposiciones de su derecho interno como justificación del incumplimiento de un tratado"). A juicio de Triepel, los jueces deben aplicar el derecho nacional, y no es asunto suyo, sino del Gobierno, preocuparse de las dificultades internacionales que puedan resultar.[379]

---

373 Starke, Monism and Dualism..., *op. cit.*, p. 70.

374 Vargas Carreño, Derecho Internacional Público, *op. cit.*, pp. 183-184.

375 Triepel, H. Les Rapports entre le Droit Interne et le Droit International, Collected Courses of the Hague Academy of International Law 1, 1923, pp. 81-82. Sin embargo, atendido el desarrollo del derecho internacional al momento en que Triepel escribe, él solo habla de los Estados como sujetos.

376 Una excepción a esto podría ser la costumbre a nivel nacional.

377 Triepel, Les Rapports..., *op. cit.*, pp. 82-83.

378 Vargas Carreño, Derecho Internacional Público, *op. cit.*, p. 184.

379 Triepel, Les Rapports..., *op. cit.*, p. 90.

Según un ejemplo de Heinrich Triepel,

> el derecho internacional equivale a un mariscal de campo que da órdenes a los generales, pero no a los soldados; por lo tanto, las obligaciones, que surjan del derecho internacional lo serán únicamente para los órganos legislativo (dictar las leyes) o ejecutivo (dictar los decretos) que permitan su cumplimiento sin que éstas sean directamente exigibles a los particulares o a los órganos administrativos o judiciales de un Estado.[380]

La doctrina dualista se puede ver tensionada por algunas realidades actuales, como el que sea cada vez más frecuente que un sistema haga referencia al otro (por ejemplo, cuando el artículo 46 de la CVDT se remite al ordenamiento interno al referirse a la nulidad por falta de competencia), y que haya tribunales internacionales cuyos fallos tienen efectos directos sobre las personas naturales o jurídicas (como los tribunales internacionales penales o sobre inversiones).

4.1.2. Monismo

a. Concepto

Los principales exponentes del monismo son Hans Kelsen y otros representantes de la Escuela de Viena,[381] quienes se basan más en una construcción teórica que en una observación de la realidad. Esta doctrina considera que las distintas normas jurídicas forman un todo integrado,[382] y que la autoridad de este sistema único viene de una sola fuente (como podría ser la Constitución o el derecho internacional), a la que se subordinan las demás.[383]

Para la mayoría de los exponentes del monismo, los preceptos del derecho interno estarían subordinados jerárquicamente a los del derecho internacional.[384] Para Kelsen esto no era necesariamente así, pues podría también afirmarse que la obligatoriedad del derecho internacional a nivel interno derivaría de la propia Constitución (esto último se ha llamado *monismo invertido*).[385] En todo caso, la mayoría de los monistas asumen que el derecho internacional tendría primacía sobre el derecho nacional.[386]

---

380 Vargas Carreño, Derecho Internacional Público, *op. cit.*, p. 185.

381 *Ibid.*

382 *Ibid.*

383 Finegan, Neither Dualism nor Monism..., *op. cit.*, p. 478.

384 Este sería el caso de Kunz y Verdross (Starke, Monism and Dualism..., *op. cit.*, p. 75).

385 Kelsen, Principios de Derecho Internacional Público, *op. cit.*, pp. 341-343. Ello será una cuestión que dependerá de decisiones éticas o políticas, no de ciencia jurídica; Kelsen se inclinaría por darle primacía al derecho internacional, y sería crítico de la posición contraria (Starke, Monism and Dualism..., *op. cit.*, pp. 75-76). Kelsen habría variado su posición original, pues primero pensaba que la Constitución necesariamente derivaba su poder del derecho internacional (Benvenisti, E.; Harel, A. Embracing the Tension Between National and International Human Rights Law: The Case for Discordant Parity, International Journal of Constitutional Law 15, 2017, p. 38).

386 Finegan, Neither Dualism nor Monism..., *op. cit.*, p. 478.

Según el monismo, entonces, para que una norma de derecho internacional público sea exigible a nivel nacional, basta con que ella sea exigible al Estado, es decir, que el Estado haya consentido en obligarse. No es necesario incorporar las normas del derecho internacional al derecho interno. Es más, las normas del derecho internacional podrían "obligar directamente a los particulares o a los órganos del Estado, si dichas normas internacionales se bastan a sí mismas",[387] es decir, si son autoejecutables, concepto que se analizará en breve.

Volviendo al ejemplo anterior, si dos Estados firman un tratado internacional que dispone que los aranceles serán del 2 %, para el monismo no sería necesario dictar una ley que incorpore dicho tratado, pues si la norma relevante es suficientemente clara y específica, el oficial de aduanas deberá aplicarla inmediatamente.

b. Autoejecutabilidad o efecto directo

La incorporación automática de un tratado en un sistema monista no implica que este sea directamente aplicable, autoejecutable (*self-executing*).[388] En efecto, en muchas ocasiones los redactores de tratados incluyen normas que son solo programáticas, que son declaraciones de intenciones que buscan tener un efecto político más que una aplicación directa. Asimismo, los tratados pueden contener normas poco precisas, que hagan imposible aplicarlas sin que medie legislación.[389] Por ejemplo, una convención internacional podría establecer un derecho a la seguridad social, pero sin disponer el modo de garantizarlo (si mediante un sistema de reparto o uno de capitalización individual), por lo que un tribunal nacional podría difícilmente fallar sobre la base de dicha norma internacional sin estar legislando en la materia.

> La autoejecutabilidad de los tratados se refiere a la posibilidad de que los órganos públicos nacionales, y muy especialmente los tribunales internos, apliquen directamente las normas contenidas en los tratados, sin necesidad de la dictación de una norma nacional que ponga en operación lo dispuesto en el tratado.[390]

387 Vargas Carreño, Derecho Internacional Público, *op. cit.*, p. 186.

388 Por ejemplo, en EE. UU., un Estado monista, los tratados pueden considerarse autoejecutables o no autojecutables, y estos últimos no son directamente aplicables (Murphy, Principles of International Law, *op. cit.*, pp. 290-291).

389 Por ello, Benadava afirmaba que las normas *self-executing* son aquellas que tienen "precisión normativa suficiente para ser aplicadas directamente en los casos de que [los tribunales internos] conozcan" (Benadava Cattan, S. Las Relaciones entre Derecho Internacional y Derecho Interno ante los Tribunales Chilenos. En Santiago Benadava Cattan, Samuel Durán Bächler, Claudio Grossman Guiloff, Avelino León Steffens, Francisco Orrego Vicuña (eds.), Nuevos Enfoques del Derecho Internacional. Santiago: Editorial Jurídica de Chile, 1992, p. 42). Sin embargo, esta definición no es completa, pues existen otros factores que pueden determinar la no autoejecutabilidad.

390 Fuentes Torrijo, Una Nueva Constitución…, *op. cit.*, p. 182.

La gran mayoría de los Estados monistas reconoce que los tratados pueden tener normas que no son autoejecutables, es decir, que no se aplican directamente.[391] La doctrina entiende que la autoejecutabilidad debe analizarse respecto de cada norma de un tratado, no de la totalidad del mismo.[392]

Son varios los criterios para determinar si una norma de un tratado es autoejecutable.[393] En primer lugar, el texto del tratado puede indicar que el Estado deberá adoptar legislación en la materia, explicitando así su carácter no autoejecutable. El texto también puede ser impreciso, haciendo necesario legislar para dar contenido a una regla. Otros criterios que también debieran ser tenidos en consideración son, por ejemplo, el tema del que se trata (por ejemplo, si se trata de una materia penal, el principio del *nulla poena sine lege* exigiría que el delito estuviera tipificado en una ley nacional),[394] si la norma es programática, si su ejecución requiere que el Poder Legislativo tome una posición, la intención de los Estados, si es necesario otorgar nuevos poderes a órganos del Estado para implementarla, y la historia de su discusión en el Congreso y en el Tribunal Constitucional, en caso de que la hubiera.[395]

c. Jerarquía entre las normas internacionales y nacionales

En ocasiones, puede existir un conflicto o una antinomia entre el derecho nacional y el internacional, es decir, que la legislación nacional y la internacional dispongan algo opuesto en una determinada situación.[396] En dicho caso, debe buscarse que ambos ordenamientos estén en línea. Algunos dan a entender que el mejor modo de hacerlo será modificando el derecho interno (o dándolo por derogado).[397] Sin embargo, también es posible poner en línea los ordenamientos modificando el derecho internacional, por ejemplo, denunciando un tratado internacional que no sea compatible con la legislación nacional.

Si hay una antinomia, no habrá problema en el foro internacional, puesto que, según lo dispuesto en el artículo 27 de la CVDT, debe dársele primacía a lo que dispone el derecho internacional. Esta norma no es solo una disposición de la CVDT, sino que es también

---

391 Verdier, P. H.; Versteeg, M. International Law in National Legal Systems: An Empirical Investigation, The American Journal of International Law 109, 2015, p. 523.

392 Más aún, un mismo artículo puede contener párrafos autoejecutables y no autoejecutables (Iwasawa, Y. Domestic Application of International Law, Collected Courses of the Hague Academy of International Law 378, 2016, p. 157).

393 Una buena síntesis, que distingue entre criterios subjetivos y objetivos, además de la posibilidad de que exista autoejecutabilidad relativa, puede encontrarse en *Ibid.*, pp. 157-199.

394 Así, por ejemplo, el artículo 6 de la Convención de las Naciones Unidas contra la Delincuencia Organizada Transnacional (15 de noviembre de 2000) establece que ciertos elementos del delito de blanqueo de productos de un ilícito deben inferirse de circunstancias fácticas objetivas, pero los Congresos nacionales deben, primero, establecer ese delito y esa especie de presunción.

395 En esta materia, Fuentes y Pérez hacen una interesante propuesta (Fuentes Torrijo, X.; Pérez Farías, D. El Efecto Directo del Derecho Internacional en el Derecho Chileno, Revista de Derecho (Coquimbo) 25, 2, 2018).

396 Paúl, Nueva Constitución..., *op. cit.*, p. XI.

397 Díaz Tolosa, R. I. El Reconocimiento del *Ius Cogens* en el Ordenamiento Jurídico Chileno, Revista Chilena de Derecho 41, 2, 2014, p. 567.

consuetudinaria. Es por eso que la Corte Permanente de Justicia Internacional pudo afirmar, en su *Opinión Consultiva sobre las "Comunidades" Greco-Búlgaras*, que era un principio generalmente aceptado en el derecho internacional que, en las relaciones entre Estados, las disposiciones de la legislación nacional no pueden prevalecer por sobre las de un tratado.[398]

En cambio, la antinomia puede generar problemas a nivel interno. En los Estados dualistas, no debiera haber mayores dificultades, puesto que ellos considerarán que los órganos nacionales deben aplicar siempre el derecho nacional.[399] En cambio, puede generar complicaciones en el foro interno de los Estados monistas. La mayoría de las teorías monistas entienden que el derecho internacional debiera estar por sobre el derecho nacional, incluso la Constitución. Sin embargo, eso no es así en la práctica, pues los Estados monistas le dan diversos rangos jerárquicos al derecho internacional, según se verá en esta sección.

Los problemas de antinomias son enfrentados por el Poder Ejecutivo o el Judicial (como el oficial de aduanas en el ejemplo anterior, o el tribunal que resuelva la controversia generada por la decisión del oficial de aduanas). Para resolverlos, primero debe revisarse qué dispone la Constitución del Estado, pues ella podría resolver qué norma tendrá preferencia. Así, si la Constitución dispone que tendrá preferencia el derecho nacional, el funcionario de la Administración o el tribunal nacional deberá aplicar la norma nacional, aunque genere responsabilidad internacional.

En algunos casos no hay realmente una antinomia, pues la normativa nacional puede interpretarse de diversos modos, uno de los cuales es contrario a lo que dispone el derecho internacional. En tales situaciones, puede aplicarse el criterio de la *interpretación conforme*, es decir, tratar de interpretar el derecho nacional conforme al internacional, siempre que dicha interpretación sea posible de buena fe, es decir, buscando interpretar la norma y no modificarla.[400]

Al resolver antinomias, debe revisarse si la legislación nacional establece la jerarquía del derecho internacional. Si lo hace, esta puede distinguir según la materia de la norma de derecho internacional, por ejemplo, puede darle un rango mayor si es de derechos humanos. Las posiciones jerárquicas que pueden darse al derecho internacional o a algunas de sus normas son las siguientes:

---

398 CPJI, *The Greco-Bulgarian "Communities"*, 1930, p. 32. Previamente, la CPJI había afirmado que era evidente que los Estados que han contraído obligaciones internacionales están obligados a modificar su legislación interna para poder ejecutar sus compromisos internacionales (CPJI, *Exchange of Greek and Turkish Populations*, 1925, p. 20).

399 Por ejemplo, el Reino Unido es dualista respecto de los tratados internacionales, por lo que estos no tienen valor directo a nivel nacional, sino que deben ser incorporados mediante la aprobación de una ley interna. Si dicha ley se opone a otra ley —aprobada antes o después de ella—, se aplicarán los principios clásicos para la resolución de antinomias. Véase Díaz Tolosa, Relaciones entre el Derecho…, *op. cit.*, pp. 139-140.

400 Este criterio es también llamado doctrina *Charming Betsy*, debido al nombre de un caso donde la CS de EE. UU. lo estableció (EE. UU., CS, *Murray v. Schooner Charming Betsy*, 6 U. S. 64 (1804), p. 118). Véase también Hughes, The Charming Betsy Canon, American Legal Doctrine, and the Global Rule of Law, Vanderbilt Journal of Transnational Law 53, 4, 2020.

- Valor supraconstitucional: esta solución casi no se da a nivel internacional. Además, es posible afirmar que la supraconstitucionalidad es solo una ficción jurídica.[401] Las constituciones de Bolivia (Art. 256.1) y Venezuela (Art. 23) optan explícitamente por señalar que los tratados de derechos humanos se aplicarán con preferencia a su Constitución, cuando establezcan derechos más favorables a la persona. Vargas Carreño indica que ciertos tratados tendrían valor supraconstitucional en Honduras, Perú y Holanda, porque sus constituciones disponen que es posible aprobar tratados que vayan en contra de la Constitución (siempre que cuenten con aprobación del legislativo con *quorums* muy altos).[402]
- Valor constitucional: esto es poco frecuente, pero en ocasiones se le concede a algunos tratados o materias, particularmente de derechos humanos. Por ejemplo, la Constitución argentina enumera ciertos tratados específicos a los que otorga valor constitucional.[403] Mencionar explícitamente algunos tratados puede ser una mala técnica legislativa, pues puede ocurrir que el jefe de Estado decida *denunciar* (retirarse de) un tratado mencionado en la Constitución, y la pregunta que surge es si su texto seguirá considerándose como parte de la Constitución. Esto ocurrió en Venezuela, que denunció la Convención Americana sobre Derechos Humanos, pero la Constitución seguía mencionándola.[404] En el caso de Argentina, este

401 En efecto, "sería la misma Constitución Política la que establecería la supraconstitucionalidad. Por eso, sería aplicable el aforismo según el cual 'nadie da lo que no tiene', pues la Constitución no puede dar un valor superior al que ella posee. Así, la norma constitucional que estableciera el rango supraconstitucional podría ser modificada por una simple reforma constitucional. En consecuencia, si hablamos desde un punto de vista sustantivo, la norma fundamental no puede establecer una jerarquía superior a sí misma. No obstante lo anterior, es físicamente posible que el texto constitucional disponga que ciertos tratados internacionales tengan un valor superior a la misma Constitución. Como vimos, tal disposición no podría darle un valor realmente superior a la Constitución en un sentido sustantivo. Sin embargo, tendría efectos prácticos, pues exigiría preferir lo dispuesto en un tratado internacional en caso de que hubiera una antinomia con la Constitución. Dicha 'supraconstitucionalidad' sería una ficción jurídica y no una realidad sustancial, por lo que dijimos previamente: una simple reforma constitucional podría reducir la jerarquía de tales tratados 'supraconstitucionales'" (Paúl, Nueva Constitución..., *op. cit.*, p. xi).

402 Vargas Carreño, Derecho Internacional Público, *op. cit.*, pp. 191 y 192. Sin embargo, podría afirmarse que esto último no significa que el tratado tenga valor supraconstitucional, sino que es una forma particular de modificar la Constitución.

403 Art. 75.22, *Constitución de la Nación Argentina* (01/05/1853). La misma técnica legislativa se observa en Art. 46, *Constitución Política de la República de Nicaragua* (09/01/1987).

404 Se le menciona en relación con los estados de excepción, en Art. 339, *Constitución de la República Bolivariana de Venezuela* (30/12/1999). La Constitución daba un valor constitucional a los tratados de DD. HH., pero con aplicación supraconstitucional cuando contenían normas más favorables que ella. Esto puede generar discusiones sobre la vigencia de las normas del tratado a nivel interno. Por ejemplo, véase Ayala Corao, C. Inconstitucionalidad de la Denuncia de la Convención Americana sobre Derechos Humanos, Estudios Constitucionales 10, 2, 2012. Un fallo del tribunal superior venezolano, no obstante haberse denunciado la Convención hace más de una década, la citó en aplicación del Art. 23 de la Constitución, atendido que "la República Bolivariana de Venezuela firmó y ratificó el Pacto de San José de Costa Rica". Venezuela, Tribunal Supremo de Justicia, Sala de Casación Social, sentencia N° 580, 19 de diciembre de 2023.

problema se salva, ya que su Constitución dispone que tales tratados tienen jerarquía constitucional, pero "en las condiciones de su vigencia".

- Valor supralegal: esta situación es más frecuente que las anteriores, y es el caso de Ecuador[405] y de Francia (esta última, bajo la condición que el tratado sea aplicado también por los otros Estados parte).[406]
- Valor legal: en los Estados donde esto ocurre, el derecho internacional prevalecería sobre la potestad reglamentaria. Un ejemplo es Estados Unidos, donde el valor de ley se lleva a sus últimas consecuencias, pues se aplica el principio de la *lex posterior*, de modo que, a nivel interno, un tratado deja de tener efecto por dictarse una ley que vaya en sentido contrario.[407]
- Valor infralegal: es posible que alguna norma del derecho internacional tenga valor infralegal, como podría ocurrir si regulara materias de potestad reglamentaria. Este valor infralegal no quita que el Estado seguiría estando obligado internacionalmente, aunque una ley derogara esta norma para efectos internos. Ximena Fuentes considera que sería conveniente que la Constitución definiera la jerarquía de las normas de tratados según si ellos versan sobre una materia constitucional, legal o reglamentaria, lo que haría que los tratados sobre materias propias de la potestad reglamentaria tengan un valor inferior al de la ley.[408]

4.1.3. Conclusiones

Las doctrinas del dualismo y monismo son muy importantes, porque ayudan a entender los diversos modos en que los Estados se enfrentan al derecho internacional. Sin embargo, atendido que ellas son formuladas en términos muy generales, puede ser discutible si un Estado puede clasificarse de un modo u otro.[409] En general, los Estados no suelen ser ni puramente monistas ni dualistas, aunque existen ciertas tendencias, por ejemplo, los países latinoamericanos tienden a ser más monistas que dualistas, mientras que los países de la *Commonwealth* tienden a ser dualistas en la aplicación de tratados (aunque monistas en su aplicación de la costumbre internacional).

405 Art. 425, *Constitución de la República del Ecuador* (20/10/2008).

406 Art. 55, *Constitution* (04/10/1958) (menciona expresamente la condición de reciprocidad).

407 Ello, a menos que el Congreso buscara que la ley no prevaleciera sobre el tratado (Murphy, Principles of International Law, *op. cit.*, p. 290). En todo caso, los tribunales tratarán de interpretar la legislación posterior de un modo compatible con el tratado anterior, en caso de que sea posible (*Ibid.*).

408 Fuentes Torrijo, Una Nueva Constitución..., *op. cit.*, pp. 177-178 y 190.

409 Verdier; Versteeg, International Law in National..., *op. cit.*, p. 516.

Será la Constitución de un Estado la que determinará la relación entre el derecho internacional y el nacional, por ejemplo, definirá si los tribunales nacionales tienen jurisdicción para aplicar el derecho internacional.[410] Esto es, en cierta medida, contrario a lo que enseña la doctrina monista, pues será una norma interna la que disponga qué derecho se aplicará a nivel nacional (sin perjuicio de que, a nivel internacional, se pueda incurrir en responsabilidad por aplicar ese derecho nacional).[411]

En este punto, debe recordarse lo que dispone el artículo 27 de la CVDT, según el cual los Estados no pueden alegar normas del derecho nacional para dejar de cumplir con el derecho internacional. Esto no representa mayores problemas para la doctrina monista, que exige que los órganos nacionales apliquen el derecho internacional, cuando sea suficientemente específico.[412] En cambio, dicha norma puede generarle problemas a un Estado dualista (si se recuerda el ejemplo del agente de aduanas, este cobraría un arancel que iría en contra del derecho internacional).

Si la posición dualista puede facilitar que un Estado incurra en responsabilidad internacional, ¿por qué la adoptan algunos Estados? Lo hacen porque el dualismo tiene ciertas ventajas. Por ejemplo, da mayor certeza jurídica, pues en los Estados dualistas está claro que se deben aplicar solo las leyes nacionales (ellas pueden incorporar normas de tratados), mientras que, en los monistas, es posible preguntarse si una disposición de un tratado es autoejecutable (como para saber si ella vincula inmediatamente al interior del Estado). Por otro lado, el dualismo mantiene la función legislativa en el Congreso, evitando que el Poder Ejecutivo ratifique tratados para *legislar indirectamente* (pasando de lo internacional a lo nacional). Otro beneficio es que deja más claro que las interpretaciones no auténticas de tratados (las que hacen los organismos internacionales creados por el mismo tratado) no son de obligatorio cumplimiento para los órganos nacionales.

4.2. FUNCIONES DE ÓRGANOS DEL ESTADO DE CHILE EN MATERIA INTERNACIONAL

4.2.1. Funciones del Poder Ejecutivo

La Constitución chilena establece las siguientes funciones del presidente de la República en materia de relaciones exteriores:

---

410 Murphy, Principles of International Law, *op. cit.*, p. 193.

411 En efecto, es la Constitución —una norma interna— la que define cómo se incorpora el derecho internacional en el nacional.

412 Podría haber problemas cuando el derecho internacional sea abstracto, y requiera promulgar normas internas para traducir ese derecho internacional en normas concretas. Si no se hace esta implementación de normativa nacional, el Estado podrá ser declarado responsable internacionalmente.

> Artículo 32.
>
> Son atribuciones especiales del Presidente de la República:
>
> [...]
>
> 8°. Designar a los embajadores y ministros diplomáticos, y a los representantes ante organismos internacionales. Tanto estos funcionarios como los [ministros, subsecretarios, delegados presidenciales regionales y provinciales], serán de la confianza exclusiva del Presidente de la República y se mantendrán en sus puestos mientras cuenten con ella;
>
> [...]
>
> 15°. Conducir las relaciones políticas con las potencias extranjeras y organismos internacionales, y llevar a cabo las negociaciones; concluir, firmar y ratificar los tratados que estime convenientes para los intereses del país, los que deberán ser sometidos a la aprobación del Congreso conforme a lo prescrito en el artículo 54 N° 1°.[413] Las discusiones y deliberaciones sobre estos objetos serán secretos si el Presidente de la República así lo exigiere;
>
> [...]
>
> 18°. Asumir, en caso de guerra, la jefatura suprema de las Fuerzas Armadas;
>
> 19°. Declarar la guerra, previa autorización por ley, debiendo dejar constancia de haber oído al Consejo de Seguridad Nacional.

La función de conducir las relaciones políticas con los Estados y organizaciones internacionales, así como la de obligar a Chile mediante la celebración de tratados, hacen del presidente de la República el órgano nacional con los mayores poderes en materia de derecho internacional. Según se observa en la decimoquinta función, la ratificación de tratados suele requerir la aprobación previa del Congreso.[414] Sin embargo, algunos tratados —los acuerdos simplificados— no requieren dicha autorización. Ellos son los que se acuerdan sobre materias ubicadas dentro de la potestad reglamentaria del presidente, o cuya ratificación es autorizada por ley, o que se celebren para el cumplimiento de un tratado en vigor. Un ejemplo de esta autorización se observa en un tratado sobre la construcción de un tunel entre Chile y Argentina, que crea un *área binacional de operaciones* —que permitiría la libre circulación de personas, bienes y servicios relacionados con la construcción del túnel—, cuya superficie podía ser modificada por un "acuerdo simplificado".[415] En caso de que el presidente de la República se equivocara al determinar que un tratado no requiere de aprobación del Congreso, este error puede ser subsanado por la Contraloría General de

413 Establece el procedimiento para aprobar tratados, así como otras normas relacionadas con ellos. Se tratará esta disposición al describir las funciones del Poder Legislativo.

414 El presidente de la República decidirá cuál será la cámara de origen para solicitar la aprobación del tratado. Véase Art. 65, CPR.

415 Art. 13, II Protocolo Complementario al Tratado de Maipú de Integración y Cooperación entre la República de Chile y la República Argentina Relativo al Proyecto "Túnel Internacional Paso de Agua Negra" (21 de noviembre de 2015).

la República, al ejercer el control de juridicidad de los decretos supremos que aprueban tratados, y por el Tribunal Constitucional, si se le pide controlar la constitucionalidad del decreto promulgatorio del tratado.[416] Sin embargo, cabe preguntarse qué ocurriría si el Ejecutivo ya hubiera ratificado el tratado.

En relación con el nombramiento de embajadores, ellos pueden ser *de carrera* o *políticos*, dependiendo de si ellos son funcionarios del Servicio Exterior, o si son nombrados por motivaciones políticas.[417] Para ser funcionario de carrera, es necesario ser seleccionado y capacitado por la Academia Diplomática de Chile "Andrés Bello".[418]

Para llevar adelante sus funciones en materia internacional, el presidente está apoyado por el Ministerio de Relaciones Exteriores (encabezado por el *canciller*[419]), el que cuenta con dos subsecretarías, la de Relaciones Exteriores y la de Relaciones Económicas Internacionales.[420] También hay otros ministerios y órganos del Ejecutivo que tienen funciones de apoyo en materia internacional. Por ejemplo, la Subsecretaría de Derechos Humanos —del Ministerio de Justicia y Derechos Humanos— auxilia al Ministerio de Relaciones Exteriores en sus actuaciones ante ciertos órganos internacionales de derechos humanos.[421] Otro ejemplo es el Comité Interministerial de Negociaciones Económicas Internacionales, conformado por varios ministros y el canciller, que busca apoyar a este último en una de sus misiones sobre negociaciones económicas.[422]

La ley del Ministerio de Relaciones Exteriores establece que los órganos de la Administración del Estado pueden suscribir convenios que no obliguen a Chile, con entidades extranjeras o internacionales, cumpliendo con ciertos requisitos específicos, y previa notificación al Ministerio de Relaciones Exteriores, según se aprecia en la norma que se copia a continuación.

---

416 Henríquez Viñas, M. L. ¿Cómo se Controla la Infracción Constitucional Originada en el No Sometimiento de un Tratado a la Aprobación del Congreso Nacional?, Revista de Derecho (Valdivia) XXIX, 1, 2016, pp. 169-173.

417 Los últimos Gobiernos de Chile han tratado de mantener un balance de un 80 % de embajadores de carrera, y un 20 % de embajadores políticos. Tralma, D. (2024): "Cómo ha sido el despliegue de los embajadores políticos de Boric", *La Tercera*. Disponible en: https://bit.ly/despliegueembajadores. Fecha de consulta: 11/01/2025.

418 Art. 3, Decreto Supremo 463 (10/10/2001), *Aprueba Reglamento Orgánico de la Academia Diplomática de Chile "Andres Bello"*.

419 Dicha palabra se usa en Chile para referirse al Ministro de RR. EE.

420 Art. 3, Ley 21.080 (20/03/2018), *Modifica Diversos Cuerpos Legales con el Objeto de Modernizar el Ministerio de Relaciones Exteriores*.

421 Art. 8 e), Decreto con Fuerza de Ley 3 (31/01/2017), *Fija el Texto Refundido, Coordinado y Sistematizado de la Ley Orgánica del Ministerio de Justicia y Derechos Humanos*.

422 Los otros ministros que conforman el Comité son: el ministro de Hacienda, el ministro Secretario General de la Presidencia y el ministro de Economía, Fomento y Turismo (Arts. 1 y 3, Decreto Supremo 135 (16/09/2020), *Aprueba el Reglamento del Comité Interministerial de Negociaciones Económicas Internacionales*).

> Artículo 35.- Los órganos de la Administración del Estado, dentro del ámbito de sus competencias, podrán suscribir convenios interinstitucionales de carácter internacional con entidades extranjeras o internacionales.
>
> Estos convenios no podrán comprender materias propias de ley ni referirse a asuntos que no sean compatibles con la política exterior de la República de Chile. Con el objeto de velar por la coherencia de esta última, el respectivo órgano deberá informar con la debida antelación al Ministerio de Relaciones Exteriores su intención de suscribirlos.
>
> Los convenios interinstitucionales de carácter internacional no revestirán la naturaleza de tratados ni generarán obligación alguna derivada del derecho internacional para la República de Chile.
>
> Los derechos y obligaciones que deriven de estos convenios serán asumidos por el órgano que los suscriba, conforme a las reglas generales y dentro de sus disponibilidades presupuestarias.[423]

Esta norma es compleja por diversos motivos. Desde un punto de vista teórico, es obscura la naturaleza jurídica de estos convenios, pues se afirma que no son tratados internacionales, pero que pueden generar derechos y obligaciones. Desde un punto de vista práctico, estos convenios deben ser redactados cautelosamente, pues, aunque la norma recién citada disponga que los convenios no generarán obligación alguna para la República de Chile, el derecho internacional prevé que la actuación de los órganos nacionales puede generar responsabilidad internacional del Estado,[424] y que las disposiciones de normas nacionales no pueden ser usadas como excusa para justificar su incumplimiento.[425]

4.2.2. Funciones del Poder Legislativo

La norma constitucional más detallada sobre el derecho internacional en Chile se refiere a la aprobación de tratados internacionales. La Constitución la ubica en el artículo que establece los poderes del Congreso. Ella dispone:

> Artículo 54.
>
> Son atribuciones del Congreso:
>
> 1) Aprobar o desechar los tratados internacionales que le presentare el Presidente de la República antes de su ratificación. La aprobación de un tratado requerirá, en cada Cámara, de los quórum que corresponda, en conformidad al artículo 66, y se someterá, en lo pertinente, a los trámites de una ley.

423 Art. 35, Ley 21.080 (20/03/2018), *Modifica Diversos Cuerpos Legales con el Objeto de Modernizar el Ministerio de Relaciones Exteriores*.

424 Art. 4, ONU, AG: "Responsabilidad del Estado por Hechos Internacionalmente Ilícitos", A/RES/56/83 (12/12/2001).

425 Art. 27, Convención de Viena sobre el Derecho de los Tratados (23 de mayo de 1969).

El Presidente de la República informará al Congreso sobre el contenido y el alcance del tratado, así como de las reservas que pretenda confirmar o formularle.

El Congreso podrá sugerir la formulación de reservas y declaraciones interpretativas a un tratado internacional, en el curso del trámite de su aprobación, siempre que ellas procedan de conformidad a lo previsto en el propio tratado o en las normas generales de derecho internacional.

Las medidas que el Presidente de la República adopte o los acuerdos que celebre para el cumplimiento de un tratado en vigor no requerirán de nueva aprobación del Congreso, a menos que se trate de materias propias de ley. No requerirán de aprobación del Congreso los tratados celebrados por el Presidente de la República en el ejercicio de su potestad reglamentaria.

Las disposiciones de un tratado sólo podrán ser derogadas, modificadas o suspendidas en la forma prevista en los propios tratados o de acuerdo a las normas generales de derecho internacional.

Corresponde al Presidente de la República la facultad exclusiva para denunciar un tratado o retirarse de él, para lo cual pedirá la opinión de ambas Cámaras del Congreso, en el caso de tratados que hayan sido aprobados por éste. Una vez que la denuncia o el retiro produzca sus efectos en conformidad a lo establecido en el tratado internacional, éste dejará de tener efecto en el orden jurídico chileno.

En el caso de la denuncia o el retiro de un tratado que fue aprobado por el Congreso, el Presidente de la República deberá informar de ello a éste dentro de los quince días de efectuada la denuncia o el retiro.

El retiro de una reserva que haya formulado el Presidente de la República y que tuvo en consideración el Congreso Nacional al momento de aprobar un tratado, requerirá previo acuerdo de éste, de conformidad a lo establecido en la ley orgánica constitucional respectiva. El Congreso Nacional deberá pronunciarse dentro del plazo de treinta días contados desde la recepción del oficio en que se solicita el acuerdo pertinente. Si no se pronunciare dentro de este término, se tendrá por aprobado el retiro de la reserva.

De conformidad a lo establecido en la ley, deberá darse debida publicidad a hechos que digan relación con el tratado internacional, tales como su entrada en vigor, la formulación y retiro de reservas, las declaraciones interpretativas, las objeciones a una reserva y su retiro, la denuncia del tratado, el retiro, la suspensión, la terminación y la nulidad del mismo.

En el mismo acuerdo aprobatorio de un tratado podrá el Congreso autorizar al Presidente de la República a fin de que, durante la vigencia de aquél, dicte las disposiciones con fuerza de ley que estime necesarias para su cabal cumplimiento, siendo en tal caso aplicable lo dispuesto en los incisos segundo y siguientes del artículo 64[.]

El proceso de aprobación de tratados internacionales, si bien se tramita como una ley, tiene algunas características especiales, por ejemplo, que "debe aprobarse o desecharse como un todo sin que sea admisible que el Parlamento le introduzca modificaciones".[426] Asimismo, el presidente de la República no puede hacer presente la urgencia para el despacho de los tratados.[427]

En caso de que el presidente de la República pida la opinión al Congreso para denunciar un tratado o retirarse de él, cada cámara debe entregar su parecer por escrito dentro treinta días desde la recepción del oficio que solicita dicha opinión, y si no se hace dentro de ese plazo, el presidente puede prescindir de esta o estas opiniones.[428]

Como se dijo al tratar de las funciones del presidente de la República, no todos los tratados necesitan de la aprobación del Congreso, pues no la requieren los acuerdos que celebre el presidente en ejercicio de su potestad reglamentaria o en el cumplimiento de un tratado en vigor (salvo que trate de materias de ley) (Art. 54.1).

Además de lo establecido en el artículo 54, el Congreso tiene otras potestades relevantes en materia internacional, por ejemplo, dicta normas que dan cumplimiento a lo establecido en tratados internacionales no autoejecutables, y aprueba la ley de presupuesto de la nación, que destina los recursos financieros que se utilizarán para mantener embajadas, consulados y órganos de la Administración en la materia, como el Ministerio de Relaciones Exteriores. Históricamente, el Senado tenía también la misión de aprobar a los embajadores nombrados por el presidente de la República,[429] pero la Constitución actual no contempla dicha potestad.

Para el ejercicio de sus labores en la materia, ambas cámaras del Congreso cuentan con comisiones especializadas. El Senado cuenta con la Comisión de Relaciones Exteriores[430] y la Cámara con la Comisión de Relaciones Exteriores, Asuntos Intraparlamentarios e Integración Latinoamericana.[431]

---

426 TC, rol 309, Requerimiento de inconstitucionalidad (preventivo), 04/08/2000 (Convenio 169, durante su tramitación), cons. 11.°.

427 Cea Egaña, J. L. Derecho Constitucional Chileno, tomo III. Santiago: Ediciones Universidad Católica de Chile, 2013, pp. 361-362.

428 Art. 63, Ley 18.918 (05/02/1990), *Ley Orgánica Constitucional del Congreso Nacional*.

429 Véase Art. 72 N° 5, Constitución Política de la República de Chile (18/09/1925).

430 Información disponible en el sitio web del Senado. Véase https://bit.ly/41PPhNo. Fecha de consulta: 13/01/2025.

431 Información disponible en el sitio web de la Cámara. Véase: https://bit.ly/3FqIl1U. Fecha de consulta: 13/01/2025.

4.2.3. Funciones del Poder Judicial

Al Poder Judicial le corresponde aplicar las normas de derecho internacional que sean autoejecutables.[432] Esta tarea es bastante compleja, pues la determinación de la autoejecutabilidad requiere ponderar diversos criterios, y porque existe la tentación de catalogar como autoejecutables normas que no lo son, definiendo asuntos que el legislador no ha regulado. En esta labor, algunos jueces o tribunales han identificado erróneamente ciertas normas como autoejecutables,[433] o han definido políticas públicas sobre la base de normas de derecho internacional amplias, que exigen una definición previa por parte de la autoridad administrativa o parlamentaria.[434] La aplicación de normas internacionales requiere de autocontrol, para que su interpretación no sirva de excusa para crear derecho.

Los tribunales nacionales también deben dar aplicación práctica a algunas instituciones del derecho internacional —que se verán más adelante en este libro—, como la extradición (en su forma positiva o negativa) y la inmunidad soberana o de agentes extranjeros.

En el ejercicio de sus funciones, los tribunales deben recordar que corresponde al Poder Ejecutivo llevar adelante las relaciones internacionales del Estado. Ello les exigirá abstenerse de definir directa o indirectamente algunos asuntos de competencia del presidente de la República. Por ejemplo, es función del Poder Ejecutivo reconocer a nuevos Estados, por lo que sería inadecuado que un tribunal tome alguna decisión que implique hacerlo, como ocurriría si se concede inmunidad al supuesto mandatario de un país no reconocido por Chile. En Estados Unidos, se llama *doctrina de la cuestión política* a la obligación judicial de abstenerse de conocer un asunto político.[435]

Los tribunales también tienen un rol durante la aprobación de los tratados, pues como dice la Ley Orgánica del Congreso Nacional,

---

432 La Comisión Experta (órgano que presentó el proyecto de nueva CPR al Consejo Constitucional de 2023), propuso una norma que auxiliaba al Poder Judicial en la determinación de las normas autoejecutables. Dicho precepto disponía que el presidente de la República, al informar al Congreso sobre el contenido y alcance del tratado que sometía a su aprobación, debía mencionar específicamente las normas que estimara autoejecutables. Art. 61.a.1, Comisión Experta, «Anteproyecto de Constitución Política de la República de Chile». Esta norma fue recogida por el Consejo Constitucional. Art. 59.a.1, Consejo Constitucional, Propuesta Constitución Política de la República de Chile (2023). Para un estudio sobre las propuestas de reforma planteadas por los dos proyectos constitucionales chilenos, véase Paúl, A. El Derecho Internacional en los Recientes Proyectos Constitucionales Chilenos, Revista de Derecho (Montevideo) 23, 45, 2024.

433 Esto se puede observar, incluso, en un caso en el que el TC había sido claro en calificar —correctamente— una norma como no autoejecutable, pero aun así se aplicó directamente por un juzgado nacional (Paúl Díaz, A. Tradiciones Indígenas en la Aplicación de la Ley Penal, Revista de Derecho (Valdivia) 27, 2, 2014, pp. 275-276).

434 Véase Paúl Díaz, A. El Derecho Internacional como Excusa para Cuantificar el Derecho al Agua (Corte Suprema), Revista de Derecho (Valdivia) XXXV, 2, 2022.

435 En inglés, se llama *political question doctrine* (Murphy, Principles of International Law, *op. cit.*, p. 282).

> Artículo 60.
>
> Si el tratado contiene alguna disposición que incida en la organización y atribuciones de los tribunales, deberá oírse previamente a la Corte Suprema, en conformidad con lo dispuesto en el inciso segundo del artículo 77 de la Constitución Política.[436]

4.2.4. Funciones del Tribunal Constitucional

El artículo 93 de la Constitución establece las funciones del Tribunal Constitucional respecto de tratados internacionales.

> Artículo 93.
>
> Son atribuciones del Tribunal Constitucional:
>
> 1°. Ejercer el control de constitucionalidad de las leyes que interpreten algún precepto de la Constitución, de las leyes orgánicas constitucionales y de las normas de un tratado que versen sobre materias propias de estas últimas, antes de su promulgación;
>
> [...]
>
> 3°. Resolver las cuestiones sobre constitucionalidad que se susciten durante la tramitación de los proyectos de ley o de reforma constitucional y de los tratados sometidos a la aprobación del Congreso;
>
> [...]
>
> 6°. Resolver, por la mayoría de sus miembros en ejercicio, la inaplicabilidad de un precepto legal cuya aplicación en cualquier gestión que se siga ante un tribunal ordinario o especial, resulte contraria a la Constitución;
>
> 7°. Resolver por la mayoría de los cuatro quintos de sus integrantes en ejercicio, la inconstitucionalidad de un precepto legal declarado inaplicable en conformidad a lo dispuesto en el numeral anterior.
>
> [...].[437]

El Tribunal Constitucional tiene clara competencia para revisar la constitucionalidad de los tratados internacionales antes de su promulgación.[438]

---

436 Ley 18.918 (05/02/1990), *Ley Orgánica Constitucional del Congreso Nacional*.

437 Otros números también podrían ser relevantes, como el 16, que permite resolver sobre la constitucionalidad de los decretos supremos, lo que permitiría revisar los decretos promulgatorios de un tratado.

438 Algunos habrían sugerido, incluso, que convendría establecer el control obligatorio para todos los tratados internacionales. Ello es desaconsejado por Verdugo, S. ¿Control Obligatorio para Todos los Tratados Internacionales? Crítica a una Propuesta Inconveniente. En Javier Couso (ed.), Anuario de Derecho Público. Santiago: Ediciones Universidad Diego Portales, 2010.

En cambio, no es igual de claro si este órgano puede revisar la constitucionalidad de tratados internacionales ya ratificados, sea mediante recursos de inaplicabilidad en casos concretos (Art. 93.6) o, derechamente, mediante su declaración de inconstitucionalidad (Art. 93.7). La doctrina ha discutido este asunto.[439]

El Tribunal Constitucional se refirió a esta materia en 2009, al conocer sobre la constitucionalidad de su propia ley orgánica constitucional. En su sentencia entendió que, aunque un tratado no es una ley, sí es un "precepto legal" (cfr. Art. 93.6), al igual que las leyes.[440] Por eso, comparte ciertas características con ellas, como tener una jerarquía inferior a la Constitución, y aprobarse siguiendo los trámites de una ley "en lo pertinente" (cfr. Art. 54.1, párr. 1).[441] No obstante, los tratados no se comportan en todo sentido como leyes, pues su vigencia se rige por normas del derecho internacional; por ejemplo, el Congreso no puede derogarlos (Art. 54 N° 1, inc. 5, CPR). En atención a ello, el Tribunal Constitucional dispuso que tenía competencia para conocer de recursos de inaplicabilidad de un tratado o de alguna de sus normas en un caso concreto —pues ello no deroga ni suspende ni el tratado ni alguna de sus normas—,[442] pero no podría declarar la inconstitucionalidad de un tratado ya promulgado, pues ello equivaldría a vulnerar las normas del derecho internacional sobre la extinción de los tratados.[443]

La decisión anterior no impidió que, con posterioridad, continuara la discusión sobre la procedencia de declarar la inaplicabilidad de tratados internacionales.[444] En efecto, en una sentencia de 2021, el Tribunal Constitucional reconoció: "En materia de impugnación de tratados internacionales mediante la acción de inaplicabilidad por inconstitucionalidad

439 Sobre la discusión en distintas épocas, incluso durante la vigencia de la Constitución de 1925, véase Soto Velasco, S. El Control Preventivo y la Inaplicabilidad de los Tratados Internacionales en Chile. En Sebastián López Escarcena (ed.), Temas de Derecho Internacional para el Diálogo Constitucional Chileno. Santiago: Ediciones UC, 2021, pp. 150-153.

440 TC, rol 1288-2008, Requerimiento de inconstitucionalidad (obligatorio), 25/08/2009 (*LOC del TC*), cons. 47.°.

441 TC, rol 1288-2008, cons. 51.° y 55.°.

442 TC, rol 1288-2008, Requerimiento de inconstitucionalidad (obligatorio), 25/08/2009 (*LOC del TC*), cons. 55.° a 57.°. En ese sentido, el TC concordó con cierta doctrina previa, que consideraba que la CS —cuando estaba a cargo de dicho recurso— podría conocer de recursos de inaplicabilidad respecto de tratados, véase Orrego Vicuña, F. La Participación de Chile en el Sistema Internacional. Santiago: Gabriela Mistral, 1974, p. 193.

443 TC, rol 1288-2008, Requerimiento de inconstitucionalidad (obligatorio), 25/08/2009 (*LOC del TC*), cons. 57.° y 58.°. Ximena Fuentes considera que esta última definición del TC es inadecuada jurídicamente, y ella parece sugerir que ambos recursos debieran ser procedentes. Fuentes Torrijo, Una Nueva Constitución..., *op. cit.*, p. 179. Esta definición del TC sería, además, incoherente con la clasificación de un tratado como "precepto legal".

444 Por ejemplo, en materia de admisibilidad de los recursos, una sala del TC declaró inadmisible un recurso de inaplicabilidad, sosteniendo que no procede dicho recurso respecto de tratados (TC, rol 2789-15-INA, inaplicabilidad, 25/03/2015 (*Inaplicabilidad Convención Niños*), cons. 7.°), mientras que otra sala también declaró la inadmisibilidad de un recurso sobre tratados, pero no por ser improcedente la inaplicabilidad respecto de convenciones, sino que por haberse solicitado respecto de normas que no eran *decisoria litis* (TC, rol 7102-19-INA, inaplicabilidad, 12/09/2019 (*Inaplicabilidad Convención Americana y Estatuto*)).

esta Magistratura está dividida"[445]. Dicha sentencia resume ambas posiciones y señala que, tanto las posturas que estiman que el recurso de inaplicabilidad procede contra tratados internacionales, como aquellas que no, se han desenvuelto, "esencialmente, en un plano prácticamente teórico y contradictorio", pues el Tribunal ha conocido de muy pocos casos sobre este tema y, en la práctica, "en ninguno de ellos se ha producido el efecto de inaplicar un tratado internacional".[446]

En relación con la argumentación del Tribunal Constitucional, según la cual no procede declarar inconstitucional un tratado vigente, se comprenden sus razonamientos. Sin embargo, declarar inconstitucional un tratado vigente no vulnera necesariamente el derecho internacional público, pues ello exige que se actúe en contra del tratado (generalmente no basta una simple declaración). Así, la declaración de inconstitucionalidad del tratado sería relevante para efectos del derecho interno, no del internacional (en este último ámbito, sería aplicable el artículo 27 de la Convención de Viena sobre el Derecho de los Tratados). En otras palabras, la declaración de inconstitucionalidad afectaría al tratado solo en cuanto "precepto legal" vigente en Chile. Dicha declaración de inconstitucionalidad tendría la desventaja de que podría dar pie al incumplimiento del tratado, pero sería una herramienta en el equilibrio de poderes, pudiendo usarse como incentivo para modificar la Constitución nacional, o para denunciar o poner término al tratado.

4.3. RELACIÓN ENTRE EL DERECHO INTERNACIONAL Y EL CHILENO[447]

4.3.1. Cuestiones generales

Según se afirmó, no todo el derecho internacional busca generar efectos a nivel nacional. Cuando lo hace, es importante definir el modo en que estas normas se incorporan al derecho nacional, qué trámites deben cumplirse para que estas prescripciones del derecho internacional sean exigibles a nivel nacional (en definitiva, ver si el sistema nacional es de corte monista o dualista). La Constitución chilena no contiene una regla explícita sobre el punto. Tampoco define el valor de las normas de derecho internacional en el derecho interno. Por eso, la doctrina discute ambas cuestiones. Atendido que los tribunales de justicia aplican el derecho internacional, debe analizarse su jurisprudencia para ver qué valor le conceden en la práctica. Los tribunales no cuentan con especialistas que los asesoren en la materia, por lo que han cometido errores al aplicar el derecho internacional.[448]

---

445 TC, rol 8872-2020, inaplicabilidad, 04/03/2021 (*Inaplicabilidad Estatuto de Roma*), cons. 40.°.

446 *Ibid*., cons. 43.°. Después de afirmar esto, cae en el defecto de aplicar el Art. 27 de la CVDT en el plano interno (cons. 44.°).

447 Partes de esta sección son tomadas, incluso textualmente, de Paúl, Nueva Constitución..., *op. cit*.

448 Por ejemplo, han usado normas no autoejecutables como si lo fueran (Juzgado de Garantía de Arica, RUC 1201207535-7, RIT 648-2013, juicio oral simplificado efectivo, 04/12/2013 (Tradición

Esta sección analizará el modo de incorporación del derecho internacional en el nacional, distinguiendo según el tipo de fuente, para luego analizar la jerarquía de cada una de dichas fuentes internacionales en el ordenamiento nacional.

4.3.2. Incorporación del derecho internacional en Chile

a. Incorporación de tratados internacionales: Promulgación y publicación

Los tribunales nacionales consideran que un tratado internacional se incorpora al derecho chileno una vez promulgado por un decreto supremo que ordena su cumplimiento, y publicado en el *Diario Oficial*.[449] Se ha dicho que estos trámites no serían exigidos legalmente,[450] pero el ordenamiento jurídico chileno subentiende su obligatoriedad. Así, por ejemplo, una ley nacional dispone que, si un tratado es de gran extensión, su publicación puede "efectuarse mediante el depósito de un ejemplar en el Ministerio de Relaciones Exteriores y de otro en la Contraloría General de la República".[451] Como puede observarse, esta norma subentiende la obligación de publicar en el *Diario Oficial*, y establece una alternativa para un caso concreto.

Para que un tratado pueda promulgarse, es necesario que la Contraloría tome razón del decreto correspondiente.[452] La práctica nacional es que el tratado se promulga solo cuando la fecha de su entrada en vigor esté determinada y sea próxima, aunque el Estado lo haya ratificado mucho antes.[453] En ocasiones, se puede producir un periodo —generalmente

---

indígena en ley penal); sobre este caso, véase Paúl Díaz, Tradiciones Indígenas..., *op. cit.*), y aplicado *soft law* como si fuera *hard law* (incluso, incluyendo folletos entre sus fuentes) (CS, rol 131.140-2020, Recurso de Protección (apelación), 23/03/2021 (*Derecho al Agua*), 12° d) y 14°; sobre este caso, véase Paúl Díaz, El Derecho Internacional como Excusa..., *op. cit.*). Véase también la sección de este libro sobre las funciones del Poder Judicial.

449 Vargas Carreño, Derecho Internacional Público, *op. cit.*, p. 202. Regina Díaz, en cambio, considera que estos requisitos son solo medidas de divulgación, pero no serían requisitos de vigencia a nivel interno (Díaz Tolosa, Relaciones entre el Derecho..., *op. cit.*, p. 148). Sin embargo, atendido que dichos requisitos *de divulgación* son esenciales para la obligatoriedad de la ley, podría pensarse lo mismo respecto de la obligatoriedad de los tratados a nivel interno. Por su parte, el TC ha señalado que "a través del artículo 5 de nuestra Constitución se incorporan a nuestro ordenamiento jurídico distintos instrumentos internacionales" (TC, rol 13.783-2022, inaplicabilidad, 11/10/2023 (*Cierre de la Investigación*), cons. 22.°). Sin embargo, dicho uso de la palabra incorporación no parece ser un uso técnico.

450 Díaz Tolosa, Relaciones entre el Derecho..., *op. cit.*, pp. 145-147.

451 Ley 18.158 (09/09/1982), *Establece Normas sobre Publicación de Tratados Internacionales que Indica*. Debe dejarse constancia de este segundo modo de "publicación" en el decreto promulgatorio correspondiente (*Ibid.*).

452 Véase Informe Jurídico N° 83 del Ministerio de RR. EE. de Chile, 1964, p. 226, citado por Llanos Mansilla, H. Teoría y Práctica del Derecho Internacional Público. Introducción y Fuentes, vol. I, Santiago: Editorial Jurídica de Chile, 2009, pp. 280-281.

453 En efecto, aunque el tratado haya sido ratificado, se esperará hasta que se cumplan las condiciones para su entrada en vigor, sin importar que ello implique esperar uno o más años. Así, por ejemplo, Chile promulgó la Convención sobre la Desaparición Forzada un año después de haberla ratificado

breve—[454] en que el tratado está vigente internacionalmente para Chile, pero aún no ha cumplido con los trámites de promulgación y publicación.[455] También ha ocurrido —muy excepcionalmente— que ha sido muy extendido el desfase entre la entrada en vigor del tratado a nivel internacional y la realización de los trámites ya referidos. Este problema puede deberse a que no existe una norma constitucional expresa que permita exigir al presidente de la República realizar estos trámites respecto de un tratado, a diferencia de lo que ocurre con la promulgación y publicación de las leyes[456] (aunque podría interpretarse que sí la hay).[457] Jorge Precht considera que la falta de promulgación y publicación de un tratado vigente sería un caso de mal funcionamiento de la Administración del Estado, por lo que podría exigirse al Estado reparar los perjuicios que los particulares pudieran sufrir a causa de esta omisión.[458]

Una interpretación tradicional de las exigencias de promulgación y publicación diría que el tratado no producirá efectos al interior del país si no ha cumplido con estos trámites, aunque estuviera vigente en el ámbito internacional.[459] Así, por ejemplo, se ha afirmado que la Convención Postal Universal obligó al Estado de Chile desde el punto de vista internacional, pero careció de eficacia nacional mientras no estuvo promulgada.[460] Incluso, la publicación sería esencial, según se observó en la aplicación del Pacto Internacional de Derechos Civiles y Políticos, promulgado en 1976 —mismo año en que entró en vigor internacionalmente—, pero publicado en el *Diario Oficial* más de diez años después. Durante ese tiempo se usó

(Decreto Supremo 280, 16/04/2010, *Promulga la Convención Internacional para la Protección de Todas las Personas contra las Desapariciones Forzadas*).

454 Como lo ocurrido con el Pacto Internacional de Derechos Civiles y Políticos, donde el desfase fue de más de una década.

455 Por ejemplo, la Convención Interamericana sobre las Personas Mayores fue ratificada por Chile el 15 de agosto de 2017, fue promulgada por decreto el 1 de septiembre, entró en vigencia para Chile en el ámbito internacional el 14 de septiembre, y fue publicada el 7 de octubre de 2017 (Decreto Supremo 162, 07/10/2017, *Promulga la Convención Interamericana sobre la Protección de los Derechos Humanos de las Personas Mayores*).

456 En materia de leyes, puede exigirse su promulgación o publicación gracias al Art. 93 N° 8, de la CPR.

457 En efecto, en un caso en que se alegó que el Ejecutivo estaba obligado a publicar un tratado al quinto día hábil después de tramitado el decreto promulgatorio —alegando una norma análoga al actual Art. 75 inc. 3 de la CPR—, la CS no resolvió que dicha norma fuera exclusivamente aplicable a leyes nacionales; aunque no la aplicó, por no estar aún vigente dicho precepto constitucional (CS, recurso de protección, 11/11/1986, *Fallos del Mes*, Año XXVIII, N° 336, pp. 796-799 (*Falta de Publicación*), cons. 7.°).

458 *Cfr.* Precht Pizarro, J. Vino Nuevo en Odres Viejos: Derecho Internacional Convencional y Derecho Interno Chileno, Ius et Praxis 2, 2, 1997, p. 147. La CS ha entendido que, "[m]ientras la publicación no se haga, solo existe para la afectada la mera expectativa de adquirir los derechos que se trata" (CS, recurso de protección, 11/11/1986, *Fallos del Mes*, Año XXVIII, N° 336, pp. 796-799 (*Falta de Publicación*) cons. 6.°).

459 Véase la descripción jurisprudencial de Vargas Carreño, Derecho Internacional Público, *op. cit.*, p. 202.

460 Informe Jurídico N° 83 del Ministerio de RR. EE. de Chile, año 1964, p. 226, citado por Llanos Mansilla, Teoría y Práctica..., *op. cit.*, vol. I, pp. 280-281.

dicho tratado para fundamentar recursos de amparo que permitieran el regreso de personas exiliadas, pero la Corte Suprema determinó que, por no estar publicado el decreto que lo promulgó, no podía servir para dejar sin efecto el acto de expulsión.[461]

Una interpretación distinta podría hacerse a la luz de la reforma constitucional de 2005, que dispuso que la aprobación de tratados se someterá "en lo pertinente" a la tramitación de una ley,[462] y que los tratados pierden o interrumpen sus efectos conforme a las reglas del derecho internacional.[463] Esta reforma permite "a la doctrina concluir que los tratados retienen su naturaleza internacional después de ser incorporados al derecho chileno",[464] es decir, que no se transforman en leyes nacionales.[465] Según dicha interpretación, su entrada en vigor correspondería "a la fecha en que esto ocurra conforme al derecho internacional",[466] de modo que, aunque un tratado estuviera promulgado y publicado en Chile, no tendría efectos a nivel nacional si este no estuviera vigente a nivel internacional.[467] Esta lectura también permitiría evitar que un tratado vigente carezca totalmente de efectos a nivel nacional, producto de su falta de promulgación y publicación.[468]

---

461 CS, rol 20.187-146, apelación de amparo, 25/08/1976 (*Velasco y Castillo, PIDCP*). Disponible en: https://bit.ly/3DOLhor. Fecha de consulta: 13/01/2025. También CS, rol 24.128, apelación de amparo, 22/10/1984, *Fallos del Mes*, N° 311, pp. 588-594 (*Ortega e Insunza, PIDCP*).

462 Art. 54, CPR. El antiguo Art. 50 (actual 54) disponía: "La aprobación de un tratado se someterá a los trámites de una ley".

463 Art. 54.1, inc. 5.°, CPR.

464 Rioseco, S. y otros. Derecho Internacional. Comentario al Anteproyecto de Nueva Constitución. Santiago: Facultad de Derecho, Pontificia Universidad Católica de Chile. Fecha de consulta 08/11/2024, disponible en: https://bit.ly/3FptODw.

465 Sin perjuicio de ello, igualmente puede decirse que son "ley de la República", en el sentido de que son parte del ordenamiento chileno. Dicha expresión se usaba en los decretos promulgatorios, *v.gr.*, Decreto Supremo 778 (30/11/1976), *Promulga el Pacto Internacional de Derechos Civiles y Políticos Adoptado por la Asamblea General de la Organización de las Naciones Unidas por Resolución N° 2.200, el 16 de Diciembre de 1966 y Suscrito por Chile en Esa Misma Fecha.* Una expresión similar se utiliza también en la CPR de EE. UU., lo que puede incidir en su uso en Chile.

466 Rioseco y otros, Derecho Internacional. Comentario al Anteproyecto..., *op. cit.*, p. 7.

467 En efecto, aunque la práctica nacional sea que se promulguen y publiquen tratados recién vigentes o próximos a entrar en vigencia, afirmar que los tratados obligan a nivel nacional desde que se promulgan y publican en Chile, implica no distinguir entre los tratados que ya están vigentes en el ámbito internacional y los que requieren aún del cumplimiento de otros requisitos para entrar en vigor (como podría ser la ratificación por un determinado número de Estados o el paso de un lapso de tiempo). Es adecuado negar valor a los tratados promulgados y publicados en Chile, pero no vigentes en el extranjero, pues un tratado no es equivalente a una ley interna, y generalmente busca obligar a los Estados en forma recíproca, en un *quid pro quo*. En efecto, no sería razonable, por ejemplo, que Chile se vea obligado a rebajar tasas arancelarias en virtud de la ratificación de un tratado multilateral de libre comercio, cuando los demás Estados aún no están obligados a hacer lo mismo.

468 Algunos autores sostienen, incluso desde antes de esta reforma, que la promulgación y publicación no son requisitos para que estos tratados tengan validez en Chile. Por ejemplo, Precht Pizarro, Vino Nuevo en Odres Viejos..., *op. cit.*, p. 140. Sus argumentos, sin embargo, consisten en la inadecuada aplicación del Art. 27 de la CVDT, y en una aplicación discutible de la buena fe, que soslaya que los Estados dualistas también pueden actuar de buena fe. También se sostiene que la

En caso de adoptarse esta última interpretación, restaría por identificar el efecto de la falta de promulgación y publicación, pues dichos actos debieran tener una consecuencia en el ordenamiento jurídico interno. Una posible solución sería —tomando parte del razonamiento de Precht— afirmar que, aunque los tratados no serían ejecutables a nivel nacional, el Estado sería responsable por los perjuicios que cause el incumplimiento de la obligación de promulgar y publicar un tratado ya vigente internacionalmente.

Cuando los tratados han sido incorporados, "el juez nacional debe considerar cuidadosamente su ámbito personal, espacial y temporal de validez. El tratado es ley de la República, pero solamente dentro de lo estipulado en sus propios términos".[469] Esto significa, por ejemplo, que el tratado no debe aplicarse a Estados que no son parte (sin perjuicio de que pueda usarse como prueba de un principio o de la existencia de una costumbre internacional[470]). No obstante, ha ocurrido que la Corte Suprema ha beneficiado con normas de tratados a otros Estados que aún no son parte. Así, en el caso *Marchant con República de China*, la Corte Suprema aplicó al Estado de China la inmunidad diplomática, pero no solo en cuanto costumbre internacional, sino que basándose también en la Convención de Viena sobre Relaciones Diplomáticas —que codifica la costumbre internacional de la inmunidad diplomática—, a pesar de que China no la había ratificado.[471] Al hacerlo, afirmó que, como había sido ratificada, promulgada y publicada en Chile, había "que considerar que dicha Convención tiene en Chile la fuerza de una ley de la República y que por lo tanto, aquí debe darse plena aplicación a sus estipulaciones".[472] Al hacerlo, afirmó que ello permitiría "invocar la reciprocidad, si se presenta alguna situación análoga con respecto a las Naciones que no han ratificado la mencionada Convención de Viena".[473] Dicho razonamiento es deficiente, a pesar de que una argumentación adecuada habría conducido al mismo resultado práctico, aunque por motivos distintos.

Sin perjuicio de lo afirmado sobre la relación entre la vigencia de los tratados a nivel internacional y nacional, la Constitución podría hacer excepciones —aunque actualmente no las hace—.[474] Por ejemplo, sería posible que el Congreso modifique la Constitución, disponiendo que ciertos tratados que no establecen un *quid pro quo*, como los de protección

---

promulgación y publicación no son requisitos en Téllez Soto, C. Valor Jurídico de los Tratados Internacionales en el Derecho Chileno, Revista de Derecho (Valdivia) IX, 2, 1998. Ella sigue la postura negativa de Precht respecto del dualismo.

469 Benadava Cattan, Las Relaciones..., *op. cit.*, p. 40.

470 *Ibid.*, p. 41.

471 CS, jurisdicción de oficio, 03/09/1969, *Revista de Derecho y Jurisprudencia*, tomo LXVI, 2ª parte, sec. 3ª, pp. 125-130 (*Marchant con República de China*) p. 128.

472 *Ibid.*

473 *Ibid.*

474 Díaz Albónico sostiene que un tratado podría incorporarse al orden interno y estar vigente en Chile, pero no internacionalmente, aunque no entrega mayores argumentos que expliquen su posición (Díaz Albónico, R. La Reforma al Artículo 5° de la Constitución Política. En Jeannette Irigoin Barrenne (ed.), Nuevas Dimensiones en la Protección del Individuo. Santiago: Instituto de Estudios Internacionales de la Universidad de Chile, 1991, p. 206).

de los derechos humanos, se incorporen a nuestro ordenamiento desde el momento de su ratificación, a pesar de que no estén aún vigentes en el ámbito internacional.[475]

Respecto de los tratados ya incorporados y vigentes, solía afirmarse que los tribunales debían interpretarlos siguiendo la regulación del artículo 19 del Código Civil,[476] pero hoy en día se utilizan las normas de la Convención de Viena sobre el Derecho de los Tratados.

b. Incorporación de tratados internacionales: Determinación de su autoejecutabilidad o efecto directo

Como se vio en su momento, solo las normas autoejecutables de tratados son relevantes a nivel interno, pues las otras no tendrán efectos directos, a pesar de que el tratado esté formalmente incorporado a la legislación nacional. La doctrina chilena ha escrito hace bastante tiempo sobre la distinción entre las normas *self-exequting* y aquellas que no lo son.[477] En ocasiones, los tribunales nacionales han observado la diferencia entre este tipo de reglas.[478] Sin embargo, ellos suelen considerar a los tratados internacionales como autoejecutables,[479] sin plantearse las complejidades que puede tener dicha determinación de autoejecutabilidad.[480] El Tribunal Constitucional chileno ha afirmado que las cláusulas de los tratados son autoejecutables cuando "tienen el contenido y precisión necesarias que las habilita para ser aplicadas sin otro trámite como fuente del derecho interno. En otros términos, son autosuficientes [...]".[481] Asimismo, la Corte Suprema ha afirmado que una norma sería "directamente aplicable por los tribunales nacionales" cuando su aplicación no requiera "una implementación adicional"[482]. No obstante, como se afirmó en la sección correspondiente (4.1.2.b.), son más los criterios que pueden determinar la autoejecutabilidad de un tratado, y convendría que los tribunales los consideren al calificar una norma como tal.

c. Incorporación de normas no convencionales: Costumbre internacional

La expresión "normas no convencionales" se refiere a la costumbre internacional y a los principios generales del derecho. El Poder Judicial ha determinado que las normas no

475 María Teresa Infante es de un parecer contrario (Infante Caffi, M. T. Los Tratados en el Derecho Interno Chileno: El Efecto de la Reforma Constitucional de 1989 Visto por la Jurisprudencia, Revista Chilena de Derecho 23, 2 y 3, 1996, p. 282).

476 Benadava Cattan, Las Relaciones..., *op. cit.*, p. 44.

477 Por ejemplo, se refiere a esto Orrego Vicuña, F. La Participación de Chile..., *op. cit.*, p. 191.

478 Benadava Cattan, Las Relaciones..., *op. cit.*, pp. 43-44.

479 Fuentes Torrijo; Pérez Farías, El Efecto Directo..., *op. cit.*, p. 122.

480 Por ejemplo, *Ibid.*, pp. 140-144. Incluso, como se hizo notar previamente, ha ocurrido que algún juez ha aplicado directamente normas que el TC declaró expresamente como no autoejecutables (Paúl Díaz, Tradiciones Indígenas..., *op. cit.*, pp. 275-276).

481 TC, rol 309, Requerimiento de inconstitucionalidad (preventivo), 04/08/2000 (*Convenio 169, durante su tramitación*), cons. 48.°. Otro par de casos donde se refiere a la autoejecutabilidad se observan en Soto Velasco, El Control Preventivo y la Inaplicabilidad..., *op. cit.*, pp. 148-149.

482 CS, rol 3907/2007, casación en el fondo, 21/01/2009 (*Contreras Sepúlveda y otros*), cons. 10.° (citar este fallo no implica que coincidamos con la determinación de la autoejecutabilidad de las normas citadas por la CS).

convencionales tienen una incorporación inmediata en Chile —no sería necesario realizar un acto específico de incorporación al derecho nacional[483]— y que prevalecerían por sobre la ley interna, según se verá a continuación. En materia de costumbre internacional, la práctica chilena sigue la de los Estados del *common law*, cuyos tribunales —sin norma constitucional habilitante— adoptaron la doctrina de que "el derecho de gentes forma parte del derecho nacional".[484] Sin embargo, "ni la jurisprudencia ni la doctrina nacional han elaborado una buena justificación sobre el ingreso del derecho consuetudinario a nuestro sistema".[485]

Diversos casos incorporan la costumbre al ordenamiento chileno,[486] por ejemplo, suele citarse la sentencia *Lauritzen con Fisco* (Corte Suprema, 1955).[487] Dicho caso se planteó luego

---

483 López es de una opinión diversa, pues considera que "por lo general se requiere de un acto declarativo doméstico de carácter judicial o administrativo, como una resolución de un tribunal de justicia, que haga a la correspondiente norma internacional consuetudinaria aplicable en el derecho chileno" (López Escarcena, S. Derecho Internacional y Derecho Chileno. Análisis y Propuestas. En Domingo Lovera (ed.), Anuario de Derecho Público. Santiago: Ediciones Universidad Diego Portales, 2021, p. 45). Sin embargo, cuando un tribunal o ente administrativo aplica una norma consuetudinaria a un caso en concreto, se entiende que el derecho consuetudinario ya regía la situación particular, y que dicho tribunal o entidad solo explicita su aplicabilidad. De lo contrario, se estaría aplicando derecho en forma retroactiva.

484 Díaz Tolosa, Relaciones entre el Derecho…, *op. cit.*, pp. 136-137. Un breve recuento sobre el origen de esta forma de incorporación se encuentra en *Ibid.*, pp. 142-143.

485 Fuentes Torrijo, Una Nueva Constitución…, *op. cit.*, p. 172.

486 Sin embargo, las sentencias usan distintas locuciones para referirse a la costumbre, por ejemplo, emplean "indistintamente expresiones tales como 'principios' del derecho internacional, 'normas generales' del derecho internacional o derecho internacional 'consuetudinario'" (Orrego Vicuña, F.; Orrego Bauzá, F. La Aplicación del Derecho Internacional de los Derechos Humanos por los Tribunales Nacionales: Nuevas Tendencias Derivadas de la Experiencia Chilena. En Héctor Gros Espiell Amicorum Liber. Persona Humana y Derecho Internacional, vol. 2. Bruselas: Bruylant, 1997, p. 966).

487 Por ejemplo, Nogueira Alcalá, N. Los Tratados Internacionales en el Ordenamiento Jurídico Chileno, Revista Chilena de Derecho 23, 2 y 3, 1996, p. 371; Vargas Carreño, Derecho Internacional Público, *op. cit.*, pp. 199-200, y Gamboa Serazzi; Fernández Undurraga, Tratado de Derecho Internacional…, *op. cit.*, p. 103. Otro caso que suele citarse en esta materia es Senerman (CS, queja, 02/06/1975, *Fallos del Mes*, Año XVII, N° 199, pp. 444-534 (*Presidente del Consejo de Defensa del Estado - Senerman*)), por ejemplo, Vargas Carreño, Derecho Internacional Público, *op. cit.*, pp. 200-201, y Aguilar Cavallo, La Corte Suprema y la Aplicación…, *op. cit.*, p. 123. Sin embargo, a nuestro juicio, *Senerman* no es un caso tan adecuado, ya que la CS afirmó que también había una norma convencional, vigente en Chile, que resolvía el asunto, por lo que no puede afirmarse que la CS haya decidido la cuestión exclusivamente sobre la base de la costumbre. Para entender mejor lo afirmado, se describe a continuación el caso. En *Senerman*, el Consejo de Defensa del Estado recurrió de queja contra una sentencia que anuló por lesión enorme (una causal de nulidad) la venta de un inmueble a la República de Cuba. Sin embargo, la CS dejó sin efecto el fallo, en atención a que, "entre los derechos fundamentales de los Estados destaca el de su igualdad y de esta igualdad deriva, a su vez, la necesidad de considerar a cada Estado exento de la jurisdicción de cualquier otro", y que dicha "exención de los Estados extranjeros de la jurisdicción nacional, se encuentra expresamente establecida, en el ámbito del derecho vigente en nuestro país, por el artículo 333 del Código de Derecho Internacional Privado, llamado Código de Bustamante" (CS, queja, 02/06/1975, *Fallos del Mes*, Año XVII, N° 199, pp. 444-534 (*Presidente del Consejo de Defensa del Estado - Senerman*) vistos 1.° a 5.°). También suele citarse *Marchant con República de China*, pero

de que Chile requisara cinco buques daneses administrados por la compañía J. Lauritzen, con la finalidad de que no se afectara el abastecimiento nacional.[488] Los daneses cobraron al Fisco una indemnización mayor que la ofrecida por Chile, basados en una norma de costumbre internacional que exigía cierto tipo de indemnizaciones cuando se ejercía el *derecho de angaria*, es decir, cuando un Estado tomaba por la fuerza los barcos de otro Estado, para así poder destinarlos a un servicio público.[489] Por su parte, el Estado de Chile alegó, entre otras cosas, normativa nacional.[490] Al resolver, la Corte Suprema consideró que no había normativa nacional expresa aplicable, pero que, aunque la hubiera, prevalecería el derecho consuetudinario internacional.[491] La Corte se basó en el principio internacional que dispone que no puede alegarse el derecho nacional para dejar sin cumplimiento el derecho internacional[492] (el cual no busca impactar en el derecho nacional, según se vio al explicar el artículo 27 de la Convención de Viena sobre el Derecho de los Tratados).

En forma más reciente, la Corte Suprema se ha referido a la costumbre internacional en muchos casos relativos a violaciones graves de derechos humanos cometidas en la última dictadura.[493] Esto ocurrió, por ejemplo, en la sentencia del *caso Contreras Sepúlveda y Otros*, referido al secuestro calificado de dos personas que fueron aprehendidas, privadas de libertad sin que la autoridad lo reconociera, y cuyo destino se desconocía a la fecha de la sentencia.[494] En dicho caso, la Corte Suprema dejó sin aplicación la normativa nacional referida a la prescripción penal del delito, alegando una norma que, a juicio de la Corte, sería consuetudinaria.[495]

Ximena Fuentes se cuestiona si es adecuado considerar que la costumbre internacional ingrese automáticamente al ordenamiento jurídico chileno, atendido que los jueces nacionales suelen carecer de las herramientas conceptuales y técnicas para determinar si una práctica

---

tampoco es totalmente adecuado para referirse a la incorporación de la costumbre, pues, al igual que en el caso anterior, la CS se refiere tanto a la costumbre como a un tratado ratificado por Chile (CS, jurisdicción de oficio, 03/09/1969, *Revista de Derecho y Jurisprudencia*, tomo LXVI, 2ª parte, sec. 3ª, pp. 125-130 (*Marchant con República de China*) p. 128).

488 Esta requisición se hizo con la finalidad de que los buques cambiaran de nacionalidad y pudieran seguir operando —sorteando así las prohibiciones de navegación que pesaban sobre los buques daneses durante la Segunda Guerra Mundial— (CS, apelación, 19/12/1955, *Revista de Derecho y Jurisprudencia*, tomo LII, 2ª parte, sec. 1ª, pp. 444-534 (*Lauritzen y otros con Fisco*), pp. 450, 451 y 455).

489 *Ibid.*, pp. 458 y 459.

490 Otros alegatos importantes fueron: que los hechos no permitían alegar el uso del derecho de angaria, y que, en caso de tratarse de este, el legitimado para demandar era el Estado de Dinamarca y no la compañía J. Lauritzen (*Ibid.*, pp. 464 y 468).

491 *Ibid.*, pp. 508 y 509.

492 *Ibid.*

493 Por ejemplo, CS, rol 3907/2007, casación en el fondo, 21/01/2009 (*Contreras Sepúlveda y otros*), cons. 15.°-22.°, y CS, rol 4691/2007, casación en el fondo, 28/01/2009 (*Ruiz Bunger*), cons. 12.°.

494 Los hechos habrían ocurrido en 1974. C. de Ap. de Santiago, rol 6428/2006, casación en la forma y apelación, 06/06/2007 (*Contreras Sepúlveda y otros*).

495 CS, rol 3907/2007, casación en el fondo, 21/01/2009 (*Contreras Sepúlveda y otros*), cons. 20.°.

constituye costumbre internacional.[496] Al hacerse este cuestionamiento, Fuentes se refiere al *caso de la Embajada de Marruecos*, de 2004, en el que la Corte Suprema acogió un recurso de queja, concediendo inmunidad absoluta a Marruecos, y dejando sin efecto una sentencia laboral en contra de dicho Estado,[497] a pesar de que la regla consuetudinaria señalaría —según Fuentes— "que los contratos laborales no están cubiertos por la inmunidad".[498] Si bien los tribunales habrían cambiado ya su interpretación en esta materia,[499] la pregunta de Ximena Fuentes mantiene su validez, atendido que la Corte Suprema de Chile ha dictado sentencias que muestran cierto desconocimiento del derecho internacional, o se basan en alguna doctrina nacional que puede soslayar las corrientes principales en la materia.[500]

La Constitución de Chile usa en dos ocasiones la expresión "normas generales de derecho internacional" (Art. 54.1, inc. 3 y 5, CPR), concepto que comprende el derecho consuetudinario universal.[501] Dicha referencia se hace al señalar que el Congreso puede sugerir reservas y declaraciones interpretativas, siempre que ello sea procedente según lo dispuesto en las normas generales, y al señalar que las disposiciones de un tratado pueden ser derogadas, modificadas o suspendidas según lo dispuesto en dichas normas. Tales referencias a las normas generales de derecho internacional constituyen una incorporación constitucional de ciertas normas consuetudinarias.

La Constitución no dispone cómo se incorporan las demás normas de costumbre internacional. Por ello, es válido cuestionar por qué los tribunales la incorporan automáticamente, especialmente en atención al principio de legalidad, establecido en el artículo 6 de la Constitución, según el cual "[l]os órganos del Estado deben someter su acción a la

---

496 Fuentes Torrijo, Una Nueva Constitución..., *op. cit.*, p. 182.

497 CS, rol AD-701-2004, recurso de queja, 18/11/2004 (*Embajada de Marruecos*). Esta decisión invalidó la sentencia del *caso Araníbar con Embajada del reino de Marruecos*, rol 1475-2002, del Octavo Juzgado Laboral de Santiago.

498 Fuentes Torrijo, Una Nueva Constitución..., *op. cit.*, p. 181. La regla de la inmunidad absoluta fue abandonada hace algunas décadas.

499 Por un tiempo, la CS reiteró su doctrina del *caso Araníbar* e, incluso, unificó su jurisprudencia sobre la falta de jurisdicción. CS, rol 1224-2013, recurso de unificación de jurisprudencia, 13/08/2013 (*Hernán Vera Marin con la Embajada de la República Federal de Alemania*), cons. 10.°. Sin embargo, hoy en día la CS entendería que tiene competencia para fallar casos laborales, sin perjuicio de que sea imposible ejecutarlos en el patrimonio de la misión diplomática o consular. Para más casos sobre el tema, véase Cobo Romaní, N. La Protección de la Inmunidad en el Derecho Chileno, The Yearbook of Diplomatic and Consular Law 3, 2018.

500 Por dar solo un par de ejemplos, pueden verse: el recurso de protección en favor de los venezolanos López y Ceballos, víctimas de la represión en Venezuela, que contienen varios errores serios (CS, rol 17.393-2015, Recurso de Protección (apelación), 18/11/2015 (*López y Ceballos*), y una sentencia donde la CS no parece distinguir entre instrumentos internacionales vinculantes y no vinculantes (CS, rol V-77-2015, solicitud de cambio de nombre y sexo (casación en el fondo), 29/05/2018, cons. 12.°).

501 Müller considera que estas normas de la Constitución pueden incluir también a los principios generales del derecho. Müller Guzmán, K. Transferencia de Atribuciones Soberanas a Organizaciones Internacionales en el Derecho Chileno, Revista de Derecho de la Pontificia Universidad Católica de Valparaíso XLIV, 1, 2015, p. 506. También incluiría normas de tratados internacionales aceptados universalmente.

Constitución y a las normas dictadas conforme a ella". En su estudio sobre el tema, Benadava encontró fundamentos en el *caso Lauritzen*, donde la Corte Suprema se habría basado "en la necesidad de proteger a los individuos mediante la extensión a ellos de los beneficios del derecho internacional, de acuerdo con la tendencia del derecho internacional moderno y de la legislación positiva chilena".[502] Esta argumentación no explica la incorporación de normas consuetudinarias que no protegen directamente a las personas, como la de la inmunidad soberana, y tampoco satisface a quien busque una justificación constitucional para la aplicación de estas normas.

Es difícil para un Estado decidir cómo incorporar la costumbre. Por una parte, incorporarla automáticamente exige que los tribunales tengan la capacidad de determinar si algo es realmente costumbre internacional, cuestión que requiere ponderar la existencia de una práctica generalizada y *opinio juris*, para lo cual muchos tribunales no están adecuadamente preparados. Por otro lado, la existencia de una costumbre y su contenido es frecuentemente discutible. Por último, es contraintuitivo para una sociedad moderna el aceptar normas que no cuentan con cierto nivel de legitimidad democrática. A pesar de esto, prácticamente todos los Estados son monistas en relación con la costumbre internacional, al igual que Chile (aunque le otorgan menor jerarquía, lo que se verá más adelante).[503] Incorporar automáticamente la costumbre no impediría establecer un sistema institucionalizado de determinación de su existencia y contenido.[504]

Un asunto adicional es cómo se incorporan en Chile las normas de *jus cogens*. Su naturaleza es peculiar, por lo que no podría decirse sin más que se observan las reglas del derecho no convencional. La Corte Suprema ha aplicado directamente, y con valor superior a la legislación nacional, normas que ella ha considerado ser de *jus cogens*. En efecto, la Corte dejó sin efecto la regla del Código Civil sobre prescripción de acciones de indemnización de perjuicios, cuando los daños fueron causados por delitos de lesa humanidad, por considerar que normas de *jus cogens* prohibirían su prescripción.[505] Aunque el *jus cogens* no prohíba la prescripción de acciones civiles,[506] lo importante es observar que la Corte Suprema estima que las normas de *jus cogens* se incorporarían automáticamente al derecho nacional, y que

502 Benadava Cattan, Las Relaciones..., *op. cit.*, pp. 19-20.

503 La excepción son unos pocos Estados que tuvieron una fuerte postura anticolonial, y se opusieron a derecho internacional formado sin su consentimiento (Verdier; Versteeg, International Law in National..., *op. cit.*, pp. 528-530).

504 Podría, por ejemplo, establecerse un mecanismo de control democrático, donde un órgano especializado, ligado al Poder Legislativo o al Senado, determine si una norma forma parte de la costumbre internacional, previo requerimiento de un tribunal de la República.

505 Entre otras muchas, véase CS, rol 31.605-2018, recurso de casación en el fondo civil, 13/05/2019 (*Marta Muñoz y otros con Fisco de Chile*), cons. 5.°.

506 No es equiparable la prohibición del delito de lesa humanidad (que sí es *jus cogens*), con la falta de reparación económica del mismo (las normas de *jus cogens* son generalmente prohibitivas, no prescriptivas). *Cfr.*, Vidmar, J. Rethinking *Jus Cogens* After *Germany* v. *Italy*: Back to Article 53?, Netherlands International Law Review 60, 1, 2013, pp. 16-17. No obstante, la Corte IDH afirma la imprescriptibilidad de las acciones civiles (Corte IDH, *Órdenes Guerra vs. Chile*, Fondo, Reparaciones y Costas, 2018, párr. 95).

prevalecerían sobre este. En todo caso, la calidad de norma de *jus cogens* es excepcionalísima, por lo que es necesario probar que alguna norma tiene dicho carácter.[507]

d. Incorporación de normas no convencionales: Principios generales del derecho

No hay que explayarse sobre la incorporación de los principios generales del derecho, pues si ellos se entienden como los principios comunes a los grandes sistemas jurídicos —su concepto más aceptado—, se tratará de principios que ya están integrados al derecho nacional. Por otro lado, si ellos se entienden como los principios "aplicables específicamente a las relaciones entre los Estados, a problemas propios de la comunidad internacional y que no existen en el Derecho interno"[508] —su acepción discutible—, no serían particularmente relevantes a nivel nacional de un Estado.

La Corte Suprema ha usado la expresión *principios generales* en relación con el derecho internacional.[509] Se ha referido a "los principios de derecho internacional generalmente aceptados",[510] los "principios generales del derecho reconocidos por la comunidad internacional",[511] los "principios generales del derecho internacional de los derechos humanos"[512] y los "principios generales del Derecho Humanitario".[513] Como se observa, estas ideas no parecen corresponder al concepto clásico de principios generales del derecho, establecidos en el artículo 38 del Estatuto de la Corte Internacional de Justicia, sino a la

507 La CS no dio mayores argumentos. Convendría que ella tenga un razonamiento estandarizado para determinar si una norma es *jus cogens*. En este, debiera considerar, entre otros aspectos, si la CIJ le ha dado tal carácter a dicha norma, pues dicho tribunal es el más respetado en la materia. La autoridad de otros tribunales es más discutible, por ejemplo, la Corte IDH declara bastantes normas como de *jus cogens*, y lo hace sin probarlo previamente ni apoyándose en la práctica de los Estados (Maia, C. Le *Jus Cogens* dans la Jurisprudence de la Cour Interamericaine des Droits de l'Homme. En Ludovic Hennebel, Hélène Tigroudja (eds.), Le Particularisme Interaméricain des Droits de l'Homme. En l'Honneur du 40e Anniversaire de la Convention Américaine des Droits de l'Homme. Paris. Pedone, 2009, pp. 292-293).

508 Llanos Mansilla, Teoría y Práctica del Derecho Internacional..., *op. cit.*, vol. I, p. 553.

509 También se ha referido a "los principios del derecho internacional", sin usar la expresión "generales". Por ejemplo, en CS, rol 2666-2004, casación en el fondo, 18/01/2007 (*Sergio Rivera y Otros*), cons. 15.°; CS, rol 3125/2004, casación en el fondo, 13/03/2007 (*Caso Chena*), cons. 36.°, y CS, rol 3452-2006, casación en el fondo, 10/05/2007 (*Krassnoff Martchenko y Otros*), cons. 63.°. La CS también hace referencia al concepto de principios generales del derecho en un sentido general —no internacional—, por ejemplo, en el ámbito laboral, en CS, rol 17.964-2015, unificación de jurisprudencia, 21/07/2016 (*Ausencia de Trabajador*), cons. 7.°.

510 CS, rol 3125/2004, casación en el fondo, 13/03/2007 (*Caso Chena*), cons. 36.°; CS, rol 3452-2006, casación en el fondo, 10/05/2007 (*Krassnoff Martchenko y Otros*), cons. 63.°; CS, rol 15.186-2018, casación en el fondo, 23/06/2020 (*Pérez Sánchez*), cons. 5.°, y CS, rol 24.683-2018, casación en la forma y fondo, 17/10/2022 (*Episodio Machuca*).

511 CS, rol 3452-2006, casación en el fondo, 10/05/2007 (*Krassnoff Martchenko y Otros*), cons. 77.°.

512 CS, rol 19.069-2018, casación en el fondo, 20/09/2018 (*Almonacid con Fisco de Chile*), cons. 5.°.

513 CS, rol 19.301-2018, casación en la forma y fondo, 20/09/2018 (Acción civil).

acepción discutible de tales principios. En ocasiones la Corte Suprema también usa estos conceptos como sinónimos de derecho consuetudinario.[514]

En menos ocasiones, la Corte Suprema se ha referido a los "principios generales de derecho de las naciones civilizadas",[515] que es el mismo concepto recogido en el artículo 38 del Estatuto de la Corte Internacional de Justicia, o a "los principios generales del derecho respectivo", mencionando expresamente el artículo 38 del Estatuto.[516] Dichas menciones buscan referirse a la fuente del derecho internacional público, pero al analizar el uso que se les da, se observa que se refieren a reglas concretas, como a la supuesta imprescriptibilidad de las acciones *civiles* derivadas de delitos de lesa humanidad, que no se prueban como principios generales. Esta forma de entender los principios no cabe en ninguna de las ya referidas dos acepciones de principios generales del derecho, y más parecería que la Corte Suprema usa la expresión como sinónimo de costumbre internacional.

La Corte Suprema se ha referido también a principios generales del derecho en particular, como el de buena fe, el de *pacta sunt servanda* y el de reparación integral.[517] En esos casos, la Corte Suprema suele acertar en los principios definidos como principios generales del derecho.

Como se observa, la jurisprudencia nacional parece no tener claridad sobre el contenido de los principios generales del derecho. En todo caso, no debe extrañar la confusión del derecho consuetudinario y los principios generales del derecho, pues los jueces de Estados con recursos que les permitirían tener una mejor preparación judicial, como Francia, también incurren en esta confusión, a juicio de Alain Pellet.[518]

e. Incorporación del *soft law*

El *soft law* no constituye derecho internacional propiamente tal, pues no es vinculante.[519] Por ello, si se quiere dar valor obligatorio a su contenido, el derecho nacional debe recogerlo mediante el instrumento jurídico más apropiado, que será generalmente

514 CS, rol 3125/2004, casación en el fondo, 13/03/2007 (*Caso Chena*), cons. 36.°, donde señala: "el derecho internacional, aun consuetudinario, tiene prevalencia sobre la legislación nacional, a pesar que el primero no se encuentre traducido en tratados o convenciones obligatorias para Chile, sino solamente en los principios de derecho internacional generalmente aceptados, lo [sic] que se entienden automáticamente incorporados en el derecho chileno, sin necesidad de un acto de recepción por parte de los órganos del Estado".

515 Por ejemplo, en CS, rol 3125/2004, casación en el fondo, 13/03/2007 (*Caso Chena*), cons. 21.°.

516 CS, rol 36.435-2019, casación en la forma y fondo, 25/10/2022 (*Episodio B*) cons. 40.°, y CS, rol 55.213-2016, casación en la forma y fondo, 16/05/2017 (*Mena Salinas y Otros*), cons. 24.°.

517 Para casos en que se aplican estos y otros principios —sin perjuicio de que su aplicación pueda ser inadecuada—, véase Aguilar Cavallo, La Corte Suprema y la Aplicación..., *op. cit.*, pp. 119-132.

518 Pellet, A. Repenser les Rapports entre Ordres Juridiques ? *Oui, Mais pas Trop*... En Baptiste Bonnet (ed.), Traité des Rapports entre Ordres Juridiques. Paris: LGDJ, 2016, p. 1787.

519 Véase TC, rol 3016(3026)-16-CPT, Requerimiento de inconstitucionalidad (preventivo), 09/05/2016 (*Reforma al Código del Trabajo*), cons. 53.° a 57.°.

la ley o la potestad reglamentaria, según corresponda.[520] Así, por ejemplo, para darle valor jurídico a las resoluciones de organizaciones internacionales, debe replicarse su contenido en una ley o un decreto, dependiendo de si regulan materias de ley o de potestad reglamentaria.

No obstante, no es necesario incorporar el *soft law* para usarlo como un mecanismo de interpretación, del mismo modo en que no es necesario incorporar la doctrina de los autores nacionales para interpretar la legislación. Sin embargo, no se puede usar el *soft law* como mecanismo exegético que extienda el alcance de las normas interpretadas, o que cree derechos nuevos, mucho menos en forma *contra legem*. En efecto, al no ser vinculante, el *soft law* solo puede usarse para tratar de desentrañar el sentido concreto de una norma, pero no para hacerla mutar, pues ello es el rol del legislador, sea este nacional o internacional.

4.3.3. Jerarquía del derecho internacional en Chile

La jerarquía del derecho internacional en Chile es relevante cuando hay antinomias entre disposiciones nacionales e internacionales, para determinar qué norma aplicar. Sin embargo, no es necesario acudir a la jerarquía cuando la normativa nacional y la internacional pueden ser interpretadas de forma compatible entre sí (siempre que dicha lectura sea posible *de buena fe*, y no el resultado de forzar alguna de dichas normas). En tales casos, no será necesario elegir entre una disposición u otra, pues bastaría con aplicar las normas de modo compatible, aunque esto implique modificar el modo como una de ellas se aplicaba hasta el momento. Este modo de interpretar las normas "se basa en la presunción de que el legislador no tuvo la intención de infringir las obligaciones internacionales del Estado",[521] ni aprobar tratados que contravinieran el derecho interno (salvo que se explicitara dicha intención).[522]

520 También podría incorporarlo, incluso, la CPR.

521 Benadava Cattan, Las Relaciones..., *op. cit.*, pp. 26-27.

522 A continuación, se da un ejemplo hipotético. Un Estado podría tener una ley interna que sancionara a "jueces que infrinjan la independencia judicial", la que podría ser interpretada jurisprudencialmente como incluyendo a jueces que critiquen en público decisiones judiciales dictadas por sus colegas. Dicho Estado podría también ratificar un tratado que disponga que la libertad de expresión debe permitir que cualquier "servidor público" opine sobre decisiones judiciales. Ahí se observa una posible antinomia, que podría resolverse de dos modos, ambos compatibles con el texto legal. La primera sería modificar la interpretación jurisprudencial que prohíbe a jueces criticar fallos de sus colegas, y la segunda sería interpretar el tratado en el sentido de que solo se refiere a los funcionarios de un "servicio público", es decir, de la Administración del Estado.

a. Jerarquía de tratados internacionales: Normas que consagran derechos humanos esenciales

Desde 1989, el artículo 5.2 de la Constitución Política dispone:

> Artículo 5°
>
> [...]
>
> El ejercicio de la soberanía reconoce como limitación el respeto a los derechos esenciales que emanan de la naturaleza humana. Es deber de los órganos del Estado respetar y promover tales derechos, garantizados por esta Constitución, así como por los tratados internacionales ratificados por Chile y que se encuentren vigentes.

Esta norma reconoce que los tratados internacionales vigentes en Chile pueden declarar derechos esenciales que emanan de la naturaleza humana, los que constituyen una limitación al ejercicio de la soberanía. Esta disposición ha generado bastantes debates.[523] Suele entenderse que esta disposición da una jerarquía especial a las normas de derechos humanos. Sin embargo, ella no es clara, por lo que dio inicio a un debate sobre la jerarquía de los tratados de derechos humanos.[524] Ellos podrían tener rango legal, supralegal —pero infraconstitucional—, constitucional o supraconstitucional.

Si esta norma buscara dar una jerarquía especial a los tratados de derechos humanos, su redacción presenta desafíos interpretativos. Primero, debe definirse si la Constitución les otorgaría este valor especial a los *tratados* de derechos humanos esenciales o a las *normas* sobre la materia, con independencia del tipo de tratados en que se encuentren (por ejemplo, normas de derechos humanos establecidas en tratados de libre comercio). En esta materia, sería adecuado lo que sostienen Medina, Troncoso y Vial, quienes consideran que se aplica a las normas que garantizan este tipo de derechos, con independencia de si los tratados en que se encuentran son de derechos humanos o no.[525] Así, convenciones de cualquier materia, incluso económica, podrían consagrar "derechos esenciales que emanan de la naturaleza humana" —los que tendrían este tratamiento especial—. Por otro lado, tratados de derechos humanos tendrán normas que no consagran este tipo de derechos —por ejemplo, procedimentales—, las que no gozarán de una condición especial.

523 Solo unos pocos de ellos parecen estar superados, como los descritos en Orrego Vicuña; Orrego Bauzá, La Aplicación del Derecho..., *op. cit.*, p. 976.

524 Vivanco Martínez, A.; Martínez Estay, J. I. Acerca de la Supremacía de la Constitución, Revista de Derecho de la Universidad Católica de Valparaíso XVIII, 1997, p. 71.

525 C. Medina Quiroga, *Constitución, Tratados y Derechos Esenciales. Estudio Preliminar y Selección de Textos*, s.l.: Corporación Nacional de Reparación y Reconciliación, 1994, p. 49, y Troncoso Repetto, C.; Vial Solar, T. Sobre los Derechos Humanos Reconocidos en Tratados Internacionales y en la Constitución, Revista Chilena de Derecho 20, 1993, pp. 696 y 701.

También cabe cuestionarse a qué se refiere la Constitución cuando usa la calificación "esenciales" al referirse a los derechos que emanan de la naturaleza humana.[526] Atendido que las palabras en los textos jurídicos deben tener algún significado, este adjetivo indicaría que la condición especial no la tendrían todos los derechos humanos, sino solo aquellos que fueran "esenciales". Este punto ha sido previamente hecho notar,[527] pero debiera dar pie a un tratamiento sistemático. En efecto, es evidente que no tiene la misma importancia el derecho a no "ser privado de la vida arbitrariamente", que el derecho a "vacaciones periódicas pagadas".[528] Sin embargo, sería necesario encontrar criterios objetivos que pudieran servir para distinguir entre los derechos esenciales y los no esenciales.

Se discute bastante cuál sería la jerarquía de las normas de tratados que garantizan derechos esenciales que emanan de la naturaleza humana. Se ha afirmado que la mayoría de la doctrina consideraría que los tratados de derechos humanos tendrían rango constitucional,[529] pero más importante que la cantidad de autores que sostienen una tesis, son sus razones para hacerlo, y ellas no son necesariamente convincentes.[530] En cambio,

---

526 Esta palabra fue agregada por el Consejo de Estado en 1978 en su 56ª sesión, y fue propuesta por Julio Philippi (Infante Caffi, Los Tratados en el Derecho..., *op. cit.*, p. 279).

527 Bertelsen Repetto, R. Rango Jurídico de los Tratados Internacionales en el Derecho Chileno, Revista Chilena de Derecho 23, 2-3, 1996, pp. 215-216. La opinión contraria la mantiene Francisco Cumplido, quien considera que los derechos *esenciales* son "todos los derechos asegurados por la Constitución Política de 1980, sean políticos, civiles, económicos y culturales" (si esta interpretación se lleva a sus conclusiones, aunque no era la intención de Cumplido, excluiría los derechos consagrados en tratados internacionales que no estuvieran reconocidos en la CPR) (Cumplido, F. Historia de una Negociación para la Protección y Garantía de los Derechos Humanos. En Jeannette Irigoin Barrenne (ed.), Nuevas Dimensiones en la Protección del Individuo. Santiago: Instituto de Estudios Internacionales de la Universidad de Chile, 1991, p. 194).

528 Reconocidos, respectivamente, en los Arts. 6 del Pacto Internacional de Derechos Civiles y Políticos (16 de diciembre de 1966), y 7.d del Pacto Internacional de Derechos Económicos, Sociales y Culturales (16 de diciembre de 1966).

529 Vargas Carreño, Derecho Internacional Público, *op. cit.*, p. 208.

530 Pueden evaluarse las razones dadas por los autores citados por Vargas al afirmar que la mayoría de la doctrina apoya la tesis del rango constitucional. Los principales argumentos de Cumplido se refieren a la intención de la comisión técnica designada por la Concertación de Partidos por la Democracia al negociar el Art. 5.2 de la CPR. *Cfr.* Cumplido, Historia de una Negociación..., *op. cit.* Sin embargo, la posición de su contraparte negociadora era la contraria, según afirma un miembro de la comisión que la representaba. Bertelsen Repetto, Rango Jurídico..., *op. cit.*, pp. 217-219. Ello muestra que no hubo un acuerdo sobre el punto entre los negociadores. Díaz considera que los tratados de DD. HH. tendrían rango constitucional "por la naturaleza de la norma que reenvía, constitucional, y por la materia de que se trata, derechos esenciales". Díaz Albónico, La Reforma al Artículo 5°..., *op. cit.*, p. 207. Sin embargo, la CPR también delega la regulación de ciertos temas, incluso en *materia* de derechos esenciales, a la ley simple (el Art. 19 de la CPR entrega muchos ejemplos). Por su parte, Medina afirma que la intención de quienes hicieron la reforma era reforzar el valor de los tratados de DD. HH. por sobre los demás tratados, y que ello solo podría hacerse mediante su constitucionalización (Medina Quiroga, Constitución, Tratados y Derechos..., *op. cit.*, p. 47). Sin embargo, si los demás tratados tienen rango de ley (hipótesis que Medina plantea como posible), el reforzamiento del valor de los tratados de DD. HH. podría hacerse dándoles valor supralegal, pero infraconstitucional. Medina también considera que los derechos con valor constitucional incluirían aquellos que son resultado de una "interpretación dinámica y

algunos autores que defienden posiciones diversas presentan razones de peso. Por ejemplo, Raúl Bertelsen postula el valor supralegal, pero infraconstitucional, de los tratados, entregando razones de texto, de historia de la ley, sistemáticos y competenciales, que resultan más convincentes que las de quienes le otorgan un rango constitucional.[531] En todo caso, esta discusión es parcialmente teórica, pues es difícil imaginar que la Constitución vaya a ir en contra del texto de un tratado de derechos humanos, y la regla general será la de una complementariedad. Sin embargo, comienza a ser más práctica cuando los tribunales interpretan el texto de dichos tratados llenándolos de un contenido discutible, o

---

progresiva", agregándose también el "rico acervo jurisprudencial" de sistemas internacionales de DD. HH. (*Ibid.*, pp. 43 y 47). Esto daría un poder constituyente a los jueces nacionales y a ciertos entes internacionales, cuestión en la que es imposible que quienes negociaron estas reformas llegaran a acuerdo —en caso de que hubieran llegado a imaginar, siquiera, una interpretación tan extensiva—. Llanos, por su parte, reitera argumentos referidos por los autores previos (Llanos Mansilla, *Teoría y Práctica del Derecho…*, *op. cit.*, vol. I, pp. 192-199). Vargas también cita a Nogueira (el texto citado está realmente en *Revista Chilena de Derecho*). Este trabajo de Nogueira plantea argumentos bastante discutibles, derivados de leer el DIP en clave de derecho constitucional, lo que lleva a afirmar que "[e]l constitucionalismo nacional, propio del Estado-Nación, cede posiciones ante un constitucionalismo supranacional e internacional, del cual forman parte los órganos judiciales supranacionales y los internacionales que protegen los derechos humanos y a escala planetaria". Nogueira Alcalá, Los Tratados Internacionales…, *op. cit.*, p. 354. Al igual que otros autores, Nogueira hace depender el derecho interno de lo que ocurra en el DIP, debido a la lectura inadecuada del Art. 27 de la CVDT, comentada ya un par de veces —aplicar a nivel nacional una norma que fue pensada para regir a nivel internacional— (*Ibid.*, p. 350). Esta interpretación permea el razonamiento de Nogueira, quien llega a sostener que, habiéndose incorporado un tratado al derecho interno —en cualquier materia—, no se vería afectada ni su validez ni su aplicabilidad a nivel nacional por una modificación de la CPR en un sentido contrario al tratado ratificado (*Ibid.*, p. 343). De seguirse su razonamiento, todo tratado vigente en Chile tendría, en la práctica, rango supraconstitucional. También afirma que el Art. 5.2 de la CPR contiene una concepción armónica y finalista "que permite incorporar a la constitución material los derechos naturales que no están expresamente contenidos en el texto constitucional […]" (*Ibid.*, p. 352), con lo que la aprobación de tratados sería "un procedimiento secundario de reforma constitucional […], distinto del procedimiento del constituyente derivado del capítulo XIV de la Constitución" (*Ibid.*, p. 353). Este último argumento se basa principalmente en el texto del Art. 5.2, lo que es adecuado, pero no es suficiente para desplazar lecturas sistemáticas como las de Raúl Bertelsen y Lautaro Ríos, que se mencionarán a continuación, especialmente porque el texto del Art. 5.2 permite más de una interpretación. Por último, parte de los argumentos de Nogueira se basan también en tratados de derecho internacional humanitario, como si ellos fueran equivalentes a los tratados de DD. HH. (*Ibid.*, pp. 353 y 364).

531 Bertelsen Repetto, Rango Jurídico…, *op. cit.* Sus razones de texto no habrían sufrido mayor modificación con la reforma constitucional de 2005. Otro trabajo interesante, citado por el TC, es el de Lautaro Ríos, que afirma que ninguna Constitución ha entregado rango constitucional a normas "mediante un simple proceso semántico como el que se pretende hacer con la oración agregada al inc. 2° del art. 5° […]". Ríos Álvarez, L. Jerarquía Normativa de los Tratados Internacionales sobre Derechos Humanos, Gaceta Jurídica 215, 1998, p. 13. En la materia, es relevante el trabajo de Aldunate, quien coincide en que "el tratado no tiene una jerarquía o rango equiparable al de la constitución" (Aldunate Lizana, La Posición de los Tratados…, *op. cit.*, p. 203). También propone la infraconstitucionalidad Téllez Soto, Valor Jurídico de los Tratados…, *op. cit.*

cuando lo interpretan a la luz de un *soft law* que no constituye una interpretación auténtica del tratado.[532]

La Corte Suprema se encuentra entre quienes dan un rango altísimo a las normas de tratados que establecen derechos humanos, aunque no queda claro si les otorga rango constitucional o supraconstitucional.[533] Ella ha señalado que "los derechos humanos asegurados en un tratado se incorporan al ordenamiento jurídico interno, formando parte de la Constitución material...", y que los derechos esenciales garantizados por los tratados internacionales vigentes "son superiores a toda norma que puedan disponer las autoridades del Estado, incluido el propio Poder Constituyente derivado".[534]

A diferencia de la Corte Suprema, el Tribunal Constitucional, que vela por el cumplimiento de la Constitución, afirma que dichos tratados tendrían un valor superior a la ley, pero inferior a la Constitución. Por este motivo, sería necesario reformar la Constitución antes de aprobar tratados que la contraríen. Esto se puede observar en el fallo del Estatuto de Roma[535], de 2002, y en el fallo sobre la Ley de Pesca[536], en 2013.

La posición del Tribunal Constitucional es más convincente que la de la Corte Suprema, no solo porque es el principal órgano encargado de interpretar la Constitución, sino también

532 En este sentido, véanse Borlini, L.; Crema, L. The Legal Status of Decisions by Human Rights Treaty Bodies: International Supervision, Authoritative Interpretations or Mission Éducatrice?, ESIL Conference Paper Series 13, 3, 2019; Moore, D. H.: Treaty Interpretation at the Human Rights Committee: Reconciling International Law and Normativity, UC Davis Law Review 56, 2023, y Nieto-Navia, R. El Valor Jurídico de las Recomendaciones de los Comités de Derechos Humanos y el Bloque de Constitucionalidad, International Law. Revista Colombiana de Derecho Internacional 18, 2011, pp. 176-184.

533 Para la descripción de varios casos donde se aplica este tipo de tratados, véase Aguilar Cavallo, La Corte Suprema y la Aplicación..., *op. cit.*, pp. 101-112.

534 CS, rol 8314-2009, casación en el fondo (sentencia de reemplazo), 27/01/2011 (*Pinochet Ugarte y otros*), cons. 20.°.

535 TC, rol 346, requerimiento de inconstitucionalidad (preventivo), 08/04/2002 (*Estatuto de Roma*), cons. 59.° a 75.° (particularmente el 74.°). El TC se fundó en varios argumentos, por ejemplo, que la norma no buscó alterar el principio de supremacía constitucional (lo que se observa en la historia de la ley, que se refiere a la procedencia del recurso de inaplicabilidad respecto de estos tratados) (cons. 61.° a 63.°); que coincide con un acuerdo de la comisión relevante del Senado de 2001, que planteó que no procede reformar la CPR mediante un tratado internacional (cons. 65.°); que el constituyente nunca tuvo la intención de eximir a los tratados del principio de supremacía constitucional consagrado en el Art. 6 de la CPR, así como otros Arts. de la CPR (cons. 72.° y 73.°); que el TC debe resolver cuestiones sobre constitucionalidad de tratados sometidos a la aprobación del Congreso (cons. 73.°), y que, si no fuera así, la CPR podría modificarse con *quorums* de reforma legal y no constitucional (cons. 70.°) (estos *quorums* dependerían de la materia del tratado, pues, aunque antes de la reforma constitucional de 2005 la CPR no exigía que los tratados se aprobaran con *quorums* diferenciados según su materia, el TC igualmente lo interpretaba así, véase TC, rol 309, Requerimiento de inconstitucionalidad (durante la tramitación), 04/08/2000 (Convenio 169), cons. 17.°).

536 TC, roles 2387-12-CPT y 2388-12-CPT (acumulados), Requerimiento de inconstitucionalidad (preventivo), 23/01/2013 (Ley de Pesca), cons. 12.° a 13.°.

porque los fallos recién mencionados cuentan con un razonamiento más acabado.[537] En efecto, hay varios argumentos para afirmar que la reforma constitucional de 1989, a la que muchos dan el poder de consagrar la constitucionalidad de los tratados de derechos humanos, no logró establecer dicho rango jerárquico. Entre otros, pueden destacarse: que la reforma de 1989 no reflejó un acuerdo en la materia; que el Tribunal Constitucional debe ejercer el control de constitucionalidad de ciertas normas de tratados, y que una reforma tangencial, poco clara y aislada —que no modifica las funciones del Tribunal Constitucional ni las reglas de reforma constitucional— difícilmente podría haber logrado un cambio sistémico tan radical.

b. Jerarquía de tratados internacionales: Demás normas de tratados aprobados por el Congreso

Fuentes afirma que "[h]asta la década de los ochenta la doctrina y la jurisprudencia en Chile sostenían que los tratados tenían jerarquía de ley porque en el proceso de aprobación por el Congreso se seguían 'los trámites de una ley'".[538] En efecto, antes de dicha década se afirmó: "la jurisprudencia chilena ha sido constante en asignarles el valor de ley a los tratados internacionales debidamente concluidos".[539] Vargas, en cambio, considera que la posición mayoritaria sostenía la superioridad de los tratados.[540] Él ilustra su posición con el manual de Ernesto Barros Jarpa,[541] y la confirma con lo resuelto en el *caso de la Compañía Molinera*

537 Eso no impide que este acertado criterio del TC pueda ser modificado, pues los ministros del TC tienen distintas visiones. Sferrazza Taibi, P. Daniela Marzi Muñoz, Presidenta del Tribunal Constitucional de Chile: La Importancia de Acercar el Tribunal Constitucional a la Ciudadanía, Anuario de Derechos Humanos (Chile) 20, 2, 2024, pp. 381-382.

538 Fuentes Torrijo, Una Nueva Constitución..., *op. cit.*, p. 173. Actualmente, la CPR señala que la aprobación de tratados en el Congreso sigue la tramitación legal, pero solo "en lo pertinente". Antes de 2005 no se hacía esta salvedad, lo que se prestaba para analogar los tratados a la ley, considerando que tenían jerarquía de ley. Orrego Vicuña y Orrego Bauzá también consideraban que solía atribuirse a los tratados igual jerarquía que a la ley interna. Orrego Vicuña; Orrego Bauzá, La Aplicación del Derecho..., *op. cit.*, p. 969. Un ejemplo de doctrina en el sentido indicado por Fuentes, pero de 1994, que argumentaba que la diferencia entre tratados y leyes ordinarias es una cuestión competencial, no jerárquica, al igual como ocurre entre las leyes ordinarias y las de *quorum* especial, se observa en Mohor Abuauad, S.; Fiamma Olivares, G. La Jerarquía Normativa de los Tratados Internacionales, Revista de Derecho Público 55/56, 1994. Fuentes afirma que la modificación del artículo 5.2 de la CPR en 1989, que da un tratamiento especial a las normas de DD. HH. esenciales, motivó un cambio en la doctrina, que comenzó a extender este rango supralegal a todas las normas de tratados (Fuentes Torrijo, Una Nueva Constitución..., *op. cit.*, pp. 173-174).

539 Orrego Vicuña, La Participación de Chile..., *op. cit.*, pp. 192-193.

540 Vargas Carreño, Derecho Internacional Público, *op. cit.*, p. 204.

541 *Ibid.*, p. 204, nota al pie 168. Barros sostiene que "[u]na ley no puede derogar a un Tratado vigente, pero un Tratado puede derogar a una ley"; afirmación que puede deberse al monismo que exhibe a continuación, al señalar que el dualismo "atenta contra el principio de armonía del derecho", inclinándose por la posición de Verdross sobre el monismo, es decir, la que pone al DIP en la cúspide del "edificio jurídico universal" (Barros Jarpa, E. Manual de Derecho Internacional Público. Santiago: Editorial Jurídica de Chile, 1964, p. 17).

San Cristóbal, de 1988.[542] La historia fidedigna de la Constitución de 1980 indicaría que los miembros de la Comisión de Estudio de la Nueva Constitución tenían consenso "acerca de que una ley no puede modificar un tratado".[543] En todo caso, hoy en día, los tribunales suelen darles a los tratados un valor superior al de la ley.[544] Esta superioridad es solo relevante para los casos en los que el tratado entre en contradicción con una ley posterior, pues esta no podría dejarlo sin efecto a nivel nacional —a diferencia de lo que ocurriría si los tratados tuvieran un rango meramente legal—.

La posición que sostiene el rango meramente legal de los tratados se basa en que estos pueden ser equiparados a la ley, pues "para ser incorporados al derecho nacional se someten a los trámites propios de una ley y deben ser aprobados con el quórum respectivo conforme al artículo 66 [de la Constitución], además de que pueden ser objeto de un control de constitucionalidad, como lo ha sostenido el propio Tribunal Constitucional chileno".[545]

La postura que plantea un rango supralegal se basa en que, desde 2005, la Constitución dispone que la aprobación de los tratados se hace conforme a la tramitación de una ley, pero solo "en lo pertinente" (antes disponía que se aprobaban conforme a los "trámites de una ley", sin hacer ninguna salvedad), por lo que los tratados ya no pueden ser equiparados a la ley.[546] Por otro lado, la reforma constitucional de 2005 entregó un argumento para sostener la superioridad jerárquica de los tratados, pues desde entonces la Constitución de Chile establece que "[l]as disposiciones de un tratado sólo podrán ser derogadas, modificadas o suspendidas en la forma prevista en los propios tratados o de acuerdo a las normas generales de derecho internacional".[547] El texto citado permite dos lecturas, pero hay argumentos para interpretarlo en el sentido de que la vida de un tratado a nivel nacional no puede verse afectada por lo que disponga la ley, por lo que tendría primacía por sobre la norma

[542] En este caso, la C. de Ap. de Stgo. dejó sin efecto un impuesto establecido por la ley, por contrariar lo dispuesto en el tratado del Acuerdo General sobre Aranceles Aduaneros (GATT), a pesar de que esa ley era posterior al GATT. C. de Ap. de Santiago, reclamo tributario, 07/03/1988, *Revista de Derecho y Jurisprudencia*, tomo LXXXV, 1ª parte, sec. 2ª, pp. 11-12 (*Cía. Molinera San Cristóbal con S.I.I.*). Entre los argumentos de la Corte, se observa la incorrecta interpretación del Art. 27, CVDT. La referencia a este y otros casos puede verse en Fernández González, M. A. La Aplicación por los Tribunales Chilenos del Derecho Internacional de los Derechos Humanos, Estudios Constitucionales 8, 1, 2010, pp. 434-435.

[543] Sin embargo, consideraban que otra cosa era "la conveniencia de expresarlo o no en la Carta". Comisión de Estudio de la Nueva Constitución, *Actas Oficiales de la Comisión de Estudio de la Nueva Constitución, Política de la República*, vol. XI, 1978, sesión 371ª. Fecha de consulta 08/11/2024, en https://bit.ly/41O9nHZ.

[544] Fuentes Torrijo, Una Nueva Constitución..., *op. cit.*, p. 177.

[545] Müller Guzmán, Transferencia de Atribuciones Soberanas..., *op. cit.*, p. 508. Esta es solo una descripción que hace el autor, sin necesariamente adscribir dicha posición, pues el autor presenta ambas posturas.

[546] *Ibid.* Este autor plantea ambas posturas. El antiguo Art. 50 (actual 54) disponía: "La aprobación de un tratado se someterá a los trámites de una ley".

[547] Art. 54, N° 1, inc. 5, CPR. Esta norma encuentra un símil casi idéntico en Art. 96.1, Constitución de España (29/12/1978).

nacional.[548] En consecuencia, el Congreso no podría aprobar una ley simple que deje sin efecto a nivel interno un tratado promulgado y publicado[549] (no obstante, esta interpretación ha sido objeto de alguna crítica[550]).

Es razonable impedir que la ley derogue los efectos internos de un tratado internacional, para evitar que el Estado incurra en responsabilidad internacional al aprobar leyes que le sean contrarias. Sin embargo, esta decisión priva al Poder Legislativo de una herramienta

548 La norma no deja claro si se refiere a la validez del tratado a nivel internacional (con lo que buscaría solo recordarnos que el ordenamiento internacional tiene sus propios mecanismos de modificación y terminación) o si se refiere a la vigencia de las normas de tratados en el derecho interno. Müller tiene la primera lectura (Müller Guzmán, Transferencia de Atribuciones Soberanas..., *op. cit.*, p. 509). Sin embargo, dicha interpretación no diría nada nuevo en relación con el DIP, por lo que el principio del efecto útil haría más razonable entender que dicha norma se dirige a la vigencia de la normativa internacional en el derecho interno. Además, la historia fidedigna del establecimiento de este inciso muestra que esta disposición buscaba darles primacía a los tratados internacionales por sobre las leyes en el ámbito interno. Esta norma proviene de un proyecto de ley presentado por los senadores Chadwick y Prokurica (Chile, Proyecto de Reforma Constitucional que Modifica el N° 1) del Artículo 50 de la Carta Fundamental, en los Relativo a Aprobación de Tratados Internacionales. Boletín N° 3025-07), que fue apoyado por la Canciller Alvear al momento de discutir la propuesta que dio origen a la reforma constitucional de 2005 (Biblioteca del Congreso Nacional de Chile, 2020: *Historia de la Ley N° 20.050. Reforma Constitucional que Introduce Diversas Modificaciones a la Constitución Política de la República*, Primer Trámite Constitucional: Senado; Segundo Informe de Comisión de Constitución, pp. 106, 109-110. Disponible en: https://bit.ly/4kH4mto. Fecha de consulta: 07/11/2024). Como se observa desde el inicio de la discusión de esta reforma, la Canciller buscaba que se resolviera "claramente el problema de la primacía de los tratados internacionales en relación con las normas legales del Estado, evitando que una ley posterior pueda derogar o modificar un tratado existente" (Biblioteca del Congreso Nacional de Chile, 2019: *Historia de la Ley N° 20.050. Reforma Constitucional que Introduce Diversas Modificaciones a la Constitución Política de la República*, Primer Trámite Constitucional: Senado; Primer Informe de Comisión de Constitución, p. 259. Disponible en: https://bit.ly/4kOok5y. Fecha de consulta: 07/11/2024).

549 Así, un tratado solo perderá efecto a nivel nacional si se anula, termina o suspende en el ámbito internacional. En consecuencia, aunque los tratados se aprueben con los trámites propios de las leyes, incluyendo sus *quorums*, en la práctica prevalecerán por sobre estas. Ello, por las siguientes razones: 1) La aprobación de un tratado derogaría tácitamente las disposiciones legales que le fueran contrarias, pues es razonable considerar que la autoridad que aprueba un tratado conocía la norma interna previa y buscó dejarla sin efecto tácitamente al aprobar el tratado (Eduardo Aldunate afirma que esto no sería necesariamente así; Aldunate Lizana, La Posición de los Tratados..., *op. cit.*, pp. 206-208); ello, sin perjuicio de que quede a salvo, potencialmente, la *lex specialis*, y 2) Las leyes posteriores no podrían derogar los tratados, pues ellos solo podrían dejarse sin efecto siguiendo las reglas del DIP. Esto no obsta a que los tratados tengan un rango inferior a la CPR.

550 Müller considera que la norma recién comentada no resuelve la discusión sobre la jerarquía de los tratados; que, "[s]i dicho inciso quinto resolviera la jerarquía de los tratados, se tendría que sostener entonces que los tratados tienen un rango incluso supraconstitucional, ya que ni siquiera la Constitución podría derogar, modificar ni suspender un tratado" (Müller Guzmán, Transferencia de Atribuciones Soberanas..., *op. cit.*, p. 509; la palabra Constitución se encuentra con cursivas en el original). Sin embargo, dicha interpretación sería discutible, en atención a que una reforma constitucional puede dejar sin efecto el referido artículo 54 inc. 5° en su totalidad, por lo que, con mayor razón, podría dejar sin efecto un tratado internacional concreto. Como reza el aforismo, *quien puede lo más puede lo menos*.

importante para presionar al Poder Ejecutivo a que se retire o renegocie un tratado internacional. En efecto, una Constitución podría contemplar que la ley deje sin efecto un tratado a nivel nacional, con la finalidad de entregar herramientas que equilibren los distintos poderes del Estado.

Si bien la reforma de 2005 entregó una razón para sostener que los tratados tienen mayor jerarquía que las leyes, aún sería posible sostener que los tratados ordinarios —aquellos que no tratan de derechos humanos— cuentan con jerarquía meramente legal, pues dicha reforma solo muestra que los tratados son distintos a las leyes internas, y no pueden derogarse como una de ellas.[551] Esta situación es diversa de la del artículo 5.2 de la Constitución, que es más fácilmente interpretable como declarando una jerarquía superior de las normas de derechos humanos esenciales (supralegal e infraconstitucional, como afirman el Tribunal Constitucional y cierta doctrina). En todo caso, aunque se considere que los tratados ordinarios tienen valor supralegal, aún sería posible teorizar sobre la existencia de una diferencia —de jerarquía u otra— entre las normas de derechos humanos de tratados internacionales y las demás normas de tratados.[552]

c. Jerarquía de tratados internacionales: Tratados vigentes no aprobados por el Congreso

Como se vio en su momento, el artículo 54 de la Constitución dispone que algunos tratados no requieren la aprobación del Congreso, ya sea porque buscan cumplir un tratado en vigor, o porque se refieren a materias propias de la potestad reglamentaria del presidente de la República. Estos son los *acuerdos simplificados*.[553] Ellos constituyen una excepción al criterio según el cual los tratados prevalecen sobre la legislación nacional.[554] Existe jurisprudencia centenaria de la Corte Suprema que dispone que este tipo de tratados no podrían prevalecer sobre las leyes.[555] Atendido que estos acuerdos no son previamente aprobados por el Congreso —por lo que carecen de un control democrático—, es conveniente que tengan un rango inferior a la ley, sin perjuicio de que obliguen al Estado a nivel internacional.

---

551 En esta materia, es interesante leer Aldunate Lizana, La Posición de los Tratados..., *op. cit.*

552 Interpretaciones sistemáticas de la CPR podrían dar diversas soluciones, por ejemplo, podría sostenerse que ambas tienen rango supralegal e infraconstitucional, pero que hay una relación jerárquica entre ellas. Otra posible solución sería considerar que los órganos del Estado solo tienen obligación constitucional de "promover" las normas internacionales que garantizan derechos esenciales —según lo dispone la norma del Art. 5.2—, pero no otro tipo de normas de tratados.

553 Los tratados sobre asuntos técnicos de telecomunicaciones podrían ser ejemplos de acuerdos internacionales en materia de potestad reglamentaria.

554 Vargas Carreño, Derecho Internacional Público, *op. cit.*, p. 203. Esta posición concuerda con la de Ximena Fuentes, para quien debieran tener solo jerarquía reglamentaria (Fuentes Torrijo, Una Nueva Constitución..., *op. cit.*, p. 177). También suscribirían esta teoría Ribera Neumann, T.; Gornig, G. Relaciones entre el Derecho Internacional Público y el Derecho Interno en Europa y Sudamérica, Thomson Reuters Aranzadi, Pamplona, 2016, p. 123.

555 Benadava Cattan, Las Relaciones..., *op. cit.*, pp. 53-54.

d. Jerarquía de normas no convencionales: Costumbre internacional

La Constitución chilena no define la jerarquía de la costumbre internacional en el ordenamiento nacional. En todo caso, son pocas las Constituciones a nivel comparado que lo hacen. Una de ellas es la sudafricana, que dispone: "El derecho internacional consuetudinario es ley en la República, a menos que sea incompatible con la Constitución o con una ley del Parlamento".[556] Dicha norma es consistente con la práctica de la mayoría de los sistemas jurídicos, pues hay una creciente tendencia a considerar la costumbre internacional como jerárquicamente inferior a la legislación nacional.[557]

En Chile, los tribunales han determinado el rango de la costumbre. Varios fallos antiguos mostraban una preferencia por aplicarla solo en defecto de la ley nacional.[558] Sin embargo, según se vio al tratar sobre la incorporación de la costumbre, los casos en sentido contrario son abundantes y relativamente recientes (especialmente los referidos a violaciones graves de derechos humanos), por lo que permiten sostener que, actualmente, la jurisprudencia está relativamente asentada.[559] Los tribunales nacionales aplican directamente la costumbre (sin necesidad de un acto concreto de incorporación) y le conceden un valor superior al de las leyes nacionales. Así, la jurisprudencia coincide con la regulación de la mayoría de los Estados al incorporar la costumbre en forma automática, pero difiere en materia de jerarquía, pues la mayoría de los Estados le confiere valor infralegal.[560]

e. Jerarquía de normas no convencionales: Principios generales del derecho

Según se vio al tratar sobre la incorporación de los principios generales del derecho, los tribunales chilenos confunden su significado, y suelen entenderlos como normas consuetudinarias. Por lo mismo, cuando se refieren a principios generales, suelen tener en mente el concepto de costumbre internacional, por lo que le dan la misma jerarquía, es decir, un valor superior al de la ley nacional.

No obstante, algunos casos parecen estar más alineados con el concepto de los principios generales del derecho. Así, *Holzmann con Gainsborg*,[561] citado por casos más

---

556 Art. 232, The Constitution of the Republic of South Africa (04/12/1996) (la traducción es nuestra).

557 Verdier; Versteeg, International Law in National..., *op. cit.*, p. 515.

558 Benadava Cattan, Las Relaciones..., *op. cit.*, pp. 28-29. Uno de ellos es *Gastellu y Otros con Dirección General de Impuestos*, fallado por la C. de Ap. de Valdivia en 1943. Dicho caso dispone que, para resolver conflictos de derecho internacional privado, "el intérprete debe buscar la solución de tal conflicto primeramente en las leyes positivas del Estado cuya soberanía representa y en defecto de esas leyes en las normas generales reconocidas del aludido Derecho Internacional", es decir, que el derecho internacional general solo puede aplicarse en silencio de las leyes nacionales (C. de Ap. de Valdivia, apelación, 13/04/1943, *Revista de Derecho y Jurisprudencia*, tomo XL, núms. 9 y 10, 2ª parte, sec. 2ª, pp. 70-74, *Gastellu y Otros con Dirección General de Impuestos*, cons. 12.°).

559 Casos adicionales pueden verse en Aguilar Cavallo, La Corte Suprema y la Aplicación..., *op. cit.*, pp. 115-118.

560 Verdier; Versteeg, International Law in National..., *op. cit.*, pp. 529-531.

561 CS, casación en el fondo, 21/11/1950, Revista de Derecho y Jurisprudencia, tomo XLVII, 2ª parte, sec. 1ª, pp. 509-514 (*Holzmann con Gainsborg*).

recientes,[562] señala que los principios generales del derecho internacional serían útiles para resolver sobre la competencia internacional, pero solo a falta de tratados internacionales y de legislación nacional.[563] En otras palabras, *Holzmann* y los casos que lo citan dan a los principios generales del derecho un valor supletorio, que es aquel con el que se concibió su utilización en el ámbito internacional. En consecuencia, dichos fallos les estarían dando un valor inferior al legal.

f. *Soft law*

En sí mismo, el *soft law* no tiene valor vinculante ni a nivel internacional ni nacional. Sin embargo, una norma interna podría incorporarlo, en cuyo caso tendría el valor del instrumento que lo incorpore al ordenamiento jurídico.

El Tribunal Constitucional apreció adecuadamente el *soft law* en un caso en que se pronunció sobre las recomendaciones de organismos internacionales. En efecto, con ocasión de una reforma laboral, afirmó que las recomendaciones de la Organización Internacional del Trabajo (OIT) —un tipo de *soft law*—, "al no tener ratificación por los Estados no constituyen, de acuerdo a nuestro derecho interno, normas vinculantes de rango legal".[564] Afirmó también que la "interpretación extensiva" de los tratados internacionales a la luz de las recomendaciones es improcedente, pues éstas son solo guías o pautas para los Estados, no decisiones vinculantes.[565] Recalcó que la misma Comisión de Expertos de la OIT reconoció que su mandato no incluye interpretar los convenios de la OIT, y afirmó que las recomendaciones y acuerdos de ciertos organismos internacionales "no significan una interpretación de los convenios suscritos por Chile que sea vinculante para nuestro país, y por ende no pueden generar las obligaciones o responsabilidad internacional [aducidas por los requirentes]".[566]

La Corte Suprema, tiene jurisprudencia dispar, pues, como se afirmó en otra sección, en ocasiones ha aplicado inadecuadamente el *soft law* como si fuera una fuente vinculante.[567]

---

562 Por ejemplo, CS, rol 22.198-2019, casación en el fondo, 23/04/2021 (*Newcom con Proveedora*).

563 Dicha sentencia dispone: "Que para resolver cualquier conflicto de competencia internacional, como es el que se ha planteado, es preciso averiguar, en primer término, si existen o no tratados con el país a que pertenece o estuviere domiciliado el litigante; en seguida, qué preceptúa la legislación interna, y si esta nada dispone deberá acudirse a los principios generales del Derecho Internacional, en armonía naturalmente, con el criterio de la legislación nacional". CS, casación en el fondo, 21/11/1950, *Revista de Derecho y Jurisprudencia*, tomo XLVII, 2ª parte, sec. 1ª, pp. 509-514 (*Holzmann con Gainsborg*) cons. 7.°. Para una breve explicación del caso y su contexto jurídico, véase Romero Seguel, A. Curso de Derecho Procesal Civil. Los Presupuestos Procesales Relativos al Órgano Jurisdiccional y a las Partes, vol. II. Santiago: Legalpublishing - Thomson Reuters, 2014, pp. 17-21.

564 TC, rol 3016(3026)-16-CPT, Requerimiento de inconstitucionalidad (preventivo), 09/05/2016 (*Reforma al Código del Trabajo*), cons. 53.°.

565 *Ibid.*, cons. 54.°.

566 *Ibid.* cons. 57.°.

567 Jorge Precht se refiere a un caso en el que la CS reconoció adecuadamente el carácter no vinculante del *soft law*. Se trata del *caso del Banco Alemán Trasatlántico*, donde la CS habría afirmado que acuerdos de una reunión de cancilleres en 1942, y de una conferencia interamericana celebrada

4.3.4. Chile, un Estado monista

La Constitución chilena es silente respecto de la incorporación del derecho internacional no convencional. Sin embargo, la práctica de nuestros tribunales sitúa a Chile entre los Estados monistas frente a dicho tipo de derecho.

En el ámbito del derecho de tratados, las normas constitucionales parecen entregar argumentos para sostener tanto que Chile es un Estado monista, como que es uno dualista. El primer elemento que debe considerarse para determinar el carácter de Chile, es que las normas de tratados tienen aplicación directa a nivel interno cuando son autoejecutables, lo que apuntaría hacia una posición monista frente al derecho convencional.

Podría alegarse en favor del dualismo que la Constitución exige que el Congreso Nacional apruebe un tratado —contando con el *quorum* requerido según la materia— antes de que el presidente de la República pueda ratificarlo (esta argumentación concebiría la aprobación como un acto de incorporación). Sin embargo, requerir la aprobación del Congreso no es un elemento decidor, por los siguientes motivos: i) porque hay tratados que no requieren de la aprobación del Congreso; ii) porque dicha aprobación ocurre antes de que la norma sea derecho internacional respecto de Chile (en efecto, al momento de la aprobación, el tratado no obliga internacionalmente a Chile), iii) porque la aprobación no hace que el tratado obligue a nivel nacional (el presidente puede desistir de ratificar un tratado aprobado), iv) porque alguna doctrina considera que la referida aprobación es una simple "formalidad habilitante" que constituye un "acto administrativo", a pesar de emanar del Poder Legislativo,[568] y v) porque la aprobación del Congreso es una práctica comúnmente adoptada por Estados que siempre se han clasificado como monistas.[569]

Tampoco sería indicativo de una naturaleza dualista de Chile el requerir que, una vez ratificado el tratado, el Poder Ejecutivo lo promulgue y publique, pues ese es un acto meramente formal, compatible con el monismo.[570] Es cierto que un tratado vinculante para Chile en el ámbito internacional puede no tener efectos a nivel nacional si no se ha publicado oficialmente, lo que sería un argumento en favor del dualismo, pero no es una razón particularmente fuerte, pues algo similar sucede en Estados que suelen clasificarse como monistas.[571] Por otro lado, la incorporación del derecho internacional en los Estados dualistas requiere acciones sustantivas por parte del Poder Legislativo, posteriores a la ratificación del tratado.

---

en Washington, constituían solo "recomendaciones o declaraciones de valor político o doctrinario y no tratados internacionales" (Precht Pizarro, Vino Nuevo en Odres Viejos..., *op. cit.*, p. 137).

568 Ribera Neumann; Gornig, Relaciones entre el Derecho..., *op. cit.*, p. 117.

569 Verdier; Versteeg, International Law in National..., *op. cit.*, p. 518.

570 Aquí se sigue el criterio de Verdier y Versteeg (*Ibid.*, p. 516, nota al pie 9).

571 Por ejemplo, en Francia (Art. 3 Décret n° 53-192 (14/03/1953), *Relatif à la Ratification et à la Publication des Engagements Internationaux Souscrits par la France*), y Bélgica en algunos casos (C. Behrendt, La Ratification des Traités Internationaux, une Perspective de Droit Comparé. Belgique: Parlement Européen, Service de recherche, 2020, p. 31. Fecha de consulta 08/11/2024, disponible en: https://bit.ly/3Rqcn8y).

Muy relevante en esta discusión es la norma que establece que "[l]as disposiciones de un tratado sólo podrán ser derogadas, modificadas o suspendidas en la forma prevista en los propios tratados o de acuerdo a las normas generales de derecho internacional" (Art. 54 N° 1 inc. 5, CPR). Ella contribuye a calificar a Chile como Estado monista, pues dispone que, a nivel nacional, los tratados tienen una vida que no está condicionada por lo que ocurra en el ámbito legislativo interno.

En conclusión, la regulación y jurisprudencia actuales hacen que Chile sea un Estado monista, tanto respecto del derecho internacional no convencional como convencional,[572] aunque haya autores que afirmen lo contrario respecto del derecho convencional.[573]

4.4. CUMPLIMIENTO EN CHILE DE DECISIONES INTERNACIONALES VINCULANTES

4.4.1. Cuestión preliminar: Decisiones, no recomendaciones

Los Estados pueden transferir parte de sus atribuciones soberanas a órganos internacionales.[574] Como manifestación de ello, pueden someterse a cortes o tribunales internacionales que dicten sentencias de obligatorio cumplimiento. Asimismo, los tratados que crean organizaciones internacionales pueden facultarlas a ellas o a algunos de sus órganos para dictar decisiones internacionales vinculantes. Así, por ejemplo, la Asamblea General de Naciones Unidas puede resolver cuál es el monto con el que los Estados miembros de la ONU contribuyen a su financiamiento.[575] El poder vinculante de tales decisiones se extenderá solo hasta el punto en que los tratados les hayan dado competencia a dichos órganos. Así, por ejemplo, si una corte internacional dicta un fallo excediendo sus poderes o *ultra vires,*[576] dicho fallo sería nulo.[577]

---

572 Sin embargo, hay quienes afirmarían que el solo hecho de que una Constitución sea la que determine el lugar del derecho internacional en el ordenamiento nacional sería una muestra de dualismo (Pellet, Repenser les Rapports..., *op. cit.*, pp. 1783-1785). Esta posición es inconducente, pues terminaría, en la práctica, eliminando el monismo como categoría relevante.

573 Por ejemplo, Ribera y Gornig clasifican el régimen chileno como uno de "dualismo moderado" (Ribera Neumann; Gornig, Relaciones entre el Derecho..., *op. cit.*, p. 114). Véase también Díaz Tolosa, Relaciones..., *op. cit.*, p. 141.

574 No es frecuente regular estas transferencias, y Chile no cuenta con normas constitucionales relevantes sobre la materia (Müller Guzmán, Transferencia de Atribuciones Soberanas..., *op. cit.*).

575 Art. 17, Carta de las NU, y Art. 160, ONU, AG: "Reglamento de la Asamblea General (con las Enmiendas y Adiciones Aprobadas por la Asamblea General hasta su Septuagésimo Quinto Período de Sesiones Inclusive)", A/520/Rev.20* (15/09/2022).

576 Significa "más allá de sus poderes". Es un "[p]rincipio jurídico que considera nulos los actos de las entidades públicas o privadas que rebasan el límite de la ley, y cuyo objetivo es prevenir que una autoridad administrativa o entidad de derecho privado o público actúe más allá de su competencia o autoridad". Diccionario Panhispánico del Español Jurídico (sitio web), ultra vires. Disponible en: https://dpej.rae.es/lema/ultra-vires. Fecha de consulta: 15/01/2025.

577 Esto se reconoce expresamente en el Art. 35 del Modelo de Reglas sobre Procedimiento Arbitral, de la Comisión de Derecho Internacional, de 1958 (Yearbook of the International Law Commission

La mayoría de las resoluciones, recomendaciones u opiniones consultivas reflejan las visiones de órganos internacionales, pero no constituyen obligaciones para los Estados. Ellas no serán el objeto de esta sección, que se refiere solo al cumplimiento de decisiones vinculantes.

4.4.2. Cumplimiento de sentencias internacionales

Chile puede ser condenado por sentencias de obligatorio cumplimiento que emanen de tribunales internacionales o arbitrales, como la CIJ, tribunales del Centro Internacional de Arreglo de Diferencias Relativas a Inversiones (CIADI) o la Corte Interamericana de Derechos Humanos (Corte IDH). No hay una norma constitucional chilena que trate el modo como se cumplen las sentencias internacionales que obligan al Estado.[578]

La forma de ejecutar los fallos de tribunales internacionales que condenen a Chile dependerá de lo que dispongan los tratados y la legislación nacional relevante. Las decisiones de la CIJ que han afectado a Chile son muy pocas, y se han referido a asuntos limítrofes, por lo que es comprensible que no exista un procedimiento establecido para ejecutarlas. En el caso del CIADI, la llamada Convención de Washington establece que las exigencias *pecuniarias* de sus laudos deben tratarse como si fueran dictadas por tribunales internos,[579] por lo que pueden considerarse títulos ejecutivos conforme al artículo 434.1 del Código de Procedimiento Civil, sin que sea necesario contar con un *exequatur*.[580] Los elementos no pecuniarios tendrían un procedimiento más complejo para su cumplimiento.

Las reparaciones ordenadas por la Corte IDH son particularmente originales en cuanto a la naturaleza de las medidas ordenadas.[581] Dentro de ellas, las más difíciles de cumplir

---

1958. Documents of the Tenth Session Including the Report of the Commission to the General Assembly, vol. II, A/CN.4/SER.A/1958/Add. 1). Lo que el Modelo establece para los arbitrajes que usan sus reglas, es un principio general del derecho extensivo al actuar de cualquier tribunal.

578 Este tema era tratado por los proyectos de CPR de 2022 y 2023. El de 2022 disponía que las sentencias contrarias al Estado *en materia de derechos humanos* serían cumplidas por los tribunales conforme al procedimiento que se estableciera en la ley, aunque ello significara dejar sin efecto una sentencia firme de algún tribunal nacional (Art. 318.1, Convención Constitucional, Propuesta de Constitución Política de la República de Chile, 2022). El proyecto de 2023 era más amplio, pues disponía: "La ley determinará la forma y el procedimiento para dar cumplimiento a las sentencias dictadas por tribunales internacionales cuya jurisdicción Chile ha reconocido, y a los acuerdos o soluciones alternativas de controversias" (Art. 3.3, Consejo Constitucional, Propuesta Constitución Política de la República de Chile, 2023).

579 Art. 54, Convenio sobre Arreglo de Diferencias Relativas a Inversiones entre Estados y Nacionales de Otros Estados (18 de marzo de 1965).

580 Los títulos ejecutivos permiten evitar un juicio destinado a declarar la existencia de una deuda, de modo que es posible iniciar inmediatamente el proceso de cobro o ejecución de lo adeudado. El *exequatur* es un procedimiento requerido para ejecutar actos y resoluciones de autoridades extranjeras. Diccionario Panhispánico del Español Jurídico (sitio web), *Exequatur*. Disponible en: https://dpej.rae.es/lema/exequatur. Fecha de consulta: 11/10/2023.

581 Sobre el cumplimiento de decisiones del Sistema Interamericano, puede verse Schönsteiner J.; Couso, J. La Implementación de las Decisiones de los Órganos del Sistema Interamericano de

son las órdenes de modificar textos normativos o de dejar sin efecto sentencias internas ya ejecutoriadas.[582] En Chile, no existe un procedimiento establecido para cumplir las sentencias de la Corte IDH, ni siquiera en materia de indemnizaciones. Sólo existe una comisión interinstitucional que sirve para coordinar los esfuerzos de distintos órganos para cooperar en la implementación de recomendaciones y sentencias de órganos internacionales, así como acuerdos a los que haya llegado el Estado de Chile.[583]

Es interesante observar la posición que, en 2019, adoptó la Corte Suprema frente a la sentencia del *caso Norín Catrimán vs. Chile*, en la que la Corte IDH ordenó al Estado dejar sin efecto ciertas penas penales y civiles, así como sus consecuencias y registros.[584] Frente a esto, y luego de una solicitud del Ejecutivo, la Corte Suprema determinó que las sentencias nacionales reclamadas ante la Corte IDH habían "perdido los efectos que les son propios".[585] La Corte Suprema no afirmó que ella misma dejaba sin efecto sus sentencias en atención a lo dispuesto por la Corte IDH, sino que dio a entender que las sentencias habían perdido ya sus efectos, y que ella solo reconocía esta pérdida. De este modo, la Corte Suprema consideró que las decisiones de la Corte IDH tienen un efecto directo a nivel nacional, por lo que termina considerando a la Corte IDH como un superior jerárquico en materia de derechos humanos.

Esta decisión es errada, puesto que uno de los principios fundamentales del derecho público dispone que los órganos del Estado pueden hacer solo aquello que les está permitido,[586] y ninguna norma constitucional ni legal concede a la Corte Suprema poder para declarar que una sentencia ha "perdido sus efectos".[587] Tampoco hay norma alguna que dé competencia a la Corte IDH para dejar sin efecto una sentencia nacional. Más aún, el ordenamiento

---

Derechos Humanos en Chile: Ensayo de un Balance, Revista de Derecho Universidad Católica del Norte 22, 2, 2015.

582 Hawkins, D.; Jacobi, W. Partial Compliance: A Comparison of the European and Inter-American Courts for Human Rights, Journal of International Law and International Relations 6, 1, 2010, pp. 57 y 58.

583 Se trata de la Comisión Coordinadora para Dar Cumplimiento a las Obligaciones del Estado de Chile en Materia de Derecho Internacional de los Derechos Humanos, creada por: Chile, Decreto Supremo 323 (06/12/2006, modificada en 2025), *Crea Comisión Coordinadora para Dar Cumplimiento a las Obligaciones del Estado de Chile en Materia de Derecho Internacional de los Derechos Humanos*.

584 Corte IDH, *Norín Catrimán y Otros (Dirigentes, Miembros y Activista del Pueblo Indígena Mapuche) vs. Chile*, Fondo, Reparaciones y Costas, 2014, párr. 422.

585 Lo hizo después de llamar a una audiencia donde escuchó a las partes interesadas. CS, rol AD-1386-2014, antecedente administrativo, 16/05/2019 (*Sujeción a Corte IDH*), visto N° 5.°.

586 En contraposición al principio fundamental del derecho privado, que dispone que las personas pueden hacer todo aquello que no esté prohibido. La CPR recoge el principio de derecho público en su Art. 7.

587 El Art. 5.2 de la CPR puede confundir a algunos, pero dicha norma no dispone que las sentencias de tribunales internacionales en materia de DD. HH. tengan un valor inmediato a nivel nacional. Solo afirma que los derechos esenciales que emanan de la naturaleza humana (incluidos los que se encuentren reconocidos en tratados ratificados por Chile) limitan el ejercicio de la soberanía. Las sentencias de la Corte IDH, aunque puedan referirse a derechos que emanan de la naturaleza humana, no son tratados internacionales. Además, las reparaciones que ordena la Corte no son DD. HH., sino que mecanismos para tratar de revertir los efectos de su violación.

chileno solo permite que un tribunal internacional tenga la última palabra —pasando por sobre lo que disponga la Corte Suprema— en el caso de la Corte Penal Internacional, y para que ello fuera posible, fue necesario reformar previamente la Constitución chilena.[588]

La Corte Suprema de Chile alegó que ella debía encontrar la forma de dar cumplimiento a lo dispuesto por la Corte IDH, en atención a la falta de actuación del Legislativo (que es el Poder del Estado llamado a establecer un mecanismo para ejecutar las sentencias de la Corte IDH). Esta decisión violó el principio de legalidad y la separación de poderes, pues ambos impiden que unos poderes del Estados "suplan" lo que deben hacer otros. Además, el omitir ejercer una función es una forma de hacer uso de la misma. En este caso, al no actuar, el Legislativo podría haber estado, por ejemplo, enviando la señal de que la Corte IDH actúa *ultra vires* al ordenar dejar sin efecto sentencias de nuestro máximo tribunal.

Para cumplir con lo ordenado por la Corte IDH, la solución más adecuada jurídicamente habría sido que la Corte Suprema hiciera presente que estaba impedida de actuar, incentivando así que el Poder Legislativo regulara la materia. Por su parte, el Congreso podría haber normado esta cuestión, por ejemplo, modificando las causales y requisitos del recurso de revisión. Ello habría permitido cumplir con la sentencia de la Corte IDH, sin afectar el Estado de derecho.

Es fundamental que, al dar cumplimiento a las sentencias internacionales, se respete el Estado de derecho. Frente a esto, algunos alegarán que el artículo 27 de la CVDT[589] exige otorgar jerarquía supralegal a lo que disponga la Corte IDH, o considerar que sus resoluciones son autoejecutables. Sin embargo, esa es una lectura errada de dicha norma, según se vio en el apartado sobre la entrada en vigor y efectos de los tratados: El artículo 27 es plenamente compatible con visiones dualistas de la relación entre el derecho nacional y el internacional.

4.4.3. Cumplimiento de resoluciones vinculantes de órganos no judiciales

Como se ha afirmado más arriba, los Estados pueden entregar a las organizaciones internacionales el poder de dar órdenes vinculantes, en cuyo caso los Estados deberán cumplir con ellas. La entrega de este poder se hace en pocas ocasiones. En Chile no existe un mecanismo general para cumplirlas, lo que no ha impedido hacerlo de diversas formas, como se ejemplificará con la ejecución de las resoluciones del Consejo de Seguridad de Naciones Unidas y del Consejo Consultivo del Tratado Interamericano de Asistencia Recíproca.

a. Consejo de Seguridad de Naciones Unidas

El Consejo de Seguridad puede obligar a los Estados mediante sus resoluciones, en virtud de lo dispuesto en la Carta de NU. No todas las resoluciones del Consejo de Seguridad

---

588 Véase la disposición transitoria 24.ª de la CPR, así como el caso que determinó la necesidad de aprobar esa disposición transitoria (TC, rol 346, Requerimiento de inconstitucionalidad (preventivo), 08/04/2002 (*Estatuto de Roma*)).

589 Que dispone que "[u]na parte no podrá invocar las disposiciones de su derecho interno como justificación del incumplimiento de un tratado".

obligarán a los Estados, pues depende del lenguaje que este ocupe. En efecto, no es lo mismo *exhortar* o *instar a los Estados* a hacer algo, que *decidir que los Estados* lo harán. Algunas resoluciones han exigido la conducta del Ejecutivo en sus relaciones internacionales, disponiendo que los Estados presenten informes[590] o que se abstengan del trato con un Gobierno en particular.[591] Otras resoluciones requieren de normativa interna que las incorpore de algún modo, como las que exigen la inspección de toda la carga cuyo origen o destino sea algún Estado en particular,[592] o la prohibición de importar al país productos comunes que vienen de un cierto Estado,[593] o el congelamiento de activos de personas vinculadas al terrorismo,[594] o la prohibición de que determinadas personas entren al país.[595]

En el caso de Chile, la Ley 19.913, que crea la Unidad de Análisis Financiero, establece un mecanismo para cumplir con resoluciones como el congelamiento de activos.[596] Su artículo 3 exige informar a dicha unidad sobre las acciones que realicen las personas naturales o jurídicas que figuran en los listados de alguna resolución del Consejo de Seguridad de las Naciones Unidas.[597] Así, por ejemplo, una resolución del Consejo de Seguridad que busque impedir el financiamiento del terrorismo incluirá un anexo con un listado de las personas a quienes se les deben congelar los activos, y si una de ellas hace movimientos en una cuenta corriente en Chile, el banco respectivo deberá informar a la Unidad de Análisis Financiero.

No parece haber otras leyes sobre el cumplimiento de las resoluciones de Naciones Unidas. En efecto, Llanos Mansilla muestra que la práctica en Chile ha sido dictar decretos ordenando que las autoridades y órganos públicos velen por dar cumplimiento a este tipo de resoluciones del Consejo de Seguridad.[598] Sin embargo, esa no es la mejor solución.

Podría pensarse que es innecesario contar con leyes que sirvan de base para cumplir las resoluciones del Consejo, en atención a que la Carta de NU, que da este poder al Consejo

---

590 ONU, C. de S.: "Resolución 1267(1999)" [La Situación en Afganistán], S/RES/1267 (1999) (15/10/1999).

591 ONU, C. de S.: "Resolución 269(1969)" [Namibia], S/RES/269(1969) (12 de agosto de 1969), párr. 7. Esta resolución fue posteriormente reafirmada en otra que daría lugar a una opinión consultiva de la CIJ. ONU, C. de S.: "Resolución 276(1970)" [La Situación en Namibia], S/RES/276(1970) (30/01/1970).

592 Por ejemplo, en ONU, C. de S.: "Resolución 2094(2013)" [No Proliferación/República Popular Democrática de Corea], S/RES/2094(2013) (07/03/2013).

593 ONU, C. de S.: "Resolución 232(1966)" [Rhodesia del Sur], S/RES/232(1966) (16/12/1966).

594 Por ejemplo, en ONU, C. de S.: "Resolución 1267(1999)" [La Situación en Afganistán], S/RES/1267 (1999) (15/10/1999), párr. 4.

595 Por ejemplo, en ONU, C. de S.: "Resolución 1132(1997)" [Situación en Sierra Leona], S/RES/1132(1997) (08/10/1997), párr. 5.

596 Chile, Ley 19.913 (18/12/2003), *Crea la Unidad de Análisis Financiero y Modifica Diversas Disposiciones en Materia de Lavado y Blanqueo de Activos.*

597 Esta ley fue actualizada en 2019, incorporando nuevas resoluciones. Chile, Ley 21.163 (13/07/2019), *Incorpora las Resoluciones del Consejo de Seguridad de las Naciones Unidas Referentes al Financiamiento del Terrorismo y la Proliferación de Armas de Destrucción Masiva en el Artículo 38 de la Ley N° 19.913, que Crea la Unidad de Análisis Financiero y Modifica Diversas Disposiciones en Materia de Lavado y Blanqueo de Activos.*

598 Véase Llanos Mansilla, Teoría y Práctica del Derecho Internacional..., *op. cit.*, vol. IV, pp. 401-413.

de Seguridad, está vigente en el país. Sin embargo, esta interpretación otorgaría potestades a nivel interno a un órgano internacional, lo que hace pensar que dicha norma de la Carta de NU no es autoejecutable en el orden nacional.[599] También podría alegarse que es innecesario contar con leyes especiales, en atención a lo dispuesto en el artículo 54 de la Constitución, que señala que "[l]as medidas que el Presidente de la República adopte o los acuerdos que celebre para el cumplimiento de un tratado en vigor no requerirán de nueva aprobación del Congreso, a menos que se trate de materias propias de ley". Sin embargo, muchas de estas medidas tratan de materias de ley, por lo que no puede bastar la potestad reglamentaria. Más aún, es posible imaginar casos que requieren un tratamiento constitucional. Para ejemplificar que puede no bastar la potestad reglamentaria para cumplir las órdenes del Consejo de Seguridad, puede verse una resolución sobre Sierra Leona, que exigió a los Estados impedir "la entrada en su territorio o el tránsito por ese territorio, de los miembros de la junta militar de Sierra Leona y los miembros adultos de sus familias".[600] Una prohibición así exigiría una ley que limite el derecho constitucional a la libertad personal, pues éste involucra el derecho de "[t]oda persona [...] de residir y permanecer en cualquier lugar de la República, trasladarse de uno a otro y entrar y salir de su territorio, a condición de que se guarden las normas establecidas en la ley" (Art. 19 N° 7, CPR). No obstante, Chile dio cumplimiento a dicha resolución del Consejo de Seguridad mediante un simple decreto, no mediante una ley, como lo exige la Constitución.[601] Todo lo anterior muestra que es necesario tratar en forma integral el modo de cumplir con las resoluciones del Consejo.

b. Consejo Consultivo del TIAR

El Tratado Interamericano de Asistencia Recíproca es un tratado celebrado en el marco de la OEA.[602] Este busca que los Estados americanos actúen en forma conjunta para "hacer frente a los ataques armados contra cualquier Estado Americano y conjurar las amenazas de agresión contra cualquiera de ellos".[603] Algunos artículos de dicho tratado le otorgan al *Órgano de Consulta* el poder de determinar medidas que los Estados miembros deben tomar para auxiliar al Estado agredido.[604] Este órgano ha exigido actuaciones respecto de los Estados miembros. Por ejemplo, atendido que durante los años sesenta Cuba habría dirigido actos contra Venezuela "encaminados abiertamente a subvertir sus instituciones y a derrocar [a su] Gobierno democrático [...] por medio de terrorismo, sabotaje, asaltos y guerrillas", ordenó una serie de cosas, incluyendo cesar relaciones diplomáticas e interrumpir el intercambio

599 Especialmente a la luz del Art. 7, CPR.

600 Por ejemplo, en ONU, C. de S.: "Resolución 1132(1997)" [Situación en Sierra Leona], S/RES/1132(1997) (08/10/1997), párr. 5.

601 Decreto Supremo 1862 (28/02/1998), *Dispone Cumplimiento de Resolución N° 1.132, de 1997, del Consejo de Seguridad de las Naciones Unidas, sobre Medidas contra Sierra Leona.*

602 Tratado Interamericano de Asistencia Recíproca (9 de febrero de 1947). En adelante, TIAR.

603 Preámbulo, TIAR.

604 Véanse los Arts. 6 y 8, en relación con el Art. 19, TIAR. La obligación estatal tiene como excepción las medidas en que el Consejo disponga el uso de la fuerza.

comercial y transporte marítimo con Cuba (salvo por razones humanitarias).[605] En este caso, el Banco Central de Chile emitió un acuerdo, con la autorización del Ministerio de Economía, Fomento y Reconstrucción, que prohibía el intercambio comercial directo o indirecto con Cuba, a excepción de ciertos productos básicos.[606] Como se observa, la situación es similar a la que se describió respecto del Consejo de Seguridad, donde se trata de cumplir las decisiones con un tratamiento caso a caso.

605 OEA, Novena Reunión de Consulta de Ministros de Relaciones Exteriores para Servir de Órgano de Consulta en Aplicación del Tratado Interamericano de Asistencia Recíproca: "Acta Final", Doc. 48 Rev. 3 (21-26/07/1964), pp. 1 y 6.

606 Llanos Mansilla, Teoría y Práctica del Derecho Internacional..., *op. cit.*, vol. IV, p. 405.

SEGUNDA PARTE

SUJETOS DEL DERECHO INTERNACIONAL PÚBLICO

La expresión "sujeto del derecho internacional" se refiere a los entes que tienen capacidad para adquirir derechos o contraer obligaciones en el derecho internacional público, así como para realizar ciertos actos a nivel internacional.[1] En el derecho nacional, cuando un ente es calificado como sujeto o persona, se sabe que podrá actuar en el ámbito jurídico interno de un modo más o menos equivalente a las demás personas.[2] En cambio, la expresión "sujeto de derecho internacional" es ambigua, porque se refiere a realidades bastante diversas, pues las facultades y capacidades de los distintos tipos de sujetos dependerá de la naturaleza y fines de cada uno.

Los principales sujetos del derecho internacional público son los Estados y las organizaciones internacionales.[3] Los Estados son sujetos en plenitud, mientras que otros sujetos del derecho internacional tienen capacidades más limitadas. Por ejemplo, las personas naturales tienen pocas facultades de actuación en el derecho internacional, como la de acudir a algunos tribunales internacionales. En el caso de las organizaciones internacionales, la extensión de su subjetividad depende de su naturaleza o finalidades, según afirmó la CIJ en la *Opinión Consultiva sobre la Reparación por los Daños Sufridos al Servicio de las Naciones Unidas*.[4] Así, si una organización tiene fines amplios, tendrá funciones o capacidades mayores que si es una organización internacional con fines acotados.

---

1 Murphy, Principles of International Law, *op. cit.*, p. 35.

2 La extensión de sus derechos puede no ser idéntica, dependiendo de las necesidades de la comunidad (CIJ, *Reparation for Injuries Suffered in the Service of the United Nations*, 1949, p. 8).

3 Murphy, Principles of International Law, *op. cit.*, p. 35.

4 CIJ, *Reparation for Injuries Suffered in the Service of the United Nations*, 1949, p. 10.

CAPÍTULO 1

LOS ESTADOS

1.1. CUESTIONES GENERALES

1.1.1. Definición y elementos

El principal sujeto de derecho internacional es el Estado;[5] en particular, el Estado independiente.[6] Se trata de una entidad política formada por una población establecida permanentemente en un territorio determinado, sometida a un gobierno propio e independiente.[7] Los Estados tienen personalidad internacional plena, a diferencia de otros sujetos del derecho internacional, que solo pueden actuar en el ámbito internacional cuando los Estados les han dado poder para hacerlo, y en la medida en que se les haya conferido dicha capacidad.

La Convención de Montevideo de 1933[8] codifica costumbre internacional al identificar los elementos del Estado.[9] Su artículo 1 dispone que los requisitos de un Estado son:

- Población permanente. Basta con que la población esté establecida sedentariamente en el Estado, pues no existe un requisito de número mínimo de habitantes.[10]
- Territorio determinado. No es necesario que los límites estén absolutamente bien definidos.
- Gobierno. Se requiere que el gobierno sea efectivo.[11]

---

5 Shaw, International Law, *op. cit.*, p. 101.

6 Existen también los *Estados dependientes*, que pueden estar asociados a otros Estados, encontrándose bajo su control total o parcial en el ámbito internacional.

7 Definición elaborada sobre la base de los elementos enumerados en Art. 1, Convención sobre Derechos y Deberes de los Estados (Convención de Montevideo) (26 de diciembre de 1933).

8 *Ibid.* Es un tratado puramente regional que no fue ratificado por todos los integrantes de la región correspondiente. Una historia sobre el proceso de conclusión de este tratado puede verse en Becker Lorca, Mestizo International Law…, *op. cit.*, pp. 327-352.

9 Estos elementos fueron también incluidos en el *Proyecto de Declaración de Derechos y Deberes de los Estados*, elaborado por la Comisión de Derecho Internacional en 1949, pero dicho proyecto no fue aprobado por la AGNU. ONU, AG: "Proyecto de Declaración de Derechos y Deberes de los Estados", Res 375(IV) (6 de diciembre 1949).

10 Craven, M.; Parfitt, R. Statehood, Self-Determination and Recognition. En Malcolm D. Evans (ed.), International Law. Oxford: Oxford University Press, 2024, p. 225.

11 No obstante, ha habido excepciones, por ejemplo, en que un Estado recién independizado, no controlaba todo el territorio, como el Congo (*Ibid.*, pp. 227-229).

- Capacidad de entrar en relaciones con los demás Estados. Este requisito se asocia a la independencia del Estado, pero también al reconocimiento que otros Estados le den.

Estos elementos no son absolutamente claros para efectos de determinar si las entidades que buscan ser reconocidas como Estados lo son realmente, por lo que siempre hay lugar para discusión. Más aún, podría decirse que el cuarto elemento solo se alcanza cuando los tres primeros tienen una cierta intensidad, y cuando se cuenta con un motivo que justifique las expectativas de ser reconocido como Estado (en otras palabras, el cuarto elemento parece ser un punto de término más que un elemento de partida sobre el reconocimiento de Estados).[12]

Hoy en día, varias entidades buscan ser reconocidas como Estados.[13] Algunas han tenido un reconocimiento relativamente amplio, como Kosovo, y otras uno más limitado, como Taiwán. Hay casos que pueden ser ridículos, como ocurre con el supuesto Principado de Sealand,[14] que consiste en una plataforma marina construida por el Reino Unido en el Mar del Norte, durante la Segunda Guerra Mundial. Un hombre ocupó esta plataforma cuando el Gobierno británico la abandonó, y proclamó en ella el Principado de Sealand, desarrolló su propia moneda y pasaporte. Actualmente es posible solicitar la nacionalidad de Sealand, y adquirir títulos nobiliarios por internet.[15] La pregunta es si Sealand es un Estado. Aunque se pensara que el espacio físico que ocupa esta entidad es un territorio —a pesar de tratarse de una plataforma construida por el Reino Unido en lo que hoy en día es su mar territorial—, y suponiendo que miembros de la familia del primer ocupante vivieran ahí constantemente, no es un Estado, pues carece de capacidad para relacionarse con otros Estados, ya que la comunidad internacional no reconoce a esta entidad.

1.1.2. Soberanía

Después de la Paz de Westfalia (siglo XVII), el concepto de soberanía se empieza a usar para referirse a "la supremacía del poder real sobre todos los demás y la independencia de dicho poder de las pretensiones de dominio imperial y papal".[16] Entonces se miraba al

12 Craven, M. Statehood, Self-Determination, and Recognition. En Malcolm D. Evans (ed.), International Law, New York: Oxford University Press, 2014, p. 217.

13 Además de las que se mencionan en este párrafo, pueden observarse, entre otros, Abjasia, Osetia del Sur, República Árabe Saharaui Democrática, República Turca del Norte de Chipre, Somalilandia y Transnistria. Un ejemplo histórico interesante fue el de los bantustanes en la Sudáfrica del *apartheid*, los que carecían de legitimidad nacional e internacional, en atención a la finalidad opresiva con la que se crearon. Palestina es otra entidad que busca reconocimiento, aunque su calidad de Estado ya es suficientemente clara. Véase ONU, AG: "Admisión de Nuevos Miembros en las Naciones Unidas", A/RES/ES-10/23 (14/05/2024).

14 Este es solo un ejemplo de las autodenominadas "micronaciones". Craven; Parfitt, Statehood, Self-Determination…, *op. cit.*, p. 207.

15 Principality of Sealand (sitio web). Disponible en: https://sealandgov.org/. Fecha de consulta: 15/01/2025.

16 Benadava, Derecho Internacional Público, *op. cit.*, p. 117.

poder estatal como un poder supremo, sin restricción alguna. Hoy en día, esta concepción está muy morigerada, pues la soberanía absoluta es incompatible con algunas nociones de derecho internacional público contemporáneo, por ejemplo, porque el Estado no puede disponer por sobre normas de *jus cogens*, ni actuar en contra de tratados que él mismo ha ratificado, ni desobedecer decisiones vinculantes del Consejo de Seguridad de Naciones Unidas.

En esta materia es relevante el *caso Wimbledon*, fallado en 1923 por la Corte Permanente de Justicia Internacional (CPJI).[17] Este asunto comienza porque Alemania quiso negar el paso por el canal de Kiel (construido por Alemania y ubicado dentro de su territorio)[18] al buque Wimbledon. Este llevaba pertrechos para que Polonia se armara en su guerra contra Rusia, conflicto en el que Alemania era neutral.[19] El canal alemán había sido internacionalizado mediante el Tratado de Versalles, con lo que Alemania debía permitir el libre tránsito de cualquier buque que no estuviera en guerra con ella.[20] Sin embargo, Alemania alegó que estaría infringiendo su neutralidad si autorizaba el paso del Wimbledon, y que no se le podía obligar a permitir el paso de la nave, pues ello infringiría su soberanía.[21] A esto, la CPJI respondió que permitir el paso no iba en contra de su soberanía, pues Alemania la había limitado voluntariamente al obligarse por normas que permitían el paso por canales internacionales.[22] Lo afirmado por la CPJI es irrefutable: los Estados pueden libremente limitar su soberanía.

1.1.3. Representantes del Estado

En el derecho internacional, es una regla consuetudinaria que los jefes de Estado, los jefes de Gobierno y los ministros de relaciones exteriores representan a los Estados y pueden obligarlos.[23] Sin perjuicio de esto, la CIJ ha reconocido que es cada vez más frecuente que distintos agentes, tales como ministros u otros funcionarios, estén autorizados por el Estado para obligarlo dentro del ámbito de sus competencias.[24] Para determinar si lo están representando, será necesario examinar los actos o el contenido de las declaraciones de tales agentes, así como las circunstancias en las que ellos se realizan o estas se profieren.[25]

17 CPJI, *Case of the S.S. "Wimbledon"*, 1923 (17 de agosto).

18 *Ibid.*, p. 23.

19 *Ibid.*, pp. 18 y 19.

20 *Ibid.*, p. 21.

21 *Ibid.*, p. 25.

22 *Ibid.* La CPJI determinó esto sin prestar mayor consideración a que los Estados vencedores de la Primera Guerra Mundial habían, prácticamente, impuesto a Alemania la firma del Tratado de Versalles. Klabbers, International Law, *op. cit.*, p. 25. En la época del Tratado, el uso de la fuerza no invalidaba necesariamente los acuerdos internacionales.

23 CIJ, *Case Concerning Armed Activities on the Territory of the Congo (New Application: 2002) (Democratic Republic of the Congo v. Rwanda)*, 2006, párr. 46. En materia de tratados, véase Art. 7.2, CVDT.

24 CIJ, *Case Concerning Armed Activities on the Territory of the Congo (New Application: 2002) (Democratic Republic of the Congo v. Rwanda)*, 2006, párr. 47.

25 *Ibid.*, párr. 49.

También pueden obligar al Estado los órganos "encargados específicamente de la gestión en el exterior de [sus] relaciones internacionales", como lo hacen las misiones diplomáticas y otras.[26]

1.1.4. Algunas formas especiales de Estados

a. Estados dependientes

Los Estados dependientes son los "que están sometidos a la autoridad de otro Estado".[27] Este control sobre ellos puede generarse como consecuencia de un tratado internacional de protección, o alguna otra forma de consentimiento a su autoridad.[28] También puede ser el resultado de una sanción, o de una ocupación que busque neutralizar una fuente de agresión, como podría haber sido la ocupación de Alemania por parte de los Aliados después de la Segunda Guerra Mundial, momento en el que estos asumieron la suprema autoridad de Alemania.[29]

Un ejemplo histórico de Estados dependientes son los protectorados, que eran Estados que se encontraban unidos a otros, generalmente gracias a un tratado donde "el protegido se obligaba internacionalmente a permitir la injerencia del protector en sus relaciones internacionales en grado mayor o menor".[30] El Estado protector respondía internacionalmente por los actos de las autoridades del protectorado.[31] Esta figura nació en un contexto de dominación colonial o mediante el uso de la fuerza, por lo que hoy están prohibidos por el principio de la autodeterminación de los pueblos.[32] Así, por ejemplo, Túnez y Marruecos fueron protectorados de Francia, y el Reino Unido estableció unilateralmente un protectorado sobre Egipto.[33]

Existen distintos grados de dependencia. Algunos Estados con gran dependencia terminan siendo casi colonias. Por el contrario, hay Estados dependientes que pueden tener capacidad internacional.[34] Mónaco es ejemplo de un Estado con un grado muy leve de dependencia. Se trata de un Estado independiente, con personalidad internacional propia, cuya única limitación viene dada por un tratado acordado con Francia en 1918, y adaptado en 2002, según el cual debe ejercer su soberanía de acuerdo con los intereses fundamentales de Francia, en materia política, económica, de seguridad y defensa.[35] Otro

26 Pastor Ridruejo, Curso de Derecho Internacional..., *op. cit.*, p. 514.

27 Benadava, Derecho Internacional Público, *op. cit.*, p. 139.

28 Crawford, Brownlie's Principles..., *op. cit.*, p. 120.

29 *Ibid.*

30 Mariño Menéndez, Derecho Internacional Público. Parte General. Madrid: Editorial Trotta, 2005, p. 153.

31 Benadava, Derecho Internacional Público, *op. cit.*, p. 139.

32 Mariño Menéndez, Derecho Internacional Público..., *op. cit.*, p. 153.

33 Benadava, Derecho Internacional Público, *op. cit.*, p. 139.

34 Vargas Carreño, Derecho Internacional Público, *op. cit.*, p. 227.

35 Art. 1, Traité Destiné à Adapter et à Confirmer les Rapports d'Amitié et de Coopération entre la République Française et la Principauté de Monaco (24 de octubre de 2002).

ejemplo es Bután, que es guiado en sus relaciones exteriores por el Consejo de la India.[36] Podría quizás afirmarse que los Estados neutralizados son también algo dependientes de sus Estados garantes.[37]

El grado de dependencia puede variar a través del tiempo. Así, por ejemplo, Puerto Rico —que fue colonia española y luego estadounidense— se encuentra en una etapa intermedia, en que tiene autonomía interna, pero está bajo la dependencia estadounidense en materia monetaria, de defensa y de relaciones internacionales.[38]

La expresión "dependiente" puede llevar a equívocos, ya que estos Estados, si bien no ejercen parte de sus funciones, pueden cumplir con la independencia necesaria para efectos de ser considerados un Estado propiamente tal.[39] En otras palabras, su dependencia no implica una pérdida de la independencia, entendida como requisito para su existencia como Estado, pues ello dependerá de la profundidad de la dependencia. Si la entrega de funciones es muy profunda, e incluye materias jurisdiccionales o administrativas internas, podría estarse hablando de una entidad que carece de independencia y que, por lo tanto, no es un Estado.

b. Estados federales o entidades análogas

Un Estado federal es uno formado por un conjunto de estados federados, donde la Constitución "distribuye e[l] poder entre los [e]stados miembros y los órganos del conjunto de la federación".[40] Existen Estados que operan de un modo similar a los federales, aunque no se llamen así, por ejemplo, Estados con territorios autónomos. Ellos se tratarán aquí como entidades análogas a los estados federados.

---

36 Mariño Menéndez, Derecho Internacional Público..., *op. cit.*, p. 154.

37 Cfr. Oppenheim, L. International Law. A Treatise, vol. I. Londres: Longmans, Green and Co., 1912, pp. 148-149. Los Estados neutralizados son aquellos "cuya independencia e integridad territorial están garantizadas permanentemente por las Potencias en una convención internacional, bajo la condición de que tal Estado se obligue a nunca tomar las armas contra otro Estado, salvo en defensa contra un ataque, y a nunca contraer obligaciones internacionales que pudieran indirectamente arrastrarlo a una guerra" (*Ibid.*, p. 148; la traducción es nuestra). Esta clasificación es menos relevante hoy en día de lo que era históricamente, pues actualmente toda guerra de agresión está prohibida. Ejemplos de Estados neutralizados son: Suiza (se neutralizó mediante el Congreso de Viena, y tiene varios Estados garantes) y el Vaticano (se neutralizó en los Pactos de Letrán, e Italia es garante de su neutralidad). El no contar con un Ejército no hace que el Estado sea neutralizado, como ocurre con Costa Rica. Tampoco son Estados neutralizados aquellos que se autoproclaman neutrales, como Malta, que se declaró neutral en su Constitución (Mariño Menéndez, Derecho Internacional Público..., *op. cit.*, pp. 154-155). Japón, con sus fuerzas de autodefensa, tampoco es un ejemplo de Estado neutralizado. Pueden existir obligaciones de neutralización, pero que no transforman al Estado en neutral, como ocurre con el Estrecho de Magallanes, donde el Tratado de 1881 entre Argentina y Chile estableció la libre navegación de todas las naciones, y la imposibilidad de construir fortificaciones o defensas militares. Art. 5, Tratado de Límites (Chile y Argentina) (23 de julio de 1881).

38 Vargas Carreño, Derecho Internacional Público, *op. cit.*, p. 227.

39 Véase Crawford, Brownlie's Principles..., *op. cit.*, pp. 120-122.

40 Casanovas; Rodrigo, Compendio de Derecho Internacional Público, *op. cit.*, p. 174. En el original hay un error, pues dice "en" en lugar de "el".

Para efectos del derecho internacional, el Estado federal constituye un solo sujeto.[41] Sin embargo, los Estados federales (o entidades análogas) pueden dar a sus estados federados (o unidades análogas) cierto poder para actuar en el ámbito internacional de forma autónoma. En efecto, se vio en la sección sobre la capacidad para concluir tratados, que Alemania, Bélgica, el Reino Unido y Suiza permiten que algunas de sus unidades constitutivas celebren tratados internacionales en materias reducidas, y la responsabilidad del Estado federal dependerá de la regulación correspondiente.

c. Confederación de Estados

Una confederación de Estados "[e]s una unión de Estados soberanos, fundada en un tratado internacional según el cual ciertos asuntos de interés común, como la defensa, están regulados por un órgano central".[42] Es una figura que, en algunos casos, constituye una forma de transición entre dos o más Estados hacia un futuro Estado federal que los reúna.[43] Ejemplos históricos de ello son Estados Unidos bajo los artículos de la Confederación, y la antigua Confederación Suiza.[44] La Confederación Perú-Boliviana no cabe en esta clasificación, y sería más propiamente una entidad análoga a un Estado federal, formado por tres "repúblicas".[45] Hoy en día no se encuentran muchos ejemplos de Estados confederados, pero podría argumentarse que la Unión Europea lo es. En el ámbito internacional, los Estados que forman la confederación mantienen su personalidad internacional, aunque la Confederación puede actuar internacionalmente en el ámbito de su competencia.[46]

1.2. NUEVOS ESTADOS Y GOBIERNOS

1.2.1. Surgimiento y extinción de Estados

Existen distintos modos en que pueden surgir nuevos Estados, a saber:

- Descolonización: se refiere a la independencia que logran las colonias frente a la antigua metrópoli. Es la forma de surgimiento estatal más común entre los Estados actuales.[47] El ejemplo más claro de descolonización es el de las colonias de África en la segunda mitad del siglo XX. Para que se constituya un Estado, no basta con declarar la independencia, sino que se requiere también que cese el conflicto armado entre la colonia y la metrópoli, y que se cuente con los elementos de los Estados.[48]

41 Art. 2, Convención sobre Derechos y Deberes de los Estados (Convención de Montevideo) (26 de diciembre de 1933).

42 Benadava, Derecho Internacional Público, *op. cit.*, p. 120.

43 Casanovas; Rodrigo, Compendio de Derecho Internacional Público, *op. cit.*, p. 174.

44 Benadava, Derecho Internacional Público, *op. cit.*, p. 120.

45 Véase Confederación Perú-Boliviana, *Ley Fundamental de la Confederación Perú-Boliviana* (01/05/1837).

46 Benadava, Derecho Internacional Público, *op. cit.*, p. 120.

47 Vargas Carreño, Derecho Internacional Público, *op. cit.*, p. 228.

48 Benadava, Derecho Internacional Público, *op. cit.*, p. 122.

La carga negativa que tiene el colonialismo ha generado ciertas diferencias en el tratamiento de estos nuevos territorios con respecto a los casos de secesión.[49]

- Secesión o separación: consiste en que parte del territorio de un *Estado madre* se separa de él, formando un nuevo Estado. Por ejemplo, Bangladesh y Sudán del Sur surgieron después de separarse de Pakistán y Sudán, respectivamente.[50] Normalmente se da al cabo de guerras civiles, pero también puede darse pacíficamente (por ejemplo, Escocia pudo haberse separado del Reino Unido, si dicha opción hubiera ganado el plebiscito de 2014).[51] Este mecanismo se parece al de la descolonización, pero en este caso el territorio que se separa no fue previamente una colonia.[52]
- Disolución: se observa cuando un Estado madre se desintegra y desaparece, dejando en su territorio dos o más Estados nuevos. Esto ocurrió, por ejemplo, en el caso de la República Federativa Socialista de Yugoslavia.[53]
- Unificación o fusión: ocurre cuando surge un Estado nuevo a partir de la fusión de dos o más Estados existentes (debe diferenciarse del caso en que un Estado absorbe a otro). Ejemplos clásicos son Alemania e Italia, que en el siglo XIX surgieron de la unificación de diversas unidades de poder (como reinos o principados), y algunos ejemplos más modernos son los de Tanzania (fusión de Tanganica y Zanzíbar) y Yemen (unificación de Yemen del Norte y Yemen del Sur).[54]

Al igual como los Estados se crean, ellos pueden también extinguirse. En efecto, dos formas de creación de Estados constituyen, a su vez, formas de extinción de Estados, cuales son:

- La fusión o unificación.
- La disolución.

---

49 Klabbers, International Law, *op. cit.*, p. 86. Una diferencia es que los Estados descolonizados podrían iniciar su existencia con una *tabula rasa*, a diferencia de otros nuevos Estados. *Cfr.*, Arts. 16, 31 y 34, Convención de Viena sobre la Sucesión de Estados en Materia de Tratados (23 de agosto de 1978).

50 *Ibid.*, p. 85.

51 Mediante un acuerdo entre los parlamentos escocés y británico, se autorizó la realización de un plebiscito para determinar si Escocia se mantenía dentro del Reino Unido. Reino Unido, Agreement between the United Kingdom Government and the Scottish Government on a Referendum on Independence for Scotland (15/10/2012).

52 En algunos casos es difícil saber si un territorio constituyó una colonia o no. Un indicio de haberlo sido es que la metrópoli y la colonia hayan estado separadas por agua salada. Christakis, T. Self-Determination, Territorial Integrity and *Fait Accompli* in the Case of Crimea, Heidelberg Journal of International Law 75, 2015, pp. 82-83.

53 Se suele citar también el caso de la URSS, pero Rusia se mantuvo como heredera de dicho Estado en el C. de S., por lo que no se puede decir que la URSS desapareciera. Klabbers, International Law, *op. cit.*, p. 86.

54 *Ibid.*

Otras formas de extinción de Estados son:

- La incorporación de un Estado a otro que ya existe: por ejemplo, el caso de la República Democrática Alemana (la Alemania Oriental), que se incorporó a la República Federal Alemana (la Alemania Occidental).[55]
- La pérdida de uno de los elementos del Estado: esta podría ser una causal de extinción, pero hay una presunción muy fuerte de que el Estado continuará existiendo, aunque pierda uno de sus elementos, como el gobierno efectivo.[56] Este tema es de particular relevancia actual, pues se teme que algunos Estados insulares pierdan su territorio por el cambio climático.[57]

1.2.2. Reconocimiento de Estados

"El reconocimiento de un Estado meramente significa que el que lo reconoce acepta la personalidad del otro con todos los derechos y deberes determinados por el Derecho Internacional".[58] Los Estados son plenamente libres para decidir si reconocen o no a otro, por lo que, aunque la entidad que busca reconocimiento cumpla con todos los requisitos para ser un Estado, no puede exigir a los demás que la reconozcan.[59] Una vez que se reconoce a un Estado, se le acepta como un igual, se declara su soberanía y capacidad de organizarse interiormente del modo que estime adecuado.[60] Además, se entiende que puede celebrar tratados, entrar en relaciones diplomáticas, comparecer ante tribunales internacionales, y contar con los demás derechos y obligaciones que tiene un Estado en la comunidad internacional.[61] El artículo 6 de la Convención de Montevideo consideraba que el reconocimiento era incondicional e irrevocable.[62] Sus autores estaban particularmente preocupados por las colonias angloparlantes que quedaban en la época.

---

55 Benadava, Derecho Internacional Público, *op. cit.*, p. 133.

56 Klabbers, International Law, *op. cit.*, p. 85.

57 El Estado insular de Tuvalu modificó su constitución en 2023, para indicar que el Estado permanecerá, aunque llegue a perder su territorio físico (Arts. 2.1 y 2.7, Tuvalu, The Constitution of Tuvalu, 01/10/2023). Esta declaración unilateral no tiene efecto en el derecho internacional, pero podría ocurrir que la comunidad de Estados termine acogiendo esta pretensión.

58 Art. 6, Convención sobre Derechos y Deberes de los Estados (Convención de Montevideo) (26 de diciembre de 1933).

59 Un par de importantes autores del derecho internacional consideraba que existía una obligación de reconocer, pero dicha teoría fue fuertemente criticada por no tener relación con la práctica internacional y por su falta de coherencia (Crawford, Brownlie's Principles..., *op. cit.*, pp. 138-139).

60 *Cfr.* Art. 13, Carta de la Organización de los Estados Americanos, Reformada por el Protocolo de Reformas a la Carta de la OEA "Protocolo de Buenos Aires" (27/02/1967), por el Protocolo de Reformas a la Carta de la OEA "Protocolo de Cartagena de Indias" (05/12/1985), por el Protocolo de Reformas a la Carta de la OEA "Protocolo de Washington" (14/12/1992), y por el Protocolo de Reformas a la Carta de la OEA "Protocolo de Managua" (10/06/1993) (30 de abril de 1948). En adelante, Carta de la OEA.

61 *Cfr.* Art. 14, Carta de la OEA.

62 Ello no impide que se alegue la existencia de retiros del reconocimiento de Estados, por ejemplo, Ozturk, T. Serbia says 7 countries withdrew recognition of Kosovo, *Anadolu Agency*, 2022. Fecha de consulta: 15/01/2025. Disponible en: https://bit.ly/3FUxz4c.

Como se afirmó al tratar de los elementos del Estado, varias entidades se encuentran actualmente buscando el reconocimiento de otros Estados. Una de ellas es Kosovo, que declaró su independencia de Serbia en 2008, y es actualmente reconocida por la mitad de los Estados del mundo (Chile no la reconoce).[63] Taiwán también busca reconocimiento, pero ha tenido mucho menos éxito que Kosovo (en atención a que la poderosa China reclama que el territorio de Taiwán le pertenece, según se verá más adelante).[64]

Existen dos teorías sobre el reconocimiento:

- La doctrina declarativa afirma que el reconocimiento solo *declara* la existencia de una realidad preexistente, es decir, que el Estado que busca reconocimiento ya se constituyó, por lo que su personalidad internacional no dependería del reconocimiento de otros Estados.[65] Esta doctrina es adoptada por el artículo 3 de la Convención de Montevideo, aunque en esta materia no codifica costumbre internacional. La Carta de la OEA también la acepta.[66] Se ha afirmado que la CIJ habría asumido esta doctrina tácitamente.[67] El Instituto de Derecho Internacional también adopta esta posición.[68]
- La doctrina constitutiva señala que el reconocimiento por distintos Estados es un requisito para que una entidad tenga personalidad y derechos jurídicos.[69] La pregunta que genera esta doctrina sería cuántos reconocimientos se necesitarían para verificar que un Estado existe. No existe una respuesta para esta pregunta.

Ninguna de las dos teorías es totalmente convincente. En efecto, aunque una entidad cuente con las condiciones necesarias para ser un Estado, no podrá operar como tal si no es reconocida por los demás; por otro lado, la comunidad internacional no reconocerá en forma generalizada como Estado a una entidad que no cumpla con los requisitos para serlo.

El reconocimiento puede ser expreso o tácito.[70] El reconocimiento tácito se desprende de acciones que manifiestan de modo inequívoco la intención de reconocer a un Estado,

---

63 Aliju, D. Kosovo marks 14th Independence Day. Despite recognition of its independence by over 100 countries, Kosovo continues to lack UN membership due to Russian veto, Anadolu Agency, 2022. Fecha de consulta: 15/01/2025. Disponible en: https://bit.ly/1cf00Gy.

64 Ministry of Foreign Affairs Republic of China (Taiwan). Diplomatic Allies. Fecha de consulta: 30/07/2024. Disponible en: https://bit.ly/42bKI07.

65 Crawford, Brownlie's Principles…, *op. cit.*, pp. 135-136.

66 Arts. 13 y 14, Carta de la OEA.

67 Crawford, Brownlie's Principles…, *op. cit.*, pp. 135-136.

68 Art. 1, Institut de Droit International, La Reconnaissance des Nouveaux Etats et des Nouveaux Gouvernements, Bruselas, 1936. Fecha de consulta 05/08/2024, en https://bit.ly/4i5nVt1. El Instituto de Derecho Internacional es una institución privada de gran renombre —se le confirió el premio Nobel en 1904—. Para más información, puede verse https://www.idi-iil.org/en/a-propos/. Fecha de consulta: 30/07/2024.

69 Crawford, Brownlie's Principles…, *op. cit.*, p. 136.

70 Art. 7, Convención sobre Derechos y Deberes de los Estados (Convención de Montevideo) (26 de diciembre de 1933). Además, en ocasiones se distingue entre el reconocimiento *de iure* y *de facto*. Sin embargo, dicha terminología no es unívoca (Benadava, Derecho Internacional Público, *op. cit.*, p. 125), por lo que no se tratará.

tales como establecer relaciones diplomáticas con él, o celebrar un tratado internacional bilateral.[71] En cambio, acciones como negociaciones, ratificar un tratado multilateral donde la entidad no reconocida es parte, o entrar en relaciones comerciales con dicha entidad no implican, necesariamente, un reconocimiento tácito.[72] Sin perjuicio de esto, en la práctica, los Estados pueden ser extremadamente cuidadosos para evitar reconocimientos, por ejemplo, España no reconoce a Kosovo, y para evitar un reconocimiento tácito, su primer ministro se ausentó de una cumbre internacional donde Kosovo estuvo presente y, en otra cumbre, si bien asistió, solicitó que no hubiera ninguna bandera ni se usaran cargos oficiales durante el encuentro.[73]

Los Estados deben evitar hacer reconocimientos prematuros (antes de que la entidad política tenga control efectivo del territorio y se constituya como un Estado), pues el reconocimiento prematuro se considera un acto de intervención en asuntos internos (del Estado madre), contrario al derecho internacional.[74] Así, el reconocimiento será contrario al derecho internacional si es entregado *durante bello*, es decir, durante el conflicto armado.[75] Por dar un ejemplo ficticio, si los habitantes de la *Isla Disputada* de la *República Insular* iniciaran una revuelta buscando su independencia, y durante la revuelta el *Estado Presuroso* reconociera a dicha isla como un Estado, la *República Insular* puede alegar que *Presuroso* se inmiscuyó indebidamente en asuntos exclusivamente internos del país, especialmente si con posterioridad logra detener el movimiento independentista.

Se prohíbe reconocer "como lícita una situación creada por una violación grave [de una norma de *jus cogens*]",[76] motivo por el cual no es posible reconocer como Estado a uno que se establezca mediante el uso o amenaza del uso de la fuerza.[77] Esto es manifestación del llamado *principio de no reconocimiento.*[78] Sin embargo, aunque esto es adecuado en la teoría, puede ser difícil llevarlo a la práctica. En efecto, si la nueva entidad se consolida y mantiene en el tiempo —especialmente si tiene poder—, los Estados que entren en relación con ella probablemente

71 Crawford, Brownlie's Principles..., *op. cit.*, p. 139.

72 *Ibid.* Por ejemplo, entrar en relaciones comerciales con esa entidad solo muestra que se reconoce que ella controla el territorio donde se ubican ciertos recursos (dicho control podría ser ilegítimo). Otro ejemplo que no implica el reconocimiento es aceptar los certificados de matrimonio emitidos por esa entidad, puesto que el Estado puede aceptarlos como una simple muestra de humanidad, para no generarle problemas prácticos a las personas involucradas.

73 Suanzes, P. Pedro Sánchez participará por primera vez junto al presidente de Kosovo en una Cumbre europea, *El Mundo*, 2020. Fecha de consulta: 30/07/2024. Disponible en: https://bit.ly/41YigQA.

74 Lauterpacht, S. H. Recognition in International Law. Cambridge: Cambridge University Press, 1947, p. 8.

75 *Ibid.* Lauterpacht considera que se podría reconocer a un nuevo Estado cuando se observe, *más allá de toda duda razonable*, que los insurgentes se han constituido como tal.

76 Art. 41.2, ONU, AG: "Responsabilidad del Estado por Hechos Internacionalmente Ilícitos", A/RES/56/83 (12/12/2001).

77 Algunos creen que, en el caso de pueblos en contextos coloniales, el uso de la fuerza para lograr la independencia sería aceptable. Véase el recuento de aprobación estatal de Mastorodimos, K. National Liberation Movements: Still a Valid Concept (with Special Reference to International Humanitarian Law)?, Oregon Review of International Law 17, 2015, pp. 81-87.

78 Sobre el principio de no reconocimiento, puede verse Vitale, The Higher Law..., *op. cit.*

terminarán reconociéndola. Así podría haber ocurrido con el grupo terrorista llamado Estado Islámico, ISIS o *Daesh*, si hubiera conquistado territorios en Medio Oriente y su control se hubiera hecho estable y efectivo. En ese caso, si dicho poder se mantuviera por décadas, y los demás Estados hubieran debido tratar con dicha entidad, probablemente la realidad terminaría imponiéndose, y les sería difícil mantener su obligación de no reconocerla como Estado.

"El Consejo de Seguridad de las Naciones Unidas, en ejercicio de sus facultades decisorias, puede imponer a los Estados miembros la obligación de no reconocer ni tratar como Estado a la nueva entidad".[79] La CIJ también puede definir que no debe reconocerse una determinada situación.[80] En estos casos se podría hablar de una forma colectiva de no reconocimiento.[81] Decisiones como estas no debieran ser absolutas, para evitar que las personas sufran consecuencias negativas, como podría ocurrir, por ejemplo, si no se reconocieran los pasaportes otorgados por una entidad política.[82]

1.2.3. Reconocimiento de Gobiernos

El reconocimiento de un Gobierno es la declaración expresa o tácita de que este representa a un Estado. Reconocer a un Gobierno no significa declarar su legitimidad ni aprobar el modo como llegó el poder, sino solo que es el único que puede obligar y representar al Estado.[83] La relevancia del reconocimiento es relativa, pues es posible no reconocer a un Gobierno, e igualmente mantener contacto con él. Algunas dificultades que enfrentará el Gobierno en Estados que no lo reconozcan será: no poder tener relaciones diplomáticas con ellos, ni acceso a cuentas bancarias ubicadas en dichos Estados.[84] Además, no podrá enviar a su representante a algunas organizaciones internacionales donde no sea reconocido.[85]

En general, no es necesario que los Estados reconozcan a los nuevos Gobiernos. Es por ello que, cuando han asumido los últimos presidentes de Chile, no ha sido necesario que los demás Estados envíen cartas reconociéndolos. Solo es relevante el reconocimiento cuando se alcanza el poder mediante vías no constitucionales, cuando se producen revoluciones o golpes de Estado en el territorio.[86] Por ejemplo, en 2019, Chile y decenas de Estados reconocieron a Juan Guaidó como el presidente encargado de Venezuela, debido a que consideraban que las elecciones de Venezuela no habían sido llevadas a cabo en forma adecuada.[87]

---

79 Benadava, Derecho Internacional Público, *op. cit.*, p. 126.

80 Por ejemplo, CIJ, *Legal Consequences Arising from the Policies and Practices of Israel in the Occupied Palestinian Territory, including East Jerusalem*, 2024, párrs. 279-280.

81 Crawford, Brownlie's Principles…, *op. cit.*, p. 145.

82 *Ibid.*, p. 146.

83 Benadava, Derecho Internacional Público, *op. cit.*, p. 127.

84 Véase, por ejemplo, Reino Unido, The Supreme Court, *Maduro Board v Guaidó Board* [2020] EWCA Civ 1249.

85 Lederer, E. Who is Myanmar's UN envoy? Coup opponent or representative, Associated Press News. Fecha de consulta: 30/07/2024. Disponible en: https://bit.ly/4j9ZMT0.

86 S. D. Murphy, Principles of International Law, *op. cit.*, p. 41.

87 Véase CNN Chile. Chile reconoce a Juan Guaidó como presidente encargado de Venezuela, CNN Chile. Fecha de consulta: 30/07/2024. Disponible en: https://bit.ly/4c7ERxv.

Los Estados tienen plena libertad para reconocer o no a un Gobierno. Sin embargo, cuando se reconoce a un Estado, se reconoce automáticamente a su Gobierno. Antes de reconocer, conviene esperar a que el Gobierno sea estable y efectivo, pues de lo contrario, podría incurrirse en un reconocimiento prematuro, lo que podría ser considerado una intromisión en asuntos internos.[88] En ese sentido, podría juzgarse prematuro el recién mencionado reconocimiento de presidente encargado de Venezuela.

En América Latina, atendida la frecuencia con que Gobiernos han asumido en forma inconstitucional, se han formulado varias doctrinas sobre el reconocimiento. Se hará referencia a dos de ellas.[89] La primera es la doctrina Tobar, propuesta por el ministro de Relaciones Exteriores de Ecuador en 1907, que afirma que los Estados no deben reconocer Gobiernos que han llegado al poder por medios distintos de los constitucionales (por ejemplo, mediante un golpe de Estado o una revolución).[90] El problema de esta doctrina es la dificultad de llevarla a la práctica en relación con ciertos Estados. Por ejemplo, en el mismo país de Tobar, en los 23 años anteriores a 1948 hubo 23 presidentes,[91] ¿cuáles de ellos eran legítimos? La doctrina Estrada, formulada en 1930 por el ministro de relaciones exteriores de México, afirma que dicho Estado no reconocería Gobiernos, sino que solo mantendría o retiraría sus representantes diplomáticos.[92] Esta doctrina es más coherente con la no intromisión en asuntos internos, pero el retiro de misiones diplomáticas en respuesta a un cambio de Gobierno no es un acto inocuo, e implica una posición del Estado. Quizá lo más práctico en materia de reconocimiento de Gobiernos es analizar solo si las autoridades de un Estado tienen el dominio estable y efectivo sobre su territorio.

1.2.4. Caso real donde ambos reconocimientos son relevantes

El caso chino es uno donde puede observarse el reconocimiento de Gobierno y de Estado. Mao Tse Tung (o Mao Zedong) lideró la Revolución China de 1949. El Gobierno y el Ejército chino lucharon contra los revolucionarios, pero no pudieron obtener la victoria, por lo que se refugiaron en la isla china de Taiwán.[93] Mientras el Gobierno de la República de China se refugiaba en Taiwán, los revolucionarios constituyeron un Gobierno en China continental y modificaron el nombre del Estado al de República Popular China. Ambos alegaban la representación de la totalidad de China.[94]

---

88 Benadava, Derecho Internacional Público, *op. cit.*, p. 128.

89 Además de las que se describen a continuación, pueden mencionarse la doctrina Wilson y la Larreta (Casanovas; Rodrigo, Compendio de Derecho Internacional Público, *op. cit.*, p. 173).

90 *Ibid.*

91 Cueva, A. Ecuador: 1925-1975. En Pablo González Casanova (ed.), América Latina: Historia de Medio Siglo, vol. I (América del Sur). México: Siglo XXI Editores, 1979, pp. 307-310.

92 Casanovas; Rodrigo, Compendio de Derecho Internacional Público, *op. cit.*, p. 173.

93 Shaw, International Law, *op. cit.*, p. 212.

94 *Ibid.*

Para efectos del reconocimiento de Gobierno, es interesante lo que ocurrió en Naciones Unidas, donde China tiene uno de los puestos permanentes en el Consejo de Seguridad.[95] ¿Qué representantes de China se aceptarían? Ocurrió que desde 1949 hasta 1971, el Gobierno en Taiwán envió sus representantes. Sin embargo, en 1971 la ONU determinó que el verdadero representante de China era el Gobierno de la República Popular China.[96]

Después cobra importancia el reconocimiento de Estados, pues como el Gobierno en Taiwán ya no era considerado el representante de China, empezó a buscar que se reconociera a la Isla como un Estado independiente. Sin embargo, aunque cumple con los requisitos materiales para serlo, hasta el momento hay poco más de diez países que reconocen a Taiwán como Estado.[97] Es difícil que llegue a tener un gran reconocimiento, atendido que la República Popular China alega que dicho territorio le pertenece, lo que es suficientemente disuasivo como para evitar que los demás Estados reconozcan a Taiwán como un Estado independiente.

1.2.5. Identidad del Estado frente a cambios de Gobierno

Por regla general, el cambio de un Gobierno o del modo en que se organiza el poder dentro de un Estado no afecta sus derechos y responsabilidades.[98] Este es el denominado **principio de continuidad**, que se ha aplicado incluso en casos extremos. Por ejemplo, en la Revolución Francesa, a pesar de existir un gran cambio en el Gobierno e instituciones políticas y sociales del Estado, seguían respetándose los tratados y obligaciones de los Gobiernos anteriores.[99] La Unión de Repúblicas Socialistas Soviéticas, en cambio, no hizo lo mismo, porque luego de la Revolución Bolchevique dejó de cumplir algunos tratados, lo que trajo problemas diplomáticos con las potencias occidentales.[100] Podría afirmarse que algunos cambios políticos pueden constituir cambios fundamentales de circunstancias, suficientes como para afectar algunas relaciones contractuales.[101] Así, por ejemplo, si un Estado con un sistema de *apartheid* tiene una revolución, y las personas del grupo étnico o racial oprimido llegan al poder, sería razonable que decidiera poner término a las obligaciones contraídas para mantener el Gobierno supremacista (las llamadas *deudas odiosas*, que se tratarán al referirse a la sucesión de Estados). Habría que analizar cada situación en concreto.

95 Art. 23.1, Carta de las NU.

96 ONU, AG: "Restoration of the Lawful Rights of the People's Republic of China in the United Nations", A/RES/2758(XXVI) (25/10/1971).

97 Ministry of Foreign Affairs Republic of China (Taiwan) (sitio web), Diplomatic Allies. Fecha de consulta: 15/01/2025. Disponible en: https://bit.ly/42bKI07.

98 Crawford, Brownlie's Principles..., *op. cit.*, p. 132.

99 Benadava, Derecho Internacional Público, *op. cit.*, p. 130.

100 Pastor Ridruejo, Curso de Derecho Internacional..., *op. cit.*, pp. 321-322.

101 Crawford, Brownlie's Principles..., *op. cit.*, p. 132. Debe recordarse que un cambio fundamental en las circunstancias puede ser una causal de terminación de tratados en algunos supuestos.

El *caso Tinoco* es interesante en la materia. En Costa Rica, el general Tinoco tomó el poder entre 1917 y 1919.[102] Durante dicho régimen se promulgó una nueva Constitución y se celebraron contratos y concesiones con empresas británicas. Sin embargo, después de caído Tinoco, el nuevo Gobierno volvió a poner en vigor la antigua Constitución y declaró nulos los actos recién referidos.[103] Gran Bretaña nunca reconoció el régimen de Tinoco, pero buscó defender los intereses de sus nacionales que contrataron con dicho Gobierno, reclamando a las nuevas autoridades costarricenses por haber declarado las referidas nulidades.[104] Con motivo de este reclamo, ambos Estados sometieron el asunto al arbitraje internacional de William Howard Taft. Este consideró que el punto esencial era si Tinoco gobernaba en forma real y sin resistencia, no si su Gobierno había sido reconocido.[105] El reconocimiento podría ser útil para probar que se había gobernado en forma real, pero no era algo determinante.[106] Por lo tanto, en virtud del principio de continuidad, Costa Rica tuvo que respetar las concesiones y contratos.[107]

1.3. SUCESIÓN DE ESTADOS

1.3.1. Cuestiones generales

Cuando un Estado se extingue, su soberanía sobre su territorio es reemplazada por la soberanía de otro Estado. Es lo que se llama *sucesión de Estados*, que puede definirse como "la sustitución de un Estado por otro en la responsabilidad de las relaciones internacionales de un territorio".[108] La denominación de esta área del derecho es similar a la del derecho sucesorio en el derecho civil (el traspaso de bienes y deudas a los herederos). Sin embargo, el derecho "internacional no establece una sucesión universal, análoga a la del derecho civil, entre Estado predecesor y Estado sucesor".[109]

La sucesión de Estados es incierta y con muchas controversias; no hay un principio que pueda usarse como norma general.[110] No hay reglas claramente establecidas, y la doctrina y la práctica en los casos concretos difieren. Esto se debe a que cada extinción de Estado puede ser única o muy distinta de las demás. Hay que considerar que la sucesión se puede

102 Aguilar-Amory and Royal Bank of Canada Claims, *Great Britain versus Costa Rica (Tinoco Case)*, 1923, p. 376.

103 Mediante una ley de 1922. *Ibid.*

104 *Ibid.*

105 *Ibid.*, pp. 382-384.

106 *Ibid.*

107 Véase *Ibid.*, p. 377.

108 Art. 2.1.b, Convención de Viena sobre la Sucesión de Estados en Materia de Tratados (23 de agosto de 1978), y Art. 2.1.a, Convención de Viena sobre la Sucesión de Estados en Materia de Bienes, Archivos y Deudas de Estado (8 de abril de 1983).

109 Benadava, Derecho Internacional Público, *op. cit.*, p. 134.

110 Crawford, Brownlie's Principles..., *op. cit.*, pp. 409-410.

dar después de eventos como una secesión, fusión, disolución o incorporación, y que cada caso concreto tendrá circunstancias particulares, algunas de ellas serán voluntarias y otras involuntarias.

Atendida esta falta de claridad, la Comisión de Derecho Internacional se aventuró a elaborar dos convenciones para tratar de unificar ciertas soluciones, especialmente para responder al proceso de descolonización. Tales tratados son:

- La Convención de Viena sobre la Sucesión de Estados en Materia de Tratados.[111] Ella cuenta con poco más de veinte Estados parte, y entró en vigor en 1996 (Chile firmó el tratado, pero no lo ha ratificado).[112]
- La Convención de Viena sobre la Sucesión de Estados en Materia de Bienes, Archivos y Deudas.[113] Ella aún no ha alcanzado las quince ratificaciones o adhesiones necesarias para entrar en vigor.[114]

Se ha criticado que estas convenciones no consagran principios ya establecidos en el derecho internacional.[115] También se les cuestiona que establezcan reglas generales respecto de situaciones que pueden ser muy disímiles.[116] No obstante ello, y que estas convenciones cuentan con pocas ratificaciones, sus normas se han usado para resolver algunos asuntos controversiales, en atención a la ausencia de otros principios jurídicos aplicables.[117] En la práctica, su aplicación depende, en gran medida, de la posición que adopte el Estado interesado.[118]

A continuación, se describirán algunos principios o prácticas en la materia.

1.3.2. Sucesión en materia de tratados

Es básico el principio de los limites variables de tratados, que dispone que los tratados se aplican en el territorio completo de un Estado, con independencia de los cambios en su extensión.[119] Por ejemplo, cuando Estados Unidos compró el territorio de Alaska a Rusia,[120]

---

111 Convención de Viena sobre la Sucesión de Estados en Materia de Tratados (23 de agosto de 1978).

112 23 Estados han ratificado. UN Treaty Collection (sitio web), Vienna Convention on succession of States in respect of treaties. Fecha de consulta: 30/07/2024. Disponible en: https://bit.ly/42hgdGf.

113 Convención de Viena sobre la Sucesión de Estados en Materia de Bienes, Archivos y Deudas de Estado (8 de abril de 1983).

114 Solo cuenta con siete ratificaciones o adhesiones, y Chile no ha expresado su consentimiento en verse obligado. UN Treaty Collection (sitio web), Vienna Convention on Succession of States in Respect of State Property, Archives and Debts. Fecha de consulta: 30/07/2024. Disponible en: https://bit.ly/42awE77.

115 Crawford nota la existencia de estas críticas (Crawford, Brownlie's Principles..., *op. cit.*, p. 410).

116 Orakhelashvili, Akehurst's Modern Introduction..., *op. cit.*, pp. 302-303.

117 Crawford, Brownlie's Principles..., *op. cit.*, p. 410.

118 Orakhelashvili, Akehurst's Modern Introduction..., *op. cit.*, pp. 303-305.

119 *Ibid.*, p. 308. Véase también el Art. 15, Convención de Viena sobre la Sucesión de Estados en Materia de Tratados (23 de agosto de 1978). Este principio no es aplicable exclusivamente a la sucesión de Estados, sino que también a ciertas adquisiciones o pérdidas de territorio, como se observa en el ejemplo de Alaska.

120 Treaty Concerning the Cession of the Russian Possessions in North America (30 de marzo de 1867).

los tratados de Estados Unidos debieran haber empezado a aplicarse en Alaska, y los tratados de Rusia debieran haber dejado de tener aplicación en dicho territorio. Este principio puede tener excepciones cuando haya acuerdos concretos entre las partes involucradas. Por ejemplo, aunque no se trata de un caso de sucesión propiamente tal, cuando el Reino Unido devolvió Hong Kong a China, se acordó que los tratados que tenían vigencia en Hong Kong, pero no en China, se mantendrían vigentes en aquella región.[121] Otra excepción se produce cuando algunos tratados están muy ligados a un territorio específico, pues ellos siguen al territorio (*run with the land*), no a la soberanía.[122] Así, siguiendo con el ejemplo anterior, si Rusia hubiera tenido un tratado con el Reino Unido que le permitiera pescar en las costas de Alaska, dicho tratado seguiría vigente para el Estado que adquiere ese territorio.

En materia de sucesión de tratados, hay que distinguir según el modo en que surgen los nuevos Estados. La costumbre internacional indicaría que se aplica el principio de *tabula rasa* para el Estado que se independiza producto de la descolonización, lo que significa que dejaría de estar obligado por los tratados del Estado anterior, a menos que voluntariamente quiera estarlo.[123] En los demás casos, la práctica mostraría que se requiere negociar y acordar la sucesión, pero la Convención de Viena sobre Sucesión en Materia de Tratados adopta como regla general el principio de continuidad.[124] En el caso de los tratados de derechos humanos, se ha alegado la existencia de sucesión automática.[125] Respecto de los tratados que crean organizaciones internacionales, habrá que definir la membresía caso a caso (como se ha hecho en relación con la membresía de la ONU).[126]

1.3.3. Sucesión en materia de deudas

No hay una regla general clara sobre el destino de las deudas en la sucesión de Estados. Por ello, el modo de proceder dependerá del caso concreto. La práctica exige que esto sea resuelto en un tratado, y no hay reglas consuetudinarias que se impongan en ausencia de dicho acuerdo.[127] Sin embargo, pueden identificarse algunas prácticas que suelen usarse al enfrentar distintas realidades concretas, que se describen a continuación. Cuando un Estado absorbe a otro, se entiende que asume todas las deudas del territorio anexado, aunque también ha habido práctica en contrario.[128] Si solo se asume parte de un territorio, o si se independiza parte de un territorio, se entiende que debiera buscarse una solución "equitativa".[129] Así, por ejemplo, cuando las colonias británicas se volvieron independientes,

121 Orakhelashvili, Akehurst's Modern Introduction…, *op. cit.*, p. 309.

122 Benadava, Derecho Internacional Público, *op. cit.*, p. 136.

123 Orakhelashvili, Akehurst's Modern Introduction…, *op. cit.*, pp. 309-310.

124 *Ibid.*, pp. 310-311. Véanse también los Arts. 31 ss., Convención de Viena sobre la Sucesión de Estados en Materia de Tratados (23 de agosto de 1978).

125 Orakhelashvili, Akehurst's Modern Introduction…, *op. cit.*, pp. 312-313.

126 *Ibid.*, pp. 313-317.

127 *Ibid.*, p. 322.

128 *Ibid.*

129 *Ibid.*

se determinó que ellas asumieran las deudas adquiridas por la administración colonial, pero no las deudas del gobierno central británico.[130] En todo caso, deben excluirse las *deudas odiosas*, es decir, aquellas deudas en que el acreedor sabía que el crédito sería usado para oprimir a la población o para el enriquecimiento personal en lugar de para usos públicos.[131] Al igual como ocurre con los tratados, las deudas locales, es decir, aquellas que se contrajeron en beneficio de un territorio o están muy ligadas a él, se transmitirían al Estado que adquiere el territorio.[132]

1.3.4. Sucesión en materia de responsabilidad por actos ilícitos

En principio, la obligación de indemnizar por un acto ilícito le corresponde al Estado que cometió el ilícito (la responsabilidad internacional no se transmite, al igual que la responsabilidad penal individual). Por ello, el nuevo Estado no heredaría obligaciones por este concepto, y comenzaría su existencia con una *tabula rasa*.[133] Sin embargo, esto no será necesariamente así cuando el Estado responsable es completamente absorbido por otro, o se crea un Estado por la unión de dos o más, uno de los cuales era el deudor; lo contrario afectaría los derechos de terceros Estados.[134]

1.3.5. Sucesión sobre la propiedad

Cuando un Estado absorbe todo el territorio de otro, se entiende que adquiere también todos los bienes de dominio público, es decir, aquellos de propiedad estatal.[135] En casos en que la sucesión sea solo parcial, la Convención sobre la Sucesión de Estados en Materia de Bienes, Archivos y Deudas de Estado considera que los bienes debieran repartirse en forma equitativa.[136]

---

130 *Ibid.*

131 King, J. The Doctrine of Odious Debt in International Law. A Restatement. New York: Cambridge University Press, 2016, p. 2.

132 Benadava, Derecho Internacional Público, *op. cit.*, p. 137.

133 Orakhelashvili, Akehurst's Modern Introduction…, *op. cit.*, pp. 317-318.

134 *Ibid.*, p. 318. En ese sentido, el Instituto de Derecho Internacional considera que el Estado al que se incorpora completamente el Estado que cometió el ilícito, debe responder por la acción ilegal (Art. 14, Institut de Droit International, La Succession d'Etats en Matière de Responsailité Internationale, Annuaire de l'Institut de Droit International 76, 2015). En cambio, la Comisión de Derecho Internacional considera, hasta el momento, que el Estado al que se incorporó el Estado infractor debe acordar con el Estado lesionado la forma de afrontar el perjuicio (Directriz 10 *bis*, en su proyecto sobre La Sucesión de Estados en Relación con la Responsabilidad del Estado, disponible en Comisión de Derecho Internacional, Informe de la Comisión de Derecho Internacional. 73er período de sesiones, *op. cit.*, pp. 319-320).

135 Orakhelashvili, Akehurst's Modern Introduction…, *op. cit.*, p. 321.

136 Arts. 14-18, Convención de Viena sobre la Sucesión de Estados en Materia de Bienes, Archivos y Deudas de Estado (8 de abril de 1983).

La propiedad de privados debe respetarse, sean éstos personas naturales o jurídicas. Esta es la práctica que ha sido adoptada por Chile.[137] En materia de concesiones, aunque la práctica no es enteramente consistente, se entiende que ellas solo pueden revocarse mediante el pago de una indemnización.[138] Sin embargo, algunos autores consideran que, en los casos de descolonización, los nuevos Estados pueden desconocer los derechos establecidos por el poder colonial, aunque otros se preguntan por qué no se habría de indemnizar a los particulares en caso de que se afecten sus recursos.[139]

1.3.6. Nacionalidad de las personas naturales

En 1993, después de las primeras sucesiones de Estados derivadas del desmembramiento de la Unión Soviética, así como de otros Estados del bloque socialista y de la reunificación alemana, la Comisión de Derecho Internacional comenzó a estudiar el tema de la nacionalidad de las personas en casos de sucesión de Estados.[140] Como resultado, propuso un proyecto de artículos para ser aprobados por la Asamblea General, los que incorporaban principios que ya habían sido usados en casos previos de sucesiones de Estados.[141] El resultado fue la resolución Nacionalidad de las Personas Naturales en Relación con la Sucesión de Estados, que busca que todo nacional del Estado predecesor tenga "derecho a la nacionalidad de al menos uno de los Estados involucrados".[142] La regla general será que se presume que las personas que tienen "su residencia habitual en el territorio afectado por la sucesión de Estados adquieren la nacionalidad del Estado sucesor en la fecha de dicha sucesión".[143] Esta declaración busca prevenir la apatridia,[144] y da cierta libertad a los Estados para conceder su nacionalidad, cuando las personas tengan la nacionalidad de otro Estado.[145]

137 Para dos casos históricos sobre el tema, puede verse: Céspedes Proto, R. "Sucesión de Estados y la Guerra del Pacífico", *Derecho Público Iberoamericano* 21, 2022, pp. 131-137.

138 Orakhelashvili, *Akehurst's Modern Introduction…*, *op. cit.*, p. 322.

139 No habría motivo para que los privados subsidien el desarrollo de los nuevos Estados mediante la expropiación de sus bienes y derechos. S. Benadava, *Derecho Internacional Público*, *op. cit.*, p. 138.

140 Sobre todo este tema, véase Marín López, A. La Sucesión de Estados y Cambio de Nacionalidad. Las Transformaciones Territoriales en Europa en los Años Noventa, Anuario de Derecho Internacional XVIII, 2002.

141 Vargas Carreño, *Derecho Internacional Público*, *op. cit.*, pp. 238-239.

142 ONU, AG: "Nacionalidad de las Personas Naturales en Relación con la Sucesión de Estados", A/RES/55/153 (30/01/2001).

143 Art. 5, *Ibid.*

144 Art. 4, *Ibid.*

145 Véanse, por ejemplo, los Arts. 8-11, *Ibid.*

1.4. TERRITORIO DEL ESTADO Y DERECHO DEL MAR

1.4.1. Partes del territorio de un Estado

El territorio del Estado tiene tres componentes, cuales son:

- El territorio terrestre: se refiere a todo lo que está al interior de las fronteras terrestres, incluyendo la superficie terrestre (tierra firme), su subsuelo, lagos, ríos, glaciares, además de las *aguas interiores*. Las aguas interiores son las zonas del mar que quedan entre la línea de las más bajas mareas y las *líneas de base recta,*[146] de las que se tratará al referirse al derecho del mar.
- El territorio marítimo: hoy en día se entiende que, en principio, incluye 12 millas marinas desde la línea de las más bajas mareas de las costas del territorio terrestre, o desde las *líneas de base* en caso de territorio costero accidentado.[147] En este, el Estado ejerce su jurisdicción en forma casi plena. Al tratar del derecho del mar, se observará que el Estado también ejerce jurisdicción y puede aprovechar los recursos de otras zonas marítimas, que no son consideradas parte de su territorio propiamente hablando (se trata de la zona contigua y la zona económica exclusiva).
- El espacio aéreo: se refiere a "la columna de aire que se encuentra sobre el territorio terrestre y mar territorial de un Estado".[148] Recién a comienzos del siglo XX, con el desarrollo de la aviación, se planteó seriamente el tema de la soberanía estatal sobre el espacio aéreo, tesis que se impuso sobre la idea de la libertad del espacio aéreo.[149] El tratado más importante que regula esta materia es el Convenio de Aviación Civil Internacional, también conocido como la Convención de Chicago.[150] Dicho tratado ha sido ratificado por los 193 miembros de Naciones Unidas.[151] El principio básico de esta convención es que "cada Estado tiene soberanía completa y exclusiva sobre el espacio aéreo correspondiente a su territorio".[152] Por ello, debe contarse con la autorización de un Estado para poder sobrevolarlo.[153] Eso hizo que

146 Shaw, International Law, *op. cit.*, p. 476. Este concepto lo recoge el Código Civil de Chile, que dispone: "Las aguas situadas en el interior de las líneas de base del mar territorial, forman parte de las aguas interiores del Estado" (Art. 593, inc. 2.°, Chile, *Código Civil*, s.d.).

147 Se dice "en principio", porque podría ser menor en caso de que colisionara con territorio marítimo de otro Estado. Las líneas de base se explican al tratar el derecho del mar (ahí, una imagen facilita su comprensión).

148 Casanovas; Rodrigo, Compendio de Derecho Internacional Público, *op. cit.*, p. 280.

149 Pastor Ridruejo, Curso de Derecho Internacional..., *op. cit.*, p. 455.

150 Convenio de Aviación Civil Internacional (7 de diciembre de 1944). Antes de esta convención se firmaron otras, como el Convenio de París de 1913 y la Convención de La Habana de 1928, pero la Convención de Chicago reemplazó a los textos anteriormente vigentes (Gamboa Serazzi; Fernández Undurraga, Tratado de Derecho Internacional..., *op. cit.*, pp. 586-587).

151 Organización de Aviación Civil Internacional, *DOC Series*. Fecha de consulta: 15/01/2025. Disponible en: https://bit.ly/42kr8z4.

152 Art. 1, Convenio de Aviación Civil Internacional (7 de diciembre de 1944).

153 Si se vuela por el espacio aéreo sin su permiso, se incurre en un ilícito internacional. Un ejemplo de vuelo ilícito sobre territorio extranjero se observó cuando un globo aerostático chino sobrevoló

los Estados tuvieran que ratificar la Convención de Chicago para entregar libertad de sobrevuelo —y otras libertades[154]— a las aeronaves civiles que no tengan fines comerciales.[155] En ocasiones se ha negado el uso del espacio aéreo, como lo hizo Venezuela en 2024, respecto de las aeronaves que provinieran o se dirigieran a Argentina.[156]

En el pasado se aceptaba la *teoría de la extraterritorialidad*, que afirmaba que eran territorio de un Estado sus misiones diplomáticas en el extranjero, así como sus buques de guerra, y los buques mercantes en altamar.[157] La doctrina ya abandonó esta teoría, pero igualmente estos lugares y objetos son tratados como si fueran territorio de otro Estado para determinados efectos.[158] Lo mismo ocurre con las aeronaves y los objetos lanzados a, o construidos en, el espacio ultraterrestre.[159]

1.4.2. Delimitación y demarcación del territorio

La delimitación es la determinación de las fronteras entre dos Estados. Ella puede seguir distintos criterios. Muchas veces los Estados fijan la frontera según paralelos o meridianos, o usan elementos naturales como cordilleras o ríos, en cuyo caso se debe especificar un determinado modo de proceder a la división. En las cordilleras se utiliza el principio de las más altas cumbres o —más frecuentemente— el de las líneas divisorias de aguas.[160] En el caso de Chile con Argentina, curiosamente el tratado de 1881 mezcla ambos criterios.[161] Tratándose de ríos, se distingue si el río es navegable o no. Si no es navegable, se suele considerar la línea media entre las dos riberas (*medium filum acquae*), mientras que, en los ríos

territorio estadounidense y fue derribado (véase Liptak, K. y otros. El Ejército de Estados Unidos derriba el supuesto globo espía de China sobre el Atlántico, *CNN Español*, 2023. Fecha de consulta: 15/01/2025. Disponible en: https://bit.ly/43JKy2I).

154 En Chicago se discutió cómo debían concederse las "cinco libertades del aire" (Pastor Ridruejo, Curso de Derecho Internacional..., *op. cit.*, pp. 456-457).

155 Arts. 3 y 5, Convenio de Aviación Civil Internacional (7 de diciembre de 1944). Otros tratados regulan el transporte comercial, por ejemplo, Acuerdo sobre Servicios Aéreos Subregionales (17 de diciembre de 1996).

156 Se cerró el espacio aéreo en respuesta a que Argentina entregó a EE. UU. una aeronave venezolana que habría servido para ejecutar operaciones encubiertas venezolanas e iraníes. BBC News Mundo. Venezuela prohíbe a los aviones argentinos sobrevolar su espacio aéreo, *BBC News Mundo*, 2024. Fecha de consulta: 23/03/2024. Disponible en: https://bit.ly/espacioaereo.

157 Benadava, Derecho Internacional Público, *op. cit.*, p. 152.

158 *Ibid.*

159 En relación con los objetos espaciales, Art. VIII, Tratado sobre los Principios que Deben Regir las Actividades de los Estados en la Exploración y Utilización del Espacio Ultraterrestre, Incluso la Luna y Otros Cuerpos Celestes (27 de enero de 1967).

160 Benadava, Derecho Internacional Público, *op. cit.*, p. 153.

161 "La línea fronteriza correrá en esa extensión por las cumbres más elevadas de dichas Cordilleras que dividan las aguas i pasará por entre las vertientes que se desprenden a un lado i otro" (Art. 1, Tratado de Límites, Chile y Argentina, 23 de julio de 1881).

navegables, se utiliza el *thalweg*, es decir, la "línea media del canal principal de navegación, que asegura a ambos Estados ribereños iguales ventajas de navegación en el río".[162] Menos común es fijar el límite en la orilla de uno de los dos Estados.[163]

La delimitación puede efectuarse por diversas vías:

- Por vía convencional, es decir, mediante tratados, como ocurrió en el Tratado de Límites entre Chile y Argentina, de 1881.[164]
- Mediante decisión judicial o arbitral, como ocurrió en el fallo de la CIJ en el caso del límite marítimo entre Chile y Perú.[165]
- Por el uso inmemorial, es decir, cuando un territorio ha sido parte de un Estado desde que se tiene recuerdo, aunque no haya un tratado o decisión judicial identificable que le concediera ese territorio al Estado.

Por su parte, la "demarcación consiste en establecer en el terreno, mediante signos visibles, el curso de la línea de frontera. Para ello se utilizan postes, hitos u otras señales que indiquen claramente el límite".[166] Muchas veces los Estados encargan a comisiones de demarcación el poner estos hitos o reparar los que ya existen.[167]

1.4.3. La soberanía y competencia territorial

Al tratar la historia del derecho internacional se hizo referencia a un concepto de soberanía que consiste en que el Estado no está sometido a la autoridad de otro Estado o autoridad. Dicha soberanía podría llamarse *soberanía exterior.*[168] Ahora se tratará de otro concepto de soberanía, que puede llamarse *soberanía territorial*, que se refiere al máximo poder jurídico que puede existir sobre un territorio,[169] a "un poder permanente y efectivo que tienen los órganos del Estado [...] para ejecutar dentro de su territorio las normas jurídicas que promulguen".[170] La soberanía territorial también permite al Estado aprovechar los recursos naturales que se encuentren en su territorio, entregar ese aprovechamiento a otro o, incluso, transferir parte de su territorio.[171]

---

162 Benadava, Derecho Internacional Público, *op. cit.*, p. 153.

163 Por ejemplo, entre Costa Rica y Nicaragua, parte del límite está fijado por el río San Juan, pero por la rivera costarricense, de modo que todo el río pertenece a Nicaragua (CIJ, *Dispute Regarding Navigational and Related Rights (Costa Rica v. Nicaragua)*, 2009, párr. 16).

164 Tratado de Límites, Chile y Argentina, 23 de julio de 1881.

165 Pues la CIJ determinó usar la equidistancia para fijar la frontera a continuación de las ochenta millas marinas que seguían el paralelo limítrofe, sin que hubiera una frontera establecida expresamente (solo se probó la existencia del límite siguiendo el paralelo) (CIJ, *Maritime Dispute (Peru v. Chile)*, 2014).

166 Benadava, Derecho Internacional Público, *op. cit.*, p. 154 (el destacado es nuestro).

167 *Ibid.*, pp. 153-154.

168 Casanovas; Rodrigo, Compendio de Derecho Internacional Público, *op. cit.*, p. 175.

169 Clapham, Brierly's Law of Nations, *op. cit.*, p. 168.

170 Benadava, Derecho Internacional Público, *op. cit.*, p. 156.

171 *Ibid.*

La soberanía territorial, "con todo su séquito de derechos y deberes jurídicos, se funda sobre el hecho del territorio".[172] Ella cuenta con un aspecto positivo y uno negativo (no en el sentido de ser bueno o malo, sino que en el de permitir actuar o exigir abstenerse de hacerlo).[173] El positivo se refiere a la competencia exclusiva del Estado para regular lo que ocurre en su propio territorio, mientras que el negativo se refiere a la obligación que tienen los demás Estados de abstenerse de actuar en el territorio ajeno, de respetar los derechos de otros Estados.[174]

Las normas internacionales sobre la soberanía territorial están basadas en el *ius gentium*, por lo que están muy ligadas a las normas de derecho privado romano sobre propiedad y posesión, lo que puede generar ciertos malentendidos, pues dichas normas no se ajustan exactamente a la realidad del derecho internacional.[175]

En virtud de la soberanía territorial, el Estado tiene competencia territorial,[176] es decir, poder respecto de quienes habitan su territorio.[177] Esta competencia tiene ciertas limitaciones que pueden derivar del derecho internacional consuetudinario o del derecho convencional. Existen los siguientes tipos de limitaciones de competencia:

- De simple abstención: según estas limitaciones, el Estado "debe abstenerse de realizar ciertos actos de soberanía dentro de su propio territorio".[178] Estas limitaciones pueden tener su origen en el derecho consuetudinario, como la inmunidad de ejecución sobre los bienes de otros Estados en el territorio nacional (ella implica que el Estado se abstenga de embargar bienes de otros Estados). Su origen también puede ser convencional, como se observa en el Tratado de Límites entre Chile y Argentina, que dispuso la neutralización a perpetuidad del Estrecho de Magallanes, y la prohibición de construir "en las costas fortificaciones [o] defensas militares que puedan contrariar ese propósito".[179]
- Con sustitución de soberanía: en esta figura, el Estado no solo deja de ejercer su soberanía territorial, sino que permite que otro Estado la ejerza en su lugar.[180] Esto ocurre, por ejemplo, con tratados que permiten el establecimiento de bases militares extranjeras,[181] o con arrendamientos que establecen que el Estado arrendatario ejercerá su soberanía en el territorio arrendado. Este tipo de limitaciones se observa en la base naval estadounidense de Guantánamo, ubicada en Cuba.[182]

---

172 Shaw, International Law, *op. cit.*, p. 416 (la traducción es nuestra).
173 *Ibid.*, p. 418.
174 *Ibid.*
175 *Ibid.*, pp. 418-419.
176 Benadava, Derecho Internacional Público, *op. cit.*, p. 156.
177 Casanovas; Rodrigo, Compendio de Derecho Internacional Público, *op. cit.*, p. 274.
178 Benadava, Derecho Internacional Público, *op. cit.*, p. 158.
179 Art. 5, Tratado de Límites, Chile y Argentina (23 de julio de 1881).
180 Benadava, Derecho Internacional Público, *op. cit.*, p. 159.
181 Casanovas; Rodrigo, Compendio de Derecho Internacional Público, *op. cit.*, p. 274.
182 Arts. 1 y 3, Convenio entre la República de Cuba y los Estados Unidos de América para Arrendar a los Estados Unidos Tierras en Cuba para Estaciones Carboneras y Navales (23 de febrero de 1903).

La sustitución de soberanía se puede dar también en otros acuerdos, como la cesión de la administración de alguna obra de infraestructura, como fue el caso del Canal de Panamá, construido y temporalmente administrado por Estados Unidos.[183]

Algunos acuerdos pueden hacer parecer que existe una limitación de competencia, como ocurriría si un Estado le entrega a otro Estado o a sus nacionales la capacidad de pescar en sus aguas o un derecho de paso por su territorio.[184] Sin embargo, no se limita la competencia territorial, pues las normas sobre la pesca o el tránsito siguen siendo dictadas por el Estado con soberanía sobre el territorio donde se ejercen esas actividades;[185] solo se entrega un derecho u otorga una facilidad a terceros.[186] Así, por ejemplo, no habría limitado originalmente la competencia territorial de Chile el artículo VI del Tratado de Paz y Amistad entre Chile y Bolivia, donde la "República de Chile reconoce en favor de la de Bolivia y a perpetuidad, el más amplio y libre derecho de tránsito comercial por su territorio y puertos del Pacífico".[187]

1.4.4. Adquisición de territorio

a. Modos de adquirir territorio

Los autores clásicos recurrieron al derecho romano para categorizar los distintos modos de adquirir territorio, pero este sistema es inadecuado, atendido que la realidad de los Estados no es análoga a la de las personas.[188] En efecto, más que adquirir un territorio como propiedad, lo que hacen los Estados es adquirir un título para ejercer sus competencias

183 Panamá entregó a perpetuidad una serie de derechos sobre el Canal, tierras adyacentes y otras. Arts. II-VI, Tratado de Canal (Panamá y Estados Unidos) (18 de noviembre de 1903). Después de muchas protestas en los años sesenta, se firmaron tratados en 1977 —conocidos como Tratados Torrijos-Carter— que redujeron los poderes de la administración de EE. UU. en el Canal y otros territorios, declarando su neutralidad. Arts. I-IV, Tratado del Canal de Panamá (7 de septiembre de 1977), y Tratado Concerniente a la Neutralidad Permanente del Canal y al Funcionamiento del Canal de Panamá (7 de septiembre de 1977). El Tratado del Canal de Panamá estableció que estaría en vigor hasta 1999, y que, al término de ese año, Panamá asumiría la plena administración, funcionamiento y mantenimiento del canal (Arts. II y XIII).

184 Benadava, Derecho Internacional Público, *op. cit.*, pp. 162-163.

185 *Ibid.* Sin embargo, puede decirse que sí limita la soberanía, en el sentido de lo referido al tratar el *caso Wimbledon*, pues el Estado no puede desconocer aquello a lo que se comprometió.

186 *Ibid.*

187 Tratado de Paz y Amistad (Chile y Bolivia) (20 de octubre de 1904). Sin embargo, la "Declaración firmada por los Ministros de RR. EE. de Chile y de Bolivia en 1953, que interpreta la Convención de Tránsito entre ambos países (1937), sometió la carga de o hacia Bolivia a la jurisdicción y competencia exclusivas de las autoridades bolivianas, con exclusión de los tribunales y autoridades chilenos" (Benadava, Derecho Internacional Público, *op. cit.*, p. 159). Esta declaración sí habría limitado la competencia territorial.

188 Shaw, International Law, *op. cit.*, p. 420.

soberanas sobre un territorio específico.[189] Los instrumentos donde constan los límites entre Estados son generalmente tratados internacionales y decisiones judiciales o arbitrales.

Suele hablarse de cinco modos distintos de adquirir el territorio, pero los casos judiciales o arbitrales más relevantes del derecho internacional muestran que las partes no alegan exclusivamente un modo de adquirir, sino que adoptan un enfoque más global, donde reclaman varios de ellos.[190] El derecho internacional contemporáneo insiste en la importancia de la efectividad en el ejercicio exclusivo de las competencias soberanas.[191] A continuación, se explican los ya referidos cinco modos de adquirir territorio.[192]

- Accesión: se trata del "aumento, por medios naturales o artificiales, del territorio de un Estado".[193] Ejemplos de accesiones por medios naturales serían un leve desplazamiento del cauce de un río,[194] o un hecho de 1986, en que la erupción de un volcán submarino creó una isla dentro del territorio japonés.[195] Un ejemplo de accesión por medios artificiales fue la construcción de las Islas de Palmas de Dubái.[196] El Código Civil de Chile dispone: "Las nuevas islas que se formen en el mar territorial o en ríos y lagos que puedan navegarse por buques de más de cien toneladas, pertenecerán al Estado".[197]
- Cesión: ella es la transferencia de un territorio y su soberanía, que hace un Estado a otro mediante un tratado.[198] La mayor cantidad de cesiones se han realizado al concluir hostilidades,[199] pero también hay cesiones pacíficas, como cuando Estados Unidos compró Luisiana a Francia, en 1803.[200] Hoy en día se exige que la cesión cuente con un consentimiento libre, y puede darse por diversos motivos, a título gratuito u oneroso.[201] En el caso de Chile, su derecho a ceder territorio se encuentra limitado, pues no puede hacer cesiones del antiguo departamento de Arica sin el consentimiento previo del Perú.[202] El derecho internacional no exige contar con el consentimiento de los habitantes del lugar que se cede, al momento de hacer una transferencia.[203] Sin embargo, en un Estado democrático sería difícil imaginar que

---

189 Dupuy, Droit International Public, *op. cit.*, p. 35.

190 Shaw, International Law, *op. cit.*, p. 420.

191 Dupuy, Droit International Public, *op. cit.*, p. 36.

192 De estos cinco modos, dos serían modos originarios de adquisición (se adquieren territorios que previamente no tenían dueño), y los demás serían modos derivados de adquisición (*Ibid.*, p. 35).

193 Benadava, Derecho Internacional Público, *op. cit.*, p. 165.

194 No ocurriría lo mismo si el cambio es dramático (Shaw, International Law, *op. cit.*, pp. 422-423).

195 *Ibid.*, p. 422.

196 Las islas artificiales no generan mar territorial. Art. 60.8, Convención de las Naciones Unidas sobre el Derecho del Mar (10 de diciembre de 1982).

197 Art. 597, Chile, *Código Civil* (s.d.).

198 Benadava, Derecho Internacional Público, *op. cit.*, p. 166; Shaw, International Law, *op. cit.*, p. 423.

199 Shaw, International Law, *op. cit.*, p. 424.

200 Louisiana Purchase Treaty (30 de abril de 1803).

201 Orakhelashvili, Akehurst's Modern Introduction…, *op. cit.*, pp. 130-132.

202 Art. 1, Protocolo Adicional del Tratado de Paz y Amistad (Chile y Perú) Firmado el 3 de Junio de 1929 (3 de junio de 1929). La misma limitación afecta al Perú, respecto del territorio de Tacna.

203 Orakhelashvili, Akehurst's Modern Introduction…, *op. cit.*, p. 132.

la cesión se lleve a cabo sin el consentimiento ciudadano. El procedimiento para autorizar esta transferencia dependerá del derecho interno de cada Estado, y de las condiciones acordadas por las partes. En el *Tratado de Ancón*, entre Chile y Perú, se definió llevar adelante un plebiscito para definir cuál de los dos Estados quedaría definitivamente con el dominio y soberanía de las provincias de Tacna y Arica.[204]

- **Ocupación efectiva**: consiste en un modo de adquirir *terra nullius*, esto es, un territorio que no pertenece a ningún otro Estado.[205] Hoy en día ya no se observan ocupaciones efectivas, pues prácticamente no existe *terra nullius* (salvo alguna excepción, como un área sin reclamar en la Antártica). Conocer este modo de adquirir sirve para las reclamaciones sobre territorios adquiridos en otras épocas.[206] Los requisitos de la ocupación son:
  - que la lleve adelante un Estado y no individuos privados,
  - que recaiga sobre *terra nullius*,[207]
  - que la ocupación sea efectiva, y[208]
  - que se busque alegar la soberanía sobre el área.[209]
- **Prescripción**: se trata de la consolidación de un título para el Estado poseedor de un territorio, debido al transcurso del tiempo, sumado a la supuesta aquiescencia del Estado que habría sido previamente soberano.[210] Este modo de adquirir es relevante cuando el título que se tenía era ilegal, o cuando su legalidad no podía ser demostrada.[211] Para que opere la prescripción, es necesario:
  - que la posesión sea a título de soberano (*à titre de souverain*);
  - que se realicen actos que denoten soberanía, pues no basta con actos como explotación de recursos o instalación de servicios básicos;[212]
  - que la soberanía se ejerza públicamente, de forma pacífica e ininterrumpida; y

---

204 Art. 3, Tratado de Ancón (20 de octubre de 1883).

205 Shaw, International Law, *op. cit.*, p. 426. En esta materia, es importante distinguir entre *terra nullius* y *res communis*. Estas últimas son áreas que pertenecen a la comunidad internacional en su conjunto, como ocurre con altamar.

206 Orakhelashvili, Akehurst's Modern Introduction..., *op. cit.*, p. 135.

207 En el *caso del Sahara Occidental* (1975), la CIJ dispuso que no son *terra nullius* los territorios ocupados por tribus o pueblos con una organización social y política. CIJ, *Western Sahara*, 1975, párr. 80. También se puede hablar de *territorium nullius*. Víctor Emmanuel III, *Sentence Arbitrale au Sujet du Différend Relatif à la Souveraineté sur l'Île de Clipperton*, 1931, en Revue Générale de Droit International Public XXXIX, p. 131.

208 *Ibid.*

209 Shaw, International Law, *op. cit.*, p. 426.

210 *Ibid.*, p. 428.

211 *Ibid.*

212 Los actos en los que se ejerce jurisdicción o soberanía efectiva —como sería la aplicación de normas jurídicas a un determinado territorio— son llamados *effectivités*, y deben ser realizados por Estados (los privados solo serían relevantes si actúan sobre la base de una regulación oficial). CIJ, *Case Concerning Sovereignty over Pulau Ligitan and Pulau Sipadan (Indonesia/Malaysia)*, 2002, párr. 140.

- que dure por un cierto tiempo.[213] No hay un periodo establecido durante el cual deba ejercerse esta soberanía, sino que dependerá de las circunstancias del caso concreto (a diferencia de lo que ocurre en el derecho nacional, donde se establecen plazos fijos).[214]

- Conquista: el derecho internacional contemporáneo prohíbe el uso o amenaza del uso de la fuerza, salvo en situaciones excepcionales como la legítima defensa.[215] Antes de esta prohibición, se permitía la conquista (por eso, las adquisiciones previas son válidas). Hoy en día, no es posible adquirir territorio por medio de conquista —al menos en teoría—. Más aún, un principio de derecho internacional contemporáneo dispone que "[n]o se reconocerá como legal ninguna adquisición territorial derivada de la amenaza o el uso de la fuerza".[216] La prohibición de la conquista solo podrá ser llevada a la práctica si la comunidad internacional actúa firmemente contra las anexiones ilegales. Esto puede entenderse si se contrastan dos ejemplos. En 1990, Irak invadió y se anexó Kuwait, cuestión que suscitó la intervención del Consejo de Seguridad, el que prohibió que los demás Estados reconocieran la situación o realizaran acciones que pudieran entenderse como un reconocimiento.[217] Esta invasión llegó a su fin cuando el Consejo de Seguridad recomendó a los demás Estados tomar medidas para reestablecer la paz y seguridad, lo que llevó a que fuerzas multinacionales, lideradas por Estados Unidos, intervinieran en lo que se llamó la *Guerra del Golfo*.[218] En cambio, una situación distinta ocurrió con la anexión encubierta de Crimea por parte de Rusia.[219] Dicha acción generó críticas internacionales, pero el poder de Rusia impidió que se adoptaran acciones armadas que pusieran término a esta situación (solo se le impusieron sanciones de otra naturaleza).[220] En definitiva, la falta de acción puede hacer que la realidad venza a la teoría, pues si transcurre el tiempo sin un cambio de la situación, es probable que se termine por reconocer alguna anexión ilegítima.

---

213 Shaw, International Law, *op. cit.*, p. 429.

214 Pastor Ridruejo, Curso de Derecho Internacional…, *op. cit.*, p. 359.

215 En caso de que Rusia ganara la actual guerra contra Ucrania, se estaría frente a un caso moderno de conquista —con independencia de lo que el primer Estado alegue—.

216 ONU, AG: "Contiene la Declaración Relativa a los Principios de Derecho Internacional Referentes a las Relaciones de Amistad y a la Cooperación entre los Estados de Conformidad con la Carta de las Naciones Unidas", A/RES/2625(XXV) (24 de octubre de 1970).

217 ONU, C. de S.: "Resolución 661(1990)" [Irak-Kuwait], S/RES/661(1990) (06/08/1990).

218 Dinstein, Y. War, Aggression and Self-Defense. Cambridge - New York: Cambridge University Press, 2012, pp. 320-321.

219 Decimos "encubierta", porque Rusia no lo hizo abiertamente, sino que apoyó a la minoría rusa que vivía en dicha región para que declarara su independencia y posterior anexión a Rusia. Sobre este tema, véase O'Connell, M. E. The Crisis in Ukraine—2014. En Tom Ruys, Olivier Corten, Alexandra Hofer (eds.), The Use of Force in International Law. A Case-Based Approach. Oxford: Oxford University Press, 2018.

220 *Ibid.*, pp. 856-857.

b. Algunos criterios usados en controversias territoriales

Las disputas territoriales son comunes en el ámbito internacional. Para resolverlas, hay algunos conceptos relevantes, como los siguientes:

- Efectividad: en materia territorial, este principio dispone que "el ejercicio efectivo de funciones estatales en un territorio determinado [...] hace nacer la soberanía sobre él".[221] Este principio se observó al tratar la ocupación, que debe ser efectiva y no meramente simbólica. En este punto, es relevante el *caso de la Isla de Palmas*,[222] donde se disputó si, para adquirir un territorio se necesitaba la ocupación efectiva o la simbólica (esta es la que se puede hacer levantando un acta o izando una bandera). En dicho caso, Estados Unidos (como sucesor de España) y Holanda se disputaban la Isla de Palmas. Estados Unidos alegó varias formas de adquirir, entre ellas la ocupación simbólica, pero Holanda ganó el caso, al probar su ocupación efectiva sobre la Isla. En este caso se afirmó que, desde el siglo XIX, el derecho internacional exige que la ocupación sea efectiva.[223] El principio de la efectividad es complementado por el de la relatividad de la efectividad, que consiste en que "la intensidad y las características de las funciones estatales han de ser apreciadas sobre la base de las circunstancias del caso concreto".[224] Esto se observa en el *caso de Groenlandia Oriental*, donde se afirmó que la efectividad de la ocupación dependerá de la naturaleza del territorio, pues no será igual en un área que esté generalmente cubierta de hielo, que en una zona fácilmente habitable.[225]
- Posesión inmemorial: este criterio se usa cuando un territorio ha sido parte de un Estado desde que se tiene recuerdo, aunque no se conozca del título por el cual este tomó posesión. La mayoría del territorio de los Estados se tiene en conformidad con este principio,[226] al menos, de los que no fueron colonias de otros Estados.
- *Uti possidetis*: este principio dispone que los nuevos Estados tendrán como límites terrestres aquellos que existían al momento de su independencia, fueran estos divisiones entre colonias pertenecientes a distintos Estados, o divisiones administrativas de una misma colonia.[227] Este principio fue muy utilizado por los nuevos Estados latinoamericanos y africanos.[228]
- Doctrina de la unidad territorial o de contigüidad: esta doctrina se aplica cuando una región constituye geográficamente un todo orgánico, y afirma que la ocupación de una parte del territorio de dicha región basta para obtener la soberanía sobre toda

221 Pastor Ridruejo, Curso de Derecho Internacional..., *op. cit.*, p. 356.

222 No se refiere a las ya mencionadas islas artificiales de Dubái.

223 Corte Permanente de Arbitraje, *Island of Palmas Case (Netherlands, USA)*, 1928, en Reports of International Arbitral Awards II, p. 846.

224 Pastor Ridruejo, Curso de Derecho Internacional..., *op. cit.*, p. 356.

225 CPJI, *Legal Status of Eastern Greenland*, 1933, pp. 32-33.

226 Orakhelashvili, Akehurst's Modern Introduction..., *op. cit.*, p. 125.

227 CIJ, *Land, Island and Maritime Frontier Dispute (El Salvador/Honduras: Nicaragua intervening)*, 1992, pp. 386-387.

228 Shaw, International Law, *op. cit.*, pp. 448-489.

ella.[229] La CIJ ha establecido que la proximidad no es suficiente como para otorgar por sí sola un título al territorio terrestre.[230] Sin embargo, podría alegarse como un indicio que, junto con otros factores, "puede contribuir a probar la soberanía de un Estado sobre un territorio vecino".[231] Así, la contigüidad no es un título de soberanía, sino una presunción para determinar qué territorios caben dentro de aquellos adquiridos por un título.[232]

- Fecha crítica: se refiere a la fecha cuando una disputa entre dos Estados se "cristaliza",[233] es decir, el momento desde el cual se observó la divergencia entre ellos (no se refiere a la fecha en que se demandó ante un órgano internacional).[234] La importancia de este concepto es que los tribunales no debieran usar las actividades realizadas ni las pruebas surgidas después de esta fecha, para determinar la soberanía sobre un territorio.[235] Este principio surge de la buena fe, pues evita tomar en consideración acciones que los Estados podrían realizar solo para cimentar artificialmente sus reclamos.[236]

1.4.5. Cuestiones generales sobre el derecho del mar

a. Doctrinas históricas

El derecho del mar es un tema importante en derecho internacional, en atención a la relevancia del mar como medio de comunicación, vía de transporte y como una vasta reserva de recursos pesqueros y minerales. Este libro revisará esta área del derecho, principalmente, en relación con el territorio del Estado.

Según se mencionó al referirse a la historia del derecho internacional, originalmente se propusieron dos doctrinas para regular los mares, las del *mare clausum* y del *mare liberum*. La primera, la del mar cerrado, sostenía que era posible ejercer soberanía sobre el mar. Los Estados que favorecían esta doctrina lo hacían porque contaban con una flota importante y con colonias lejanas, por ejemplo, los portugueses reclamaban como propias ciertas rutas comerciales marítimas. Por el contrario, Estados eminentemente comerciantes, como Holanda, abogaban por un mar libre, por un espacio que no pudiera ser apropiado por ningún Estado. Esta doctrina era favorecida por Grocio, y es la que prevalece hasta el día de hoy (matizada por las zonas marítimas con jurisdicción de los Estados costeros).

---

229 Orakhelashvili, Akehurst's Modern Introduction..., *op. cit.*, p. 127.

230 CIJ, *North Sea Continental Shelf Cases (Federal Republic of Germany/Denmark; Federal Republic of Germany/Netherlands)*, 1969, p. 31.

231 Benadava, Derecho Internacional Público, *op. cit.*, p. 170. Según Crawford, este principio es poco más que una técnica para aplicar el principio de ocupación efectiva en lugares deshabitados, inhóspitos o desconocidos (puesto que la ocupación efectiva se ejerce en forma distinta según las características del territorio, como se observa en el *caso de Groenlandia Oriental*) (Crawford, Brownlie's Principles..., *op. cit.*, p. 223).

232 Orakhelashvili, Akehurst's Modern Introduction..., *op. cit.*, p. 127.

233 Véase CIJ, *Case Concerning Sovereignty Over Pedra Branca/Pulau Batu Puteh, Middle Rocks and South Ledge (Malaysia v. Singapore)*, 2008, párrs. 33-36.

234 Orakhelashvili, Akehurst's Modern Introduction..., *op. cit.*, p. 148.

235 *Ibid.*

236 *Ibid.*

b. Principales normas internacionales en la materia

Las principales normas del derecho del mar son las siguientes:

- Las cuatro Convenciones de Ginebra sobre el Derecho del Mar, de 1958.
- La Convención sobre el Derecho del Mar de 1982 (Convemar).[237]

Estas convenciones se adoptaron al alero de Naciones Unidas. Las cuatro primeras son: la Convención sobre el Mar Territorial y la Zona Contigua; la Convención sobre la Alta Mar; la Convención sobre la Pesca y Conservación de los Recursos Vivos de la Alta Mar, y la Convención sobre la Plataforma Continental (todas del 29 de abril de 1958). Aunque los temas tratados por ellas son ahora tratados por la Convemar, dichas convenciones son relevantes porque algunos Estados, como Estados Unidos, son parte de las convenciones de 1958 y no de la de 1982.

La Convemar es una convención compleja, cuya negociación tomó cerca de una década,[238] pues intentó conciliar los intereses de diversos grupos de Estados, por ejemplo, de Estados desarrollados, que buscan una mayor libertad en el mar para explotar sus recursos fuera de sus propias fronteras (ya que cuentan con buques y medios económicos para hacerlo), y de Estados en vías de desarrollo, que buscan retener los recursos dentro de sus fronteras y evitar su explotación por países desarrollados. También incorpora intereses de Estados sin litoral, los que tienen pleno derecho de libre navegación y explotación en altamar, de paso inocente por mar territorial de los Estados costeros, y de explotación de los recursos de los fondos marinos de altamar, como cualquier otra nación soberana. Así, la Convemar es el resultado de una ardua labor de conciliación de intereses, de un gran proceso en que todos los grupos de Estados tuvieron que ceder en algo, con la finalidad de que los otros cedieran en otras cosas. La recolección de ratificaciones de la Convemar tomó bastante tiempo, por lo que solo pudo entrar en vigor en 1994, doce años después de su firma.[239]

Para efectos de su ratificación, la Convemar adoptó un sistema que impide hacer reservas o excepciones, salvo las expresamente autorizadas.[240] Es decir, al momento de ratificar, un Estado debe estar dispuesto a aceptar la convención casi en su totalidad. Esta decisión se tomó, justamente, porque la Convemar buscó conciliar diversos intereses y lograr un equilibrio, el cual se rompe si cada Estado excluye lo que le desfavorece. Además, esta convención pretende establecer un solo orden jurídico para los mares, que regule los problemas del mar en su conjunto y de forma simple, que facilite a los Estados conocer sus obligaciones.[241]

237 Convención de las Naciones Unidas sobre el Derecho del Mar (10 de diciembre de 1982).

238 Pascal García-Huidobro, E. Tercera Conferencia del Derecho del Mar, Revista de Marina 749, 4, 1982, p. 490.

239 Además, fue necesario concordar el Acuerdo Relativo a la Aplicación de la Parte XI de la Convención sobre Derecho del Mar, de 1994 (también conocido como *Acuerdo de Implementación*) para incentivar que los Estados desarrollados se sumaran a la Convención (Pastor Ridruejo, Curso de Derecho Internacional…, *op. cit.*, pp. 378-379).

240 Art. 309, Convemar.

241 De algún modo, estos propósitos pueden desprenderse del preámbulo de la Convemar.

No obstante esta prohibición de interponer reservas —lo que podría haber significado un bajo número de ratificaciones—, la Convemar cuenta con un número muy alto de miembros. En efecto, ha sido ratificada por 170 Estados.[242] Interesantemente, los Estados que no son parte, igual suelen aceptar muchas de las reglas recogidas por la Convemar, como las diversas zonas marítimas.[243] Por eso, al tratar del derecho del mar, se hará referencia a las normas de la Convemar, aunque no todas ellas reflejen costumbre internacional, por lo que no obligan a toda la comunidad internacional. Entre los Estados que no son parte, podemos destacar a Colombia y Estados Unidos. Perú es el único Estado que limita con Chile que no es parte.

Que la Convemar busque ser una suerte de Constitución de los océanos no impide que los Estados acuerden nuevos tratados sobre el mar, como el reciente *Acuerdo Relativo a la Conservación y el Uso Sostenible de la Diversidad Biológica Marina de las Zonas Situadas Fuera de la Jurisdicción Nacional*, adoptado dentro del marco de la Convemar.[244]

c. Territorio marítimo y su relación con la soberanía del Estado

- **Mar territorial**: el mar territorial es una franja de mar, adyacente a un Estado, de hasta doce millas marinas desde las *líneas de base,*[245] en la que el Estado ejerce su soberanía.[246] Las islas también generan mar territorial, siempre y cuando no sean artificiales.[247] El Código Civil de Chile recoge, en la primera parte del primer inciso de su artículo 593, la definición de mar territorial.[248] En el mar territorial existe soberanía completa del Estado; este ejerce jurisdicción como si fuera tierra firme. Además, la soberanía del Estado "se extiende al espacio aéreo sobre el mar territorial, así como al lecho y al subsuelo de ese mar".[249] La principal excepción a la soberanía completa es el derecho al paso inocente que tienen los buques de pabellón de otro

242 Hasta mayo de 2025. United Nations, Oceans & Law of the Sea, Chronological lists of ratifications of, accessions and successions to the Convention and the related Agreements. Fecha de consulta: 05/06/2025. Disponible en: https://bit.ly/3DWrSSU.

243 Crawford, Brownlie's Principles…, *op. cit.*, p. 243.

244 Agreement under the United Nations Convention on the Law of the Sea on the Conservation and Sustainable Use of Marine Biological Diversity of Areas beyond National Jurisdiction (19 de junio de 2023). Sobre este tratado, y los temas más relevantes para Chile, véase Urrutia S., O. Chile Frente al Nuevo Acuerdo sobre Conservación de la Biodiversidad Marina: Áreas Protegidas e Interacciones con el Régimen Jurídico de la Pesca en Altamar, Revista Chilena de Derecho 51, 3, 2024.

245 Las millas marinas o náuticas son levemente más extensas que las millas terrestres.

246 Arts. 2 ss., Convemar.

247 Art. 60.8, Convemar. En relación con las rocas, véase Art. 121, Convemar.

248 Este dispone: "El mar adyacente, hasta la distancia de doce millas marinas medidas desde las respectivas líneas de base, es mar territorial y de dominio nacional" (Art. 593, Chile, *Código Civil*, s.d.).

249 Art. 2.2, Convemar.

Estado,[250] que es un principio aceptado en el derecho consuetudinario.[251] El problema está en acordar qué incluye el paso "inocente". En general, se entiende que el paso inocente consiste en navegar el mar territorial con la finalidad de cruzar el mar, pero sin entrar en aguas interiores, ni tampoco detenerse, a menos que haya motivos de navegación ordinaria, o que haya una grave necesidad de fuerza mayor o peligro extremo.[252] La Convemar establece que el paso deja de ser inocente si es "perjudicial para la paz, el buen orden o la seguridad del Estado ribereño".[253] Se entiende que, para que el paso de los submarinos sea inocente, deben "navegar en la superficie y enarbolar su pabellón".[254] Se discute si los buques de guerra podrían pasar inocentemente en tiempos de paz;[255] en tiempos de guerra se entiende claramente que no. Las *líneas de base* pueden ser *normales*, que consisten en la línea de bajamar (las más bajas mareas),[256] o *rectas*, en casos de costas accidentadas.[257] Las líneas de base recta se trazan uniendo puntos apropiados del territorio terrestre, siempre que las líneas no se aparten "de una manera apreciable de la dirección general de la costa", entre otros requisitos.[258] Estas líneas de base son aplicables en el caso del mar austral de Chile, que tiene decenas de miles de islas e islotes en sus costas.[259] Existen reglas especiales para el trazado de las líneas de base recta, por ejemplo, en el caso de bahías o de archipiélagos. Lo que quede entre las líneas de base recta y el continente serán las aguas interiores, que se consideran parte del territorio terrestre del Estado.[260] El Código Civil de Chile recoge este concepto, al disponer: "Las aguas situadas en el interior de las líneas de base del mar territorial, forman parte de las aguas interiores del Estado".[261]. A continuación, la FIGURA 2 ilustra toscamente las líneas de base y las aguas interiores.[262]

---

250 La definición pertinente del Diccionario de la Real Academia afirma que pabellón es la "[n]ación a que pertenecen las naves mercantes". Diccionario de la Lengua Española. Fecha de consulta: 14/05/2024. Disponible en: https://www.rae.es/.

251 Tanaka, Y. The International Law of the Sea, Cambridge: Cambridge University Press, 2019, p. 104.

252 *Ibid.*, pp. 105-107.

253 Art. 19, Convemar.

254 Art. 20, Convemar.

255 Shaw, International Law, *op. cit.*, p. 490. Sobre este tema, véase Tanaka, The International Law of the Sea, *op. cit.*, pp. 108-111.

256 Arts. 3 y 5, Convemar.

257 Art. 7, Convemar.

258 Art. 7, Convemar.

259 Otro ejemplo de costas accidentadas puede verse en el *asunto de las Pesquerías*. CIJ, *Fisheries Case (United Kingdom v. Norway)*, 1951.

260 Art. 8, Convemar.

261 Art. 593, inc. 2.°, Chile, *Código Civil* (s.d.).

262 Decimos "toscamente", pues no se siguen las reglas fijadas por la Convemar para el trazado de las líneas de base. Véanse los Arts. 7, 9 y 10, Convemar.

FIGURA 2. LÍNEAS DE BASE RECTA

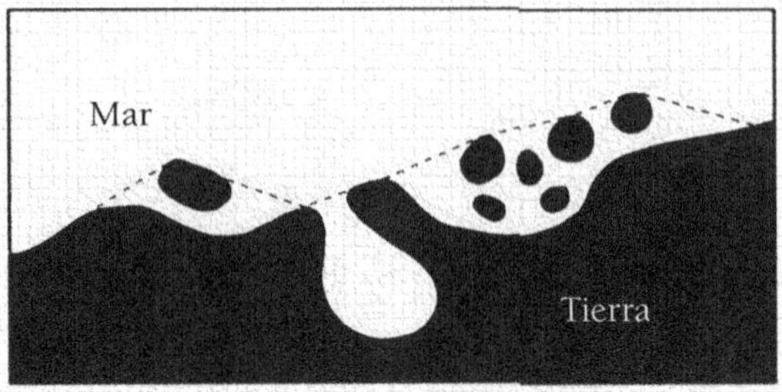

Elaboración propia.

- Áreas bajo cierta jurisdicción nacional:
  - Zona contigua: ella se extiende hasta un máximo de 24 millas marinas desde las líneas de base.[263] Esta área existe solamente para servir al mar territorial. En ella el Estado no tiene soberanía; tiene cierta jurisdicción, pero limitada a la prevención de "infracciones de sus leyes y reglamentos aduaneros, fiscales, de inmigración o sanitarios que se cometan en su mar territorial", o a la sanción de "las infracciones de esas leyes y reglamentos cometidas en su territorio o en su mar territorial".[264] La legislación chilena también consagra esta jurisdicción.[265]
  - Zona económica exclusiva: dicho concepto tiene sus orígenes más básicos en una práctica de Chile, Perú y, luego, otros Estados latinoamericanos.[266] Hoy en día, se considera que sería parte de la costumbre internacional.[267] Ella alcanza hasta un máximo de 200 millas marinas desde las líneas de base,[268] pero contar con esta zona es opcional, por lo que los Estados deben reclamar su derecho para poder ejercer las facultades que de él se derivan.[269] Con esta finalidad, el Estado debe hacer una carta náutica o una lista de coordinadas, darle publicidad y depositar una copia en la Secretaría General de Naciones Unidas.[270] En esta zona el Estado tiene

---

263 La respectiva convención de 1958 consideraba que la zona contigua era una parte de altamar con cierta jurisdicción estatal, mientras que la Convemar la considera parte de la zona económica exclusiva (Shaw, International Law, *op. cit.*, p. 496).

264 Art. 33, Convemar.

265 En efecto, el Código Civil dispone que "para objetos concernientes a la prevención y sanción de las infracciones de sus leyes y reglamentos aduaneros, fiscales, de inmigración o sanitarios, el Estado ejerce jurisdicción sobre un espacio marítimo denominado zona contigua" (Art. 593, inc. 1.°, Chile, *Código Civil*, s.d.).

266 Tanaka, The International Law of the Sea, *op. cit.*, pp. 149-151.

267 Crawford, Brownlie's Principles..., *op. cit.*, p. 262.

268 Art. 57, Convemar.

269 Crawford, Brownlie's Principles..., *op. cit.*, p. 262.

270 Art. 75, Convemar.

> [d]erechos de soberanía para los fines de exploración y explotación, conservación y administración de los recursos naturales, tanto vivos como no vivos, de las aguas suprayacentes al lecho y del lecho y el subsuelo del mar, y con respecto a otras actividades con miras a la exploración y explotación económicas de la zona, tal como la producción de energía derivada del agua, de las corrientes y de los vientos.[271]

Asimismo, en la zona económica exclusiva el Estado tiene jurisdicción respecto del establecimiento y utilización de instalaciones, de investigación y protección del medio marino, entre otros.[272] El Estado no tiene jurisdicción completa en esta zona, pero puede exigirles a buques de otros Estados que no hagan uso de los recursos marinos que se encuentran en ella. Por otro lado, los demás Estados mantienen ciertas facultades de altamar, como el derecho a la libertad de navegación y sobrevuelo, al tendido de cables y tuberías submarinos, y otros usos relacionados con estos.[273] Además, los titulares de esta zona económica exclusiva deben permitir que otros Estados utilicen los recursos de la zona cuando dichos titulares no tengan "capacidad para explotar toda la captura permisible", según los planes de explotación que se hayan diseñado.[274]

– Plataforma continental: ella es una formación geológica que consiste en la proyección del continente hacia altamar. Se trata del suelo y subsuelo adyacente a un Estado, que están cubiertos por una columna de agua de mar relativamente ligera (de entre 150 a 200 metros), y que termina cuando repentinamente alcanza una especie de acantilado submarino, a partir del cual la columna de agua tiene una profundidad mucho mayor, de algunos miles de metros (véase la Figura 3).[275] La plataforma continental se puede extender más allá de las 200 millas marinas desde las líneas de base.

  La idea de que la plataforma continental le pertenece al Estado ribereño viene de la proclamación Truman, que es una declaración unilateral que hizo el Presidente de Estados Unidos en 1945, afirmando que su país tenía derecho a usar los recursos minerales ubicados en la plataforma continental, en virtud de diversos motivos, tales como que la plataforma podía considerarse parte

271 Art. 56, Convemar. En relación con el aprovechamiento del suelo y del subsuelo, los Estados deben seguir las disposiciones relativas a la plataforma continental. El Código Civil chileno se basa en esta misma definición al referirse a los derechos que se ejercen sobre la zona económica exclusiva, a excepción de lo referente a la producción de energía; sin embargo, con posterioridad afirma que "al Estado le corresponde toda otra jurisdicción y derechos previstos en el Derecho Internacional respecto de la zona económica exclusiva y de la plataforma continental" (Art. 596, Chile, *Código Civil*, s.d.).

272 Art. 56, Convemar.

273 Art. 58, Convemar.

274 Art. 62, Convemar.

275 Shaw, International Law, *op. cit.*, pp. 500-501.

del continente, que la explotación de recursos en la plataforma requiere de cooperación desde el continente, y que los recursos de la plataforma suelen ser extensiones de los depósitos que se encuentran en el territorio terrestre del Estado.[276] La proclamación Truman fue importante por su impacto en la regulación de la plataforma continental, pero también porque motivó que Chile y Perú, que tienen muy escasa plataforma continental en sus costas sudamericanas, alegaran tener derecho a una zona económica exclusiva de 200 millas marinas, idea que fue posteriormente recogida en la Convemar.[277] La plataforma continental se encuentra regulada tanto en la Convención de Ginebra sobre la Plataforma Continental de 1958, como en la Convemar. La importancia de esta zona radica en que permite al Estado costero aprovechar los recursos no vivos del fondo marino y del subsuelo, así como los organismos vivos sedentarios que se encuentren en el fondo marino.[278] El Estado con soberanía sobre la plataforma continental no puede explotar los recursos que se encuentren en la columna de agua ni limitarle a otros Estados el uso del mar que se encuentra sobre la plataforma continental.

La zona económica exclusiva incluye la plataforma continental ubicada en ella.[279] Por eso, los derechos específicos sobre esta formación geológica son útiles económicamente solo cuando la plataforma se extiende más allá de la zona económica exclusiva. Los únicos beneficios adicionales de la plataforma, son que no es necesario permitir que otros utilicen los recursos vivos cuando el Estado ribereño no cuenta con la capacidad de hacerlo,[280] y que ella concede derechos por el solo hecho de existir, sin necesidad de reclamarla.

Chile solo tiene una plataforma continental relevante en la Provincia de Isla de Pascua y en la parte austral de la Región de Magallanes y Antártica Chilena.[281] No obstante ello, el Código Civil es claro al afirmar que "el Estado ejerce derechos de soberanía exclusivos sobre la plataforma continental para los fines de la conservación, exploración y explotación de sus recursos naturales", además de señalar que al Estado le corresponderá también "toda otra jurisdicción y derechos previstos en el Derecho Internacional".[282]

---

276 *Ibid.*, p. 501.

277 *Ibid.*

278 Art. 77.4, Convemar, y Art. 2, Convención de Ginebra sobre la Plataforma Continental (29 de abril de 1958).

279 Art. 56.1.a, Convemar.

280 Art. 77, Convemar.

281 Puede consultarse Servicio Hidrográfico y Oceanográfico de la Armada de Chile, Gráfico Ilustrativo de los Espacios Marítimos de Jurisdicción Chilena. Fecha de consulta: 15/01/2025. Disponible en: https://bit.ly/4i6bI7k.

282 Art. 596, Chile, *Código Civil* (s.d.).

FIGURA 3. PLATAFORMA CONTINENTAL

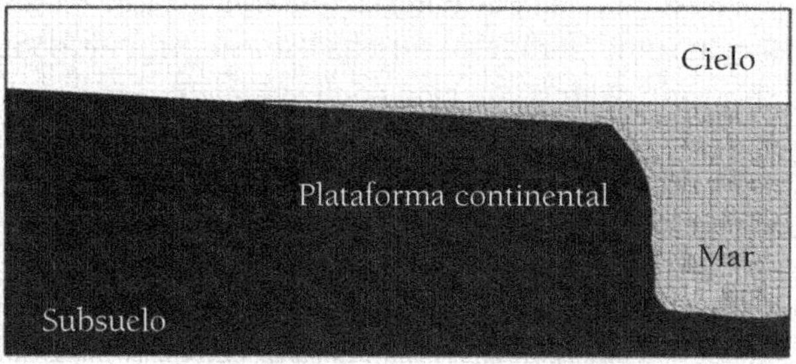

Elaboración propia.

- Áreas fuera de la jurisdicción del Estado:
  - Altamar: es un área que le pertenece a la comunidad internacional, por lo que todos los Estados pueden ejercer distintas facultades: navegación, sobrevuelo, tendido de cables, construcción, pesca, etc.[283] Se puede usar solamente para fines pacíficos.[284] La jurisdicción que se ejerce en esta zona es la del pabellón de los buques, tanto si son comerciales o de guerra (algunos buques adoptan un pabellón o bandera de conveniencia).[285] En algunos casos, los barcos de un Estado pueden apresar otros buques, como cuando se encuentren con barcos piratas o capturados por piratas.[286] Dentro de altamar, puede haber otros espacios que sean relevantes para los Estados, por ejemplo, el área en la que cada Estado tiene deberes de búsqueda y salvamento de personas en peligro.[287]
  - La Zona: los fondos marinos de altamar son llamados "la Zona", y constituyen un patrimonio común de la humanidad.[288] Esto no significa que no se puedan intervenir, sino que su explotación debe reportar beneficios a la comunidad

283 Recientemente se aprobó un tratado que busca proteger la biodiversidad de altamar y de sus fondos marinos. Acuerdo en el Marco de la Convención de las Naciones Unidas sobre el Derecho del Mar Relativo a la Conservación y el Uso Sostenible de la Diversidad Biológica Marina de las Zonas Situadas Fuera de la Jurisdicción Nacional (19 de junio de 2023).

284 Art. 88, Convemar.

285 La bandera o pabellón de conveniencia se refiere a la nacionalidad que adoptan algunos barcos, cuando lo hacen no por pertenecer al Estado correspondiente, sino porque su normativa es más favorable para los operadores del buque, por ejemplo, sus impuestos son menores o su normativa laboral es menos exigente. Así también, hay muchos barcos con la bandera de Panamá o Liberia, a pesar de que no tienen mayor vínculo con dichos Estados. Hoy en día se persigue que haya un vínculo genuino entre el buque y la bandera que se enarbola (Tanaka, The International Law of the Sea, *op. cit.*, pp. 195-196).

286 Respecto de buques en altamar, Art. 105, Convemar.

287 Véase la siguiente convención ratificada por Chile: Convenio Internacional sobre Búsqueda y Salvamento Marítimos (27 de abril de 1979).

288 Art. 136, Convemar.

de Estados. La Autoridad Internacional de los Fondos Marinos debe regular la explotación de la Zona y el modo en que esta se hace.[289] Esta área es importante económicamente, porque es extremadamente rica en nódulos polimetálicos, una especie de piedras con gran contenido de diversos metales, como cobalto o cobre.[290] Sin embargo, para explotarla se requiere de tecnología de punta, que aún se encuentra en desarrollo. La potencial explotación de estos fondos marinos ha levantado objeciones de carácter ambiental.

d. Mecanismos de solución de controversias de la Convemar

La Convemar creó el Tribunal Internacional de Derecho del Mar, el que tiene competencia contenciosa y consultiva.[291] No obstante, ella estableció un sistema peculiar de solución de controversias. Al momento de ratificar la Convención, o en cualquier momento posterior, cada Estado tiene el derecho a pronunciarse sobre su opción de preferencia para resolver las controversias que se susciten. Puede elegir entre arbitraje, resolución por el Tribunal Internacional de Derecho del Mar o por la CIJ.[292] En caso de que la opción elegida por dos Estados no sea la misma, o que un Estado no se haya pronunciado respecto a su preferencia, la disputa en cuestión será sometida a arbitraje. Este mecanismo se aplica a toda disputa sobre la interpretación o aplicación de la Convemar entre dos Estados miembros.[293]

Atendido que la Convemar es el resultado de un arreglo entre los intereses de los distintos tipos de Estados, este mecanismo tripartito para resolver controversias hace sentido. Esto, porque al redactar la Convemar existía en la comunidad de Estados en vías de desarrollo una abierta desconfianza hacia la CIJ, pues se le consideró un mecanismo defensor de intereses occidentales.[294] Esto llevó a que dichos Estados impulsaran la creación de un

289 Sobre esta materia, véase Dingwall, J. Commercial Mining Activities in the Deep Seabed Beyond National Jurisdiction: The International Legal Framework. En Catherine Banet (ed.), The Law of the Seabed: Access, Uses, and Protection of Seabed Resources. Leiden - Boston: Brill Nijhoff, 2020.

290 Tanaka, The International Law of the Sea, *op. cit.*, pp. 216-218.

291 El Tribunal Internacional de Derecho del Mar fue creado por la Convemar; uno de sus 21 jueces es la chilena María Teresa Infante. Su jurisprudencia ha buscado que la Convemar sea entendida en forma abierta al resto del derecho internacional (véase Art. 293, Convemar), como un *instrumento vivo*, adaptable. ITLOS, *On the Request for an Advisory Opinion Submitted by the Commission of Small Island States on Climate Change and International Law*, Opinión Consultiva, Caso N° 31, 2024 (explícitamente en el párr. 130).

292 Art. 287, Convemar.

293 Art. 279, Convemar.

294 Esta creencia se produjo después de fallos de 1966, donde la CIJ rechazó la admisibilidad de las demandas de Etiopía y Liberia relativas al mandato de Sudáfrica en África Sudoccidental (la actual Namibia). El rechazo se debió a que solo podía tenerse legitimación activa ante la CIJ cuando hubiera un interés material para demandar, no bastando las meras consideraciones humanitarias, como era el caso (CIJ, *South West Africa Cases (Ethiopia v. South Africa; Liberia v. South Africa)*, 1966, párrs. 49-50). Esta es una doctrina que hoy se critica, y que la propia Corte modificó en el caso *Barcelona Traction*, al desarrollar el concepto de obligaciones *erga omnes* (obligaciones debidas por cada Estado a la comunidad internacional en su totalidad) (CIJ, *Case Concerning the Barcelona Traction, Light and Power Company, Limited (New Application: 1962) (Belgium v. Spain)*, 1970, párrs. 33 y 34).

nuevo mecanismo para resolver controversias de derecho del mar. Este sistema tripartito buscó satisfacer múltiples intereses.

1.4.6. Territorios especiales

a. La Antártica

La Antártica es un continente. Los Estados que reclaman soberanía sobre parte de este territorio son: Argentina, Australia, Chile, Francia, Noruega, Nueva Zelanda y el Reino Unido. Además, existe un territorio que podría denominarse *terra nullius*. El Reino Unido demandó a Argentina y Chile ante la Corte Internacional de Justicia, para que resolviera sobre sus límites antárticos, pues las reclamaciones de estos Estados se superponen, pero no obtuvo un fallo decisorio debido a la falta de competencia de dicha corte.[295]

Chile reclama el territorio comprendido entre los meridianos 53° longitud oeste de Greenwich y 90° longitud oeste de Greenwich.[296] La determinación de los límites precisos de dicha reclamación se hizo sobre la base del estudio de una comisión especial nombrada al efecto.[297] La Constitución chilena no se refiere a este territorio, ni siquiera en su artículo 126 bis, que habla de los "territorios especiales".[298] Habría varios títulos que Chile podría usar para reclamar soberanía sobre la Antártica, incluyendo títulos españoles, continuidad del territorio nacional, ciertos decretos supremos y la presencia continua de chilenos en dichas zonas.[299]

Existen acuerdos internacionales sobre la Antártica. El más importante es el Tratado Antártico, de 1959 (entró en vigor en 1961), que fue firmado originalmente por Estados interesados en demandas territoriales o en la exploración científica en dicho territorio.[300] Este tratado "congeló" las reclamaciones sobre la Antártica;[301] determinó que dicho continente

---

El Art. 48 de los *Artículos sobre Responsabilidad de los Estados por Hechos Internacionalmente Ilícitos* recoge la nueva posición de la CIJ. Sobre todo este tema, véase Venzke, I. Public Interests in the International Court of Justice - A Comparison Between *Nuclear Arms Race* (2016) and *South West Africa* (1966), AJIL Unbound 111, 2017, p. 74.

295 Véase Ferrada Walker, L. V. La Antártica ante la Corte Internacional de Justicia: A 60 Años de los Casos Reino Unido c. Chile y Reino Unido c. Argentina, Revista Tribuna Internacional, 4, 7, 2015, pp. 155-172.

296 Chile, Decreto Supremo 1747 (06/11/1940), *Antártica Chilena o Territorio Antártico Chileno. Se Fijan sus Límites*. Para conocer las reacciones que surgieron a dicho decreto, así como otros actos realizados por Chile, puede verse la cronología de Saul, B.; Stephens, T. (eds.), Antarctica in International Law. Oxford - Portland: Hart Publishing, 2015, pp. xxxiii ss.

297 Chile, Decreto Supremo 1747 (06/11/1940), *Antártica Chilena o Territorio Antártico Chileno. Se Fijan sus Límites*.

298 Art. 126 bis, CPR. Esta ausencia era subsanada por el proyecto de Constitución de 2023, en un título compuesto por un artículo único ("Territorio Chileno Antártico") (Art. 143, Consejo Constitucional, Propuesta Constitución Política de la República de Chile (2023), *op. cit.*).

299 Sobre la Antártica y Chile, véase Pinochet de la Barra, Ó. La Antártica Chilena. Santiago: AthenaLab, 2023 [1976].

300 Shaw, International Law, *op. cit.*, p. 457.

301 Art. IV, Tratado Antártico (1 de diciembre de 1959).

se usaría solo para usos pacíficos (lo que no impide tener ahí personal militar para fines pacíficos);[302] estableció la libertad de investigación (dicha investigación logró, por ejemplo, descubrir el agujero de la capa de ozono en 1985[303])[304] y la necesidad de cooperar en esta investigación científica;[305] prohibió toda explosión nuclear y eliminación de desechos radiactivos;[306] estableció un sistema muy abierto de fiscalización e inspección del tratado,[307] y dispuso los mecanismos para modificar, revisar y retirarse del mismo (ninguno de estos eventos ha tenido lugar).[308]

El Tratado Antártico contempla diversas categorías de Estados parte, dependiendo de si son signatarios originales o si realizan ciertas actividades en la Antártica.[309] Ellos tendrán mayores o menores derechos al participar en las reuniones consultivas anuales del Tratado Antártico.[310]

Aunque no ha sido ratificado por la mayoría de los Estados, algunos autores y Estados han sostenido que el Tratado Antártico crearía un *régimen objetivo* que sería oponible a terceros Estados que no lo hubieran ratificado.[311] También Chile alegaría este régimen objetivo[312].

El Tratado Antártico, en conjunto con otras tres convenciones, conforman el llamado Sistema del Tratado Antártico. Estos otros tratados son:

- La Convención para la Conservación de Focas Antárticas, de 1 de junio de 1972.
- La Convención para la Conservación de los Recursos Vivos Marinos Antárticos, de 20 de mayo de 1980.
- El Protocolo al Tratado Antártico sobre la Protección del Medio Ambiente, de 4 de octubre de 1991, también llamado Protocolo Ambiental del Tratado Antártico o Protocolo de Madrid.

El 2 de junio de 1988 se aprobó la Convención para la Reglamentación de las Actividades de Recursos Minerales Antárticos, pero fue muy resistida y ningún Estado la ratificó.[313]

302 Art. I, *Ibid.*

303 Secretaría del Tratado Antártico, Ciencia y Operaciones. Fecha de consulta: 15/01/2025. Disponible en: https://www.ats.aq/s/science.html.

304 Art. II, Tratado Antártico (1 de diciembre de 1959).

305 Art. III, *Ibid.*

306 Art. V, *Ibid.*

307 Art. VII, *Ibid.*

308 Art. XII, *Ibid.*

309 Doce son signatarios originales y otros 44 Estados se han sumado. Del total de Estados parte, 29 cumplen con los requisitos para tener estatus consultivo, y 27 tienen un estatus de miembro no consultivo (Secretaría del Tratado Antártico, Partes. Fecha de consulta: 25/03/2024. Disponible en: https://www.ats.aq/devAS/Parties?lang=s).

310 Shaw, International Law, *op. cit.*, p. 458.

311 Véase Simma, B. The Antarctic Treaty as a Treaty Providing for an Objective Regime, Cornell International Law Journal 19, 2, 1986.

312 *Ibid.*, p. 191.

313 Aunque la firmaron cerca de veinte Estados, incluido Chile (New Zealand Foreign Affairs & Trade, Treaties. Fecha de consulta: 06/08/2024. Disponible en: https://bit.ly/44gKYO1).

Finalmente, perdió su utilidad en atención a la entrada en vigor del Protocolo sobre el Medio Ambiente, que prohibió el uso de recursos minerales para fines diversos de la investigación científica.

Desde 2020, Chile cuenta con una ley que estableció el Estatuto Chileno Antártico, que define su territorio antártico, establece la institucionalidad antártica chilena, regula las actividades antárticas, protege el medio ambiente, etc.[314]

b. El Ártico

A diferencia de lo que sucede con la Antártica, el Ártico no es un continente, sino masas de agua congelada. Bajo esas masas de hielo hay islas y recursos marinos y minerales, que son reclamados por los ocho Estados árticos (Canadá, Dinamarca, Estados Unidos, Finlandia, Islandia, Noruega, Rusia y Suecia).[315] El Ártico es relevante no solo por sus recursos, sino también por ser un área estratégica, ya que es un territorio que separa a potencias mundiales y porque submarinos pueden operar bajo tales masas de hielo.[316] Además, la posibilidad de que el Ártico se derrita por el cambio climático, no obstante ser una tragedia ambiental, lo haría más interesante para los Estados, atendido que permitiría la navegación por el Ártico —acortando los costos de comercio entre Asia y Europa—, facilitaría la explotación de recursos submarinos, etc.[317]

Los Estados que poseen territorio en el Ártico alegaron distintas teorías para adquirirlo, como la de ocupación y extensa explotación de minerales, o la de los *sectores polares*.[318] En el pasado, la Unión Soviética llegó a alegar soberanía sobre formaciones de hielo inmóviles, pero la posición mayoritaria sostiene que esas formaciones son parte de altamar.[319] La ocupación parece ser el mecanismo de adquisición más convincente, puesto que la Corte Permanente de Justicia Internacional, en el caso de *Groenlandia Oriental*, admitió que la ocupación de áreas en la región Ártica exige escasa actividad por parte de los Estados que la reclaman, en atención a su inhóspita naturaleza.[320]

---

314 Chile, Ley 21.255 (17/09/2020), *Establece el Estatuto Chileno Antártico*. Las reflexiones de varios autores sobre esta ley se pueden encontrar en Ferrada Walker, L. V. (ed.), Reflexiones sobre la Nueva Ley Chilena Antártica. Santiago: Facultad de Derecho Universidad de Chile - U-Antártica, 2021.

315 Byers, M. International Law and the Arctic. Cambridge: Cambridge University Press, 2013, p. 2.

316 Véase Shaw, International Law, *op. cit.*, p. 455.

317 Byers, International Law and the Arctic, *op. cit.*, pp. 2-3.

318 Shaw, International Law, *op. cit.*, p. 456. Esta última teoría se basa en la contigüidad, y afirma que los Estados con "litoral sobre el Océano Glacial Ártico tendrían soberanía sobre las tierras e islas situadas dentro de un triángulo esférico cuya base está constituida por dicho litoral, el vértice por el Polo Norte y los lados por los meridianos que pasan por los extremos oriental y occidental del litoral" (Benadava, Derecho Internacional Público, *op. cit.*, p. 177).

319 Shaw, International Law, *op. cit.*, p. 456.

320 *Ibid.*

Ya no hay disputas sobre cuál de los Estados árticos tiene soberanía sobre los distintos espacios de tierra firme en la Región.[321] Asimismo, los límites marítimos y el estatus de ciertas rutas marítimas están casi todos resueltos.[322] No obstante, aún hay que definir los límites de secciones de plataforma continental.[323] En relación con los territorios marítimos, ellos están regidos por el derecho del mar, lo que deja algunos espacios del Ártico cercanos al polo norte, como patrimonio de la comunidad internacional.[324]

Hoy en día, el Consejo Ártico, que comenzó como un foro de los ocho Estados árticos, se ha convertido en una organización internacional propiamente tal, que puede encargar estudios de impacto ambiental y proponer tratados internacionales.[325]

1.5. JURISDICCIÓN DEL ESTADO E INMUNIDADES

1.5.1. Jurisdicción del Estado

a. Cuestiones generales

En un sentido amplio, la jurisdicción del Estado se refiere a la capacidad estatal de dictar, aplicar y ejecutar normas.[326] La jurisdicción del Estado, en su sentido estricto, se refiere a la capacidad estatal de administrar justicia, y es el concepto relevante para la presente sección de este libro. Esta última es una manifestación de la soberanía territorial, por lo que es el mismo Estado el que determina la jurisdicción de sus tribunales.[327] No obstante, el derecho internacional también está interesado en esta materia, pues las leyes de un Estado se podrían aplicar a nacionales de otro (cuyo Estado tiene derecho a proteger). Por eso, el derecho internacional establece principios que la normativa nacional debe seguir, para efectos de que la aplicación de su jurisdicción no afecte los derechos de extranjeros, evitando así que los Estados de su nacionalidad protesten o ejerzan la protección diplomática.

En materia civil (entendiendo por ella toda regulación que no sea penal), los Estados tienen bastante margen de actuación, pues el derecho internacional solo exige que exista un *vínculo razonable* entre el Estado que pretende ejercer la jurisdicción y la persona o cosa sometida a dicha jurisdicción.[328] Así, por ejemplo, podría considerarse razonable que un

---

321 El ultimo de ellos fue resuelto en 2022, véase Byers, International Law and the Arctic, *op. cit.*, p. 5, e Ingvadóttir, F. The Whisky War: A Tale of Peaceful Resolution over Hans Island, Arctic Portal, 2024. Fecha de consulta: 25/04/2025. Disponible en: https://bit.ly/4cPFts4.

322 Byers, International Law and the Arctic, *op. cit.*, pp. 6-7.

323 *Ibid.*

324 *Ibid.*, p. 1.

325 *Ibid.*, pp. 8-9.

326 Staker, C. Jurisdiction. En Malcolm D. Evans (ed.), International Law. Oxford: Oxford University Press, 2014, p. 309.

327 Benadava, Derecho Internacional Público, *op. cit.*, p. 253.

328 *Ibid.* Así, por ejemplo, podría preguntarse si se conforma al DIP la norma estadounidense que busca prohibir a empresas extranjeras, sin sede en EE. UU., comerciar con algunos Estados como Irán y Cuba. *Cfr.* Staker, Jurisdiction, *op. cit.*, p. 310.

Estado ejerza su jurisdicción sobre una empresa de servicios digitales constituida y ubicada físicamente en el extranjero, cuyos dueños también fueran extranjeros, pero cuyos servicios fueran contratados en el Estado que busque ejercer su jurisdicción.

En materia penal, en cambio, el derecho internacional es más exigente y requiere que el Estado que ejerce su jurisdicción tenga un título o base de jurisdicción aceptado. Si no lo tiene, puede incurrir en responsabilidad internacional por aplicar su legislación criminal. Esta mayor exigencia se da porque condenar penalmente a una persona puede hacerla perder derechos importantes, como su libertad o, incluso, su vida. A continuación, se revisan los principios que pueden invocarse para ejercer la jurisdicción penal.

b. Principio de territorialidad

Este principio es universalmente aceptado. Dispone que el Estado puede juzgar penalmente a cualquier persona por un crimen ocurrido dentro de su territorio. Con este principio, la comunidad internacional reconoce que, si un Estado no tuviera el poder para controlar los actos que ocurren en su territorio, ese Estado no podría subsistir.[329] Puede ocurrir que un delito sea cometido en el territorio de dos Estados, por ejemplo, si se pone una bomba en un avión antes de que despegue, y esta explota habiendo el avión aterrizado en el territorio de otro Estado. En dicho caso, ambos Estados podrían alegar jurisdicción para juzgar el hecho.[330]

c. Principio de nacionalidad

Según este principio, un Estado puede juzgar a sus nacionales por conductas realizadas en el extranjero.[331] En la práctica, solo algunos de esos delitos son perseguidos, por ejemplo, Chile sanciona a sus agentes diplomáticos o consulares que, estando en el extranjero en ejercicio de sus funciones, cometen delitos.[332] El principio de nacionalidad también es universalmente aceptado, pues se entiende que las personas deben lealtad a sus Estados,[333] que estos tienen interés en sancionar a sus nacionales responsables de crímenes en el extranjero (para resguardar su reputación y sus relaciones internacionales), y que la comunidad internacional tiene interés en desincentivar la comisión de crímenes graves.[334]

d. Principio de protección

Un Estado puede juzgar a un extranjero por un crimen cometido en el extranjero, cuando ese crimen afecte la seguridad del Estado o algún otro interés vital.[335] No es claro

329 Murphy, Principles of International Law, *op. cit.*, p. 321.

330 Staker, Jurisdiction, *op. cit.*, p. 317.

331 Murphy, Principles of International Law, *op. cit.*, p. 322. En algunas ocasiones, se le llama principio de personalidad activa.

332 Art. 6.1, Chile, Código Orgánico de Tribunales (09/07/1943).

333 Watson, G. R. Offenders Abroad: The Case for Nationality-Based Criminal Jurisdiction, Yale Journal of International Law 17, pp. 67-68.

334 *Ibid.*, pp. 68-70.

335 Crawford, Brownlie's Principles…, *op. cit.*, p. 446.

cuáles son los intereses vitales, pues no hay un criterio específico para determinarlo, por lo que dependerá del sentido de gravedad que le dé un Estado a ciertos actos.[336]

Es clásico ejemplificar esta base de jurisdicción con el delito de falsificar la moneda de un Estado en el extranjero. También podría aplicarse este principio con *hackers* y quienes cometan crímenes cibernéticos que afecten gravemente a un Estado.[337] Estados Unidos alega este principio para sancionar el narcotráfico en altamar.[338]

e. Doctrina de los efectos

La doctrina de los efectos o del impacto es nueva en materia de jurisdicción penal del Estado. Su aceptación no es amplia, pero va en aumento.[339] Ella busca aplicarse en casos de acciones realizadas en el extranjero, que tengan efectos negativos en el Estado que busca ejercer la jurisdicción, pero sin que sean de gravedad vital como para caber dentro del principio de protección.[340] Hasta el momento, esta doctrina se aplica bastante en Estados Unidos y, en cierta medida, también en la Unión Europea.[341] Se ha usado significativamente con legislación antimonopolios,[342] como es el caso de Chile, que somete a su jurisdicción a quien, fuera del territorio de la República,[343]

> celebre u ordene celebrar, ejecute u organice un acuerdo que involucre a dos o más competidores entre sí, para fijar precios de venta o de compra de bienes o servicios en uno o más mercados; limitar su producción o provisión; dividir, asignar o repartir zonas o cuotas de mercado; o afectar el resultado de licitaciones realizadas por empresas públicas, privadas prestadoras de servicios públicos, u órganos públicos.[344]

f. Personalidad pasiva

Según el principio de la personalidad pasiva, un Estado puede juzgar a quien comete delitos *en contra de* uno de sus nacionales. Este principio no es comúnmente aceptado, pero algunos Estados lo usan en casos muy graves, por ejemplo, Estados Unidos sanciona a extranjeros que, en otro país, toman a nacionales estadounidenses como rehenes, o matan

---

336 *Ibid.*

337 Algunos afirman que si los delitos cibernéticos fueran cometidos por un Estado, podrían incluso llegar a considerarse un acto de agresión (prohibido por una norma de *jus cogens*). En general, véase Schmitt, M. N. (ed.), Tallinn Manual 2.0 on the International Law Applicable to Cyber Operations. Prepared by the International Groups of Experts at the Invitation of the NATO Cooperative Cyber Defence Centre of Excellence. Cambridge: Cambridge University Press, 2017.

338 Staker, Jurisdiction, *op. cit.*, p. 321.

339 Crawford, Brownlie's Principles..., *op. cit.*, p. 447.

340 *Ibid.*

341 *Ibid.*

342 Staker, Jurisdiction, *op. cit.*, p. 318.

343 Art. 6, N° 11, Chile, *Código Orgánico de Tribunales* (09/07/1943).

344 Art. 62, Chile, Decreto con Fuerza de Ley 1 (07/03/2005), *Fija el Texto Refundido, Coordinado y Sistematizado del Decreto Ley N° 211, de 1973.*

a estadounidenses en delitos terroristas.[345] En general, se critica este principio por extender mucho el poder penal de los Estados, pues una persona puede estar expuesta a cometer delitos cuya tipicidad desconoce, por el solo hecho de tratar con un nacional de otro Estado. Se puede ejemplificar lo anterior con la regulación de un Estado fundamentalista imaginario, en el que fuera un delito contra el honor de la mujer casada, el que un varón se aproximara a conversarle sin la presencia de su marido; si una nacional de ese Estado viajara a Chile, muchas personas podrían cometer dicho delito sin que los "delincuentes" tengan conciencia de ello.

No obstante la poca aceptación teórica de este principio, varios tratados referidos a crímenes lo contemplan (con lo que será plenamente aceptable entre los Estados parte del tratado).[346] Por ejemplo, la Convención Internacional contra las Desapariciones Forzadas establece que los Estados pueden ejercer su jurisdicción cuando la víctima de una desaparición forzada sea un nacional suyo.[347] Esto también se observa en la Convención contra la Tortura y Otros Tratos o Penas Crueles, Inhumanos o Degradantes.[348]

g. Jurisdicción universal

El principio de jurisdicción universal dispone que un Estado puede sancionar conductas cometidas por extranjeros en el extranjero, en contra de extranjeros, aunque dichos actos no afecten a ese Estado en concreto, siempre que ellos constituyan crímenes graves que afecten a la comunidad internacional o a sus habitantes.[349] Originalmente, la jurisdicción universal se aplicó a la piratería, luego al tráfico de esclavos.[350] Actualmente, se ha extendido a algunos crímenes serios del derecho internacional, como el genocidio, crímenes de lesa humanidad y violaciones graves del derecho de la guerra y del derecho internacional humanitario.[351] También se podría extender a la tortura[352] o a otros crímenes establecidos en tratados específicos, como el terrorismo.[353]

La jurisdicción universal se aplica a crímenes que no solo sean graves, sino que también planteen dificultad para apresar o sancionar a sus autores.[354] Es por esto último que se le aplica este principio a la piratería, a pesar de no ser uno de los delitos más graves imaginables.[355] También es difícil sancionar a los autores de genocidio y delitos de lesa humanidad, pues ellos suelen estar vinculados al Gobierno en periodos autoritarios, lo que hace difícil que los tribunales del Estado sean suficientemente independientes y valientes como para juzgarlos.

---

345 Murphy, Principles of International Law, *op. cit.*, p. 324.

346 Crawford, Brownlie's Principles..., *op. cit.*, pp. 445-446.

347 Art. 9.1.c, Convención Internacional para la Protección de Todas las Personas contra las Desapariciones Forzadas (20 de diciembre de 2006).

348 Art. 5.1.c, Convención contra la Tortura y Otros Tratos o Penas Crueles, Inhumanos o Degradantes (10 de diciembre de 1984).

349 Murphy, Principles of International Law, *op. cit.*, p. 326.

350 Crawford, Brownlie's Principles..., *op. cit.*, p. 452.

351 *Ibid.*

352 *Ibid.*

353 Murphy, Principles of International Law, *op. cit.*, p. 327.

354 Staker, Jurisdiction, *op. cit.*, p. 322.

355 *Ibid.*

Los Estados son libres de aplicar o no la jurisdicción universal, a menos que se nieguen a extraditar acusados comprendidos en un tratado que establezca el principio *aut dedere aut iudicare.*[356] Este principio dispone que un Estado que no extradita a un acusado de cometer determinado crimen, debe enjuiciarlo.[357]

Un ejemplo clásico en el que un Estado usó el principio de la jurisdicción universal fue el juicio de *Adolf Eichmann*, en Israel.[358] La Corte Suprema de Chile también se refirió al principio de la universalidad en el *caso de López y Ceballos*, sobre opositores al régimen venezolano, pero dicha sentencia cuenta con muchos errores sustantivos, por lo que no conviene analizarla.[359] Actualmente son pocos los Estados que aleguen jurisdicción basándose solo en el principio de universalidad (en general, suelen usarlo en conjunto con el de la personalidad pasiva o algún otro).[360] Un caso ilustrativo es el de Bélgica, que en 1993 adoptó una ley, ampliada posteriormente en 1999, considerada la legislación más abierta en materia de persecución criminal sobre la base del puro principio de jurisdicción universal.[361] En virtud de ella se presentaron unas treinta denuncias para sancionar a autoridades o exautoridades de muchos Estados, incluyendo a Augusto Pinochet.[362] Sin embargo, después

356 Murphy, Principles of International Law, *op. cit.*, pp. 326-327.

357 Aquí se ha hablado de una *quasi* jurisdicción universal (Crawford, Brownlie's Principles…, *op. cit.*, p. 454).

358 Este caso se refiere al juzgamiento de Adolf Eichmann, un importante nazi acusado de ser el responsable de gravísimos crímenes contra los judíos, y de ser quien ideó la llamada "Solución final". Después de la Segunda Guerra Mundial, Eichmann escapó, pero fue aprehendido en 1960 en Argentina por fuerzas israelíes —sin consentimiento argentino, lo que violó el derecho internacional (véase ONU, C. de S.: "Resolución 138(1960)" [Cuestión relativa al caso de Adolfo Eichmann], S/RES/138(1960); 23/06/1960)—. Después de aprehenderlo, llevaron a Eichmann a Israel, donde se le juzgó y aplicó la pena de muerte. Para ver los aspectos legales, en un trabajo contemporáneo a la sentencia respectiva, véase Lasok, D. The Eichmann Trial, International and Comparative Law Quarterly 11, 2, 1962.

359 CS, rol 17.393-2015, Recurso de Protección (apelación), 18/11/2015 (*López y Ceballos*). Incluso la CIDH tuvo que corregir a la CS, y aclararle que los órganos de la OEA no se encuentran sujetos a su jurisdicción (Emol. CIDH desconoce 'jerarquía' de la Corte Suprema de Chile tras fallo a favor de opositor venezolano, *Emol*, 2016. Fecha de consulta: 14/01/2025. Disponible en: https://bit.ly/jerarquiaCS). Para mayores detalles y comentarios sobre el fallo y la jurisdicción universal, puede verse López Escarcena, S; Núñez Poblete, M. Procesos Cautelares Extraterritoriales: Los Casos Ledezma y López y Caballos en las Cortes Chilenas. En Sentencias Destacadas 2015. Una Mirada desde la Perspectiva de las Políticas Públicas. Santiago: Ediciones LYD, Santiago, 2016, pp. 124-131.

360 Murphy, Principles of International Law, *op. cit.*, p. 327. Sin embargo, hay excepciones, como Alemania, cuya ley de jurisdicción universal se aplicará, incluso, cuando el crimen haya sido cometido en el exterior y no tenga relación con Alemania. Art. 1°, Alemania, *Code of Crimes against International Law* (26/06/2002) (traducción al inglés de Federal Office of Justice: https://bit.ly/3Ee3dJx. Fecha de consulta: 07/11/2024). Para un ejemplo de su aplicación, véase Aboueldahab, S.; Langmack, F. The End of the Al-Khatib Trial. A Historic Verdict and a Trial of Missed Opportunities, *Völkerrechtsblog*, 2022. Fecha de consulta: 25/01/2025. Disponible en: https://voelkerrechtsblog.org/the-end-of-the-al-khatib-trial/.

361 Murphy, Principles of International Law, *op. cit.*, p. 328.

362 *Ibid.*

de que se iniciaran procesos en contra de un expresidente estadounidense y un ex primer ministro británico por su uso de la fuerza en Irak y Afganistán, Bélgica decidió restringir en forma importante su legislación, pues podía impedirle seguir siendo sede de varias organizaciones internacionales (como la OTAN y la Unión Europea).[363] Hoy en día, la ley belga no se basa solo en el principio de universalidad, pues exige una mayor vinculación con dicho Estado, además de prohibir iniciar acciones en contra de personas invitadas al Estado por autoridades belgas, o que viajen a su territorio por motivos vinculados con organizaciones internacionales con sede en Bélgica.[364]

h. Uso de diversos principios en la legislación chilena

El artículo 6 del Código Orgánico de Tribunales determina la jurisdicción criminal de los tribunales chilenos, respecto de crímenes o simples delitos cometidos en el extranjero.[365] Dicha norma, aunque no menciona explícitamente estos principios, los aplica al dar jurisdicción a los tribunales nacionales. Algunos numerales de dicho artículo aplican más de un principio de jurisdicción.

> Artículo 6.°
>
> Quedan sometidos a la jurisdicción chilena los crímenes y simples delitos perpetrados fuera del territorio de la República que a continuación se indican:
>
> 1°) Los cometidos por un agente diplomático o consular de la República, en el ejercicio de sus funciones;
>
> 2°) La malversación de caudales públicos, fraudes y exacciones ilegales, la infidelidad en la custodia de documentos, la violación de secretos, el cohecho, cometidos por funcionarios públicos chilenos o por extranjeros al servicio de la República y el cohecho a funcionarios públicos extranjeros, cuando sea cometido por un chileno o por una persona que tenga residencia habitual en Chile;
>
> 3°) Los que van contra la soberanía o contra la seguridad exterior del Estado, perpetrados ya sea por chilenos naturales, ya por naturalizados, y los contemplados en el párrafo 14 del Título VI del Libro II del Código Penal, cuando ellos pusieren en peligro la salud de habitantes de la República;
>
> 4°) Los cometidos, por chilenos o extranjeros, a bordo de un buque chileno en alta mar, o a bordo de un buque chileno de guerra surto en aguas de otra potencia;
>
> 5°) La falsificación del sello del Estado, de moneda nacional, de documentos de crédito del Estado, de las Municipalidades o de establecimientos públicos, cometida por chilenos, o por extranjeros que fueren habidos en el territorio de la República;
>
> 6°) Los cometidos por chilenos contra chilenos si el culpable regresa a Chile sin haber sido juzgado por la autoridad del país en que delinquió;

363 *Ibid.*, pp. 328-330.
364 *Ibid.*, pp. 329-330.
365 Chile, *Código Orgánico de Tribunales* (09/07/1943).

7°) La piratería;

8°) Los comprendidos en los tratados celebrados con otras potencias;

9°) Los sancionados por la ley 6.026 y las que la han modificado, cometidos por chilenos o por extranjeros al servicio de la República;

10°) Los sancionados en los artículos 367, 367 quáter inciso segundo y 367 septies del Código Penal, cuando pusieren en peligro o lesionaren la indemnidad o la libertad sexual de algún chileno o fueren cometidos por un chileno o por una persona que tuviere residencia habitual en Chile; y el contemplado en el artículo 367 quáter, inciso primero, del mismo cuerpo legal, cuando el material pornográfico objeto de la conducta hubiere sido elaborado utilizando chilenos menores de dieciocho años;

11°) Los sancionados en el artículo 62 del decreto con fuerza de ley N° 1, del Ministerio de Economía, Fomento y Reconstrucción, de 2004, que fija el texto refundido, coordinado y sistematizado del decreto ley N° 211, de 1973, cuando afectaren los mercados chilenos;

12°) Los delitos cometidos por chilenos, que se encuentran comprendidos en los artículos 34 y 35 de la Ley que Implementa la Convención sobre la Prohibición del Desarrollo, la Producción, el Almacenamiento y el Empleo de Armas Químicas y sobre su Destrucción y la Convención sobre la Prohibición del Desarrollo, la Producción y el Almacenamiento de Armas Biológicas (Bacteriológicas) y Toxínicas y sobre su Destrucción.

i. Concurrencia de jurisdicción

Puede ocurrir que más de un Estado tenga jurisdicción para conocer de un asunto, como sucedería si un terrorista de un Estado A, mata a un nacional del Estado B, en el territorio de un Estado C.[366] Los Estados pueden regular en tratados los casos de jurisdicción simultánea, y pueden concederse entre todos jurisdicción sobre ciertos hechos, de modo que todas las partes del tratado puedan juzgarlos.[367]

j. Extradición

"La extradición es la entrega, por un Estado, de una persona que se encuentra en su territorio, a otro Estado que la reclama a fin de juzgarla o de aplicarle una pena".[368] Ella "se llama *activa* si se considera desde el punto de vista del Estado que pide la entrega (Estado *requirente*), y *pasiva* si se la contempla desde el punto de vista del Estado al que se solicita la entrega (Estado requerido)".[369]

---

366 Murphy, Principles of International Law, *op. cit.*, p. 334.

367 Benadava, Derecho Internacional Público, *op. cit.*, p. 259.

368 *Ibid.*, p. 261.

369 Politoff, S.; Matus, J. P.; Ramírez, M. C. Lecciones de Derecho Penal Chileno. Parte General. Santiago: Editorial Jurídica de Chile, 2003, p. 144.

No existe una obligación de acceder a la extradición, de aceptar dicha solicitud, a menos que se establezca en un tratado. Como no es obligación concederla, existen muchos casos donde esta ha sido requerida por Chile, pero eventualmente denegada.[370] Chile cuenta con alrededor de una veintena de tratados de extradición,[371] además del tratado multilateral llamado Código de Bustamante, que también trata de este asunto.[372] A falta de tratados, la extradición se regula en el ordenamiento interno de cada Estado, por lo que el éxito del procedimiento de extradición depende mucho del Estado donde se encuentra el sospechoso o delincuente.[373] Existen diversos motivos para denegar algunas extradiciones, por ejemplo, la mayoría de los Estados europeos niegan, a falta de tratado en contrario, la extradición de sus nacionales.[374] Venezuela tiene, incluso, una norma constitucional que prohíbe la extradición de sus nacionales,[375] lo que contraría tratados que ella misma ha ratificado.

El mecanismo de extradición en Chile se regula en el Código Procesal Penal, tanto en forma activa,[376] como en forma pasiva.[377] Dicho código dispone que podrá concederse la extradición cuando se cumplan ciertos requisitos, entre los que se encuentra uno relacionado con el derecho internacional, cual es, que el delito que motive la solicitud de extradición "sea de aquellos que autorizan la extradición según los tratados vigentes o, a falta de estos, en conformidad con los principios de derecho internacional".[378] Esta norma reenvía no solo a los tratados internacionales (de fácil lectura), sino también a "los principios de derecho internacional". Estos principios pueden extraerse a partir de los tratados que existen en materia de extradición a nivel mundial. Algunos de ellos podrían ser los de:

---

370 Por ejemplo, Francia se negó a extraditar a Ricardo Palma Salamanca, culpable de asesinato, por haberle concedido el estatuto de refugiado político (Batarce, C. Justicia francesa rechaza extradición a Chile de Ricardo Palma Salamanca, *La Tercera*, 2019. Fecha de consulta: 17/01/2025. Disponible en: https://bit.ly/4i2E16v). Palma es uno de los asesinos del senador Jaime Guzmán, que al momento de los hechos era un profesor de derecho de la Pontificia Universidad Católica (fue asesinado saliendo de clases), y es el único senador en ejercicio asesinado en Chile.

371 Estos incluirían: Australia, Bélgica, Bolivia, Brasil, Colombia, Corea, Ecuador, España, Estados Unidos, Italia, México, Nicaragua, Paraguay, Perú, Portugal, Reino Unido, Uruguay y Venezuela. Vergara, Á.; Soto, J. Extradición: El caso de Chile y la alternativa de la UE, *Idealex.press*, 2019. Fecha de consulta: 17/01/2025. Disponible en: https://bit.ly/4jpkRsQ.

372 Arts. 344-381, Convención sobre Derecho Internacional Privado (Código de Bustamante) (2 de febrero de 1928).

373 Por ejemplo, en forma coetánea se acusó a dos personas en Chile por delitos similares —Alberto Chang y Rafael Garay—. Ambos escaparon al extranjero, pero solo uno de ellos pudo ser extraditado (*Cfr.* Unidad de Comunicaciones de la Fiscalía Nacional. Luego de Ser Extraditado, Fiscalía Centro Norte Formalizó a Rafael Garay y Solicitó la Prisión Preventiva, *Fiscalía de Chile*, 2017. Fecha de consulta: 06/08/2024. Disponible en: https://bit.ly/3RC0P26, con Minay, S. Tras Rechazo de Extradición de Chang: 73 Casos Sí Han Sido Concedidos a Chile en los Últimos Cinco Años, *La Tercera*, 2018. Fecha de consulta: 06/08/2024. Disponible en: https://bit.ly/3YjGdPW).

374 Politoff L. y otros, Lecciones de Derecho Penal..., *op. cit.*, p. 150. Un ejemplo concreto puede verse en Francia, Art. 696-2, Francia, *Code de Procédure Pénale* (31/12/1957).

375 Art. 69.2, Venezuela, *Constitución de la República Bolivariana de Venezuela* (30/12/1999).

376 Arts. 431-439, Chile, *Código Procesal Penal* (12/10/2000).

377 Arts. 440-454, *Ibid.*

378 Art. 449 b), *Ibid.*

- Doble incriminación (el delito debe estar tipificado en ambos ordenamientos).
- No extraditar por crímenes políticos (lo que no incluye delitos terroristas que aleguen causas políticas).[379]
- La gravedad del delito y su punibilidad (que dependerá, por ejemplo, de si el delito se encuentra prescrito o no).[380]
- Reciprocidad (el Estado extraditará a la persona solo si el Estado solicitante ha concedido previamente la extradición a solicitud del primer Estado). Se ha afirmado que este principio está en retirada, por tener una base política y no de justicia,[381] pero el principio de reciprocidad no debe mirarse como un impedimento para la justicia, sino como un incentivo para que los demás Estados extraditen a quienes deben ser juzgados o sancionados según el ordenamiento jurídico nacional.

Una vez entregada la persona al Estado requirente, este debe seguir el principio de especialidad, según el cual solo puede juzgar al acusado por el delito por el que se le extraditó.[382]

1.5.2. Inmunidades

a. Inmunidad de jurisdicción

La inmunidad de jurisdicción es una excepción a la jurisdicción, según la cual los tribunales de un Estado están impedidos de juzgar a una persona o entidad. Ella existe para permitir que los Estados extranjeros y sus representantes ejerzan sus funciones en forma adecuada.[383] Antiguamente se entendía que la inmunidad era un privilegio que otorgaban los Estados, pero hoy suele considerarse una obligación de derecho consuetudinario.[384]

---

379 Shaw, International Law, *op. cit.*, p. 591.

380 Politoff y otros, Lecciones de Derecho Penal..., *op. cit.*, pp. 147-148 y 150-152. Un reciente caso de extradición pasiva donde no se dio lugar a la extradición por encontrarse prescrita la pena, se observa en CS, rol 26.513-2023, Extradición, 17/04/2023 (*Extradición al Perú*) cons. 9.° a 12.°. Esto se hizo de conformidad con el Art. V del tratado de extradición de 1932, que dispone: "No será procedente la extradición: [...] 2°- Cuando, según las leyes del país requerido, la pena o la acción se encontraran prescritas". Tratado de Extradición (Chile-Perú) (5 de noviembre de 1932). El Congreso nacional aprobó un nuevo tratado entre ambos Estados, pero este aún no está vigente (Chile, Aprueba el Tratado de Extradición entre la República de Chile y la República del Perú, suscrito en Santiago, República de Chile, el 29 de noviembre de 2016. Boletín N° 11.834-10).

381 Politoff y otros, Lecciones de Derecho Penal..., *op. cit.*, pp. 145-146.

382 Shaw, International Law, *op. cit.*, p. 591, y Politoff y otros, Lecciones de Derecho Penal..., *op. cit.*, p. 153. Esta cuestión ya no estará bajo el control del Estado requerido.

383 Crawford, Brownlie's Principles..., *op. cit.*, p. 470.

384 *Ibid.* Se discute que la inmunidad soberana (la que corresponde al Estado como tal) sea costumbre internacional, en virtud de los distintos enfoques que existen sobre sus potenciales restricciones (Orakhelashvili, A. Jurisdictional Immunity of States and General International Law – Explaining the Jus Gestionis v. Jus Imperii Divide. En Tom Ruys, Nicolas Angelet, Luca Ferro (eds.), The Cambridge Handbook of Immunities and International Law, Cambridge: Cambridge University Press, 2019, pp. 122-124). Esto se vería confirmado por la escasa ratificación de la Convención de NU sobre las Inmunidades Jurisdiccionales de los Estados y de sus Bienes, de 2004, que no

La cantidad de personas con inmunidad de jurisdicción puede ser muy amplia en determinados países, por ejemplo, en el Reino Unido se trata de alrededor de 25.500 personas.[385]

Además de la inmunidad de jurisdicción (que impide juzgar a una entidad), está la inmunidad de ejecución (que impide ejecutar una sentencia contra dicha entidad). Esta se verá más adelante. Es importante notar que, tanto la inmunidad de jurisdicción como la inmunidad de ejecución pueden ser renunciadas por sus titulares, que son los Estados.

La inmunidad suele alcanzar los actos criminales, pero no implica necesariamente impunidad, pues los involucrados pueden ser juzgados en sus países de origen. Sin embargo, esta solución "ha sido generalmente criticada por no constituir normalmente una solución realista o porque implica una serie de problemas prácticos y costos".[386] El Reino Unido, posiblemente con la finalidad de nombrar y avergonzar (*name and shame*), adopta la práctica de publicar cada cierto tiempo la lista de Estados contra los que se alega que han cometido delitos graves.[387]

Alguna jurisprudencia chilena de finales de los años ochenta afirma que las inmunidades, al estar establecidas en normas de derecho internacional con rango inferior a la Constitución, no impedirían presentar recursos de protección, pues dicho recurso goza de rango constitucional.[388]

Las personas o entidades con inmunidad de jurisdicción son las siguientes:

- Los Estados: la inmunidad de los Estados es llamada inmunidad soberana. Atendido que los Estados son iguales, podría considerarse un contrasentido que un Estado juzgara a otro que no se ha sometido voluntariamente a sus tribunales (*par in parem non habet imperium*).[389] El principio de inmunidad soberana "se extiende también a las entidades públicas nacionales que cumplen funciones estatales, como los Bancos Centrales".[390] Originalmente, el principio de la inmunidad soberana no tenía excepciones, pero a partir de la década de 1920, con la expansión comercial de los Estados, que actuaban en ámbitos antiguamente reservados a los privados, se

ha entrado en vigor. Solo la han ratificado 25 Estados (a mayo de 2025), dentro de los que no se encuentra Chile, y requiere de treinta partes para poder entrar en vigor (UN Treaty Collection, United Nations Convention on Jurisdictional Immunities of States and Their Property. Fecha de consulta: 17/01/2025. Disponible en: https://bit.ly/4i3aMkd).

385 Rutley, D. Alleged Serious and Significant Offences (Diplomatic Immunity): 2019-2022, 2023. Fecha de consulta 07/08/2024. Disponible en: https://bit.ly/3RC2QeO.

386 Orrego Vicuña, F. Inmunidades Diplomáticas y Consulares y Derechos Humanos. En Santiago Benadava Cattan, Samuel Durán Bächler, Claudio Grossman Guiloff, Avelino León Steffens, Francisco Orrego Vicuña (eds.), Nuevos Enfoques del Derecho Internacional. Santiago: Editorial Jurídica de Chile, 1992, p. 120.

387 Rutley, Alleged Serious and Significant Offences..., *op. cit.*

388 Orrego Vicuna, Diplomatic and Consular Immunities..., *op. cit.*, pp. 40-41.

389 Principio en virtud del cual un Estado no puede ser sometido a la jurisdicción de otro. Diccionario Panhispánico del Español Jurídico, *Par in parem non habet imperium*. Fecha de consulta: 17/01/2025. Disponible en: https://dpej.rae.es/lema/par-in-parem-non-habet-imperium.

390 Benadava, Derecho Internacional Público, *op. cit.*, p. 263.

inició un movimiento por limitar la inmunidad.[391] Esta restricción de la inmunidad se desarrolla porque se considera injusto que los Estados tengan más prerrogativas que los privados al momento de ejercer sus actividades comerciales.

En la segunda mitad del siglo XX, se consolidó la doctrina de la inmunidad restringida.[392] Hoy en día, se suele distinguir entre dos tipos de actuaciones. Los actos *jure imperii* son los *actos soberanos*, aquellos que un Estado realiza en ejercicio de su autoridad pública, regulados por el derecho público y en el contexto de sus deberes oficiales, como el otorgamiento de pasaportes. Los actos *jure gestionis* son los *actos no soberanos*, es decir, aquellos que el Estado ejecuta, pero que podrían también ser realizados por cualquier privado, como una actividad industrial o una compraventa (regulados por el derecho privado).[393]

En ocasiones cuesta distinguir entre actos *jure imperii* y *jure gestionis*. Por ejemplo, otra sección de este libro se refirió a la crítica que hizo una autora a la decisión de la Corte Suprema de conceder inmunidad en un caso laboral contra una embajada, pues ello debía ser considerado *jure gestionis*.[394] Sin embargo, podría alegarse que los trabajadores de una embajada realizan labores necesarias para el buen funcionamiento de la representación diplomática de un Estado y que, por eso, la contratación por parte de una embajada debiera ser considerada *jure imperii*.[395] Además, ocurre que los cambios en derecho internacional no suelen ser inmediatos y, aunque hay una tendencia hacia limitar la inmunidad en materias laborales,[396] podría discutirse si dicha tendencia se había ya estabilizado a la fecha de la decisión de la Corte Suprema. Por otro lado, si se considerara la contratación laboral como *jure gestionis*, podría estimarse que también lo es la compra de material de oficina, o el arriendo o compra del inmueble de la embajada; entonces, ¿qué espacio queda para la inmunidad *jure imperii* en la actividad de una misión diplomática? Por eso la Convención de las Naciones Unidas sobre las Inmunidades Jurisdiccionales de los Estados y sus Bienes aclara dudas al tratar expresamente el tema laboral,[397] pero —como se dijo— esa convención aún no entra en vigor.

En las últimas décadas, también se ha buscado limitar la inmunidad por consideraciones de derechos humanos y de crímenes internacionales.[398]

391 Orakhelashvili, Jurisdictional Immunity of States..., *op. cit.*, p. 105.

392 *Ibid.*, pp. 107-108. Ello, sin perjuicio de que aún existen algunos Estados que siguen la doctrina de la inmunidad absoluta, como China y la República Democrática del Congo (*Ibid.*, p. 108, nota al pie 16).

393 Orakhelashvili, The Interpretation of Acts and Rules in Public International Law. Oxford: Oxford University Press, 2008, pp. 107-114.

394 Véase Fuentes Torrijo, Una Nueva Constitución..., *op. cit.*, p. 181.

395 Por eso, la práctica de los Estados en la materia no ha sido consistente (Shaw, International Law, *op. cit.*, pp. 627-628).

396 Crawford, Brownlie's Principles..., *op. cit.*, p. 481.

397 Art. 11, Convención de las Naciones Unidas sobre las Inmunidades Jurisdiccionales de los Estados y sus Bienes (2 de diciembre de 2004).

398 Orakhelashvili, Jurisdictional Immunity of States..., *op. cit.*, p. 105.

- Ciertos agentes del Estado: la inmunidad internacional del Estado se extiende a ciertos funcionarios, con la finalidad de no entorpecer la función estatal. Los jefes de Estado, jefes de Gobierno, ministros de relaciones exteriores y jefes de misión diplomática acreditados en un Estado extranjero, gozan ante tribunales extranjeros de inmunidad *ratione personae* (en razón de la persona).[399] Esto significa que su inmunidad alcanza todos los actos que la persona realiza, ya sean personales o requeridos por el cargo.[400] Su inmunidad es completa en el ámbito penal (salvo que se trate de acciones seguidas ante la Corte Penal Internacional). En materia civil, puede ser objeto de excepciones respecto de actos realizados a título privado.[401] Una vez que estas altas autoridades dejan su cargo, solo gozan de inmunidad *ratione materiae*, es decir, en relación con los actos que fueron realizados en ejercicio de sus funciones.[402]
  En el *caso de la Orden de Arresto*, o *Arrest Warrant*, entre la República Democrática del Congo y Bélgica, la CIJ estableció que la orden de arresto de un ministro de relaciones exteriores del Congo, emanada de un tribunal belga en virtud de la ley nacional sobre jurisdicción universal, era contraria al derecho internacional, aunque se le acusara de crímenes de lesa humanidad.[403] Al hacerlo, la CIJ recalcó que la inmunidad no implica necesariamente impunidad, puesto que la responsabilidad puede perseguirse de otras maneras, por ejemplo, en los tribunales del Estado al que pertenece la persona con inmunidad.[404] Asimismo, los instrumentos que crean tribunales internacionales pueden señalar que la responsabilidad criminal internacional puede perseguirse respecto de cualquier persona, incluidos los jefes de Estado, como hace el Estatuto de la Corte Penal Internacional.[405] La Comisión de Derecho Internacional se encuentra trabajando actualmente en un proyecto de artículos sobre inmunidad de jurisdicción penal extranjera de los funcionarios del Estado.[406]

---

399 Sanger, A. Immunity of State Officials from the Criminal Jurisdiction of a Foreign State, The International and Comparative Law Quarterly 62, 1, 2013, p. 198.

400 Shaw, International Law, *op. cit.*, pp. 638-639.

401 Pastor Ridruejo, Curso de Derecho Internacional…, *op. cit.*, p. 517. Tales actos podrían ser relativos a la propiedad privada de inmuebles, asuntos sucesorios y actos profesionales o comerciales puramente privados.

402 Shaw, International Law, *op. cit.*, p. 639.

403 CIJ, *Case Concerning the Arrest Warrant of 11 April 2000 (Democratic Republic of the Congo v. Belgium)*, 2002, párrs. 51-61.

404 *Ibid.*, párrs. 60-61.

405 Shaw, International Law, *op. cit.*, pp. 636-637. El Tribunal Penal Internacional ha, incluso, entendido que es el derecho consuetudinario el que dispone que los jefes de Estado en ejercicio no tienen inmunidad para efectos de su aprehensión y sometimiento a tribunales penales internacionales (Akande, D. ICC Appeals Chamber Holds that Heads of State Have No Immunity Under Customary International Law Before International Tribunals, *EJIL: Talk! Blog of the European Journal of International Law*, 2019. Fecha de consulta: 20/11/2024. Disponible en: https://bit.ly/42yACYx).

406 Comisión de Derecho Internacional, Inmunidad de Jurisdicción Penal Extranjera de los Funcionarios del Estado. Textos y Títulos del Proyecto de Artículos Aprobados por el Comité de Redacción en

La CIJ ha entendido que la inmunidad criminal y civil se extiende también a otras personas de alto rango.[407] Por su parte, la Comisión de Derecho Internacional de Naciones Unidas considera que todo funcionario del Estado, sea que lo represente, o que solo ejerza funciones estatales, tiene inmunidad *ratione materiae*, es decir, inmunidad respecto de los actos que realiza en el ejercicio de sus funciones,[408] sin importar si dichos actos fueron llevados a cabo en su Estado o en el extranjero.[409] El Tribunal Europeo de Derechos Humanos es de la misma opinión, pues considera que las funciones estatales serán siempre llevadas a cabo por personas, por lo que sería ilusorio pretender que el Estado tenga inmunidad si no se les da esa inmunidad a los funcionarios que realizan sus actos.[410] Esto es especialmente relevante respecto de personas que se encuentren trabajando para un Estado en el extranjero, como el personal que acompaña al presidente en viajes oficiales, o quienes son enviados a congresos internacionales.

Un ejemplo práctico sobre la aplicación de estos principios lo dio el Comité de Apelaciones de la *House of Lords* del Reino Unido, en el juicio de extradición de Augusto Pinochet, entonces senador y exjefe de Estado, por hechos de tortura. ¿Tenía él inmunidad frente a los tribunales ingleses? La sentencia afirmó que no la tenía.[411] En cuanto senador, Augusto Pinochet solo podía gozar de inmunidad respecto de funciones oficiales (*ratione materiae*), pero él no se encontraba en un viaje oficial, sino en uno por motivos de salud, y no se le juzgaba por ninguna actuación en su condición de senador; se le acusaba por hechos ocurridos durante su gobierno. En cuanto jefe de Estado, Augusto Pinochet gozó de inmunidad *ratione personae* mientras estuvo en el cargo, pero una vez cesado en él, solo le quedaba inmunidad *ratione materiae*, es decir, por actos realizados en el ejercicio de sus funciones. La pregunta es si la tortura podía considerarse un acto oficial. Aquí, la opinión de

---

Primera Lectura, Naciones Unidas, Ginebra, 2022. Fecha de consulta: 08/11/2024. Disponible en: https://bit.ly/4ljO2PC.

407 *CIJ, Case Concerning the Arrest Warrant of 11 April 2000 (Democratic Republic of the Congo v. Belgium)*, 2002, párr. 51. Esto se ha entendido así porque la CIJ, al referirse a quienes ostentan inmunidad, mencionó solo a título ilustrativo a los jefes de Estado y Gobierno, y al ministro de RR. EE.

408 Proyecto de Arts. 2.a y 5, Comisión de Derecho Internacional, Inmunidad de Jurisdicción Penal Extranjera de los Funcionarios del Estado. Textos y Títulos del Proyecto de Artículos Aprobados por el Comité de Redacción en Primera Lectura, *op. cit.*

409 Sin embargo, cuando los actos fueron realizados en el Estado al cual sirven los funcionarios, lo más razonable sería alegar la incompetencia de los tribunales extranjeros, más que la inmunidad (a menos que se trate de actos sobre los cuales éstos tienen competencia, como podrían ser actos que generen jurisdicción universal) (H. Fox; P. Webb, The Law of State Immunity. Oxford: Oxford University Press, 2015, p. 82).

410 TEDH, *Jones and Others v. The United Kingdom*, 34356/06 y 40528/06, 2014, párrs. 202-204.

411 La decisión se tomó por seis votos contra uno, pero es difícil analizar la sentencia, en atención al modo en que los lores ingleses fallaban, dando cada uno su opinión. Los motivos para llegar a este resultado fueron diversos para los distintos lores. Véase Reino Unido, House of Lords, *Regina v. Bow Street Metropolitan Stipendiary Magistrate and Others,* Ex parte *Pinochet Ugarte (No. 3)* (1999) 2 All E.R. 97.

los seis lores de la mayoría varió, a pesar de que llegaran a un mismo resultado en definitiva. Unos afirmaron que la tortura no podía ejercerse en virtud de las funciones de un jefe de Estado;[412] otros consideraron que sí, pues como afirmó uno de los lores, Augusto Pinochet no habría consentido en tales actos para beneficiarse o gratificarse personalmente, sino que en "interés del Estado" —sin perjuicio de que la tortura no pueda ser cometida legítimamente en interés del Estado—.[413] Así, en un primer análisis, algunos pensarían que la inmunidad *ratione materiae* podría comprender la tortura. Sin embargo, al momento de uno de los hechos, Chile y el Reino Unido ya habían ratificado la Convención contra la Tortura, y esta establece la obligación de extraditar o juzgar (*aut dedere aut judicare*), con lo que se ponía término a la inmunidad *ratione materiae* respecto de la tortura.[414]

- Las organizaciones internacionales: las organizaciones internacionales gubernamentales tendrán o no inmunidad según lo que establezca el tratado que las cree, el convenio con el Estado donde se ubique la sede central de la organización, o alguna otra convención especial sobre el tema.[415] Así, por ejemplo, el artículo 133 de la Carta de la OEA dispone que ella "gozará en el territorio de cada uno de sus miembros de la capacidad jurídica, privilegios e inmunidades que sean necesarios para el ejercicio de sus funciones y la realización de sus propósitos".

  La distinción entre los actos *jure imperii* y *jure gestionis* es poco relevante para determinar la extensión de la inmunidad de las organizaciones internacionales.[416] Sin embargo, la Corte Suprema de Estados Unidos usó este criterio en el caso *Jam v. International Finance Corporation*, donde un grupo de habitantes cercanos a una generadora de energía en India demandó a la International Finance Corporation, miembro del *World Bank Group* —con sede central en Estados Unidos— por financiar esta generadora, que habría contaminado sus alrededores.[417] En su sentencia, la Corte Suprema consideró que la legislación estadounidense limitaba la inmunidad de las organizaciones internacionales, del mismo modo en que limitaba la inmunidad en el caso de actividades comerciales de los Estados.[418]

b. Inmunidad de ejecución

Aunque están relacionadas, la inmunidad de jurisdicción es distinta de la inmunidad de ejecución. Esta última impide que se ejecuten los bienes de un Estado; se refiere a hacer cumplir lo ordenado por tribunales, por ejemplo, disponiendo la venta de bienes de

---

412 Fox, H. The Pinochet Case No.3, The International and Comparative Law Quarterly 48, 3, 1999, p. 697.

413 Reino Unido, House of Lords, *Regina v. Bow Street Metropolitan Stipendiary Magistrate and Others,* Ex parte *Pinochet Ugarte (No. 3)* (1999) [2000] 1 A.C. 147, p. 241 (opinión de Lord Hope of Craighead).

414 Esa sería una descripción a grandes rasgos (Fox, The Pinochet Case No.3, *op. cit.*, p. 697).

415 Fox; Webb, The Law of State Immunity, *op. cit.*, p. 579.

416 *Ibid.*, pp. 581-582.

417 EE. UU., CS, *Budha Ismail Jam, et al. v. International Finance Corporation*, 586 U. S. __ (2019).

418 *Ibid.*

un deudor para pagar su deuda, o como medida precautoria, impidiendo que el dueño de una cosa la enajene o disponga de ella, para evitar que sea luego imposible ejecutar la sentencia.[419]

Un ejemplo de inmunidad de ejecución fue el *caso de la ARA Libertad (Argentina contra Ghana)*, conocido por el Tribunal Internacional de Derecho del Mar en 2012. El buque-escuela argentino *Ara-Libertad* (una nave de guerra) fue detenido bajo órdenes del poder judicial de Ghana mientras se encontraba en un puerto de dicho Estado, para obtener el pago de deudas argentinas por contratos relativos a bonos de deuda emitidos años atrás.[420] Sin embargo, el tribunal internacional determinó como medida provisional que no era lícito retener al buque, toda vez que estaba protegido por la inmunidad de Argentina, por lo que pudo zarpar del puerto ghanés.[421]

La inmunidad de ejecución puede renunciarse, al igual que la inmunidad de jurisdicción. Sin embargo, una renuncia de la segunda no implica renunciar a la primera.[422] Así, aunque un Estado renunciara a su inmunidad de jurisdicción en un caso sobre deudas, y se dictara sentencia en su contra, el acreedor igualmente no podría hacer efectivo ese crédito, a menos que el Estado renuncie también a su inmunidad de ejecución. Así, por ejemplo, en Chile ocurrió que una constructora demandó a los Emiratos Árabes Unidos por el pago de facturas de una remodelación que se hizo en la residencia del embajador; dicho Estado reconoció la deuda, pero se invocó la inmunidad diplomática de ejecución para evitar su pago.[423] Frente a esto, la única solución a la que se pudo optar fue a que el Gobierno hiciera gestiones diplomáticas con la embajada.[424]

La Convención de Naciones Unidas sobre las Inmunidades Jurisdiccionales de los Estados y de sus Bienes establece algunas excepciones a la inmunidad de ejecución.[425] Sin embargo, la práctica estatal muestra cierta renuencia a abandonar la tesis de la inmunidad absoluta de ejecución.[426]

419 Crawford, Brownlie's Principles..., *op. cit.*, p. 487.

420 Infante, M. T. La Fragata Argentina Ara-Libertad. Inmunidad y Deuda Soberana, *Instituto de Estudios Internacionales-Universidad de Chile*, 2013. Fecha de consulta: 07/08/2024. Disponible en: https://bit.ly/4cxqcvW.

421 *Ibid.*

422 Crawford, Brownlie's Principles..., *op. cit.*, p. 488.

423 San Martín, P. ¿'Portonazo Diplomático'?: Constructora No Puede Cobrar Deuda a Embajada de Emiratos Árabes por Tener Inmunidad, *Emol*, 2024. Fecha de consulta: 07/08/2024. Disponible en: https://bit.ly/4cqVqEQ.

424 Browne R., V. Cómo el Conflicto entre la Embajada de Emiratos Árabes y una Constructora Chilena Escaló a Relaciones Exteriores, *Ex-Ante*, 2024. Fecha de consulta: 07/08/2024. Disponible en: https://bit.ly/4jpD75m.

425 Véanse los Arts. 18-21, Convención de las Naciones Unidas sobre las Inmunidades Jurisdiccionales de los Estados y sus Bienes (2 de diciembre de 2004).

426 Crawford, Brownlie's Principles..., *op. cit.*, pp. 488-489.

c. Regulación en Chile

Las inmunidades son un ejemplo clásico de interacción entre el derecho nacional y el internacional. Eso explica que varios de los casos chilenos tratados al analizar la relación entre ambos ordenamientos se hayan referido a este tema.[427] En ocasiones, los Estados cuentan con legislación interna que recoge o desarrolla el derecho internacional en la materia, o parte de este. Ello es lógicamente así en Estados dualistas, como el Reino Unido, que deben incorporar los tratados mediante una ley que recoja su contenido.[428] Sin embargo, esto también se estila en algunos países monistas, para dar mayor claridad a los operadores del derecho sobre los alcances del ordenamiento internacional, por ejemplo, en Estados Unidos.[429] Chile no cuenta con una ley que detalle el modo como deben actuar los tribunales en estos casos, por lo que todo desarrollo en la materia ha sido jurisprudencial.

1.5.3. Misiones diplomáticas

a. Cuestiones generales

El tema de las misiones diplomáticas está muy relacionado con el de la inmunidad, por lo que se hará referencia a él a continuación. La diplomacia se refiere a todo tipo de mecanismos formales mediante los cuales los Estados se comunican y mantienen relaciones mutuas haciendo uso de agentes autorizados.[430] Las misiones diplomáticas permanentes surgieron en el siglo XVI, entre las unidades políticas ubicadas en lo que hoy en día es Italia (por ejemplo, la República de Venecia y el Ducado de Milán),[431] y se empezó a conceder inmunidades a los diplomáticos entre finales del siglo XVII y comienzos del XVIII.[432] La misión diplomática busca, en primer lugar, "representar al Estado acreditante ante el Estado receptor",[433] así como proteger los intereses del Estado representado y sus nacionales, negociar con el Estado receptor y fomentar "relaciones amistosas y desarrollar las relaciones económicas, culturales y científicas entre el Estado acreditante y el Estado receptor".[434]

---

427 CS, jurisdicción de oficio, 03/09/1969, *Revista de Derecho y Jurisprudencia*, tomo LXVI, 2ª parte, sec. 3ª, pp. 125-130 (*Marchant con República de China*); CS, queja, 02/06/1975, *Fallos del Mes*, Año XVII, N° 199, pp. 444-534 (*Presidente del Consejo de Defensa del Estado - Senerman*), y CS, rol AD-701-2004, recurso de queja, 18/11/2004 (*Embajada de Marruecos*).

428 Reino Unido, *State Immunity Act 1978* (20/07/1978).

429 EE. UU., *Foreign Sovereign Immunities Act*, 28 U.S. Code §§ 1602-1611 (1976). Atendidas las complejidades de este tema, el Ministerio de RR. EE. estadounidense provee, incluso, de una guía para quienes aplican el derecho (United States Department of State, *Diplomatic and Consular Immunity: Guidance for Law Enforcement and Judicial Authorities*, Washington D.C., 2015, fecha de consulta 08/08/2024. Disponible en: https://bit.ly/428AGhL).

430 *Cfr.* Crawford, Brownlie's Principles…, *op. cit.*, p. 381.

431 Pastor Ridruejo, Curso de Derecho Internacional…, *op. cit.*, p. 524.

432 Primero se concedió inmunidad criminal y luego civil (Fox; Webb, The Law of State Immunity, *op. cit.*, p. 590).

433 Art. 3.1, Convención de Viena sobre Relaciones Diplomáticas (18 de abril de 1961).

434 *Ibid.*

Por mucho tiempo las relaciones diplomáticas se encontraron normadas por la costumbre internacional. Actualmente, la Convención de Viena sobre Relaciones Diplomáticas, de 1961, regula la materia. Ésta tiene una ratificación prácticamente universal, por lo que hoy en día es la principal fuente para conocer la normativa aplicable. Tal convención recogió una serie de normas de costumbre y de cortesía. Por ejemplo, se refiere a la figura del *decano* del cuerpo diplomático acreditado ante un Estado, que suele ser quien lleva más tiempo acreditado en el Estado receptor. En este mismo tema, recoge una norma, probablemente de cortesía, que existía en los Estados de tradición católica, en los cuales el *decano* no es el embajador con mayor tiempo de servicio, sino que el *nuncio* (el embajador de la Santa Sede).[435]

b. Personal de las misiones diplomáticas

La Convención divide al personal de las misiones diplomáticas en tres tipos, y confiere grados de inmunidad en una escala decreciente de protección.[436] En la cima del personal diplomático se encuentra el jefe de misión. Estos jefes se clasifican para efectos de precedencia y etiqueta.[437] La clase más alta es la del embajador (o del nuncio, en el caso de la Santa Sede). La clase más baja es la del encargado de negocios acreditado ante los ministros de relaciones exteriores.[438] Hoy en día, se han reducido drásticamente los jefes de misión de rango inferior a los embajadores, salvo en casos anómalos.[439]

Las tres clases de personal de las misiones diplomáticas son:

- El personal diplomático, que incluye, entre otros posibles cargos, al embajador, los secretarios y agregados (militares, navales, aéreos, culturales, etc.).[440]
- El personal administrativo y técnico, como lo serían los secretarios administrativos, contadores, traductores.
- El personal doméstico, que incluiría al personal de servicio, como mayordomos, choferes y jardineros.

Esta distinción es importante para efectos de las inmunidades y privilegios que se conceden a los miembros de la misión diplomática. El jefe de misión tendrá la inmunidad de jurisdicción en plenitud, que se extiende a los miembros de su familia nuclear, siempre y cuando cumplan con ciertas características. Otros miembros del personal también tienen privilegios.

---

435 Art. 16, *Ibid.*

436 Fox; Webb, The Law of State Immunity, *op. cit.*, p. 591.

437 Art. 14, Convención de Viena sobre Relaciones Diplomáticas (18 de abril de 1961).

438 *Ibid.* Entre estos dos rangos se encuentran los "enviados, ministros o internuncios acreditados ante los jefes de Estado" (*Ibid.*).

439 Denza, E. Diplomatic Law. Commentary on the Vienna Convention on Diplomatic Relations, Oxford: Oxford University Press, 2008, pp. 114-115.

440 Salvo el jefe de misión, el personal diplomático no requiere de aprobación, a menos que el Estado receptor exija que se le presenten previamente los nombres de los agregados militares, navales o aéreos (Pastor Ridruejo, Curso de Derecho Internacional..., *op. cit.*, p. 532).

En general, las embajadas no requieren autorizaciones del Estado receptor para realizar sus actividades, excepto algunos actos concretos, como el nombramiento del jefe de misión.[441] El Estado acreditante propondrá a una persona como jefe de misión, y el Estado receptor debe dar su asentimiento (también llamado *agrément* o plácet) para que esa persona sea nombrada.[442] No es obligatorio dar el asentimiento, y puede demorarse o negarse por cuestiones políticas.[443]

c. Privilegios de las misiones diplomáticas

Las misiones diplomáticas tienen privilegios. Antiguamente, algunos de ellos se explicaban mediante la teoría de la extraterritorialidad de la misión, pero ella resultaba insatisfactoria para entender adecuadamente ciertas características de estos privilegios.[444] Por eso, hoy en día se abandonó esa teoría y se adopta una doctrina que justifica estos privilegios en atención a las funciones que realizan las misiones diplomáticas.[445] A continuación, se mencionarán los privilegios más importantes de las misiones diplomáticas.[446] Parte de ellos se extienden, en distinto grado, a los miembros de la familia de un agente, miembros del personal administrativo y técnico de la misión, e incluso al personal de servicio.[447] Una de las principales excepciones a estos privilegios se genera cuando el familiar o el personal de la embajada es nacional del Estado receptor.[448]

Existe la posibilidad de que el Estado (no el personal de la misión) renuncie a cada uno de los privilegios que se verán a continuación, pero debe hacerlo en forma expresa.[449]

- **Inviolabilidad**: tanto los locales de misión como los agentes diplomáticos son inviolables.[450]
  - Inviolabilidad respecto de los locales de misión: significa que los "agentes del Estado receptor no podrán penetrar en ellos sin consentimiento del jefe de la misión".[451] La inviolabilidad es, en gran medida, lo que hace posible prestar

---

441 Art. 4, Convención de Viena sobre Relaciones Diplomáticas (18 de abril de 1961). También hay otros ejemplos, como los que se pueden ver en los Arts. 5 ss. de la Convención.

442 *Ibid.*

443 Véase, por ejemplo, Bas, D. La "Inestabilidad" del Agreement a Depolo como Embajador en Brasil, *El Líbero*, 2022. Fecha de consulta: 09/08/2024. Disponible en: https://bit.ly/4ib0yOH.

444 La doctrina de la extraterritorialidad no explicaba, por ejemplo, por qué tenía inmunidad el jefe de la misión fuera de las premisas de la misión (Fox; Webb, The Law of State Immunity, *op. cit.*, pp. 587-588).

445 La doctrina adoptada actualmente se conoce como doctrina funcional o *ne impediatur legatio* (*Ibid.*, p. 588).

446 Ello no quita que haya otros, por ejemplo, el *derecho de capilla*. La Convención no lo reconoce expresamente, pero "se deduce de la inmunidad del edificio de la misión" (Verdross, Derecho Internacional Público, *op. cit.*, p. 320).

447 Art. 37, Convención de Viena sobre Relaciones Diplomáticas (18 de abril de 1961).

448 Art. 37, *Ibid.*

449 Art. 32, *Ibid.*

450 Arts. 22 y 29, *Ibid.*

451 Art. 22.1, *Ibid.*

asilo diplomático, como el que Colombia otorgó a un ciudadano peruano en el famoso *caso del Asilo*[452] o, en forma más reciente, el asilo que el Gobierno ecuatoriano prestó por siete años al creador de *Wikileaks* en su embajada en Londres.[453] Solo excepcionalmente el Estado receptor ha violado el asilo diplomático,[454] como ocurrió recientemente en el ámbito latinoamericano, en que fuerzas ecuatorianas ingresaron a la embajada mexicana con el fin de apresar a un exvicepresidente ecuatoriano acusado de corrupción —a quien México concedió asilo—, en contra de la voluntad del encargado de la misión.[455]

La inviolabilidad también incluye la correspondencia y demás comunicaciones oficiales de la embajada. Dentro de estas, especial relevancia tiene la valija diplomática, que consiste en los bultos que recibe la embajada, que no pueden ser abiertos ni retenidos, por ejemplo, en el aeropuerto.[456] La imposibilidad de abrir estos bultos se puede prestar para abusos, como el contrabando de armamento. Por eso, la práctica anterior a la Convención de Viena sobre Relaciones Diplomáticas permitía ciertas excepciones, pero la Convención no las incluyó, motivo por el que se han hecho varias reservas a la norma relevante.[457]

Algunas embajadas han abusado seriamente de su inviolabilidad. Uno de tales casos se dio cuando una persona disparó desde la embajada libia en Londres contra un grupo de manifestantes pacíficos, matando a una oficial de policía.[458] En muchas ocasiones, ni siquiera es posible saber si se usan las embajadas para abusos. Por ejemplo, en 1986 se alegó ante tribunales ingleses que un refugiado chino se encontraba secuestrado en la embajada de China, pero aun así los tribunales ingleses se negaron a conceder un *habeas corpus* solicitado a su nombre, en virtud de la inviolabilidad de la embajada.[459] Hoy en día, el criterio británico parece ser menos deferente.[460] Cuando ocurren este tipo de situaciones, es posible romper relaciones diplomáticas con el Estado involucrado en los problemas, lo que obliga al personal de la misión a abandonar el Estado receptor. En caso de que el ilícito haya sido cometido por una persona

452 CIJ, *Colombian-Peruvian Asylum Case (Colombia v. Peru)*, 1950.

453 Véase Said-Moorhouse, L. Why did Ecuador give up Assange after seven years?, *CNN*, 2019. Disponible en: https://bit.ly/4cAx9fK.

454 Denza, Diplomatic Law..., *op. cit.*, p. 136.

455 Véase CIJ (Mexico), *Application Instituting Proceedings Containing a Request for Provisional Measures (Mexico v. Ecuador)*, 11 de abril de 2024.

456 Art. 27.1, Convención de Viena sobre Relaciones Diplomáticas (18 de abril de 1961).

457 Sobre la valija diplomática, Denza, Diplomatic Law..., *op. cit.*, pp. 227-248.

458 Shaw, International Law, *op. cit.*, p. 656. En esa ocasión, los ingleses no ingresaron al recinto.

459 *Ibid.*, p. 654.

460 En efecto, en un caso de 2019, en que el personal de una misión diplomática detuvo a un manifestante que se había subido al techo de la embajada, la policía británica entró forzosamente en el edificio, para liberar al manifestante (Jackson, M. Inviolability and the Protest at the Bahraini Embassy, *EJIL:Talk! Blog of the European Journal of International Law*, 2019. Fecha de consulta: 17/01/2025. Disponible en: https://bit.ly/426yvex).

identificada, el Estado receptor puede declararla *persona non grata*, con lo que ella debe abandonar el país. La facultad del Estado receptor para declarar a alguien *persona non grata* es absoluta, y no es necesario dar razones para declararla así.[461]
La inviolabilidad de las premisas diplomáticas también significa que el "Estado receptor tiene la obligación especial de adoptar todas las medidas adecuadas para proteger los locales de la misión contra toda intrusión o daño y evitar que se turbe la tranquilidad de la misión o se atente contra su dignidad".[462] Una violación a este requisito se observó en el famoso *caso de los Rehenes de Teherán*, donde cientos de personas fuertemente armadas (supuestamente estudiantes) invadieron la embajada de Estados Unidos en Irán, en noviembre de 1979, accediendo a archivos y documentos, y tomando como rehenes a todo el personal diplomático y consular, así como a otras personas que se encontraban en el lugar, y a otros estadounidenses presentes en Teherán.[463] Frente a ello, la CIJ declaró en 1980 responsable a Irán, por no tomar los pasos necesarios para proteger la misión diplomática y a sus funcionarios.[464]
Por último, la inviolabilidad tiene efectos respecto de la ejecución de medidas judiciales, pues ella implica que los "locales de la misión, su mobiliario y demás bienes situados en ellos, así como los medios de transporte de la misión, no podrán ser objeto de ningún registro, requisa, embargo o medida de ejecución".[465]

– Inviolabilidad respecto de las personas: esta implica que el agente diplomático "[n]o puede ser objeto de ninguna forma de detención o arresto. El Estado receptor le tratará con el debido respeto y adoptará todas las medidas adecuadas para impedir cualquier atentado contra su persona, su libertad o su dignidad".[466] Además, "[l]a residencia particular del agente diplomático goza de la misma inviolabilidad y protección que los locales de la misión".[467] También los documentos y correspondencia del diplomático son inviolables, con contadas excepciones registradas también en la Convención de Viena sobre Relaciones Diplomáticas.[468] Esto último implica que la correspondencia no puede ser interceptada ni revisada con rayos X, lo que genera dificultades cuando se sospecha que ella contiene material peligroso, como ocurrió en 1972, cuando cartas bomba fueron enviadas a miembros de misiones diplomáticas israelitas, una de las cuales mató a un diplomático israelí en la embajada ubicada en

461 Art. 9, Convención de Viena sobre Relaciones Diplomáticas (18 de abril de 1961).
462 Art. 22.2, *Ibid.*
463 CIJ, *Case Concerning United States Diplomatic and Consular Staff in Tehran (United States of America v. Iran)*, 1980, párr. 17.
464 *Ibid.*, párr. 68.
465 Art. 22.3, Convención de Viena sobre Relaciones Diplomáticas (18 de abril de 1961).
466 Art. 29, *Ibid.*
467 Art. 30.1, *Ibid.*
468 Arts. 30.2 y 31, *Ibid.*

Londres.[469] La correspondencia solo se puede revisar si el Estado acreditante autoriza a hacerlo.[470] La inviolabilidad se extiende también a los miembros de la familia del agente, así como al personal administrativo y técnico y a su familia (con ciertas salvedades).[471]

- Inmunidades: los agentes diplomáticos gozan de inmunidad de jurisdicción civil y penal.[472] Esta inmunidad se extiende a los miembros de su familia que vivan con él, siempre que no sean nacionales del Estado receptor.[473] También alcanza a miembros del personal administrativo y técnico y a sus familias, así como al personal doméstico, aunque con grados diversos.[474] Según afirma el preámbulo de la convención respectiva, "tales inmunidades y privilegios se conceden, no en beneficio de las personas, sino con el fin de garantizar el desempeño eficaz de las funciones de las misiones diplomáticas en calidad de representantes de los Estados". La Convención reconoce también inmunidad de ejecución sobre los bienes de la misión diplomática, incluyendo sus medios de transporte.[475] Debe recordarse que es posible que un Estado renuncie a la inmunidad en casos concretos.
  La inmunidad alcanza diversos ámbitos:
  - Inmunidad de jurisdicción criminal: el agente diplomático goza de inmunidad de jurisdicción en toda materia criminal,[476] aunque se le acuse de un delito sin relación alguna con sus funciones. Esto busca contar con personas libres de toda amenaza para ejercer sus funciones diplomáticas, atendido el valor de las relaciones interestatales. Si no se les diera inmunidad completa, se podrían presentar acusaciones falsas con la finalidad de entorpecer las funciones de los agentes, o vengarse de actuaciones del Estado acreditante. La contrapartida de este privilegio es que se puede prestar para abusos, en caso de que el Estado del que es nacional el acusado no renuncie a la inmunidad o no decida juzgar a su nacional en su territorio.[477]
  - Inmunidad de jurisdicción civil y administrativa: Esta tiene excepciones, cuando la demanda civil se refiere a: "una acción real sobre bienes inmuebles particulares radicados en el territorio del Estado receptor, a menos que el agente diplomático los posea por cuenta del Estado acreditante para los fines de la

469 Denza, *Diplomatic Law...*, *op. cit.*, p. 275.

470 *Ibid.*

471 Art. 37, Convención de Viena sobre Relaciones Diplomáticas (18 de abril de 1961).

472 Art. 31, *Ibid.*

473 Art. 37.1, *Ibid.*

474 Art. 37.2-4, *Ibid.*

475 Art. 22.3, *Ibid.*

476 Art. 31.1, *Ibid.*

477 En Chile se dio el caso de menores acusados de violación, que no pudieron ser juzgados en el país, por ser hijos de agentes diplomáticos y gozar de inmunidad (González, A. C. Alemán: Menores Acusados por Violación se Acogerán a Inmunidad Diplomática, *Emol*, 2012. Fecha de consulta 17/01/2025. Disponible en: https://bit.ly/4cmHADg).

misión";[478] "una acción sucesoria en la que el agente diplomático figure, a título privado y no en nombre del Estado acreditante, como ejecutor testamentario, administrador, heredero o legatario"[479], o "una acción referente a cualquier actividad profesional o comercial ejercida por el agente diplomático en el Estado receptor, fuera de sus funciones oficiales".[480]

Según se afirmó previamente, cierta jurisprudencia chilena de finales de la década de 1980 dispuso que era posible interponer recursos de protección en contra de personal diplomático o consular —aunque sin disponer medidas compulsivas en contra del agente—, alegando, entre otros motivos, que la Constitución dispone expresamente dicha acción, prevaleciendo sobre las convenciones de Viena sobre relaciones diplomáticas y consulares, y a que el recurso de protección no busca sancionar a los recurridos (ni penal ni civil ni administrativamente), sino proteger los derechos fundamentales de las personas.[481]

- **Exención de impuestos**: las misiones diplomáticas y sus empleados gozan de exenciones del pago de impuestos.[482] Esta exención se extiende incluso a artículos para el uso cotidiano del personal y su familia (en diversos grados, según el tipo de personal), aunque esta norma tiene ciertas excepciones.[483]

1.5.4. Misiones consulares y otros tipos de misiones

a. Misiones consulares

Un tema relacionado con el anterior es el de las misiones consulares. Ellas están reguladas por la Convención de Viena sobre Relaciones Consulares de 1963, que es casi tan universalmente ratificada como la Convención sobre Relaciones Diplomáticas. A diferencia de los embajadores, los cónsules no buscan representar al Estado que los envía ante el país receptor, sino que proteger los intereses de su Estado y de sus nacionales en ese país, fomentar las relaciones entre Estados, prestar asistencia a los nacionales del Estado que envía la misión consular (por ejemplo, extendiendo pasaportes y otros documentos), actuar como ministros de fe, comunicar decisiones judiciales, controlar los buques y aeronaves de su nacionalidad, etc.[101] Para entender mejor la diferencia entre las misiones diplomáticas y las consulares, puede decirse que un ciudadano común en el extranjero podría requerir los servicios consulares de su Estado, mientras que no tendrá que relacionarse con su embajada.

478 Art. 31.1.a, Convención de Viena sobre Relaciones Diplomáticas (18 de abril de 1961).

479 *Ibid.*

480 *Ibid.*

481 Orrego Vicuña, Inmunidades Diplomáticas y Consulares..., *op. cit.*, pp. 106-114.

482 Por ejemplo, Arts. 23, 34, 36, 37 y 39, Convención de Viena sobre Relaciones Diplomáticas (18 de abril de 1961).

483 Art. 34, *Ibid.*

484 Art. 5, *Ibid.*

En ocasiones, dependiendo de los recursos de un Estado y de la intensidad de sus relaciones con otro, puede suceder que la misma persona ejerza el cargo de embajador y cónsul[485]. Una situación en sentido opuesto también puede ocurrir: que haya una embajada y varios consulados. Por ejemplo, España cuenta en Chile con un consulado general en Santiago, y con consulados y viceconsulados honorarios en una quincena de ciudades.[486] También ocurre que Estados tengan un consulado en el Estado receptor, pero no una embajada, como ocurre entre Chile y Bolivia.[487]

Existen cónsules profesionales y honorarios.[488] Los cónsules profesionales son generalmente nacionales del Estado que los designa, mientras que los cónsules honorarios pueden ser ciudadanos del mismo Estado en el que ejercerán sus funciones,[489] y se eligen, por ejemplo, porque tienen padres o ascendientes nacionales del Estado que necesita de sus servicios.[490]

Los cónsules y los locales consulares tienen ciertos privilegios e inmunidades, pero solo en relación con los actos propios de su función. Así, tendrán inmunidad *ratione materiae*, no *ratione personae*.[491]

b. Otro tipo de misiones

Otras misiones de un Estado en el extranjero pueden ser:

- Misiones temporales, por ejemplo, una misión especial, es decir, una "que tenga carácter representativo del Estado, enviada por un Estado ante otro Estado con el consentimiento de este último para tratar con él asuntos determinados o realizar ante él un cometido determinado".[492] Otras misiones temporales son las delegaciones a congresos o conferencias internacionales, las que pueden, por ejemplo, negociar un tratado determinado.

---

485 También puede ocurrir que un cónsul realice funciones diplomáticas en Estados que cuenten con consulados, pero sin embajadas. Art. 17, *Ibid.*

486 Consulado.gob.cl (sitio web), *España*. Fecha de consulta: 17/01/2025. Disponible en: https://www.consulado.gob.cl/espana-0.

487 Chile en el Exterior (sitio web): *Bolivia*. Fecha de consulta: 12/06/2025. Disponible en: https://bit.ly/42vdCbV. Esto se debe a que las relaciones diplomáticas entre ambos Estados están rotas. En 1962, Bolivia rompió relaciones con Chile, que serían reanudadas en 1975, pero Bolivia volvió a romperlas en 1978, luego de que fracasaran las tratativas para canjear territorio que pudiera darle una salida al mar (Fundación Jaime Guzmán, *Ideas y Propuestas 2012-2013*, Santiago, Editorial JGE Ltda., 2013, pp. 314-315).

488 Art. 1.2, Convención de Viena sobre Relaciones Consulares (24 de abril de 1963).

489 El Estado receptor debe autorizar expresamente que se nombre a un nacional suyo. Art. 22.2, Convención de Viena sobre Relaciones Consulares (24 de abril de 1963).

490 La figura de los cónsules honorarios ha sido objeto de abusos en algunos casos, en que se entrega esta calidad a personas para que aprovechen sus privilegios, sin dedicarse a labores consulares (Cenzpiper, D. y otros. Cónsules Honorarios: la Amenaza Global de una Diplomacia Sin Control, *Ciper*, 2022. Fecha de consulta: 17/01/2025. Disponible en: https://bit.ly/4co0QjP).

491 Arts. 31 y 43, Convención de Viena sobre Relaciones Consulares (24 de abril de 1963).

492 Art. 1.a, Convención sobre las Misiones Especiales (8 de diciembre de 1969).

- Misiones permanentes, como lo son las representaciones permanentes de Estados miembros o de Estados observadores ante organizaciones internacionales, como ante la OEA o las Naciones Unidas.[493]

Estas misiones pueden tener algunos privilegios, que dependerán del tipo de conferencia o de misión de que se trate, y de si los Estados donde se encuentren se han obligado a concederlos. Por ejemplo, las personas enviadas a misiones en el contexto de las Naciones Unidas cuentan con cierto grado de inmunidad, como ocurre con las comisiones de los Estados que alegan casos ante la CIJ.[494]

---

493 Existe la Convención de Viena sobre la Representación de los Estados en sus Relaciones con las Organizaciones Internacionales de Carácter Universal (14 de marzo de 1975), de la cual Chile es parte. Sin embargo, al 16 de diciembre de 2025 contaba con 34 expresiones de consentimiento, pero requiere 35 para poder entrar en vigor (UN Treaty Collection (sitio web), *Vienna Convention on the Representation of States in their Relations with International Organizations of a Universal Character*. Fecha de consulta: 17/01/2025. Disponible en: https://bit.ly/CVrepresentacionOI).

494 Art. 42.3, Estatuto de la CIJ.

CAPÍTULO 2

ORGANIZACIONES INTERNACIONALES

Una organización internacional es "una organización instituida por un tratado u otro instrumento regido por el derecho internacional y dotada de personalidad jurídica internacional propia. Además de los Estados, las organizaciones internacionales pueden contar entre sus miembros con otras entidades".[495] Cuando este libro hable de organizaciones internacionales, a secas, se estará refiriendo a las organizaciones internacionales *gubernamentales*, como la ONU o la OEA, no a las *no gubernamentales* (ONG), como podrían ser Amnistía Internacional a nivel internacional o el Hogar de Cristo a nivel nacional.

Como se dijo previamente, los Estados no son los únicos sujetos del derecho internacional. Sin embargo, la regla general es que los demás sujetos no tienen una subjetividad plena como la de los Estados.[496] La naturaleza de estos otros actores determinará los actos que pueden realizar. La organización internacional es el sujeto de derecho internacional que sigue en importancia al Estado.

2.1. CUESTIONES GENERALES

2.1.1. Reconocimiento de su subjetividad internacional

La subjetividad de las organizaciones internacionales fue una cuestión debatida. De hecho, la "Sociedad de las Naciones y otras organizaciones internacionales del periodo de entreguerras no tenían reconocida una personalidad jurídica propia y se les consideraba como un órgano común de los Estados, por lo que sus actos eran atribuibles a los Estados miembros".[497] Esto cambió cuando la CIJ emitió su *Opinión Consultiva sobre Reparación por Daños Sufridos al Servicio de las Naciones Unidas*.[498] Ella consideró que, si bien la ONU no

---

495 Art. 2.a, Proyecto de Artículos sobre la Responsabilidad de las Organizaciones Internacionales, en Comisión de Derecho Internacional, *Anuario de la Comisión de Derecho Internacional 2011*, Naciones Unidas, Nueva York y Ginebra, 2016. Fecha de consulta 08/11/ 2024. Disponible en: https://bit.ly/3G08ZPk.

496 Se usa el concepto "subjetividad" en el sentido relacionado con la palabra *sujeto* (en este caso, sujeto del DIP), no en el sentido de *opinable*.

497 Casanovas; Rodrigo, Compendio de Derecho Internacional Público, *op. cit.*, p. 197.

498 CIJ, *Reparation for Injuries Suffered in the Service of the United Nations*, 1949. Una reflexión sobre esta opinión, así como una relación de los antecedentes de hecho que la motivaron (que no se encuentran referidos en su texto), puede verse en Bederman, D. J. The Reparation for Injuries Case:

era un Estado ni un súper-Estado, tenía personalidad jurídica en virtud de su carta fundacional, la que le confiere derechos y obligaciones distintos a los de los Estados que la componen.[499] También declaró que la ONU, en virtud de su finalidad, debía poder actuar eficazmente en el plano internacional.[500] Según esta opinión consultiva, la subjetividad de las organizaciones internacionales es de carácter funcional, es decir, existiría para que las organizaciones internacionales puedan ejercer las funciones y alcanzar los objetivos para los que fueron creadas.[501]

2.1.2. Características

En ocasiones, puede ser difícil determinar si una entidad es una organización internacional o no.[502] Para resolver esto, es útil conocer las características las organizaciones internacionales. Ellas:

- Tienen naturaleza interestatal: están formadas principalmente por Estados, a diferencia de las ONG. Así, Greenpeace no es una organización internacional gubernamental, mientras que sí lo es la Organización Internacional del Trabajo. Originalmente las organizaciones internacionales estaban formadas solo por Estados, pero hoy en día algunas están formadas por Estados y organizaciones internacionales o miembros de otra naturaleza.[503]
- Son generalmente creadas por un tratado: solo en algunos casos excepcionales son constituidas por resoluciones de otras organizaciones internacionales.[504]
- Tienen autonomía legal: esto significa que poseen una voluntad distinta de la de sus miembros considerados individualmente.[505] Ellas cuentan, al menos, con un órgano que es independiente de los Estados que las forman.[506]

The Law of Nations is Transformed into International Law. En John E. Noyes, Laura A. Dickinson, Janis, Mark W. (eds.), International Law Stories. New York: Foundation Press, 2007.

499 CIJ, *Reparation for Injuries Suffered in the Service of the United Nations*, 1949, pp. 8-9.

500 *Ibid.*, p. 8.

501 Casanovas; Rodrigo, Compendio de Derecho Internacional Público, *op. cit.*, p. 199.

502 Por ejemplo, las llamadas COP (*conferences of the parties*). Las COP tienen muchas funciones y, aunque se discute su naturaleza jurídica, estarían en un punto medio entre organizaciones internacionales y conferencias diplomáticas *ad hoc* (Rioseco, S. Conferences of the Parties Beyond International Environmental Law: How COPs Influence the Content and Implementation of their Parent Treaties, Leiden Journal of International Law 36, 2023, p. 700).

503 Casanovas; Rodrigo, Compendio de Derecho Internacional Público, *op. cit.*, p. 195.

504 *Ibid.* Hay otras agrupaciones de Estados que no están formadas por ninguno de los medios recién nombrados —como el G-20—, que no tienen personalidad jurídica internacional; algunos las han llamado *soft organizations* (*Ibid.*, p. 196).

505 Casanovas; Rodrigo, Compendio de Derecho Internacional Público, *op. cit.*, p. 196. Esto no impide, sin embargo, que puedan ser "capturadas" por algunos de los Estados que las componen (Schmalenbach, K. Can International Organizations Turn 'Rogue'? The Many Facets of Institutional Capture, International Organizations Law Review 21, 2024).

506 Alvarez, International Organizations as Law-Makers, *op. cit.*, p. 6.

- Sus funciones son definidas por sus fines: ellas buscan gestionar intereses comunes de ciertos Estados, o generales de la comunidad internacional.[507] La CIJ consideró que las organizaciones internacionales pueden tener competencias implícitas, es decir, competencias que, sin estar explicitadas en el tratado fundacional, permiten que la organización cumpla sus funciones.[508]
- Se rigen por el derecho internacional: Esto las diferencia de las ONG, que estarán constituidas según el derecho interno de algún Estado.[509]
- Cuentan con una estructura permanente: esto las diferencia de las conferencias diplomáticas.[510] Las organizaciones internacionales tienen libertad para estructurarse, pero están generalmente formadas por los siguientes órganos:[511]
  - Un *órgano plenario* (o asamblea): es un órgano que reúne a representantes de todos los Estados miembros. Este órgano tiene competencias amplias. Un ejemplo es la Asamblea General de la ONU, que sesiona una vez al año.
  - Uno o más *órganos restringidos*: se trata de órganos de composición no plenaria, formados por un número limitado de representantes y con funciones específicas, por ejemplo, el Consejo Económico y Social de la ONU.[512] Estos órganos suelen llamarse "Consejo".
  - Una *secretaría* (u oficina permanente): es un órgano permanente, es decir, que funciona todo el año, y se encarga del trabajo técnico y de ejecutar decisiones dictadas por la asamblea y los consejos.[513] Ella está dirigida por un *secretario general* o *director general*.[514] La ONU también cuenta con un ejemplo de secretaría.

2.1.3. Clasificación

Las organizaciones internacionales pueden clasificarse de diversos modos, pero algunas clasificaciones básicas son las siguientes:

- Según su objetivo de participación, pueden tener vocación universal, es decir, estar abiertas a todos los Estados (como ocurre con la Organización Mundial de la Salud), o ser cerradas o restringidas, limitando la participación a Estados que cumplan

507 Casanovas y Rodrigo llaman a esta característica "finalidad funcional" (Casanovas; Rodrigo, Compendio de Derecho Internacional Público, *op. cit.*, p. 196).

508 CIJ, *Reparation for Injuries Suffered in the Service of the United Nations*, 1949, p. 10. La CIJ también afirmó que, cuando las NU realizan una acción apropiada para dar cumplimiento a sus propósitos, debe presumirse que no están actuando *ultra vires*. CIJ, *Certain Expenses of the United Nations (Article 17, Paragraph 2, of the Charter)*, 1962, p. 168. Es posible cuestionar la capacidad que tiene un órgano de una organización, para definir los poderes de esa misma organización (la CIJ es un órgano de la ONU que estaría definiendo el poder de la misma ONU).

509 Alvarez, International Organizations as Law-Makers, *op. cit.*, p. 6.

510 Casanovas; Rodrigo, Compendio de Derecho Internacional Público, *op. cit.*, p. 196.

511 *Ibid.*

512 Pastor Ridruejo, Curso de Derecho Internacional..., *op. cit.*, p. 729.

513 Benadava, Derecho Internacional Público, *op. cit.*, p. 395.

514 Alvarez, International Organizations as Law-Makers, *op. cit.*, p. 9.

ciertas condiciones, por ejemplo, geográficas o económicas (como la Organización Panamericana de la Salud o la Unión Europea).[515]

- Según sus fines, pueden ser generales, es decir, tienen "unas funciones tan amplias que pueden actuar casi en cualquier materia"[516] (como la ONU), o de fines específicos, es decir, que buscan "conseguir determinados propósitos concretos y solo tienen competencias en aquellas materias que estén vinculadas con tales objetivos"[517] (como la Organización Mundial del Comercio).

2.1.4. Historia de las organizaciones internacionales

Hasta mediados del siglo XIX no existían las organizaciones internacionales.[518] La primera revolución industrial, con las múltiples transformaciones que trajo en materia de comunicaciones y transporte, entre otras, hizo necesario que los Estados cooperaran para regular estos nuevos adelantos, que trascendían las fronteras estatales.[519] Así, surgieron organizaciones técnicas como la Unión Telegráfica Internacional (1865), la Unión General de Correos (1874) y la Oficina Internacional de Pesas y Medidas (1875).[520]

Hasta comienzos del siglo XX, la única organización internacional de carácter político era la Unión Internacional de las Repúblicas Americanas, creada en Washington D.C., en 1890.[521] Fue solo en la Conferencia de Paz de París de 1919, después de la Primera Guerra Mundial, que se trató de hacer una organización internacional universal de connotación política, la llamada Sociedad de las Naciones o Liga de las Naciones.[522] Ella buscó, principalmente, mantener la paz mundial, pero no fue eficaz en ese cometido. Se afirma que esto se debió, en parte, a que Estados Unidos no se incorporó como miembro.[523] No obstante, la Liga tuvo otros éxitos, como servir de ensayo de organización mundial de carácter político, y facilitar la cooperación universal en materia económica y social.[524]

---

515 Casanovas; Rodrigo, Compendio de Derecho Internacional Público, *op. cit.*, pp. 199-200.

516 *Ibid.*, p. 200.

517 *Ibid.*

518 Entonces, "los contactos internacionales se realizaban por medio de misiones diplomáticas permanentes, negociadores especiales y congresos", los que podían durar mucho tiempo, pero no eran permanentes ni tenían órganos estables, a diferencia de las organizaciones internacionales (Benadava, Derecho Internacional Público, *op. cit.*, p. 396).

519 Figueroa Pla, U. Organismos Internacionales. Funcionamiento y Actividades. Santiago: LexisNexis, 2002, pp. 35-36.

520 Las dos primeras cambiarían sus nombres, a Unión Internacional de Telecomunicaciones y a Unión Postal Universal, respectivamente (*Ibid.*, p. 36).

521 Posteriormente se llamaría Unión Panamericana, y luego OEA (*Ibid.*, pp. 36-37).

522 *Ibid.*, p. 37.

523 Dicho Estado fue una voz potente en la conferencia que creó la Liga, pero la gran oposición interna impidió que ratificara el Pacto de la Liga de las Naciones (*Ibid.*, pp. 56-58).

524 *Ibid.*, pp. 84-86.

Fue solo después de la Segunda Guerra Mundial que se logró contar con una organización formada por la mayoría de los Estados. En 1945, 51 Estados crearon la ONU, en la Conferencia de San Francisco (veinte Estados latinoamericanos —incluyendo Chile— se encuentran entre los fundadores).[525] Desde entonces se han ido incorporando más Estados (muchos de ellos de reciente creación).[526] A continuación, se trata esta organización en detalle.

2.2. ORGANIZACIÓN DE LAS NACIONES UNIDAS

2.2.1. Cuestiones generales

La ONU es la organización internacional más relevante del mundo. Está compuesta solo por Estados.[527] En la actualidad cuenta con 193 Estados miembros y dos "Estados no miembros" que, sin ser partes, son observadores permanentes. Se trata de la Santa Sede (que no es en sí un Estado, pero que dirige el Estado Vaticano) y Palestina.[528] La admisión en la ONU suele usarse como una prueba irrefutable de que se cumplen los requisitos para ser un Estado. Para ser admitido como miembro de la ONU, es necesario que la Asamblea General lo apruebe por dos tercios de los votos,[529] previa recomendación de nueve votos del Consejo de Seguridad.[530] Según la CIJ, la personalidad jurídica internacional de esta organización es *objetiva*, por lo que es oponible a Estados no miembros.[531]

El artículo 1 de la Carta de las Naciones Unidas, el tratado constitutivo de la ONU, dispone cuáles son los propósitos de esta organización:

525 *Ibid.*, pp. 95-96.

526 Los últimos en ingresar (desde el año 2000) son: Tuvalu, Serbia, Suiza, Timor-Leste, Montenegro y Sudán del Sur.

527 Arts. 3 y 4, Carta de las NU.

528 Naciones Unidas (sitio web), Estados no miembros. Fecha de consulta: 17/01/2025. Disponible en: https://bit.ly/3YnTbfE. Sobre el estatus del Estado de Palestina en NU, puede verse ONU, AG: "Status of Palestine in the United Nations. Report of the Secretary-General", A/67/738 (8 de marzo de 2013). A ese instrumento debe agregarse ONU, AG: "Admisión de Nuevos Miembros en las Naciones Unidas", A/RES/ES-10/23 (14/05/2024).

529 Art. 18.1, Carta de las NU.

530 Arts. 4 y 27, Carta de las NU. En el caso de Palestina, más de dos tercios de los Estados lo han aceptado como Estado, pero sin que el C. de S. lo haya propuesto (EE. UU. se ha negado a hacerlo), por lo que no ha podido aún integrarse a las NU. Véase ONU, AG: "Admisión de Nuevos Miembros en las Naciones Unidas", A/RES/ES-10/23 (14/05/2024).

531 CIJ, *Reparation for Injuries Suffered in the Service of the United Nations*, 1949, p. 15. Sería posible plantearse si la CIJ no habría estado dictando una opinión en una causa propia, pues ella misma es un órgano de la ONU.

Artículo 1

Los propósitos de las Naciones Unidas son:

1. Mantener la paz y la seguridad internacionales, y con tal fin: tomar medidas colectivas eficaces para prevenir y eliminar amenazas a la paz, y para suprimir actos de agresión u otros quebrantamientos de la paz; y lograr por medios pacíficos, y de conformidad con los principios de la justicia y del derecho internacional, el ajuste o arreglo de controversias o situaciones internacionales susceptibles de conducir a quebrantamientos de la paz;

2. Fomentar entre las naciones relaciones de amistad basadas en el respeto al principio de la igualdad de derechos y al de la libre determinación de los pueblos, y tomar otras medidas adecuadas para fortalecer la paz universal;

3. Realizar la cooperación internacional en la solución de problemas internacionales de carácter económico, social, cultural o humanitario, y en el desarrollo y estímulo del respeto a los derechos humanos y a las libertades fundamentales de todos, sin hacer distinción por motivos de raza, sexo, idioma o religión; y

4. Servir de centro que armonice los esfuerzos de las naciones por alcanzar estos propósitos comunes.

Por su parte, el artículo 2 se refiere a los principios que deben inspirar el actuar de las Naciones Unidas (NU) y sus miembros.

Artículo 2

Para la realización de los Propósitos consignados en el Artículo 1, la Organización y sus Miembros procederán de acuerdo con los siguientes Principios:

1. La Organización está basada en el principio de la igualdad soberana de todos sus Miembros.

2. Los Miembros de la Organización, a fin de asegurarse los derechos y beneficios inherentes a su condición de tales, cumplirán de buena fe las obligaciones contraídas por ellos de conformidad con esta Carta.

3. Los Miembros de la Organización arreglarán sus controversias internacionales por medios pacíficos de tal manera que no se pongan en peligro ni la paz y la seguridad internacionales ni la justicia.

4. Los Miembros de la Organización, en sus relaciones internacionales, se abstendrán de recurrir a la amenaza o al uso de la fuerza contra la integridad territorial o la independencia política de cualquier Estado, o en cualquier otra forma incompatible con los Propósitos de las Naciones Unidas.

5. Los Miembros de la Organización prestarán a ésta toda clase de ayuda en cualquier acción que ejerza de conformidad con esta Carta, y se abstendrán de dar ayuda a Estado alguno contra el cual la Organización estuviere ejerciendo acción preventiva o coercitiva.

> 6. La Organización hará que los Estados que no son Miembros de las Naciones Unidas se conduzcan de acuerdo con estos Principios en la medida que sea necesaria para mantener la paz y la seguridad internacionales.
>
> 7. Ninguna disposición de esta Carta autorizará a las Naciones Unidas a intervenir en los asuntos que son esencialmente de la jurisdicción interna de los Estados, ni obligará a los Miembros a someter dichos asuntos a procedimientos de arreglo conforme a la presente Carta; pero este principio no se opone a la aplicación de las medidas coercitivas prescritas en el Capítulo VII.

2.2.2. Principales Órganos

El artículo 7 de la Carta de las NU dispone cuáles son sus órganos principales. También establece que, según las disposiciones de la misma Carta, se pueden crear los órganos subsidiarios que se estimen pertinentes. A continuación, se describen los órganos principales de la ONU.

a. Asamblea General

La Asamblea General (AG) es un órgano plenario, es decir, integrado por todos los miembros de las NU.[532] Estos se reúnen una vez al año. En la AG, cada Estado miembro tiene un voto, con independencia de su tamaño o poder.[533] La AG puede discutir cualquier asunto dentro de los límites de la Carta de las NU, y hacer recomendaciones a Estados miembros o al Consejo de Seguridad.[534]

Algunas de las funciones de la AG son las siguientes:

- "considerar los principios generales de la cooperación en el mantenimiento de la paz y la seguridad internacionales [...] y [...] hacer recomendaciones respecto de tales principios a los Miembros o al Consejo de Seguridad o a éste y a aquéllos";[535]
- "discutir toda cuestión relativa al mantenimiento de la paz y la seguridad internacionales",[536] y hacer recomendaciones sobre el tema a los Estados, o a algunos de ellos, y al Consejo de Seguridad;[537]
- "llamar la atención del Consejo de Seguridad hacia situaciones susceptibles de poner en peligro la paz y la seguridad internacionales";[538]
- promover estudios y recomendaciones para fomentar la cooperación internacional en diversos ámbitos;[539]

---

532 Art. 9, Carta de las NU.
533 Art. 18, Carta de las NU.
534 Art. 10, Carta de las NU.
535 Art. 11.1, Carta de las NU.
536 Art. 11.2, Carta de las NU.
537 Art. 11.2, Carta de las NU.
538 Art. 11.3, Carta de las NU.
539 Art. 13, Carta de las NU.

- impulsar el desarrollo del derecho internacional y su codificación,[540] y
- establecer órganos subordinados.[541]

Las resoluciones de la AG no tienen carácter vinculante, salvo en casos como los que se enumeran a continuación:

- admisión, exclusión o suspensión de miembros de la ONU;[542]
- designaciones en órganos como el Consejo de Seguridad y el Consejo Económico y Social;[543]
- fijación del presupuesto;[544]
- decisión de solicitar una opinión consultiva a la CIJ,[545] y
- otras situaciones encomendadas por algún tratado (las que serían muy excepcionales).[546]

Algunos de estos actos requieren contar con una aprobación de dos tercios de los miembros de las NU o con un acuerdo del Consejo de Seguridad.

Los Estados que votan en contra de una resolución de la AG pueden posteriormente declarar que adhieren a ella, a pesar de que esa declaración no cambiará el estatus de la resolución. Por ejemplo, en 2007 Estados Unidos votó en contra de la resolución de la AG sobre pueblos indígenas, por considerar que se prestaba para interpretaciones contrapuestas, pero luego, en 2010, anunció que apoyaba esa resolución, por compartir sus fines.[547]

La AG no puede emitir recomendaciones en asuntos que están siendo estudiados por el Consejo de Seguridad, salvo que este se lo solicite.[548] Sin embargo, esta prohibición no es interpretada estrictamente, de modo que, en la práctica, pueden verse asuntos en forma relativamente paralela en ambos órganos.[549] Además, en la resolución Unión pro paz (1950), la AG afirmó que puede pasar por sobre esta prohibición, cuando el Consejo de Seguridad esté bloqueado (esta resolución se dictó en la Guerra Fría, cuando las potencias vetaban gran parte de las resoluciones en el Consejo de Seguridad, por lo que este no podía actuar adecuadamente).[550] En dicha resolución, la AG resolvió:

---

540 Art. 13, Carta de las NU.

541 Art. 22, Carta de las NU.

542 Arts. 4-6, Carta de las NU.

543 Art. 18.2, Carta de las NU.

544 Art. 17, Carta de las NU.

545 Art. 96.1, Carta de las NU.

546 Kolb, R. An Introduction to the Law of the United Nations. Portland: Hart Publishing, 2010, p. 124.

547 Murphy, Principles of International Law, *op. cit.*, pp. 422-423.

548 Art. 12, Carta de las NU.

549 Véanse CIJ, *Legal Consequences of the Construction of a Wall in the Occupied Palestinian Territory*, 2004, párrs. 25-28, y CIJ, *Accordance with International Law of the Unilateral Declaration of Independence in Respect of Kosovo*, 2010, párrs. 41-44.

550 Sobre esta resolución, puede verse Zaum, D. The Security Council, the General Assembly, and War: The Uniting for Peace Resolution. En Vaughan Lowe, Adam Roberts, Jennifer Welsh, Dominik

> que si el Consejo de Seguridad, por falta de unanimidad entre sus miembros permanentes, deja de cumplir con su responsabilidad primordial de mantener la paz y la seguridad internacionales en todo caso en que resulte haber una amenaza a la paz, un quebrantamiento de la paz o un acto de agresión, la Asamblea General examinará inmediatamente el asunto, con miras a dirigir a los miembros recomendaciones apropiadas para la adopción de medidas colectivas, inclusive, en caso de quebrantamiento de la paz o acto de agresión, el uso de fuerzas armadas cuando fuere necesario, a fin de mantener o restaurar la paz y la seguridad internacionales. De no estar a la sazón reunida, la Asamblea General puede reunirse en período extraordinario de sesiones de emergencia dentro de las 24 horas siguientes a la presentación de una solicitud al efecto. Tal período extraordinario de sesiones de emergencia será convocado si así lo solicita el Consejo de Seguridad por el voto de siete cualesquiera de sus miembros, o bien la mayoría de los Miembros de las Naciones Unidas.[551]

Es válido preguntarse si un órgano de NU puede determinar por sí mismo cuál es su competencia, especialmente si, al hacerlo, podría contrariar el tratado que lo crea. En todo caso, la CIJ ha asentido tácitamente a esta resolución, al menos en cuanto a la posibilidad de que la AG dé su parecer cuando el Consejo de Seguridad esté bloqueado.[552] El procedimiento establecido en esta resolución se ha usado en varias ocasiones,[553] pero no sería un mecanismo efectivo para imponer la paz mediante el uso de la fuerza, ya que los Estados mejor equipados para hacerlo no aceptan que la AG tenga este poder.[554]

b. Consejo de Seguridad

El Consejo de Seguridad es un órgano principal de NU, cuya responsabilidad primordial es mantener la paz y la seguridad internacionales.[555] Se trata de un cuerpo ejecutivo que debe posibilitar que la ONU actúe en forma rápida y eficaz,[556] aunque en ocasiones puede no ser suficientemente rápido para determinar la existencia de amenazas o quebrantamientos de la paz. Sus poderes están tratados en los capítulos V, VI y VII de la Carta de las NU. Es el

Zaum (eds.), The United Nations Security Council and War. The Evolution of Thought and Practice since 1945. Oxford: Oxford University Press, 2010.

551 ONU, AG: "Unión pro Paz", A/RES/377(V) (03/11/1950).

552 Este asentimiento se observa cuando la CIJ cita la resolución *Unión pro paz* y analiza si se cumplen sus requisitos. Véase CIJ, *Legal Consequences of the Construction of a Wall in the Occupied Palestinian Territory*, 2004, párr. 30.

553 Un listado de tales usos, hasta 2006, se puede encontrar en Lowe, V.; Roberts, A.; Welsh, J.; Zaum, D. The United Nations Security Council and War. The Evolution of Thought and Practice since 1945. Oxford: Oxford University Press, 2010, pp. 706-708.

554 Murphy, Principles of International Law, *op. cit.*, p. 594.

555 Art. 24.1, Carta de las NU.

556 Art. 24.1, Carta de las NU.

órgano que tiene mayor poder dentro de la ONU, pues puede dar órdenes a los Estados,[557] incluso, exigir el uso de la fuerza en contra de algunos de ellos.[558]

Para llevar adelante su función general de "mantener la paz y la seguridad internacionales",[559] el Consejo de Seguridad tiene varias funciones específicas. Dentro de ellas, las que más llaman la atención son las que establece el capítulo VII de la Carta de las NU, relativo a acciones en casos de amenazas a la paz, quebrantamientos de la paz o actos de agresión. Según este capítulo, el Consejo determina la existencia de un acto de agresión o de una amenaza a la paz, y decide qué medidas tomar.[560] Estas pueden, incluso, implicar el uso de la fuerza. El Consejo puede adoptar:

- medidas provisionales,[561] como decretar el cese al fuego o congelar las relaciones económicas con determinado país. Dichas medidas pueden incluir el uso de la fuerza;
- medidas que no impliquen el uso de la fuerza;[562]
- medidas que impliquen el uso de la fuerza[563] y
- convenios especiales para obtener fuerzas armadas,[564] lo que le permitiría tener una especie de Ejército a su servicio, pero esta norma no se ha usado.[565]

Las medidas adoptadas por el Consejo de Seguridad han sido muy variadas, por ejemplo, autorizar a entrar en territorio marítimo somalí para reprimir la piratería;[566] autorizar a los Estados miembros de NU a recurrir a todos los medios para reinstaurar a las autoridades derrocadas por un golpe de Estado en Haití,[567] y crear tribunales penales internacionales

557 Art. 25, Carta de las NU. En ocasiones es difícil determinar si está dando una orden, lo que dependerá de las circunstancias de la resolución. CIJ, *Legal Consequences for States of the Continued Presence of South Africa in Namibia (South West Africa) notwithstanding Security Council Resolution 276 (1970)*, 1971, párr. 114.

558 Además, varias de sus resoluciones dan la impresión de que el Consejo puede también actuar como legislador. Esto se apreciaría en sus resoluciones 1373 (2001), 1540 (2004) y 2178 (2014), según Chesterman, S.; Johnstone, I.; Malone, D. M. Law and Practice of the United Nations. Documents and Commentary. New York: Oxford University Press, 2016, p. 145.

559 Art. 24, Carta de las NU.

560 Art. 39, Carta de las NU.

561 Art. 40, Carta de las NU.

562 Art. 41, Carta de las NU.

563 Art. 42, Carta de las NU.

564 Art. 43, Carta de las NU. Sobre esta norma, es interesante ver Burkle Jr., F. M. United Nations Charter, Chapter VII, Article 43: Now or Never, Disaster Medicine and Public Health Preparedness 13, 4, 2018, p. 655.

565 Se afirma que esta falta de uso se habría debido a la división entre el Oeste y el Este en la Guerra Fría. Kolb, An Introduction to the Law…, *op. cit.*, p. 85.

566 ONU, C. de S.: "Resolución 1846(2008)" [La Situación en Somalia], S/RES/1846(2008) (02/12/2008). Véase también ONU, C. de S.: "Resolución 1851(2008)" [La Situación en Somalia], S/RES/1851(2008) (16/12/2008).

567 ONU, C. de S.: "Resolución 940(1994)" [Aprobación del Establecimiento de un Grupo de Avanzada de la UNIH para Restablecer la Democracia en Haití y el Pronto Retorno del Presidente

para juzgar graves crímenes ocurridos en la ex Yugoslavia y en Ruanda.[568] El artículo 25 de la Carta de NU dispone que "[l]os Miembros de las Naciones Unidas convienen en aceptar y cumplir las decisiones del Consejo de Seguridad de acuerdo con esta Carta", y se discute si dicha norma permitiría dictar decisiones vinculantes en materias no reguladas explícitamente en la Carta, aunque la CIJ se habría manifestado afirmativamente en la opinión consultiva sobre Namibia.[569]

Un tema interesante, y que puede ser confundido con las fuerzas armadas recién mencionadas, son las fuerzas de mantenimiento de la paz de las NU —también conocidas como los cascos azules—, que se despliegan en las *operaciones de paz de las NU*.[570] La Carta de las NU no las establece expresamente, pero se dice que se basan en medidas descritas en sus capítulos VI y VII.[571] Originalmente, estas fuerzas realizaban labores de observación y de mantención de ceses al fuego, pero en los años noventa, algunas de estas misiones comenzaron también a ejercer labores más exigentes, como de monitoreo de situaciones de derechos humanos, administrativas de reconstrucción de Estados, de supervisión de acuerdos de paz, etc.[572] Las características de cada misión de paz se definen caso a caso.[573] Inicialmente, estas misiones requerían el consentimiento del Estado donde se desarrollaban, pero ahora también se imponen al Estado, haciendo uso de los poderes establecidos en el capítulo VII de la Carta.[574] Para poder llevar a cabo estas tareas, la ONU recurre a la ayuda de Estados miembros. Así fue, por ejemplo, que el Ejército de Chile colaboró con la misión de estabilización en Haití, llamada Minustah.[575] Desde su creación, ha habido más de setenta misiones de paz.[576]

Legítimamente Electo y las Autoridades del Gobierno de Haití, y Prorrogar el Mandato de la UNMIH], S/RES/940(1994) (31/07/1994).

568 ONU, C. de S.: "Resolución 827(1993)" [Tribunal (ex Yugoslavia)], S/RES/827(1993) (25/05/1993), y ONU, C. de S.: "Resolución 955(1994)" [Establecimiento de un Tribunal Internacional y Aprobación del Estatuto del Tribunal Penal Internacional], S/RES/955(1994) (08/11/1994).

569 Kolb, An Introduction to the Law…, *op. cit.*, p. 139.

570 United Nations, Department of Peace Operations, Department of Operational Support, *United Nations Military Manual*, United Nations, New York, 2024, pp. 2, 3, 46. Hoy en día, el 90 % de estas misiones son multidimensionales, en el sentido de que tienen secciones militares, de policía y civiles, y se entiende que el mantenimiento de la paz es una misión fundamentalmente política, pues solo soluciones políticas pueden dar paso a una estabilidad duradera (*Ibid.*, p. 3).

571 Chesterman y otros, Law and Practice…, *op. cit.*, p. 319.

572 Kolb, An Introduction to the Law…, *op. cit.*, pp. 91-94.

573 *Ibid.*, p. 94.

574 *Ibid.*, pp. 93-94.

575 La regulación chilena sobre la participación en operaciones de paz se encuentra en Arts. 7-14, Chile, Ley 19.067 (01/07/1991), *Establece Normas Permanentes sobre Entrada de Tropas Extranjeras en el Territorio de la Republica y Salida de Tropas Nacionales del Mismo.*

576 Mantenimiento de la Paz de la Organización de Naciones Unidas (sitio web), El Mantenimiento de la Paz de la ONU: 70 Años de Servicio y Sacrificio. Fecha de consulta: 09/09/2024. Disponible en: https://bit.ly/3G2F7SF

El Consejo de Seguridad tiene también funciones relativas a la solución pacífica de controversias, que se encuentran reguladas en el capítulo VI de la Carta de las NU. El Consejo puede investigar controversias para determinar si su prolongación podría poner en peligro la paz y la seguridad internacionales.[577] En dicho caso, puede instar a las partes a que resuelvan su controversia por vías de solución pacífica (que se verán más adelante),[578] o puede recomendar la vía que estime más adecuada[579] o, incluso, "recomendar los términos de arreglo que considere apropiados".[580] Al conocer de un asunto en este sentido, el Estado involucrado debiera abstenerse de votar.[581]

El Consejo de Seguridad también tiene competencias que se alejan de sus propósitos específicos, como las que ejerce en conjunto con la Asamblea General, que incluyen: recomendar la aceptación de un Estado como nuevo miembro de la ONU, designar jueces de la CIJ, etc.[582]

El Consejo de Seguridad tiene quince miembros:

- Cinco miembros permanentes, que son China, Francia, Federación de Rusia, Reino Unido y Estados Unidos.[583] Se trata, básicamente, de las potencias que ganaron la Segunda Guerra Mundial.
- Diez miembros no permanentes, que duran dos años y se renuevan parcialmente (cinco cada año).[584]

Todos los miembros tienen derecho a voto, pero los cinco permanentes tienen también derecho a veto, es decir, derecho a impedir que se dicte una resolución.[585] El derecho a veto tiene ciertas excepciones, que son:

- Cuestiones de procedimiento. Basta contar con nueve votos para que se aprueben[586] (el problema es que no está absolutamente claro qué temas son procedimentales).[587]
- Solución pacífica de controversias. Al tratar de esto, la parte involucrada en la controversia debe abstenerse de votar.[588]

577 Art. 34, Carta de las NU.

578 Art. 33, Carta de las NU.

579 Art. 36, Carta de las NU.

580 Art. 37.2, Carta de las NU.

581 Sin embargo, el Consejo ha tratado de esquivar esta prohibición (Kolb, An Introduction to the Law..., *op. cit.*, p. 138).

582 Por ejemplo, Art. 4, Carta de las NU, y Art. 4, Estatuto de la CIJ.

583 Art. 23, Carta de las NU.

584 Art. 23, Carta de las NU.

585 Art. 27, Carta de las NU.

586 *Ibid.*

587 Esto genera dudas desde el comienzo de la labor de la ONU (Kelsen, H. The Law of the United Nations. New Jersey: The Law Book Exchange, 1950, pp. 245-249). En caso de duda de si algo es procedimental o no, será necesario votar el asunto y, en ese caso, se mantiene también el derecho a veto (Kolb, An Introduction to the Law..., *op. cit.*, p. 137).

588 Art. 27, Carta de las NU.

Las resoluciones en temas sustantivos (en oposición a los procedimentales) se aprueban con nueve votos, pero ningún veto de un miembro permanente. Ello no significa que todos los miembros permanentes deban votar afirmativamente, pues una resolución puede ser aprobada con su abstención.[589] Lamentablemente, como se decía, no hay absoluta claridad en la distinción entre decisiones procedimentales y sustantivas.

Mucho se ha dicho sobre reformar el Consejo de Seguridad, especialmente en relación con los miembros permanentes. Esto sería difícil, pues solo se ha reformado el Consejo una vez, en 1963, aumentando el número de miembros no permanentes de seis a diez.[590] Además, hay razones que justifican la existencia de miembros permanentes.[591]

c. Consejo Económico y Social

El Consejo Económico y Social (conocido como Ecosoc) es un órgano de las NU que cuenta con 54 miembros electos por la AG.[592] Entre sus funciones se encuentran: realizar estudios, informes, recomendaciones y proyectos de tratados en temas de su competencia, convocar conferencias internacionales, y coordinar la labor de los organismos especializados (como lo son la OIT, la FAO, el Banco Mundial, la OMS, etc.).[593]

El Ecosoc ha creado una serie de órganos subsidiarios, usando criterios temáticos (como la Comisión sobre Desarrollo Sustentable), regionales (como la Cepal,[594] cuya sede está en Santiago de Chile), o de experticia (como el Comité de Energía y Recursos Naturales para el Desarrollo), entre otros.[595]

d. Consejo de Administración Fiduciaria

El Consejo de Administración Fiduciaria era un órgano que velaba por los territorios sometidos a fideicomiso, que eran los territorios que:

- Después de la Segunda Guerra Mundial, aún se hallaban bajo mandato (como el Camerún británico y el francés);
- fueron quitados a los "Estados enemigos", como resultado de la Segunda Guerra Mundial (como ocurrió con la Somalia italiana), y

---

589 CIJ, *Legal Consequences for States of the Continued Presence of South Africa in Namibia (South West Africa) notwithstanding Security Council Resolution 276 (1970)*, 1971, párr. 22.

590 Kolb, *An Introduction to the Law…*, *op. cit.*, pp. 134, nota al pie 34. Se hizo mediante una reforma al Art. 23. Esta reforma entró en vigor en 1965 (*Ibid.*).

591 Por ejemplo, este régimen fue necesario para atraer a las grandes potencias a la ONU, lo que impidió que esta organización terminara fracasando, como la Liga de Naciones; es imposible saber si la eliminación del poder de veto alejaría a las potencias; atendido el poder militar de los miembros permanentes, una eventual resolución que implicara el uso de la fuerza en su contra podría generar una guerra de alcance mundial. Se ha sugerido también incorporar a nuevos miembros permanentes, pero los criterios para hacerlo no son necesariamente convincentes, y podrían hacer aún menos efectivo el actuar del Consejo (pues habría más Estados con poder de veto).

592 Art. 61.1, Carta de las NU.

593 Arts. 62-66, Carta de las NU.

594 Su nombre completo es Comisión Económica para América Latina y el Caribe.

595 Kolb, An Introduction to the Law…, *op. cit.*, p. 144.

- fueron sometidos voluntariamente a este régimen (esto último solo ocurrió con islas del Pacífico que se hallaban bajo mandato japonés, que fueron ocupadas por Estados Unidos).[596]

El Consejo suspendió sus funciones —y las normas respectivas de la Carta de las NU quedaron obsoletas— cuando el último territorio bajo fideicomiso, Palau, obtuvo su independencia en 1994.[597] En una materia relacionada, hoy en día, Naciones Unidas cuenta con el Comité Especial de Descolonización, creado por la Asamblea General en 1961.[598]

e. Corte Internacional de Justicia

La CIJ es un órgano muy relevante, según se ha visto al revisar las fuentes. Se examinará en detalle al tratar de los mecanismos judiciales de solución de controversias.

f. Secretaría

La Secretaría es el órgano que se encarga de velar por el adecuado funcionamiento administrativo de la ONU, permitiendo que esta pueda trabajar para lograr su cometido. La Secretaría está dirigida por un secretario general, que "será el más alto funcionario administrativo de la Organización".[599] El rol del secretario general es administrativo y político, pues no solo está a cargo de atender a los órganos principales de la ONU (con excepción de la CIJ),[600] sino que también debe ejercer roles como el de indicar al Consejo de Seguridad qué situaciones podrían "poner en peligro el mantenimiento de la paz y la seguridad internacionales".[601]

2.2.3. Organismos especializados

Los organismos especializados, también conocidos como agencias especializadas, son organizaciones intergubernamentales autónomas con funciones en materias "de carácter económico, social, cultural, educativo, sanitario y otras conexas".[602] Algunos ejemplos de ellos son la Organización de las Naciones Unidas para la Alimentación y la Agricultura (FAO), la Organización de las Naciones Unidas para la Educación, la Ciencia y la Cultura (Unesco), y la Organización Internacional del Trabajo (OIT).[603] Ellos no son órganos de las Naciones

---

596 Art. 77, Carta de las NU, y Kolb, An Introduction to the Law..., *op. cit.*, pp. 144-145.

597 *Ibid.*, p. 145.

598 ONU, AG: "La Situación Respecto de la Aplicación de la Declaración sobre Concesión de la Independencia a los Países y Pueblos Coloniales", A/RES/1654(XVI) (27/11/1961).

599 Art. 97, Carta de las NU.

600 Chesterman y otros, Law and Practice..., *op. cit.*, p. 166.

601 Art. 99, Carta de las NU.

602 Art. 57.1, Carta de las NU.

603 Algunas otras agencias especializadas, bastante conocidas, son: el Banco Mundial, el Fondo Monetario Internacional, el Organismo Internacional de Energía Atómica, la Organización de Aviación Civil Internacional, la Organización Mundial de la Salud, la Organización Mundial del Comercio, y la Unión Postal Universal (Kolb, An Introduction to the Law..., *op. cit.*, p. 157).

Unidas (pueden, incluso, ser más antiguos que las NU, como ocurre con la OIT). Los organismos especializados se encuentran vinculados con NU mediante acuerdos concertados con el Ecosoc —aprobados por la AG—,[604] que establecen los alcances de esta vinculación.[605]

2.3. ORGANIZACIÓN DE LOS ESTADOS AMERICANOS

A continuación, se tratará una segunda organización internacional, de particular relevancia para Chile: La Organización de los Estados Americanos (OEA). Se trata de un organismo internacional creado en 1948, de carácter general (similar a la ONU), pero en el ámbito regional de América. Ella es heredera de varias instituciones previas, que fueron emanando de las diversas conferencias americanas que se venían llevando a cabo desde 1889.[606] La Carta de las NU permite que existan acuerdos internacionales regionales, con tal de que sean compatibles con el sistema de NU, por ejemplo, el órgano regional no podría ordenar el uso de la fuerza si no tiene la autorización de las NU.[607] Se considera que estos organismos internacionales son complementarios a la ONU, por lo que, por ejemplo, deben tratar de solucionar controversias regionales antes de que sea necesario acudir al Consejo de Seguridad de NU.[608] Además de la OEA, existen otros organismos regionales, como la Liga Árabe,[609] el Consejo de Europa,[610] la Unión Africana[611] y la Asociación de Naciones del Sudeste Asiático (ASEAN).[612]

La OEA está abierta a todos los Estados independientes de América, que son 35 (este número puede sorprender, pues suele olvidarse que casi un tercio de los Estados de América son pequeños países angloparlantes del Caribe). Todos ellos ratificaron la Carta de la OEA, pero Cuba no se encuentra activa en la Organización,[613] y dos Estados —Venezuela y Nicaragua— denunciaron dicho tratado, aunque con resultados diversos.[614]

---

604 Art. 63, Carta de las NU.

605 En general, incluyen el deber de cooperación, el deber de respetar resoluciones de las NU, la obligación de entregar información y una coordinación en materia de membresía y de presupuesto, entre otras (Kolb, An Introduction to the Law…, *op. cit.*, p. 159).

606 Arrighi, J. M. La OEA y el Derecho Internacional. México D. F.: Porrúa, 2015, pp. 20-24.

607 Arts. 52-54, Carta de las NU. Véase también Figueroa Pla, Organismos Internacionales…, *op. cit.*, pp. 412-414. Sobre la necesidad de contar con autorización previa, se entiende que no se requiere en pactos de seguridad colectiva, como el de la OTAN o el TIAR (*Ibid.*, p. 413).

608 Art. 52.2, Carta de las NU.

609 Pact of the League of Arab States (22 de marzo de 1945).

610 Statute of the Council of Europe (5 de mayo de 1949).

611 Constitutive Act of the African Union (11 de julio de 2000).

612 Charter of the Association of Southeast Asian Nations (20 de noviembre de 2007).

613 Cuba fue excluida de la OEA en 1962, en atención a alegaciones de actuaciones ilegales en territorio colombiano, y por temor a la infiltración del comunismo; en 2009 se dejó sin efecto esta sanción, permitiendo que Cuba reingresara a la OEA con ciertas condiciones, pero ella no ha querido hacerlo (Arrighi, La OEA…, *op. cit.*, p. 16).

614 Venezuela denunció la Carta de la OEA en abril de 2017, y Nicaragua en noviembre de 2021 (Organización de los Estados Americanos, Estado de Firmas y Ratificaciones Carta de la

La Carta de la OEA muestra cuáles son las funciones principales de esta organización.

> Artículo 2
>
> La Organización de los Estados Americanos, para realizar los principios en que se funda y cumplir sus obligaciones regionales de acuerdo con la Carta de las Naciones Unidas, establece los siguientes propósitos esenciales:
>
> a) Afianzar la paz y la seguridad del Continente;
>
> b) Promover y consolidar la democracia representativa dentro del respeto al principio de no intervención;
>
> c) Prevenir las posibles causas de dificultades y asegurar la solución pacífica de controversias que surjan entre los Estados miembros;
>
> d) Organizar la acción solidaria de éstos en caso de agresión;
>
> e) Procurar la solución de los problemas políticos, jurídicos y económicos que se susciten entre ellos;
>
> f) Promover, por medio de la acción cooperativa, su desarrollo económico, social y cultural;
>
> g) Erradicar la pobreza crítica, que constituye un obstáculo al pleno desarrollo democrático de los pueblos del hemisferio, y
>
> h) Alcanzar una efectiva limitación de armamentos convencionales que permita dedicar el mayor número de recursos al desarrollo económico y social de los Estados miembros.

Los principales órganos de la OEA están establecidos en el artículo 53 de su Carta, y son los siguientes:

- Asamblea General: es el órgano supremo de la OEA y está compuesta por las delegaciones de todos los Estados miembros, cada una con derecho a un voto.
- Reunión de Consulta de Ministros de Relaciones Exteriores: es una reunión de estos altos dignatarios o de sus delegados, que se convoca para considerar problemas de carácter urgente.[615]

Organización de Estados Americanos. Fecha de consulta: 11/09/2024. Disponible en: https://bit.ly/42qXyrK). La denuncia de Nicaragua surtió efectos en noviembre de 2023. Venezuela iba a dejar de ser parte de la OEA una vez cumplidos dos años desde su denuncia del tratado, pero el 8 de febrero de 2019, Juan Guaidó —el "presidente encargado" de Venezuela— retiró dicho documento de denuncia, y la OEA tomó la posición de aceptar a un representante de Venezuela designado por Guaidó, hasta que se volvieran a realizar elecciones en dicho Estado (EFE/Vallejos L. OEA Acepta a Representante de Guaidó Hasta que Haya Nuevas Elecciones en Venezuela, *Emol*, 2019. Fecha de consulta: 11/09/2024. Disponible en: https://bit.ly/4lnj1dC). Hasta diciembre de 2024, la OEA seguía considerando a Venezuela como miembro (Organización de los Estados Americanos, Estados miembros. Fecha de consulta: 17/01/2025. Disponible en: https://bit.ly/3EfYJlK).

615 Arts. 61-69, Carta de la OEA.

- Los consejos: La Carta estableció dos consejos, el Consejo Permanente de la Organización y el Consejo Interamericano para el Desarrollo Integral.[616] Dependen de la Asamblea General y su competencia se limita a lo que dispongan la Carta y otros instrumentos interamericanos.
- Comité Jurídico Interamericano: este busca "servir de cuerpo consultivo de la Organización en asuntos jurídicos; promover el desarrollo progresivo y la codificación del derecho internacional, y estudiar los problemas jurídicos referentes a la integración de los países en desarrollo del Continente y la posibilidad de uniformar sus legislaciones en cuanto parezca conveniente".[617] El Comité está integrado por once juristas, todos ellos nacionales de los Estados miembros.
- Comisión Interamericana de Derechos Humanos: esta tiene "como función principal, la de promover la observancia y la defensa de los derechos humanos y de servir como órgano consultivo de la Organización en esta materia".[618]
- Secretaría General: es el órgano central y permanente de la OEA.[619]
- Conferencias especializadas: "[s]on reuniones intergubernamentales para tratar asuntos técnicos o especiales o para desarrollar determinados aspectos de la cooperación interamericana".[620]
- Organismos especializados: se trata de "los organismos intergubernamentales establecidos por acuerdos multilaterales que tengan determinadas funciones en materias técnicas de interés común para los Estados americanos".[621] Ellos son: la Organización Panamericana de Salud; el Instituto Interamericano del Niño, Niña y Adolescentes; la Comisión Interamericana de Mujeres; el Instituto Panamericano de Geografía e Historia, y el Instituto Interamericano de Cooperación para la Agricultura.[622]

616 Art. 70, Carta de la OEA. Los Estados designan a un representante para que componga el Consejo Permanente, el que tiene la categoría de embajador. OEA, Consejo Permanente: "Reglamento del Consejo Permanente", OEA/Ser.G/CP/doc.1112/80 rev. 6 (01/10/1980, modificado hasta 14/07/2021). El representante designado por Chile es el jefe de la misión chilena ante la OEA.

617 Art. 99, Carta de la OEA.

618 Art. 106.1, Carta de la OEA. Sus funciones y organización están también reguladas en la CADH y los instrumentos dictados conforme a ella.

619 Art. 107, Carta de la OEA.

620 Art. 122, Carta de la OEA.

621 Art. 124, Carta de la OEA.

622 Organización de los Estados Americanos (sitio web), *Organismos Especializados*. Fecha de consulta: 12/06/2025. Disponible en: https://bit.ly/4mXg5VS.

Existen varios tratados suscritos en el marco de la OEA. Los principales son los siguientes:

- El Tratado Interamericano de Asistencia Recíproca (una especie de OTAN a nivel americano).[623]
- El Tratado Americano de Soluciones Pacíficas, o Pacto de Bogotá.[624]
- La Convención Americana sobre Derechos Humanos, o Pacto de San José de Costa Rica, entre otros tratados de derechos humanos.[625]

623 Tratado Interamericano de Asistencia Recíproca (9 de febrero de 1947).

624 Tratado Americano de Soluciones Pacíficas "Pacto de Bogotá" (30 de abril de 1948) (en adelante, Pacto de Bogotá).

625 Convención Americana sobre Derechos Humanos (Pacto de San José) (22 de noviembre de 1969).

CAPÍTULO 3

EL INDIVIDUO EN EL DERECHO INTERNACIONAL PÚBLICO

3.1. CUESTIONES GENERALES

En el derecho internacional clásico, el individuo no era un sujeto de derecho, sino que un objeto de derecho.[626] De a poco los Estados comenzaron a proteger al ser humano en el ámbito internacional, pero dichas medidas no convertían a los individuos en sujetos de derecho. Es algo análogo a lo que ocurriría si dos Estados celebraran un tratado para proteger a los cóndores, lo que no transforma a los cóndores en sujetos de derecho internacional. Así, cuando los Estados celebraban un tratado para prohibir el tráfico de esclavos, las personas eran solamente el objeto de protección del tratado, pues los individuos no podían reclamar en el ámbito internacional el derecho a no ser traficados como esclavos (únicamente los Estados asumían derechos y obligaciones). Sin perjuicio de lo anterior, el que se haya comenzado a proteger a las personas mediante el derecho internacional fue un paso importante para llegar después a la subjetividad del individuo en este ámbito. Algunas expresiones de esta protección de la persona humana, antes de la Segunda Guerra Mundial son:[627]

- La intervención humanitaria: se trata de la incursión militar de uno o más Estados en el territorio de otro, con la finalidad de liberar a la población de este último, de la sujeción a un tirano que la somete a crímenes que escandalizan la conciencia de la humanidad.[628] Esta figura ha sido mal utilizada, por ejemplo, como pretexto para invadir territorios de Estados más débiles.[629] Hoy en día, puede afirmarse que la intervención humanitaria está institucionalizada en el Consejo de Seguridad.[630] Este tema, así como el concepto relacionado de la *responsabilidad de proteger*, se tratan en más detalle al analizar el uso o amenaza del uso de la fuerza.

---

626 Buergenthal, T.; Shelton, D.; Stewart, D. P. International Human Rights in a Nutshell. Saint Paul: West Publishing Co., 2009, p. 2.

627 Esta exposición se basa significativamente en la sistematización que hacen Buergenthal y otros, International Human Rights…, *op. cit.*, pp. 2 ss.

628 *Ibid.*, p. 3.

629 *Ibid.* Esto se observa incluso hoy, pues Rusia habría sugerido la utilización de esta figura en su invasión a Ucrania en 2022.

630 *Cfr. Ibid.*, pp. 4-6.

- Los tratados de protección del ser humano: ya desde el siglo XIX hay tratados que buscan proteger al ser humano, como los que prohibían la trata de esclavos,[631] y los que protegían a las minorías cristianas en el Imperio Turco Otomano (que se usaron luego como modelos para los tratados de protección de minorías), entre otros.[632]
- La Liga de las Naciones: como se sabe, ésta es la antecesora de la ONU. Su tratado constitutivo contaba con un par de normas que se preocupaban por las personas, como las que regulaban los territorios bajo mandato (donde se hacen muchas referencias al bien de los habitantes de dichos territorios), y un artículo que establece los estándares de la OIT.[633] La Liga de Naciones también desarrolló un sistema de protección de minorías.[634]
- El derecho internacional humanitario: se trata del área del derecho surgida en el siglo XIX, que establece ciertos estándares mínimos para conducirse en conflictos armados, distinguiendo entre objetivos civiles y militares, y evitando causar daños innecesarios. Este libro tiene una sección dedicada a esta área del derecho.

En el derecho internacional *contemporáneo*, a diferencia de lo que ocurría en el *clásico*, hay diversos tratados que le confieren al individuo derechos y obligaciones a nivel internacional. Por ello, puede considerarse que los individuos son sujetos del derecho internacional, aunque su subjetividad es muy restringida, limitada a las actuaciones que tratados específicos les permitan hacer. Principalmente, se les da a los individuos la *legitimación activa* para demandar ante órganos internacionales, como pueden ser ciertos tribunales internacionales de derechos humanos (motivo por el cual se tratarán ahora dos sistemas internacionales de derechos humanos), y *legitimación pasiva* en el ámbito del derecho penal internacional (lo que también se revisará más adelante).

3.2. SISTEMA UNIVERSAL DE DERECHOS HUMANOS

3.2.1. Instrumentos principales

El Sistema Universal de Derechos Humanos se crea al alero de la ONU, y se organiza sobre la base de una serie de instrumentos que regulan esta materia. Los principales son aquellos que forman parte de la llamada Carta Internacional de Derechos Humanos. Esta, a pesar de lo que sugiere su nombre, no es un tratado ni un instrumento, sino que un conjunto de normas de diversa naturaleza, aprobadas en distintos años, que constituyen las más fundamentales en la materia.[635] Estas son:

---

631 Por ejemplo, el Tratado entre la República de Chile y la Gran Bretaña para la Abolición del Tráfico de Esclavos (19 de enero de 1839).

632 Buergenthal y otros, International Human Rights..., *op. cit.*, p. 7.

633 *Ibid.*, pp. 8-11.

634 *Ibid.*, pp. 11-15.

635 Buergenthal y otros, International Human Rights..., *op. cit.*, pp. 36-37.

- Las normas de derechos humanos de la Carta de las Naciones Unidas (1945): este tratado cuenta con algunas normas referidas explícitamente a los derechos humanos,[636] las que se consideran parte integrante de la Carta Internacional de Derechos Humanos.
- La Declaración Universal de los Derechos Humanos (1948):[637] se trata de una resolución de la Asamblea General de las Naciones Unidas, que consagra derechos de primera y segunda generación.[638] Tiene gran importancia por ser el primer catálogo internacional universal de derechos inherentes a la persona.[639] Su naturaleza jurídica no es vinculante (es solo una resolución de la Asamblea), pero muchos autores postulan que ella o algunas de sus normas tienen valor obligatorio, por ejemplo, al haber adquirido el estatus de costumbre internacional.[640]
- El Pacto Internacional de Derechos Civiles y Políticos (PIDCP) (1966)[641] y el Pacto Internacional de Derechos Económicos, Sociales y Culturales (PIDESC) (1966):[642] Estos dos tratados son instrumentos que dan valor vinculante a gran parte de los derechos enumerados en la Declaración Universal, recién referida. Atendidas las diferencias ideológicas de la Guerra Fría, no fue posible aprobar un solo tratado con ambos tipos de derechos, sino que fue necesario separarlos en dos tratados.[643] El primer pacto se refiere a derechos civiles y políticos, es decir, aquellos que suelen relacionarse con una abstención por parte del Estado, como el derecho a la vida y el derecho a verse libre de torturas,[644] y a derechos relacionados con los procedimientos democráticos. El segundo pacto se refiere a derechos económicos, sociales y culturales, que suelen relacionarse con prestaciones que exigen desembolsos, como el derecho a la salud y a la educación (pues el Estado debe usar sus recursos para auxiliar a quienes no puedan acceder a servicios de salud o educación por sí mismos). Además, los dos instrumentos reconocen el derecho a la libre determinación

---

636 Por ejemplo, los Arts. 1.3, 55, 56, los poderes de la ONU.

637 Aprobada en ONU, AG: "Carta Internacional de los Derechos del Hombre", A/RES/217A(III) (10/12/1948).

638 Es decir, derechos civiles y políticos (primera generación), y derechos económicos, sociales y culturales (segunda generación).

639 Buergenthal y otros, International Human Rights..., *op. cit.*, p. 38. Fue fundamental para la redacción de esta declaración, el trabajo realizado para la Declaración Americana de los Derechos y Deberes del Hombre, aprobada varios meses antes. Véase Glendon, M. A. The Forgotten Crucible: The Latin American Influence on the Universal Human Rights Idea, Harvard Human Rights Journal 16, 2003.

640 Buergenthal y otros, International Human Rights..., *op. cit.*, pp. 41-46.

641 Pacto Internacional de Derechos Civiles y Políticos (16 de diciembre de 1966).

642 Pacto Internacional de Derechos Económicos, Sociales y Culturales (16 de diciembre de 1966).

643 Moore, Treaty Interpretation..., *op. cit.*, p. 1339.

644 Generalmente se asocian los derechos económicos, sociales y culturales a desembolsos estatales, pero el Estado también debe utilizar sus recursos para proveer de ciertos derechos civiles y políticos, lo que se observa claramente en el derecho a un juicio justo (pues debe financiar un Poder Judicial). Por otro lado, los derechos sociales también pueden ser provistos sin desembolsos públicos, mediante una regulación adecuada de los privados.

de los pueblos en su artículo primero. Ambos pactos les entregan a sendos órganos la función de velar por el cumplimiento y resguardo de los derechos humanos que ellos consagran.

- Protocolos de los dos pactos anteriores: el PIDCP cuenta con dos protocolos, uno que establece un sistema de petición por parte de individuos (un sistema cuasi judicial),[645] y otro que busca la abolición de la pena de muerte.[646] El PIDESC tiene solo un protocolo, bastante más reciente, que también establece un sistema de petición individual.[647] Todos estos protocolos son tratados internacionales.

En el marco de Naciones Unidas, se han aprobado también tratados de derechos humanos que revisan algunos derechos específicos en mayor detalle, o que protegen a grupos de personas que han sufrido abusos históricamente. Así, por ejemplo, el PIDCP se refiere a la prohibición de la tortura, pero no la define, por lo que Naciones Unidas aprobó un tratado que sí lo hace. De entre estos otros tratados, siete establecen sistemas de monitoreo, es decir, disponen de órganos que velan por el cumplimiento de sus normas, al igual que el PIDCP y el PIDESC.[648] Tales tratados son los siguientes:

- La Convención Internacional sobre la Eliminación de Todas las Formas de Discriminación Racial.[649]
- La Convención sobre la Eliminación de Todas las Formas de Discriminación contra la Mujer.[650]
- La Convención contra la Tortura y Otros Tratos o Penas Crueles, Inhumanos o Degradantes.[651]
- La Convención sobre los Derechos del Niño.[652]

645 Protocolo Facultativo del Pacto Internacional de Derechos Civiles y Políticos (16 de diciembre de 1966).

646 Segundo Protocolo Facultativo del Pacto Internacional de Derechos Civiles y Políticos, Destinado a Abolir la Pena de Muerte (15 de diciembre de 1989).

647 Protocolo Facultativo del Pacto Internacional de Derechos Económicos, Sociales y Culturales (10 de diciembre de 2008). Este protocolo es bastante más nuevo, porque solo recientemente se consideró posible que los derechos socioeconómicos fueran justiciables.

648 Estos mecanismos de monitoreo no son exclusivos de los sistemas de DD. HH., sino que se pueden encontrar también, por ejemplo, en el ámbito del derecho internacional económico, como ocurre con el Órgano de Examen de las Políticas Comerciales, de la OMC (Tijmes, J. El Derecho Internacional Económico. En Jaime Tijmes, Andrés Delgado Casteleiro, Andrea Lucas Garín (eds.), Derecho Internacional Público. Valencia: Tirant lo Blanch, 2023, p. 447).

649 Convención Internacional sobre la Eliminación de Todas las Formas de Discriminación Racial (21 de diciembre de 1965).

650 Convención sobre la Eliminación de Todas las Formas de Discriminación contra la Mujer (18 de diciembre de 1979).

651 Convención contra la Tortura y Otros Tratos o Penas Crueles, Inhumanos o Degradantes (10 de diciembre de 1984).

652 Convención sobre los Derechos del Niño (20 de noviembre de 1989).

- La Convención Internacional sobre la Protección de los Derechos de Todos los Trabajadores Migrantes y de sus Familias.[653]
- La Convención sobre los Derechos de las Personas con Discapacidad.[654]
- La Convención Internacional para la Protección de Todas las Personas contra las Desapariciones Forzadas.[655]

Ellos, en conjunto con el PIDCP y el PIDESC, forman los nueve tratados principales de derechos humanos. Como se afirmaba, estos nueve tratados tienen en común el contar con un comité de monitoreo que revisa informes presentados por los Estados,[656] además de contar con otras funciones. De entre estos tratados, seis contemplan un sistema de petición individual, ya sea en el tratado mismo o en alguno de sus protocolos, a saber:

- El PIDCP.[657]
- La Convención para la Eliminación de Todas las Formas de Discriminación Racial.[658]
- La Convención contra la Tortura y Otros Tratos o Penas Crueles, Inhumanos o Degradantes.[659]
- La Convención sobre la Eliminación de Todas las Formas de Discriminación contra la Mujer.[660]
- La Convención Internacional sobre la Protección de los Derechos de Todos los Trabajadores Migrantes y de sus Familias.[661]
- El PIDESC.[662]

---

653 Convención Internacional sobre la Protección de los Derechos de Todos los Trabajadores Migrantes y de sus Familias (18 de diciembre de 1990).

654 Convención sobre los Derechos de las Personas con Discapacidad (13 de diciembre de 2006).

655 Convención Internacional para la Protección de Todas las Personas contra las Desapariciones Forzadas (20 de diciembre de 2006).

656 En el caso de Chile, el Ministerio de RR. EE. es el encargado de enviar los informes y respuestas a nombre del Estado en la materia. La Subsecretaría de DD. HH. puede asesorar a dicho Ministerio en esta labor (Art. 8.e, Chile, Decreto con Fuerza de Ley 3 (31/01/2017), *Fija el Texto Refundido, Coordinado y Sistematizado de la Ley Orgánica del Ministerio de Justicia y Derechos Humanos*). Además, en caso de necesitarlo, puede convocar a la Comisión Coordinadora para Dar Cumplimiento a las Obligaciones del Estado de Chile en Materia de Derecho Internacional de los DD. HH. (Chile, Decreto Supremo 323 (06/12/2006, modificado en 2025), *Crea Comisión Coordinadora para Dar Cumplimiento a las Obligaciones del Estado de Chile en Materia de Derecho Internacional de los Derechos Humanos*).

657 Protocolo Facultativo del Pacto Internacional de Derechos Civiles y Políticos (16 de diciembre de 1966).

658 Art. 14, Convención Internacional sobre la Eliminación de Todas las Formas de Discriminación Racial (21 de diciembre de 1965).

659 Art. 22, Convención contra la Tortura y Otros Tratos o Penas Crueles, Inhumanos o Degradantes (10 de diciembre de 1984).

660 Protocolo Facultativo de la Convención sobre la Eliminación de Todas las Formas de Discriminación contra la Mujer (6 de octubre de 1999).

661 Art. 77, Convención Internacional sobre la Protección de los Derechos de Todos los Trabajadores Migrantes y de sus Familias (18 de diciembre de 1990).

662 Protocolo Facultativo del Pacto Internacional de Derechos Económicos, Sociales y Culturales (10 de diciembre de 2008).

3.2.2. Órganos principales

El Sistema Universal de Derechos Humanos no cuenta solo con instrumentos, sino que también con órganos, como los comités de monitoreo ya referidos. Además, dentro de las Naciones Unidas, diversos órganos tratan temas de derechos humanos. Estos podrían agruparse del siguiente modo:

- Cuerpos dedicados exclusivamente a los derechos humanos: se trata de órganos creados para analizar este tipo de asuntos, como la Oficina del Alto Comisionado para los Derechos Humanos (1994) y el Consejo de Derechos Humanos (2006).[663] Ellos forman parte del Sistema Universal de Protección de los Derechos Humanos por excelencia.
- Cuerpos de ámbito de competencia amplio: se trata de órganos que no se crearon para tratar específicamente temas de derechos humanos, pero que, en el desarrollo de su labor propia, tratan excepcionalmente estas materias, por ejemplo:
  - La Asamblea General, pues no tiene la función de dedicarse específicamente a los derechos humanos,[664] pero ya desde su primera sesión, en 1946, ha tratado estos asuntos, por ejemplo, al referirse a los derechos políticos de la mujer;[665]
  - La Corte Internacional de Justicia tiene competencia general, pero puede dictar sentencias u opiniones que hagan referencia a los derechos humanos, como los casos sobre genocidio.[666]
  - El Consejo de Seguridad busca preservar la paz y seguridad internacionales, y hay ocasiones en que la paz se ve amenazada por violaciones a derechos humanos, por lo que también se refiere a estos temas.[667]
  - El Consejo Económico y Social, pues la Carta de las Naciones Unidas le hace algunos encargos en el tema de los derechos humanos.[668]
- Organismos especializados: Como se vio previamente, son agencias relacionadas con la ONU, pero que no forman parte ella.[669] Algunas de estas agencias también tratan de temas vinculados con derechos humanos, por ejemplo, la Organización Internacional del Trabajo (OIT) o la Organización Internacional de la Salud (OMS).

---

663 Para una breve descripción de estos órganos, puede verse Buergenthal y otros, International Human Rights..., *op. cit.*, pp. 120-123 y 131-137.

664 Art. 13.2, Carta de las NU.

665 ONU, AG: "Derechos Políticos de la Mujer", A/RES/56(I) (11/12/1946).

666 Por ejemplo, CIJ, *Case Concerning Application of the Convention on the Prevention and Punishment of the Crime of Genocide (Bosnia and Herzegovina v. Serbia and Montenegro)*, 2007.

667 Buergenthal y otros, International Human Rights..., *op. cit.*, p. 118.

668 Art. 62.2, Carta de las NU. También Art. 68, Carta de las NU.

669 Art. 57.1, Carta de las NU.

3.3. SISTEMA INTERAMERICANO DE DERECHOS HUMANOS

3.3.1. Cuestión preliminar

Además del Sistema Universal de Protección de los Derechos Humanos, existen sistemas regionales. A continuación, se revisan los dos sistemas más desarrollados —el Europeo y el Interamericano—, partiendo por el sistema de la región en que se encuentra Chile. Para el estudio de otros sistemas de derechos humanos, como el africano[670] o los incipientes sistemas árabe[671] o de la Asociación de Naciones del Sudeste Asiático (ASEAN),[672] sería más adecuado acudir a trabajos especializados.

3.3.2. Instrumentos principales

El Sistema Interamericano de Derechos Humanos surge dentro del marco de la OEA, y tiene dos instrumentos principales: la Declaración Americana de los Derechos y Deberes del Hombre, y la Convención Americana sobre Derechos Humanos (también conocida como el Pacto de San José).

La Declaración Americana de los Derechos y Deberes del Hombre es una resolución de la Conferencia Internacional que creó la OEA en 1948.[673] La Declaración fue el primer catálogo internacional de derechos humanos, y precedió a la Declaración Universal de Derechos Humanos.[674] Por su propia naturaleza jurídica, este instrumento no sería vinculante, pues estas resoluciones no obligan. Sin embargo, muchos autores afirman que la Declaración o algunos de sus artículos han adquirido valor vinculante por diversos motivos, por ejemplo, por haber adquirido el rango de costumbre internacional.[675] La Declaración consagra tanto

670 Este se crea dentro de la Unión Africana, y su principal instrumento es la Carta Africana de DD. HH. y de los Pueblos. African Charter on Human and Peoples' Rights (27 de junio de 1981). Sobre este sistema puede verse: Cartes Rodríguez, J. B. El Sistema Regional Africano de Derechos Humanos y de los Pueblos: Evolución, Innovaciones y Desafíos, Anuario de los Cursos de Derechos Humanos de Donostia-San Sebastián 21, 2021.

671 Sobre este sistema pueden verse Almutawa, A. The Arab Court of Human Rights and the Enforcement of the Arab Charter on Human Rights, Human Rights Law Review 21, 2021, y Magliveras, K. D. The Protection of Human Rights and Fundamental Freedoms in the League of Arab States and in the Arab-Islamic World: An Overview, Diritti Umani e Diritto Internazionale 12, 1, 2018.

672 Sobre este sistema, véase Wahyuningrum, Y. A Decade of Institutionalizing Human Rights in ASEAN: Progress and Challenges, Journal of Human Rights 20, 2, 2021, pp. 159-161. También puede verse Bui, H. The ASEAN Human Rights System: A Critical Analysis, Asian Journal of Comparative Law 11, 1, 2016.

673 Novena Conferencia Internacional Americana: "Declaración Americana de los Derechos y Deberes del Hombre" (Bogotá, 30 de marzo al 2 de mayo de 1948).

674 Más aún, la Declaración Universal se basó en un anteproyecto de la Declaración Americana. Glendon, The Forgotten Crucible..., *op. cit.*, pp. 30-31.

675 Sobre el valor jurídico de la Declaración, véase Paúl, A. Los Trabajos Preparatorios de la Declaración Americana de los Derechos y Deberes del Hombre y el Origen Remoto de la Corte Interamericana.

derechos civiles y políticos, como derechos económicos, sociales y culturales, además de establecer deberes.

La Convención Americana sobre Derechos Humanos (CADH) es un tratado aprobado en 1969.[676] Este instrumento vinculante contiene un catálogo de derechos civiles y políticos,[677] y creó la Corte Interamericana de Derechos Humanos.[678] Dos tercios de los Estados de América han ratificado la CADH, casi todos los cuales son latinos.[679] Estados Unidos y Canadá no son parte de la Convención.

3.3.3. Órganos principales

En el Sistema Interamericano de Derechos Humanos, hay dos órganos principales de protección de los derechos humanos: la Comisión Interamericana de Derechos Humanos y la Corte Interamericana de Derechos Humanos. Algunos de los Estados miembros de la OEA estarán sometidos solo a la competencia de la Comisión, y otros a la competencia de la Comisión y de la Corte (dependiendo de si ratificaron o no la CADH, y le concedieron jurisdicción a la Corte).

La Comisión Interamericana de Derechos Humanos es un órgano principal de la OEA.[680] Al ser un órgano de la OEA, tiene competencia respecto de todos sus Estados miembros, incluyendo a Estados Unidos y Canadá. Las funciones principales de la Comisión son las de "promover la observancia y la defensa de los derechos humanos y de servir como órgano consultivo de la [OEA] en esta materia".[681] La Carta de la OEA, si bien señala que la Comisión debe promover los derechos humanos, no define cuáles son estos. Por eso, la Comisión utiliza la Declaración Americana sobre Derechos y Deberes del Hombre para definir los derechos humanos.[682] También utiliza la CADH, respecto de los Estados que son parte de dicha convención.

México D. F.: Universidad Nacional Autónoma de México, Instituto de Investigaciones Jurídicas, 2017, pp. 5-20.

676 Convención Americana sobre Derechos Humanos (Pacto de San José) (7 al 22 de noviembre de 1969) (en adelante CADH).

677 La Corte IDH, por una errada interpretación de la CADH, ha extendido su protección a los derechos económicos, sociales y culturales. Véanse, por ejemplo, Corte IDH, *Lagos del Campo vs. Perú*, Excepciones Preliminares, Fondo, Reparaciones y Costas, 2017, y Corte IDH, *Poblete Vilches y Otros vs. Chile*, Fondo, Reparaciones y Costas, 2018. Ello, a pesar de que existe un protocolo, complementario a la CADH, que regula explícitamente estos derechos de segunda generación, el Protocolo Adicional a la Convención Americana sobre Derechos Humanos en Materia de Derechos Económicos, Sociales y Culturales (Protocolo de San Salvador) (17 de noviembre de 1988).

678 Capítulo VIII, CADH.

679 Estos dos tercios de Estados congregan también a unos dos tercios de la población de América. Paúl, Los Trabajos Preparatorios de la Declaración..., *op. cit.*, p. 23.

680 Art. 53, Carta de la OEA. Está ubicada en Washington D.C., pues allí tiene su sede la OEA.

681 Art. 106, Carta de la OEA.

682 Paúl, Los Trabajos Preparatorios de la Declaración..., *op. cit.*, pp. 20-23.

En particular, la Comisión actúa principalmente de los siguientes modos:

- Elabora estudios o informes, por ejemplo, de derechos humanos específicos en la Región, o de la situación de los derechos humanos en Estados determinados.[683]
- Decreta medidas cautelares.[684]
- Analiza peticiones individuales sobre violaciones específicas cometidas por un Estado (asemejan casos judiciales), que pueden concluir con recomendaciones a los Estados involucrados[685] (estas recomendaciones no son de obligatorio cumplimiento).
- Presenta casos ante la Corte Interamericana de Derechos Humanos, siempre que hayan pasado por el procedimiento referido en el punto anterior.[686]
- Recibe en audiencia a organizaciones interesadas y a Estados.[687]
- Puede hacer visitas a los Estados (observaciones *in loco*), para analizar la situación de los derechos humanos en ellos. Para esto requiere contar con la autorización del Estado relevante.[688]

Dentro de los mecanismos de actuación de la Comisión Interamericana, uno de los más relevantes para efectos del trabajo de los abogados es el de las peticiones individuales, por lo que ahora se describe brevemente su procedimiento. La Comisión recibe las peticiones[689] y analiza si tienen fundamento.[690] Ella debe declarar inadmisibles las peticiones que no cuenten con ciertos requisitos, por ejemplo, haber agotado los recursos judiciales internos (a menos que se pueda alegar alguna de las excepciones permitidas),[691] y que no hayan transcurrido más de seis meses desde la notificación del último recurso agotado a nivel nacional.[692]

Una vez presentados los alegatos y las pruebas, si la Comisión concluye que el Estado violó los derechos humanos, ella lo declarará en un informe no vinculante,[693] y hará ciertas recomendaciones al Estado. Si se incumplen las recomendaciones, y el Estado se encuentra bajo la jurisdicción de la Corte Interamericana, la Comisión puede elevarle el caso, para

---

683 Art. 18.c, OEA: "Estatuto de la Comisión Interamericana de Derechos Humanos", Res. 447(IX-O/79) (31/10/1979).

684 Art. 25, OEA, Comisión Interamericana de Derechos Humanos: "Reglamento de la Comisión Interamericana de Derechos Humanos" (28/10/1009-13/11/2009, modificado en 2011 y 2013).

685 Arts. 44-51, CADH.

686 Art. 61, CADH.

687 Arts. 61-70, OEA, Comisión Interamericana de Derechos Humanos: Reglamento de la Comisión..., *op. cit*.

688 Art. 18.g, OEA: "Estatuto de la Comisión Interamericana de Derechos Humanos", Res. 447(IX-O/79) (31/10/1979).

689 Esta petición se presenta vía internet.

690 Arts. 44 y 61, CADH.

691 Por ejemplo, que el recurso haya tardado un tiempo desproporcionado.

692 Art. 46, CADH.

693 La Corte IDH reconoció el carácter no obligatorio de los informes de la Comisión, véase Corte IDH, *Caballero Delgado y Santana vs. Colombia*, fondo, 1995, párr. 67, reiterado también en Corte IDH, *Genie Lacayo vs. Nicaragua*, Fondo, Reparaciones y Costas, 1997, párr. 93.

que ella dicte una sentencia vinculante.[694] La Comisión suele demorarse bastantes años en analizar una petición, y los casos que ella envía a la Corte Interamericana han sido siempre menos de un 2 % de los casos que se le presentan.[695] La Comisión tiene tantas peticiones, que actualmente ella elige qué casos se tramitarán más rápido que otros.[696] Una vez elevado un asunto, la Comisión "será tenida como parte ante la Corte",[697] aunque su modo de participación ha cambiado con el tiempo, dando más protagonismo a las presuntas víctimas.[698]

La Corte Interamericana de Derechos Humanos es el segundo órgano del Sistema Interamericano de Derechos Humanos. Ella está ubicada en San José de Costa Rica, y tiene siete jueces que funcionan de forma temporal.[699] La Corte tiene dos funciones principales. La primera es la función consultiva, que consiste en responder preguntas que le hagan los Estados o los órganos de la OEA dentro del ámbito de sus competencias.[700] Las opiniones de la Corte interpretan tratados de derechos humanos o analizan la compatibilidad de normativa nacional con los tratados de derechos humanos aplicables.[701] La segunda es la función contenciosa, donde la Corte resuelve conflictos entre un particular y un Estado al que se acusa de haber cometido violaciones de derechos humanos.[702] También puede conocer casos entre Estados, pero generalmente los Estados no se demandan entre sí por los temas de competencia de la Corte, por lo que no ha conocido ninguno de estos casos. Una vez que un asunto llega a la Corte, hay un 96 % de probabilidades de que se considere que el Estado violó la CADH, y que debe reparar a las víctimas.[703] Chile ha sido demandado en varias ocasiones ante la Corte.[704]

---

694 Art. 61, CADH.

695 Estos datos pueden encontrarse en Comisión Interamericana de Derechos Humanos. *Estadísticas de la Comisión Interamericana de Derechos Humanos*. Fecha de consulta: 11/09/2024. Disponible en: https://bit.ly/3G5x7Ac.

696 Véase OEA, Comisión Interamericana de Derechos Humanos: "Política de Priorización de Peticiones y Casos", Res. 4/23 (20/12/2023).

697 Art. 28, OEA: "Estatuto de la Corte Interamericana de Derechos Humanos", Res. 448(IX-O/79) (31/10/1979).

698 *Véase* Medina Quiroga, C. Modificación de los Reglamentos de la Corte Interamericana de Derechos Humanos y de la Comisión Interamericana de Derechos Humanos al Procedimiento de Peticiones Individuales ante la Corte, Anuario de Derechos Humanos (Chile), 2011, pp. 117-126.

699 Esto significa que los jueces trabajan por períodos, en sesiones convocadas al efecto (tanto ordinarias como extraordinarias). La Secretaría de la Corte, en cambio, labora permanentemente.

700 Art. 64, CADH.

701 Ellas no son vinculantes. Vio Grossi, E. La Naturaleza No Vinculante de las Opiniones Consultivas de la Corte Interamericana de Derechos Humanos, Revista Jurídica Digital UANDES 2, 2, 2018.

702 Arts. 61-63, CADH.

703 De 350 casos con sentencia a diciembre de 2023, solo catorce resultaron en un fallo que absolvía al Estado. En relación con la carga laboral de la Corte, entre 2018 y 2023, ella dictó un promedio de 20,5 sentencias por año.

704 Al 20 de enero de 2025, Chile contaba con un caso pendiente ante la Corte IDH (Corte IDH, Casos Contenciosos en Trámite. Fecha de consulta: 20/01/2025. Disponible en: https://bit.ly/42sF7D1). A la misma fecha, la Corte había notificado 18 sentencias de fondo en contra de Chile (Corte IDH, Sentencias. Fecha de consulta: 20/01/2025. Disponible en: https://bit.ly/4lrTHmH. En ninguna de ellas se absolvió al Estado).

Las medidas de reparación que ordena la Corte al Estado, cuando considera que hubo una violación, son las siguientes:

- Indemnización de perjuicios por daños materiales y morales.[705]
- Medidas de satisfacción, que se refieren a acciones que buscan satisfacer a la víctima de forma no monetaria, por ejemplo, que el Estado pida disculpas públicas o que publique la sentencia.[706]
- Medidas de restitución o rehabilitación, que buscan que la víctima vuelva, en lo posible, a la situación existente antes de que ocurriera la violación.[707] Por ejemplo, si a un funcionario estatal se le destituyó de su cargo en violación a sus derechos humanos, la Corte puede ordenar que se le reintegre en sus funciones; o si a una persona se le vulneró su integridad personal, puede ordenar que se le dé atención médica o psicológica adecuada.
- Garantías de no repetición, que buscan poner fin a las causas de las violaciones. Por ejemplo, se puede pedir que se modifique una ley que genera efectos discriminatorios.[708]

3.3.4. Control de convencionalidad

Al hablar del Sistema Interamericano de Derechos Humanos es pertinente referirse a una doctrina que la Corte ha desarrollado, llamada control de convencionalidad. Como puede notarse, el nombre es una adaptación de la expresión *control de constitucionalidad*, a pesar de la gran diferencia entre las realidades que ambos nombres expresan.[709] La Corte creó esta doctrina el año 2006 en el caso *Almonacid vs. Chile.*[710] El contenido del control de convencionalidad aún no está totalmente asentado, pero puede afirmarse que

> esta doctrina exige que los jueces nacionales, y cualquier otro órgano que aplique la ley dentro de un Estado parte en la CADH, evalúen *ex officio* si las leyes internas son compatibles con la CADH y con la interpretación que de ella haga la Corte Interamericana; si son incompatibles, la doctrina del control de convencionalidad requeriría que los jueces —y los otros órganos que apliquen la ley—, rechacen o se abstengan de hacer

---

705 Son reparaciones de carácter monetario. Véase Nash Rojas, C. Las Reparaciones ante la Corte Interamericana de Derechos Humanos (1988-2007). Santiago: Universidad de Chile, Facultad de Derecho, Centro de Derechos Humanos, 2009, pp. 41-48.

706 *Ibid.*, pp. 60-61. Los tribunales nacionales estarían empezando a dictar este tipo de reparaciones, por ejemplo, ordenando la publicación de un extracto de la sentencia en un diario nacional. CS, rol 36.435-2019, casación en la forma y fondo, 25/10/2022 (*Episodio B*) vistos.

707 Nash Rojas, Las Reparaciones..., *op. cit.*, pp. 59-60.

708 En general, véase Londoño Lázaro, M. C. Las Garantías de No Repetición en la Jurisprudencia Interamericana. Derecho Internacional y Cambios Estructurales del Estado. México D. F.: Tirant lo Blanch, 2014.

709 Véase Castilla Juárez, K. A. ¿Control Interno o Difuso de Convencionalidad? Una Mejor Idea: La Garantía de Tratados, Anuario Mexicano de Derecho International XIII, 2013.

710 Corte IDH, *Almonacid Arellano y otros vs. Chile*, Excepciones Preliminares, Fondo, Reparaciones y Costas, 2006.

cumplir sus leyes nacionales [...].[711] Esta obligación existiría también cuando la interpretación de la Corte Interamericana de Derechos Humanos se hubiera emitido en una sentencia relativa a un Estado diferente, e incluso si esta interpretación contradice las constituciones políticas nacionales.[712]

La doctrina del control de convencionalidad no ha sido generalmente aceptada por los Estados (aunque varios sí lo hacen, pero no en la extensión exigida por la Corte Interamericana). Algunos la aplican solo en tanto esté de acuerdo con su Constitución. Esta doctrina es bastante discutible por diversos motivos,[713] por ejemplo, porque:

- Parte de la base de que todos los Estados son radicalmente monistas.[714] Más aún, pretende que los Estados no solo incorporen automáticamente los tratados, sino que las sentencias internacionales.[715]
- Afecta de forma importante la certeza jurídica, puesto que:
  - Los órganos de un Estado podrían soslayar las normas internas —incluso la Constitución—, si consideran que tales normas contrarían las interpretaciones que la Corte hace de la Convención (las que admiten distintas lecturas). Por ello, plantea dudas sobre si los órganos estatales aplicarán las normas vigentes.
  - La misma jurisprudencia de la Corte es discordante en ciertas materias, por lo que no se sabría necesariamente qué es lo que se debe aplicar.[716]
- Desconoce que la vinculatoriedad de la CADH no implica estar obligado por las interpretaciones de los fallos de la Corte en casos contra otros Estados. Esto es especialmente relevante en atención a que la Corte interpreta en forma muy audaz la CADH,[717] creando derechos que no están consagrados en dicho tratado.[718]

---

711 En este punto, se señala que la opinión consultiva N° 24 de la Corte IDH habría moderado esta exigencia, al no exigir dejar sin efecto inmediatamente "la normativa nacional que requiere la diferencia de sexo para contraer matrimonio" (Paúl Díaz, Los Enfoques Acotados del Control..., *op. cit.*, p. 53).

712 *Ibid.*, pp. 52-53.

713 Enumeraciones de los distintos problemas de esta teoría pueden verse en Paúl Díaz, Los Enfoques Acotados del Control..., *op. cit.*

714 Binder, C. The Prohibition of Amnesties by the Inter-American Court of Human Rights, German Law Journal 12, 5, 2011, p. 1204.

715 Los Estados dualistas (parte importante de los Estados del Continente) debieran incorporar mediante ley la CADH y las sentencias de la Corte, para que pudieran ser exigidas a los órganos nacionales.

716 Por ejemplo, véase Zavala Achurra, M. E. Atrapada entre Sistemas Legales: Valor del Precedente para la Corte Interamericana de Derechos Humanos, Revista Facultad de Derecho 48, ene-jun, 2020.

717 Algunos llegan a decir, incluso, que lo hace en forma activista, por ejemplo, Malarino, E. Activismo Judicial, Punitivización y Nacionalización. Tendencias Antidemocráticas y Antiliberales de la Corte Interamericana de Derechos Humanos. En Gisela Elsner (ed.), Sistema Interamericano de Protección de los Derechos Humanos y Derecho Penal Internacional, vol. I. Montevideo: Konrad-Adenauer-Stiftung e. V., 2010, y Villanueva Flores, R. Activismo Judicial y Límites del Derecho en la Actuación de la Corte Interamericana de Derechos Humanos. DOXA. Cuadernos de Filosofía del Derecho 41, 2018.

718 Por ejemplo, a partir del derecho a la propiedad privada, la Corte extrajo el derecho a la propiedad colectiva indígena, a partir del cual creó un derecho a la identidad cultural indígena (lo que se

- Es complejo que la Corte Interamericana exija que todos los órganos del Estado hagan este control de convencionalidad, cuando muchos Estados ni siquiera permiten que todos los jueces ejerzan el control de constitucionalidad. En Chile, por ejemplo, existe un control de constitucionalidad concentrado, ya que solo el Tribunal Constitucional puede aplicarlo para dejar sin efecto una ley. Así, es inadecuado pretender que órganos que no pueden ejercer el control de constitucionalidad, puedan ejercer un control de convencionalidad, siendo que no han estudiado la CADH con el mismo detalle que su Constitución nacional, y que probablemente no estén al tanto de la cambiante jurisprudencia interamericana.
- Por último, los Estados no le dieron a la Corte Interamericana el poder para definir una doctrina de un alcance tan radical como esta: el control de convencionalidad no tiene una base real en la CADH.[719]

Ni el Tribunal Constitucional ni la Corte Suprema de Chile han adoptado la doctrina del control de convencionalidad con el sentido que le da la Corte Interamericana. La Corte Suprema ha usado el concepto, pero con un significado diferente.[720] El Tribunal Constitucional, por su parte, es mucho más renuente a, siquiera, utilizar la expresión control de convencionalidad, y "no ha resuelto los casos ejerciendo dicho

aleja bastante del derecho a la propiedad privada) (Corte IDH, *Pueblo Indígena Kichwa de Sarayaku vs. Ecuador*, Fondo y Reparaciones, 2012, párrs. 213-217).

719 Paúl Díaz, Los Enfoques Acotados del Control..., *op. cit.*, p. 67.

720 Por ejemplo, la CS ha entendido que el control de convencionalidad obliga a interpretar la normativa nacional conforme con los tratados internacionales ratificados por Chile (lo que suele llamarse la *interpretación conforme*), lo que es distinto a dejar sin efecto la normativa nacional (CS, rol 120-2017, Recurso de Protección (apelación), 15/05/2017, *Fuero Maternal*). Asimismo, la CS ha dado a entender que la aplicación *contra legem* del control de convencionalidad implicaría que la judicatura reemplazara "el juicio y las prerrogativas que la Constitución ha otorgado a otros poderes del Estado, con el riesgo que ello supone de lesionar uno de los fines esenciales del Derecho, como lo es la certeza jurídica" (CS, rol 33.316-2019, Recurso de Protección (apelación), 20/07/2020, *Arias con Registro Civil*, cons. 13.°). La CS ha dejado sin aplicación normas como la prescripción de la acción civil en ciertos casos, aplicando el control de convencionalidad, pero entendiéndolo como una interpretación y aplicación de "las normas nacionales que pudieren afectar derechos humanos de acuerdo con las obligaciones internacionales contraídas en la materia. Sin que ninguna norma del derecho interno permita alguna distinción que vaya en contra del cumplimiento de tal responsabilidad" (CS, rol 79.947-2023, casación en el fondo, 15/12/2023, *Acción Civil*, cons. 9.°). En otro aspecto, mientras la Corte IDH ha afirmado que sus opiniones consultivas operan a modo de "control de convencionalidad preventivo" (Corte IDH, *Titularidad de Derechos de las Personas Jurídicas en el Sistema Interamericano de Derechos Humanos*, Opinión Consultiva OC-22/16, párr. 26), la CS de Chile ha declarado expresamente que ellas no constituyen sentencias, por lo que "resulta discutible la potestad de ejecución e imperio en relación con su contenido" (CS, rol 33.316-2019, recurso de protección (apelación), 20/07/2020, *Arias con Registro Civil*, cons. 14.°). En un caso más reciente, la CS cita el párrafo de la Corte IDH que dio inicio al control de convencionalidad, pero limita sus efectos solo a "los casos con igual sustrato factual y en contra del mismo estado" (CS, rol 7130-2022, Recurso de Protección (apelación), 25/11/2022, *Deuda Histórica Post Fallo Corte IDH*, cons. 4.°).

control".[721] Es adecuada la decisión de no adoptar el control de convencionalidad con el sentido que le otorga la Corte Interamericana.

3.4. SISTEMA EUROPEO DE DERECHOS HUMANOS

Para evitar confusiones, debe recalcarse que el Sistema Europeo de Derechos Humanos se creó al alero del Consejo de Europa, no de la Unión Europea.[722] Estas son dos instituciones distintas. La primera es una organización internacional creada en 1949, que hoy agrupa a 46 Estados (incluye los de la Unión Europea),[723] y que busca principalmente promover la democracia, los derechos humanos y la cooperación entre los Estados de Europa; es el símil de la OEA en Europa. En cambio, la Unión Europea es una organización internacional formada por 27 Estados,[724] y entre sus funciones principales se encuentran las de establecer un espacio que garantice la libre circulación, un mercado interior con una unión económica y monetaria, y, en general, una mayor cohesión entre sus Estados miembros.[725]

Dentro del marco del Consejo de Europa se han aprobado varios tratados con finalidades de protección de los derechos humanos, como el que resguarda a las minorías

721 TC, rol 14.445-23 INA, inaplicabilidad, 15/11/2023 (*Código de Justicia Militar*), voto por rechazar el requerimiento, cons. 9.°. Se puede ver una sentencia donde la mitad de los jueces del tribunal citan la CADH y fallos de la Corte IDH, sin hacer referencia a la doctrina del control de convencionalidad (TC, rol 13.587-2022, inaplicabilidad, 30/05/2023, *Juzgados de Policía Local*, cons. 5.°, 6.°, 12.°, 16.°-19.°). No obstante ello, y a pesar de que tales referencias podrían haberse entendido como referencias meramente ilustrativas, dos ministros hicieron una prevención que afirmó que los tratados de DD. HH. no tenían rango constitucional, y que dicha realidad hacía complicado "ejercer una forma de control de convencionalidad" (*Ibid.*, prevención de los ministros Pozo y Silva, cons. 1.°-8.°). Debe mencionarse una sentencia cuyo voto de mayoría cita sentencias de la Corte IDH, tratados internacionales, "estándares de derecho internacional de [DD. HH.]", y que incorpora los derechos establecidos en un tratado como contenidos en el Art. 5 inc. 2 de la CPR. TC, rol 12.174-2021 INA, inaplicabilidad, 14/03/2023 (*Juicio de Partición*). El voto de mayoría de dicha sentencia lo comparten tres ministros, de un total de ocho (seis ministros estuvieron por acoger el recurso, pero solo tres de ellos —incluyendo a su presidente— coincidieron en la argumentación). Es inquietante que dicho voto afirme que el uso de un instituto jurídico en el derecho chileno (el de las categorías sospechosas) habría "sido incorporado por la vía de las sentencias de la Corte [IDH], en especial dos dictadas el [sic] contra del estado de Chile", pues la CPR no le otorga dicha potestad a la Corte IDH (TC, rol 12.174-2021 INA, inaplicabilidad, 14/03/2023, *Juicio de Partición*, cons. 8.°, TC, rol 13.783-2022, inaplicabilidad, 11/10/2023, *Cierre de la Investigación*).

722 Harris, D. J.; O'Boyle, M.; Bates, E.; Buckley, C. M. Harris, O'Boyle & Warbrick. Law of the European Convention on Human Rights. Oxford: Oxford University Press, 2023, p. 3.

723 No forman parte ni Bielorrusia ni Rusia. Esta última fue expulsada a raíz de la agresión a Ucrania en 2022, luego de 26 años de membresía (Council of Europe, The Russian Federation is Excluded from the Council of Europe. Fecha de consulta: 11/09/2024. Disponible en: https://bit.ly/4lIAoW.H).

724 28 antes del "Brexit" (el retiro del Reino Unido).

725 Véase: Art. 3, Tratado de la Unión Europea (Versión consolidada, 7 de junio de 2016).

nacionales[726] o el que habla de asuntos bioéticos.[727] Sin embargo, el tratado más importante es la Convención Europea de Derechos Humanos (1950),[728] que todos los Estados deben ratificar para poder ser miembros del Consejo de Europa. La Convención se refiere solo a derechos civiles y políticos,[729] no a derechos económicos, sociales y culturales. Estos últimos son resguardados por la Carta Social Europea, que es un tratado internacional surgido también al alero del Consejo de Europa.[730]

El sistema creado por la Convención Europea de Derechos Humanos ha variado bastante desde sus orígenes, particularmente como consecuencia del Protocolo 11, que fue aprobado en 1994 y entró en vigor en 1998.[731] Antes del Protocolo 11, para que las personas pudieran demandar al Estado, era necesario que este les hubiera concedido dicha facultad (de lo contrario, solo los Estados podían demandar a otros Estados parte).[732] Además, en esa época el Sistema tenía dos órganos principales, la Comisión Europea de Derechos Humanos y el Tribunal Europeo de Derechos Humanos.[733] La Comisión Europea de Derechos Humanos funcionaba como un filtro, pues las peticiones debían pasar primero por la Comisión, que las analizaba y las enviaba al Tribunal si es que consideraba que efectivamente había habido una violación (como ocurre actualmente con el Sistema Interamericano de Derechos Humanos).

El Protocolo 11 reformó la Convención Europea de Derechos Humanos, eliminando la Comisión Europea y estableciendo que el Tribunal conocería directamente de las peticiones que los Estados y los particulares le presentaran (los Estados no podrían eximirse de ser demandados por particulares).[734] Esto es posible porque el Sistema Europeo de Derechos

726 Convenio Marco para la Protección de las Minorías Nacionales (1 de febrero de 1995).

727 Convenio para la Protección de los Derechos Humanos y la Dignidad del Ser Humano Respecto de las Aplicaciones de la Biología y la Medicina (4 de abril de 1997).

728 Convenio Europeo para la Protección de los Derechos Humanos y de las Libertades Fundamentales, Reformado por el Protocolo 11 (11/05/1994), por el Protocolo 14 (13/05/2004) y por el Protocolo 15 (24/06/2013) (4 de noviembre de 1950). En adelante, "Convención Europea de DD. HH.".

729 Harris y otros, Harris, O'Boyle & Warbrick…, *op. cit.*, p. 5.

730 Este sistema de protección es menos robusto que el sistema de la Convención Europea de DD. HH. Existen dos tratados en la materia. El primero es la Carta Social Europea (18 de octubre de 1961), y el segundo es la Carta Social Europea (Revisada) (3 de mayo de 1996). La segunda incluye los derechos de la primera, pero no todos los Estados que ratificaron la primera han ratificado la segunda (Boggero, G.; Costamagna, F.; Mola, L. The European Social Charter Turns 60: Advancing Economic and Social Rights Across Jurisdictions, European Papers 7, 3, 2022, pp. 1489-1490).

731 Protocol No. 11 to the Convention for the Protection of Human Rights and Fundamental Freedoms, Restructuring the Control Machinery Established Thereby (11 de mayo de 1994).

732 Paúl Díaz, A. Protocolo 14: Mejorando la Eficiencia del Tribunal Europeo de Derechos Humanos, Revista Chilena de Derecho 37, 2, 2010, p. 614.

733 *Ibid.* En esa época, el Comité de Ministros —un órgano que aún existe— tenía también una función jurisdiccional (Lemmens, K. General Survey of the Convention. En Pieter Van Dijk, Fried Van Hoof, Arjen Van Rijn, Leo Zwaak (eds.), Theory and Practice of the European Convention on Human Rights. Cambridge: Intersentia, 2018, pp. 32-33).

734 Arts. 33 y 34, Convención Europea de DD. HH.

Humanos es subsidiario,[735] al igual que el Sistema Interamericano y el del Comité de Derechos Humanos (del Sistema Universal). Además, el Protocolo 11 aumentó el número de jueces, pues cada Estado del Consejo de Europa tiene derecho a contar con un juez nacional. También estableció que el Tribunal funcionaría permanentemente (antes funcionaba por periodos de sesiones).[736] Esto se hizo con la finalidad de aumentar la capacidad para analizar las causas. Si considera que ha habido una violación, el Tribunal Europeo puede ordenar que ella se repare, generalmente mediante indemnizaciones.[737]

El Tribunal Europeo de Derechos Humanos es consciente de que es un tribunal internacional, y que debe respetar la autonomía estatal en aquellas materias que no están explícitamente definidas por la Convención Europea. Por eso, concede a los Estados el llamado *margen de apreciación*, que consiste en la posibilidad de interpretar los derechos humanos de un modo ajustado a la cultura de un Estado, o de restringir ciertos derechos en atención a intereses nacionales, siempre que ello sea permitido por la Convención Europea.[738] Un ejemplo del primer significado es el siguiente: la Convención Europea de Derechos Humanos establece la libertad de culto, pero distintos Estados tienen concepciones diversas sobre cómo llevar esta libertad a la práctica: mientras que Francia es laicista, Gran Bretaña y Dinamarca cuentan con una religión oficial. El Tribunal Europeo respetará esas diferencias, con tal de que los Estados cumplan un piso mínimo común: respetar la libertad de culto y no imponer ideas oficiales a quienes piensan distinto.

3.5. DERECHO PENAL INTERNACIONAL

3.5.1. Cuestiones generales

La subjetividad de la persona en el derecho internacional se manifiesta en su capacidad de presentar peticiones ante órganos internacionales —legitimación activa— y de ser demandada ante ese tipo de órganos —legitimación pasiva—. Esto último se observa en el derecho penal internacional, una rama relativamente nueva del derecho internacional, que "afirma y regula la responsabilidad penal individual por *crímenes internacionales*"[739]. Esta

735 Harris y otros, Harris, O'Boyle & Warbrick..., *op. cit.*, p. 30. Por ello, solamente puede operar cuando el recurrente ha agotado los recursos internos —administrativos o judiciales— que tuviera para reclamar sobre la violación de los DD. HH. (*Ibid.*, pp. 52-53).

736 Arts. 19-20, Convención Europea de DD. HH.

737 Art. 41, Convención Europea de DD. HH. Sin embargo, el Comité de Ministros puede exigir medidas adicionales.

738 El Protocolo N° 15 a la Convención Europea incorporó expresamente la doctrina del margen de apreciación en el último párrafo del preámbulo de la Convención (entró en vigor en 2021). Protocol No. 15 Amending the Convention on the Protection of Human Rights and Fundamental Freedoms (24 de junio de 2013). En materia de margen de apreciación, puede verse Letsas, G. Two Concepts of the Margin of Appreciation, Oxford Journal of Legal Studies 26, 4, 2006.

739 Gil Gil, A.; Maculan, E. (eds.), Qué es el Derecho Penal Internacional, en Derecho Penal Internacional. Madrid: Dykinson, 2019, p. 39.

responsabilidad individual es independiente de la responsabilidad estatal que pueda existir —ya sea en materia de derechos humanos o de derecho internacional humanitario—[740].

El derecho penal internacional combina rasgos y elementos del derecho internacional y del derecho penal.[741] Se trata de derecho internacional en atención a sus fuentes, a que busca sancionar crímenes consagrados internacionalmente o con un componente internacional, y a que los delitos suelen ser conocidos por tribunales internacionales.[742] Es derecho penal en cuanto a que establece "la responsabilidad de los individuos por la comisión de determinados crímenes y permite imponerles una consecuencia jurídico penal".[743]

3.5.2. Concepto del derecho penal internacional

Al tratarse de una rama creada recientemente, no está absolutamente claro cuál es el contenido del derecho penal internacional. Podrían distinguirse tres aproximaciones a esta materia:[744]

- Visión más reducida: ella entiende que el derecho penal internacional se refiere solo a crímenes tipificados internacionalmente, que sean conocidos por tribunales internacionales creados específicamente para su persecución. Según esta visión, serían materia del derecho penal internacional los crímenes fundamentales (*core crimes*), es decir, el genocidio, los crímenes de guerra, los crímenes de lesa humanidad y la agresión.[745]
- Visión más amplia: además de los crímenes anteriores, esta visión incluye los "crímenes transnacionales", es decir, aquellos establecidos en tratados multilaterales, pero que son perseguidos ante tribunales nacionales, siguiendo leyes y procedimientos internos. La lista de estos crímenes transnacionales crece constantemente, y abarca algunos de los crímenes fundamentales. Entre otros, los crímenes transnacionales incluyen el narcotráfico, el tráfico de personas, los actos de terrorismo, el ciber crimen, el crimen organizado, el lavado de dinero y la corrupción.[746]
- Visión inclusiva: comprende, además de los crímenes referidos en las dos visiones anteriores, todos los demás asuntos que surjan al aplicar la ley nacional a actividades con un elemento extranjero, incluyendo temas como la jurisdicción, tipificación del delito, extradición, tomas de testimonios, recolección de prueba, etc.[747]

740 Ello ocurre porque en el derecho internacional existe una "dualidad de responsabilidad", es decir, puede condenarse al Estado y a la persona, o al Estado y no a la persona, o al revés (CIJ, *Case Concerning Application of the Convention on the Prevention and Punishment of the Crime of Genocide (Bosnia and Herzegovina v. Serbia and Montenegro)*, 2007, párr. 173).

741 Gil Gil; Maculan (eds.), Qué es el Derecho Penal Internacional, *op. cit.*, p. 39.

742 *Ibid.*

743 *Ibid.*

744 Stewart, D. P. International Criminal Law in a Nutshell. Saint Paul: West Academic Publishing, 2014, pp. 3-4.

745 *Ibid.*, pp. 4-5.

746 *Ibid.*, pp. 5-6.

747 *Ibid.*, p. 6.

3.5.3. Historia

Dependiendo del concepto más amplio o restringido que se tenga del derecho penal internacional, los autores encuentran sus orígenes en distintos momentos. Por ejemplo, podría decirse que nació a fines del siglo XIX,[748] o que surgió, en un sentido más estricto, al cabo de la Segunda Guerra Mundial, para juzgar los crímenes más graves cometidos por los miembros del Eje durante dicho conflicto. Según esta última visión, habría surgido con la Carta de Núremberg (o Carta de Londres[749]), de 1945, que estableció el Tribunal Militar Internacional de Núremberg.[750] Dicha carta codificó los crímenes internacionales por los que serían juzgados los mayores criminales de guerra del Eje europeo (crímenes contra la paz, crímenes de guerra y crímenes contra la humanidad).[751] Este tribunal, junto con el Tribunal Militar Internacional para el Lejano Oriente,[752] establecido en 1946, hicieron que por primera vez se usaran instancias internacionales para sancionar a individuos.

Después de unas décadas, el Consejo de Seguridad de Naciones Unidas creó el Tribunal Penal Internacional para la ex Yugoslavia en 1993, y el Tribunal Penal Internacional para Ruanda, en 1996.[753] Además de ellos, se han establecido varios tribunales híbridos.[754] Hoy en día, tiene especial relevancia la Corte Penal Internacional, también conocida como Tribunal Penal Internacional. Ella fue establecida por el Estatuto de Roma, un tratado que entró en vigor en 2002.[755] Esta convención internacional es particularmente importante porque, junto con crear un tribunal internacional con vocación universal, tipifica los crímenes internacionales fundamentales.

La Corte Penal Internacional ha conocido pocos casos, debido a que opera sobre la base del principio de complementariedad, según el cual solo podrá conocer de un caso en forma complementaria a los tribunales nacionales, cuando estos no hayan podido o no hayan querido investigar y sancionar a los responsables de los crímenes tipificados en el

748 Entonces se habrían establecido los crímenes de guerra (Cassese, A. y otros, Cassese's International Criminal Law. Oxford: Oxford University Press, 2013, p. 4).

749 Por haber sido firmada en Londres.

750 Art. 1, Carta del Tribunal Militar Internacional Núremberg, anexa a Agreement for the Prosecution and Punishment of the Major War Criminals of the European Axis (8 de agosto de 1945).

751 Art. 6, *Ibid.*

752 A diferencia de su par de Núremberg, este tribunal no fue establecido por un tratado internacional, sino que por una proclamación especial del entonces comandante supremo de las Potencias Aliadas, Douglas MacArthur, basándose en el Tribunal de Núremberg. Potencias Aliadas, *Charter of the International Military Tribunal for the Far East* (19/01/1946).

753 ONU, C. de S.: "Resolución 827(1993)" [Tribunal (ex Yugoslavia)], S/RES/827(1993) (25/05/1993), y ONU, C. de S.: "Resolución 955(1994)" [Establecimiento de un Tribunal Internacional y Aprobación del Estatuto del Tribunal Penal Internacional], S/RES/955(1994) (08/11/1994).

754 Se le da el adjetivo de *híbridos* a tribunales que cuentan con un elemento internacional, como podría ser: su fuente jurídica, si se encuentra fuera del sistema judicial de un Estado, la extensión de su jurisdicción o la composición de su personal (Raub, L. Positioning Hybrid Tribunals in International Criminal Justice, International Law and Politics 41, 2009, p. 1023).

755 Estatuto de Roma de la Corte Penal Internacional (17 de julio de 1998).

Estatuto.[756] El restrictivo procedimiento para que esta corte inicie una investigación también explica la escasa cantidad de casos que ha conocido.[757]

3.5.4. Principios generales básicos

Los principios generales del derecho son fundamentales en el ámbito del derecho penal internacional, especialmente cuando las reglas de los tratados y la costumbre internacional dejan espacio para la interpretación. El Estatuto de la Corte Penal Internacional recoge estos principios[758] que provienen del derecho penal general. Algunos de ellos son:

- *Nullum crimen sine lege* o principio de legalidad: en el estado actual del derecho penal a nivel nacional, debe respetarse el principio de legalidad estricta.[759] De acuerdo con este principio, las personas solo pueden ser enjuiciadas por crímenes que hayan estado prohibidos por las normas jurídicas aplicables al momento de los hechos. Este principio tiene ciertos corolarios, como el principio de la irretroactividad de la ley penal, el de la prohibición de sancionar sobre la base de una analogía entre la acción cometida y la conducta prohibida, el de la prohibición de la interpretación extensiva y el principio del *favor rei* (es decir, que en casos de interpretaciones conflictivas, debe preferirse aquella que favorezca al acusado).[760]

  El principio de legalidad a nivel internacional no opera de forma idéntica que a nivel nacional, pues se le deben hacer ciertas precisiones,[761] que no sería posible desarrollar en este libro.[762] En todo caso, según el derecho internacional, los individuos que cometen crímenes internacionales (además de quienes los auxilian,

756 Esto —junto con motivos procesales— hacía inviable la "acusación" que algunas organizaciones hicieron a la Corte Penal Internacional en contra del expresidente Piñera. Véase Weibel Barahona, M. Garzón y Comisión Chilena de DD. HH. Acusan al Presidente Piñera en la Corte Penal Internacional por Crímenes de Lesa Humanidad, *Ciper*, 2021. Fecha de consulta: 10/01/2024. Disponible en: https://bit.ly/4j4u8Xd.

757 Pueden verse los Arts. 13 ss. del Estatuto de Roma de la Corte Penal Internacional (17 de julio de 1998). Uno de los mecanismos que constituyen un primer paso para que —potencialmente— se inicie un procedimiento es la remisión de una situación por un Estado parte (Art. 14, *Ibid.*), aunque la apertura de la investigación requiere también de otros requisitos. Una vez abierta una investigación, los Estados pueden "apoyar al fiscal en su indagación", como lo hizo Chile en una presentación ante la Corte (Ministerio de RR. EE. Chile y México Presentan Remisión de la Situación de Palestina ante la Corte Penal Internacional. Fecha de consulta: 09/12/2024. Disponible en: https://bit.ly/3EibPib). El C. de S. también puede referir asuntos a la Corte Penal Internacional, pero su proceso de toma de decisiones ha hecho que solo le haya referido un par de asuntos (Gifkins, J. Inside the UN Security Council: Legitimation Practices and Darfur. Oxford: Oxford University Press, 2023, p. 156).

758 Arts. 22 ss., Estatuto de Roma de la Corte Penal Internacional (17 de julio de 1998).

759 La CPR chilena garantiza este principio en los dos últimos incisos del Art. 19 N° 3.

760 Cassese y otros, Cassese's International Criminal Law, *op. cit.*, pp. 29-36.

761 *Ibid.*, pp. 27-28.

762 Por ejemplo, no se exige que la norma esté establecida en un tipo concreto de normas. Ese sería un motivo por el cual se usa, en ocasiones, la variación en el nombre del principio, de *nullum crimen sine iure* (Olásolo Alonso, H. El Principio *Nullum Crimen Sine Iure* en Derecho Internacional Contemporáneo, Anuario Ibero-Americano de Derecho Internacional Penal 1, 2013).

instigan, etc.) pueden ser llevados a juicio y castigados directamente en el ámbito internacional, sin necesidad de que haya una norma nacional que establezca el crimen.[763] Esto es interesante, pues muestra que, a nivel internacional, el principio de legalidad no exige que la normativa nacional consagre la misma prohibición.

- *Ne bis in idem*:[764] este principio dispone que nadie puede ser juzgado ni sancionado más de una vez por el mismo acto, bajo las mismas condiciones.[765] Este principio, sin embargo, permite que una persona sea juzgada o sancionada por el mismo delito, cuando su primer juicio hubiera sido fraudulento.[766]
- Responsabilidad de comandantes o superiores: este principio responsabiliza a los comandantes por ordenar, o por no hacer lo posible por impedir, que sus subordinados cometieran crímenes graves.[767] Este principio también se aplica a civiles que puedan considerarse superiores jerárquicamente.[768]
- La obediencia debida no exime de responsabilidad: como contrapartida al principio anterior, un subordinado puede también ser sancionado por cometer un crimen, aunque haya estado cumpliendo órdenes de un superior, y aunque dicho acto estuviera permitido por la ley nacional.[769] Atendido que este principio puede ser muy gravoso para el que sigue las órdenes (por ejemplo, porque la desobediencia militar puede ser sancionada con la muerte, o porque sea difícil conocer la ilegalidad de la orden), es posible mitigar la sanción en casos específicos.[770]
- Inexcusabilidad por el contenido de la ley nacional: un individuo puede ser declarado culpable de cometer un crimen internacional, incluso si ese acto es exigido o permitido por su legislación nacional.[771]

3.5.5. Crímenes internacionales

Los crímenes internacionales en sentido estricto son los que se reconocen como tales en la visión más reducida del derecho penal internacional. Ellos se dan cuando concurren los siguientes elementos:

- Que los crímenes violen las reglas de tratados o de derecho consuetudinario.
- Que las reglas violadas protejan valores de toda la comunidad internacional y que, por eso, obliguen a todo Estado e individuo.
- Que exista un interés universal en la represión de tales acciones.[772]

---

763 Stewart, International Criminal Law..., *op. cit.*, pp. 83-84.

764 En Chile se suele usar la expresión *non bis in idem*, que también es correcta.

765 Stewart, International Criminal Law..., *op. cit.*, p. 90.

766 Véase, por ejemplo, Art. 20.3, Estatuto de Roma de la Corte Penal Internacional (17 de julio de 1998).

767 Stewart, International Criminal Law..., *op. cit.*, pp. 92-93.

768 *Ibid.*, p. 93.

769 *Ibid.*, p. 96.

770 *Ibid.*, pp. 96-98.

771 *Ibid.*, p. 95.

772 Cassese y otros, Cassese's International Criminal Law, *op. cit.*, p. 20. Cassese agrega que no debe poder aplicarse la inmunidad cuando el perpetrador actúa a nombre del Estado, salvo que tenga

No hay claridad absoluta sobre cuáles son los crímenes internacionales, salvo respecto de los crímenes fundamentales (*core crimes*). Estos son los que se encuentran dentro de la competencia de la Corte Penal Internacional. Se trata de "los crímenes más graves de trascendencia para la comunidad internacional en su conjunto",[773] y son:

- El genocidio.[774]
- Los crímenes de lesa humanidad.[775]
- Los crímenes de guerra.[776]
- El, recientemente definido, crimen de agresión.[777]

Los crímenes transnacionales o transfronterizos no son crímenes internacionales en sentido estricto. Son aquellos que están dentro de la jurisdicción de los tribunales nacionales, no de los internacionales, pero involucran acciones realizadas en distintos Estados, o requieren de la colaboración internacional para su persecución más efectiva.[778] La alta conectividad global y los avances tecnológicos hacen que este tipo de crímenes vaya en aumento.[779]

Estos crímenes se tipifican en tratados internacionales, que obligan solo a las partes, a diferencia de lo que ocurre con los *crímenes fundamentales*. Ellos son "susceptibles de ser perseguidos y sancionados por las legislaciones internas, ocupándose el Derecho internacional únicamente de aunar y coordinar los esfuerzos de dichas legislaciones para conseguir una mayor efectividad de las mismas".[780] Ejemplos de los delitos incluidos en esta categoría, aunque algunos de ellos sean discutidos, son:

---

inmunidad personal, como ocurre en el caso de los jefes de Estado (*Ibid.*, pp. 20-21). Sin embargo, más que un elemento de un crimen internacional, parece ser una descripción de si puede perseguirse a los autores.

773 Art. 5, Estatuto de Roma de la Corte Penal Internacional (17 de julio de 1998).

774 Son ciertos actos que se realizan "con la intención de destruir total o parcialmente a un grupo nacional, étnico, racial o religioso como tal" (Art. 6, *Ibid*).

775 Son ciertos actos que se cometen "como parte de un ataque generalizado o sistemático contra una población civil y con conocimiento de dicho ataque" (Art. 7, *Ibid*).

776 La Corte Penal Internacional tendrá competencia sobre ellos cuando "se cometan como parte de un plan o política o como parte de la comisión en gran escala de tales crímenes" (Art. 8, *Ibid*).

777 La Asamblea de Estados Miembros del Estatuto de la Corte Penal Internacional lo definió en 2010, agregando el Art. 8 bis al Estatuto de Roma (Corte Penal Internacional, Asamblea de los Estados Partes: "El Crimen de Agresión", Resolución RC/Res.6; 11/06/2010). Esta norma entra en vigor para los Estados cuando ellos expresan su consentimiento para verse obligados por dicho artículo (Chile lo hizo el 23/09/2016). El Art. 8 bis dispone: "una persona comete un 'crimen de agresión' cuando, estando en condiciones de controlar o dirigir efectivamente la acción política o militar de un Estado, dicha persona planifica, prepara, inicia o realiza un acto de agresión que por sus características, gravedad y escala constituya una violación manifiesta de la Carta de las Naciones Unidas".

778 Stewart, International Criminal Law…, *op. cit.*, p. 5.

779 *Ibid.*

780 Gil Gil; Maculan (eds.), Qué es el Derecho Penal Internacional, *op. cit.*, p. 48.

- la esclavitud y tortura realizadas fuera del contexto de crímenes fundamentales,
- la piratería,[781]
- el crimen organizado,
- el lavado de dinero y
- el narcotráfico.

781 La define el Art. 101, Convención de las Naciones Unidas sobre el Derecho del Mar (10 de diciembre de 1982).

CAPÍTULO 4

OTROS SUJETOS DE DERECHO INTERNACIONAL

4.1. SANTA SEDE

4.1.1. Subjetividad internacional de la Santa Sede

La Santa Sede es el órgano administrativo de la Iglesia católica universal.[782] Ella es representada por el papa y es un sujeto de derecho internacional.[783] La suprema autoridad de la Santa Sede es de naturaleza espiritual (respecto de los católicos) y temporal (respecto del Estado Ciudad del Vaticano).[784] El poder temporal de la Santa Sede era, antiguamente, mucho más vasto, pues alcanzaba a los Estados Pontificios, que eran amplios territorios dentro de la Península Itálica.[785]

La Santa Sede y el Estado Vaticano son dos sujetos de derecho internacional independientes. Para entender esto, debe observarse un proceso histórico que comenzó con la Unificación Italiana. Durante este evento se invadieron los Estados pontificios y, en 1870, se ocupó Roma y se la declaró capital del reino italiano.[786] De este modo, los Estados Pontificios dejaron de existir.[787] La situación generada por la conquista de los Estados Pontificios en 1870 causó gran descontento, incluso en muchos italianos. Por eso, en 1871 se aprobó en Italia la Ley de Garantías Papales, que hacía varias concesiones a la Santa Sede, pero ellas estaban establecidas en una simple ley, por lo que el parlamento italiano

782 La Santa Sede "es una persona jurídica que comprende al Romano Pontífice, la Secretaría de Estado, el Consejo para los asuntos públicos de la Iglesia y otras instituciones de la Curia Romana" (Alcalde Silva, J. Sobre la Legitimación Procesal de la Iglesia Católica en el Derecho Chileno, Revista Chilena de Derecho 46, 2, 2019, pp. 607 y 608, nota al pie 16). La Santa Sede y la Sede Apostólica son sinónimos, pero el primer término se usa en el ámbito internacional, y el segundo en el ámbito interno (Martens, K. The Holy See and Neutrality in the Aftermath of World War I: The Consequences of the Treaty of Versailles and Other Peace Treaties. En Marshall J. Breger, Herbert R. Reginbogin (eds.), The Vatican and Permanent Neutrality. London: Lexington Books, 2022, p. 24).

783 Kelsen, Principios de Derecho Internacional Público, *op. cit.*, p. 124.

784 La palabra "temporal" se usa en el sentido de seglar o secular.

785 Vargas Carreño, Derecho Internacional Público, *op. cit.*, pp. 271-272.

786 *Ibid.*, p. 272.

787 Algunos afirman que el Estado pontificio siguió existiendo, pero limitado a la parte de Roma que no invadieron las tropas italianas, es decir, a ciertos palacios y villas (Zepeda Coll, H. Ley Fundamental del Estado de la Ciudad del Vaticano en Actual Vigencia. Sus Antecedentes y Complementos. Memoria para Optar al Grado de Licenciado en Ciencias Jurídicas y Sociales. Santiago: Universidad de Chile, 2011, pp. 19-21).

podía derogarla.[788] Esa y otras razones hicieron que Pío IX rechazara la Ley de Garantías y mantuviera su protesta contra esta usurpación.[789] Con esto se inició la *Cuestión Romana*, que es como se conoce a esta "amarga disputa política, diplomática y legal entre el Estado italiano y la Santa Sede".[790]

Entre 1870 y 1929, la Santa Sede no representaba a un Estado, pues su territorio fue conquistado (en una época en que el uso de la fuerza no era considerado contrario al derecho internacional). La consecuencia natural habría sido que el sujeto de derecho internacional hubiera desaparecido. Sin embargo, la Santa Sede siguió siendo considerada una entidad soberana en el derecho internacional.[791] En efecto, ella:

- mantuvo el derecho de legación, es decir, el derecho a enviar y a acreditar embajadores,
- continuó celebrando tratados internacionales (concordatos y otros), y
- los nuevos Estados le siguieron solicitando reconocimiento.[792]

En otras palabras, la comunidad internacional siguió tratando a la Santa Sede como un sujeto de derecho. Con ello se demostró que la Santa Sede no era un sujeto internacional en cuanto Estado (pues ya no lo era), sino que un sujeto *sui generis* de derecho internacional.[793] Este no fue un privilegio que se le quisiera dar a la Santa Sede en cuanto autoridad máxima de una religión, sino que la constatación de que la comunidad internacional quería seguir tratándola como sujeto de derecho. Los motivos que influyeron en esto son de distinta naturaleza, por ejemplo, históricos, religiosos e institucionales.

Casi sesenta años después, en 1929, el Reino de Italia y la Santa Sede lograron una solución a la *Cuestión Romana* —la llamada *Conciliazione*— mediante tres tratados que constituyen los Acuerdos de Letrán.[794] El primero de tales tratados se refiere a la creación del Estado Vaticano, y dispone, entre otras cosas:

---

788 Las garantías eran las siguientes: el Papa mantendría el estatus de soberano, y honores y derechos como la representación diplomática, se le daría anualmente una suma de dinero como indemnización por la pérdida de sus ingresos debido al despojo de los Estados Pontificios, y se concedería la extraterritorialidad de los palacios papales (Pollard, J. A. Court in Exile: The Vatican, 1870-1929, The Court Historian 12, 1, 2007, p. 35; Pollard, J. The Holy See and Neutrality: Vatican Diplomacy 1870-1929. En Marshall J. Breger, Herbert R. Reginbogin (eds.), The Vatican and Permanent Neutrality. London: Lexington Books, 2022, p. 5).

789 Pío IX, Ubi Nos, 1871.

790 D'Arienzo, M. The Lateran Treaty and the Hermeneutics of the Holy See Neutrality. The Final Defeat of the Papal State and the Roman Question. En Marshall J. Breger, Herbert R. Reginbogin (eds.), The Vatican and Permanent Neutrality. London: Lexington Books, 2022, p. 39 (la traducción es nuestra).

791 Aunque algunos Estados dejaron de tener relaciones con ella, como el Reino Unido y los EE. UU. (Pollard, The Holy See and Neutrality…, *op. cit.*, p. 5).

792 Benadava, Derecho Internacional Público, *op. cit.*, p. 141. También se argumenta que el papa León XIII actuó como mediador en la disputa de las Islas Carolinas. Sin embargo, no es un argumento convincente, pues no solo los Estados pueden actuar como mediadores, sino que también individuos desinteresados (*Cfr.* Collier; J.; Lowe, V. The Settlement of Disputes in International Law. Institutions and Procedures. Cambridge - New York: Oxford University Press, 2009, p. 27).

793 *Sui generis* significa que algo es su propio género, es decir, que es una entidad que no puede clasificarse como especie dentro de un género más amplio, que se trata de algo único.

794 Benadava, Derecho Internacional Público, *op. cit.*, pp. 142-143.

- Que "Italia reconoce la soberanía de la Santa Sede en el campo internacional como atributo inherente a su naturaleza, conforme a su tradición y a las exigencias de su misión en el mundo".[795]
- "Italia reconoce a la Santa Sede la plena propiedad, y la exclusiva y absoluta potestad y jurisdicción soberana sobre el Vaticano, según está constituido actualmente, con todas sus pertenencias y dotaciones".[796]
- Concede inmunidades y exenciones tributarias a ciertos inmuebles de la Iglesia ubicados fuera del Vaticano, como Castel Gandolfo y el templo San Juan de Letrán.[797]
- Establece la neutralidad y declara la inviolabilidad de la Ciudad del Vaticano.[798]
- Establece inmunidad dentro de Italia a diplomáticos de la Santa Sede.[799]

Los otros dos tratados consisten en un concordato en materias de moral,[800] y en un acuerdo financiero.[801]

De algún modo, estos acuerdos son similares a la Ley de Garantías Papales, pero al ser tratados, no quedan al arbitrio de las autoridades italianas; no pueden ser terminados por su sola voluntad. Con ello se le garantiza a la Santa Sede la debida independencia frente al poder estatal italiano. Otra diferencia importante es que ahora el Estado-Ciudad del Vaticano cuenta con todos los elementos de un Estado en el sentido del derecho internacional.[802]

Actualmente, la Santa Sede actúa a nivel internacional con un doble título: por una parte, es la autoridad suprema de la Iglesia católica (en este rol firma concordatos a nivel internacional), y, por otra, es la autoridad suprema del Estado Ciudad del Vaticano[803] (en este rol ratifica algunos tratados en materias temporales como, por ejemplo, el tratado de Berna sobre la Unión Postal Universal).[804] Esto hace más difícil entender la figura de la Santa Sede como entidad distinta del Vaticano. Ello se produce porque existe una *unión personal* entre ambas entidades, en atención a que el jefe de la Santa Sede es también el jefe del Estado Vaticano.[805] Esta interrelación puede, quizá, entenderse mejor con la siguiente analogía: si

---

795 Art. 2, Trattato fra la Santa Sede e l'Italia (11 de febrero de 1929) (traducción). Fecha de consulta: 29/08/2022. Disponible en: https://bit.ly/4jdcpxa.

796 Art. 3, *Ibid.*

797 Arts. 15 y 16, *Ibid.*

798 Art. 24, *Ibid.*

799 Art. 12, *Ibid.*

800 Concordato fra la Santa Sede e l'Italia (11 de febrero de 1929). El concordato se modifica en 1984 (Accordo tra la Santa Sede e la Repubblica Italiana che Apporta Modificazioni al concordato Lateranense; 18 de febrero de 1984).

801 Convenzione Finanziaria (11 de febrero de 1929).

802 Kelsen, Principios de Derecho Internacional Público, *op. cit.*, p. 124.

803 Verdross afirma que, a pesar de ser un verdadero Estado, el Vaticano tiene una ordenación que no es autónoma, sino que derivada de la ordenación eclesiástica, y una finalidad distinta de la que tienen los demás Estados (Verdross, Derecho Internacional Público, *op. cit.*, pp. 186-187).

804 Universal Postal Union, Member countries. Fecha de consulta: 21/01/2025. Disponible en: https://bit.ly/3RJSQ37.

805 Kelsen, Principios de Derecho Internacional Público, *op. cit.*, p. 125.

un Estado cediera parte de su territorio —con soberanía— a las Naciones Unidas, las autoridades de esta organización serían también las gobernantes de dicho territorio (que podría cumplir con todos los elementos de un Estado). Así, las autoridades de las Naciones Unidas tendrían una doble titularidad: podrían actuar como representantes de dicha organización internacional y del nuevo Estado. Por otro lado, si este Estado dejara de existir (por ejemplo, por anexarse a otro), las Naciones Unidas dejarían de representarlo, pero seguirían siendo un sujeto de derecho internacional en cuanto organización internacional.

Hoy en día, la Santa Sede hace uso del derecho de legación (con casi la totalidad de los Estados del mundo),[806] celebra tratados, participa en conferencias internacionales, es miembro de organizaciones internacionales, envía observadores acreditados a organismos internacionales (es observadora permanente ante la ONU y la OEA), y realiza labores de paz (una de las más importantes es la que evitó la guerra entre Chile y Argentina por las islas del canal Beagle).

En su actividad internacional, la Santa Sede "pretende ofrecer un servicio desinteresado a la Comunidad Internacional, ya que no busca beneficios de parte, sino el bien común de toda la familia humana".[807] El servicio diplomático de la Santa Sede busca no solo la *libertas Ecclesiae*, sino que también promover la dignidad humana y "establecer un orden social basado en los valores de la justicia, la verdad, la libertad y el amor".[808]

4.1.2. Magisterio de la Iglesia y derecho internacional

a. Cuestiones generales

El pensamiento católico fue muy relevante en los orígenes del derecho internacional,[809] pero esta sección no se referirá a dichos fundamentos históricos, sino que a las enseñanzas actuales de la Iglesia sobre el derecho internacional.[810] Para entender este tema, debe sa-

---

806 Holy See Press Office. Informative Note on the diplomatic relations of the Holy See, 09.01.2025, *Summary of Bulletin. Holy See Press Office*. Fecha de consulta: 21/01/2025. Disponible en: https://bit.ly/3Rdm7mI.

807 Pontificio Consejo Justicia y Paz, Compendio de la Doctrina Social de la Iglesia. Santiago: San Pablo, 2008, pp. 307, N° 444.

808 Pontificio Consejo Justicia y Paz, Compendio de la Doctrina Social..., *op. cit.* (parte de la oración con cursivas en el original).

809 Más sobre esto puede leerse en el libro del autor protestante Scott, J. B. The Catholic Conception of International Law: Francisco de Vitoria, Founder of the Modern Law of Nations; Francisco Suárez, Founder of the Modern Philosophy of Law in General and in Particular of the Law of Nations. A Critical Examination and a Justified Appreciation. New Jersey: The Lawbook Exchange, 2014.

810 La Iglesia, como cuerpo místico de Cristo, debe hacer lo que hizo Cristo, una de cuyas principales acciones fue enseñar. En ese sentido, la Iglesia no tiene solo el poder de enseñar, sino que también el deber de hacerlo (Fuentes Alonso, J. A. La Función de Enseñar. En Instituto Martín de Aspilcueta (ed.), Manual de Derecho Canónico. Pamplona: Eunsa, 1991, p. 427). La enseñanza no se referirá solo a cuestiones teológicas, pues "[l]a obra de la redención de Cristo, que de suyo tiende a salvar a los hombres, comprende también la restauración incluso de todo el orden temporal. Por tanto, la misión de la Iglesia no es sólo anunciar el mensaje de Cristo y su gracia a los hombres, sino también el impregnar y perfeccionar todo el orden temporal con el espíritu evangélico" (Apostolicam

berse lo que es el Magisterio de la Iglesia. Este consiste en las enseñanzas de los obispos en comunión con el papa, quienes tienen "[e]l oficio de interpretar auténticamente la palabra de Dios, oral o escrita".[811] Ellos interpretan autorizadamente el *depósito de la fe*, que consiste en el conjunto de las verdades que Dios ha revelado, es decir, "la palabra de Dios escrita o transmitida por tradición".[812] Al tratarse de un "depósito", la Iglesia no puede crear o modificar a voluntad la verdad que ha recibido, sino que solo puede enseñar lo que a su vez recibió de Cristo.[813] Por ello, el "Magisterio no está por encima de la palabra de Dios, sino a su servicio para enseñar puramente lo transmitido".[814]

Según el modo como se ejercita,

> el magisterio explícito puede ser ordinario o extraordinario, este último también llamado *solemne*. El ordinario comprende la multiforme actividad docente del papa y de los obispos, en materia de fe y costumbres, que tiene lugar de modo habitual en la Iglesia. El extraordinario o solemne suele reservarse para el magisterio de los concilios ecuménicos y para las definiciones infalibles de los papas.[815]

Tanto el magisterio extraordinario como el ordinario son emitidos por el papa y los obispos en comunión con él. La principal diferencia entre ellos es que el magisterio extraordinario busca explicitar de manera infalible algunas verdades que se hallaban, en mayor o menor medida, implícitas en la Revelación,[816] mientras que el ordinario busca ayudar a los fieles a vivir conforme a las palabras del Señor —Dios hecho hombre— en las circunstancias históricas concretas en que se desenvuelven.[817] En el ejercicio de su magisterio ordinario, la

---

Actuositatem, N° 5. En Iglesia Católica, Concilio Ecuménico Vaticano II. Constituciones, Decretos y Declaraciones. Madrid: Biblioteca de Autores Cristianos, 2015).

811 Iglesia Católica, Catecismo de la Iglesia Católica. Santafé de Bogotá: San Pablo, 2000, pp. 41-42, N° 85.

812 Iglesia Católica, Código de Derecho Canónico. Edición Anotada. Pamplona: Eunsa, 1992, p. 472, c. 750.

813 Esto es lo que busca reflejar la expresión *depósito de la fe*. Ella se entiende mejor a la luz del contrato de depósito, que consiste en confiar una cosa a una persona "que se encarga de guardarla y de restituirla en especie" (Art. 2211, Chile, Código Civil, s.d.). Se llama *depósito de la fe* a la palabra de Dios confiada a la Iglesia. Al ser un depósito, la Iglesia está encargada de cuidar dicha palabra de Dios, sin ser su dueña, por lo que no tiene el poder de alterar la verdad que le fue encargada por Cristo.

814 Dei Verbum, N° 10, en Iglesia Católica, Concilio Ecuménico Vaticano II. Constituciones, Decretos y Declaraciones, *op. cit.*, pp. 169-170.

815 Diccionario Panhispánico del Español Jurídico. Magisterio de la Iglesia. Fecha de consulta: 21/01/2025. Disponible en: https://dpej.rae.es/lema/magisterio-de-la-iglesia (en cursivas en el original).

816 La expresión "Revelación" se refiere a lo que Dios ha revelado sobre su propia naturaleza divina y su voluntad. La revelación llegó a su culmen con la venida de Cristo, quien "es la palabra única, perfecta e insuperable del Padre". Iglesia Católica, Catecismo de la Iglesia Católica, *op. cit.*, pp. 35, N° 65. La Revelación terminó con la muerte del último apóstol de Jesucristo.

817 Melé, D. Cristianos en la Sociedad. Introducción a la Doctrina Social de la Iglesia. Madrid: Rialp, 2020, pp. 16-17. Dentro del magisterio ordinario, se habla del *magisterio ordinario y universal*, que

Iglesia está atenta a las circunstancias sociales y morales de un tiempo histórico determinado. Ella lee los signos de los tiempos y trata de llevar las enseñanzas de Cristo a las realidades concretas. Por ejemplo, en la época contemporánea se ha tenido que referir al tema de las armas nucleares,[818] un desarrollo tecnológico del que no pudieron sospechar los apóstoles. Cuando el magisterio ordinario presenta enseñanzas relativas a la vida social, ellas forman parte de la *doctrina social de la Iglesia.*[819]

Mientras que el magisterio extraordinario busca definir infaliblemente ciertas verdades del depósito de la fe, y debe ser creído,[820] el magisterio ordinario suele constituir una interpretación autorizada del depósito de la fe que los fieles deben acoger,[821] pero no es infalible y depende de unas circunstancias históricas determinadas. El magisterio "no presenta soluciones técnicas para la resolución de los problemas sociales",[822] de modo que entre los católicos debe haber "*unidad* en la doctrina", pero habrá "*pluralidad* en las soluciones".[823] Las enseñanzas de la Iglesia sobre el derecho y orden internacionales son parte de la doctrina social de la Iglesia.[824]

Alguien podría preguntarse por qué la Iglesia tiene enseñanzas magisteriales sobre el derecho internacional, un asunto que parece poco relacionado con las enseñanzas de Cristo. La respuesta es que todo el actuar humano tiene implicancias morales. Puede alguien también cuestionarse qué internacionalista estará interesado en estas enseñanzas. Aquí habrá que distinguir: los juristas católicos debieran estarlo por considerar que el Espíritu Santo ilumina constantemente a la Iglesia en sus pronunciamientos —incluso los que no son infalibles—; por su parte, los juristas no católicos pueden ver en el Magisterio un estudio especializado sobre la moralidad de asuntos relacionados con el derecho internacional, algo que ellos, por falta de tiempo o de conocimiento, pueden no estar prestos a hacer.

---

se refiere a la enseñanza ordinaria del magisterio infalible, pero no es relevante para los efectos de este libro.

818 Juan XXIII, Pacem in Terris, 1963, párr. 112, y Francisco, Mensaje a la Conferencia de la ONU para la Negociación de un Instrumento Jurídicamente Vinculante sobre la Prohibición de las Armas Nucleares que Conduzca a su Total Eliminación, 2017. Fecha de consulta 12/11/2024. Disponible en: https://bit.ly/427WEkP.

819 Melé, Cristianos en la Sociedad..., *op. cit.*, p. 16.

820 Iglesia Católica, Código de Derecho Canónico..., *op. cit.*, p. 472, c. 750.

821 En términos del Código Canónico, los fieles deben "prestar un asentimiento religioso del entendimiento y de la voluntad, sin que llegue a ser de fe" (*Ibid.*, p. 474, c. 752). También se afirma que se debe "atend[er] reverentemente la doctrina del Magisterio" (Iglesia Católica, Gaudium et Spes, 1965, N° 43).

822 Melé, Cristianos en la Sociedad..., *op. cit.*, p. 21.

823 *Ibid.*, p. 22.

824 Véase *Ibid.*, pp. 209-228.

b. Algunas enseñanzas relacionadas con el derecho internacional

A continuación, agrupamos algunas enseñanzas que pueden encontrarse dispersas en el Magisterio, con la finalidad de facilitar su estudio:

- Unidad del género humano y comunidad internacional: La Biblia manifiesta desde sus comienzos la dignidad especial del ser humano —creado a imagen y semejanza de Dios—, y la unidad de su especie.[825] Por su parte, el mensaje revelado en Cristo alcanza a todas las naciones, de modo que las diferencias raciales y culturales no son un motivo de división, pues "la familia humana está llamada a redescubrir su unidad y a reconocer la riqueza de sus diferencias, para alcanzar en Cristo «la unidad completa»".[826] La unidad de los hombres se basa en que estos "poseen con igual derecho una misma dignidad natural".[827] Esta igual naturaleza exige que no se olvide la "ley de mutua solidaridad y caridad humana impuesta por el origen común y por la igualdad de la naturaleza racional en todos los hombres, sea cual fuere el pueblo a que pertenecen".[828] Por eso "será siempre necesario, por imperativos de la misma naturaleza, atender debidamente al bien universal, es decir, al que afecta a toda la familia humana".[829]

  Como consecuencia de la unidad del género humano, existe una comunidad internacional. Ella debe organizarse de modo que se oriente al bien común universal,[830] y los elementos fundamentales para construirla son "[l]a centralidad de la persona humana y la natural tendencia de las personas y de los pueblos a estrechar relaciones entre sí".[831]

> La convivencia entre las Naciones se funda en los mismos valores que deben orientar la de los seres humanos entre sí: la verdad, la justicia, la solidaridad y la libertad. La enseñanza de la Iglesia en el ámbito de los principios constitutivos de la Comunidad Internacional, exhorta a [que] las relaciones entre los pueblos y las comunidades políticas encuentren su justa regulación en la razón, la equidad, el derecho, la negociación, al tiempo que excluye el recurso a la violencia y a la guerra, a formas de discriminación, de intimidación y de engaño.[832]

---

825 Pontificio Consejo Justicia y Paz, Compendio de la Doctrina Social..., *op. cit.*, p. 295, N° 428.

826 *Ibid.*, pp. 296-297, N° 431.

827 Juan XXIII, Pacem in Terris, *op. cit.*, N° 132.

828 Pío XII, Summi Pontificatus, 1939, N° 28.

829 Juan XXIII, Pacem in Terris, *op. cit.*, N° 132.

830 Pontificio Consejo Justicia y Paz, Compendio de la Doctrina Social..., *op. cit.*, p. 298, N° 433. Debe recordarse que "[e]l bien común abarca el conjunto de aquellas condiciones de vida social con las cuales los hombres, las familias y las asociaciones pueden lograr con mayor plenitud y facilidad su propia perfección" (Iglesia Católica, Gaudium et Spes, *op. cit.*, N° 74).

831 Pontificio Consejo Justicia y Paz, Compendio de la Doctrina Social..., *op. cit.*, p. 298, N° 433 (en cursivas en el original).

832 *Ibid.*, pp. 298-299, N° 433 (la palabra «[que]» no se encuentra en el original; parte de la cita está en cursivas en el original).

La comunidad internacional está "fundada en la soberanía de cada uno de los Estados miembros, sin vínculos de subordinación que nieguen o limiten su independencia",[833] y requiere del derecho, pues este es un instrumento de garantía del orden de esta comunidad.[834]

- Soberanía nacional y autoridad pública universal: la soberanía "representa la *subjetividad de una Nación* en su perfil político, económico, social y cultural",[835] y es "expresión de la libertad que debe regular las relaciones entre los Estados".[836] El Magisterio reconoce la importancia de la soberanía como uno de los fundamentos de la comunidad internacional, pero observa que ella no es un derecho absoluto. Por un lado, los Estados pueden renunciar parcialmente a esta para alcanzar un objetivo común en la comunidad internacional.[837] Por otro lado, la concepción que atribuye a los Estados "un poder casi infinito" es errada y "dañosa para las mutuas relaciones internacionales, porque rompe la unidad que vincula entre sí a todos los Estados, despoja al derecho de gentes de todo firme valor, abre camino a la violación de los derechos ajenos y hace muy difícil la inteligencia y la convivencia pacífica".[838]

  El tema de la soberanía está relacionado con el de la existencia de una autoridad universal que pueda organizar a la comunidad internacional. En efecto, a través de las distintas épocas, la Iglesia ha enseñado que las autoridades civiles deben buscar el bien común, pero no solo a nivel local o nacional, sino que también a nivel internacional. Por eso, y para evitar la guerra, considera que se "requiere el establecimiento de una autoridad pública universal reconocida por todos, con poder eficaz para garantizar la seguridad, el cumplimiento de la justicia y el respeto de los derechos".[839] Sin embargo, "es esencial que esta autoridad sea el fruto de un acuerdo y no de una imposición, y no se entienda como un «superestado global»".[840] Esta autoridad debe buscar el bien común de la comunidad internacional, respetando el principio de la subsidiariedad, de modo que no invada la competencia de los Estados, de los grupos intermedios y de las familias.[841] Las autoridades internacionales "designadas equitativamente por acuerdo entre los gobiernos nacionales" debieran, incluso, estar dotadas de poder para sancionar.[842]

---

833 *Ibid.*, p. 299, N° 434 (con cursivas en el original).

834 *Ibid.*

835 *Ibid.*, pp. 299-300, N° 435.

836 *Ibid.*

837 *Ibid.*, pp. 300, N° 435.

838 Pío XII, Summi Pontificatus, *op. cit.*, N° 53.

839 Iglesia Católica, Gaudium et Spes, *op. cit.*, N° 82.

840 Pontificio Consejo Justicia y Paz, Compendio de la Doctrina Social..., *op. cit.*, p. 304, N° 441.

841 *Ibid.*, pp. 304-305, N° 441.

842 Francisco, Laudato Si', 2015, párr. 175.

Actualmente, esta autoridad pública universal es la ONU. En 1964, la Santa Sede se convirtió en Estado observador permanente en ella.[843] Esta posición es percibida como la más compatible con la neutralización permanente del Vaticano (por los Acuerdos de Letrán). Los papas han visto en la Carta de Naciones Unidas una "verdadera norma jurídica fundamental" y han visto en la ONU una respuesta adecuada a las necesidades de la comunidad internacional actual.[844] Ello no quita que sea necesario reformar la Organización para hacerla más adecuada a sus propósitos, pero evitando que ella "sea deslegitimizada, porque sus problemas o deficiencias pueden ser afrontados y resueltos conjuntamente".[845]

- *Pacta sunt servanda* y solución de controversias: la Iglesia reconoce que el principio de respetar los acuerdos suscritos (*pacta sunt servanda*) es un principio universal anterior y superior a los derechos internos de los Estados, que es esencial para que no se termine apelando a la fuerza más que al derecho.[846] Sin embargo, a diferencia de lo que ocurre con la postura adoptada por Chile en su reserva a la Convención de Viena sobre el Derecho de los Tratados, el Magisterio también da cabida al principio del *rebus sic stantibus*, pues ya el papa Pío XII afirmaba

> con el transcurso del tiempo y el cambio substancial de las circunstancias —no previstas y tal vez imprevisibles al tiempo de la estipulación—, un tratado entero o alguna de sus cláusulas pueden resultar o pueden parecer injustas, o demasiado gravosas, o incluso inaplicables para alguna de las partes contratantes. Si esto llega a suceder, es necesario recurrir a tiempo a una leal discusión para modificar en lo que sea conveniente o sustituir por completo el pacto establecido.[847]

La existencia de acuerdos no es garantía de que ellos se cumplan, y eso justifica que la doctrina social de la Iglesia recalque la importancia de remozar los mecanismos de solución pacífica de controversias, reforzando su alcance y obligatoriedad.[848] El Magisterio afirma, incluso, que debe existir una autoridad judicial totalmente efectiva.[849] También sostiene que debiera darse preferencia a los acuerdos multilaterales de solución de controversias, pues garantizarían, de mejor modo que los bilaterales, la protección de los Estados débiles.[850]

---

843 ONU, AG: "Participación de la Santa Sede en la labor de las Naciones Unidas", A/RES/58/314 (01/07/2004). Las prerrogativas de la Santa Sede en cuanto observadora permanente se pueden ver en el anexo de esta resolución.

844 Francisco, Discurso del Santo Padre (Visita a la Organización de las Naciones Unidas), 2015. Fecha de consulta 14/08/2024. Disponible en: https://bit.ly/4jvAzCB.

845 Francisco, Fratelli Tutti, 2020, párr. 173.

846 Pontificio Consejo Justicia y Paz, Compendio de la Doctrina Social..., *op. cit.*, p. 301, N° 437.

847 Pío XII, Summi Pontificatus, *op. cit.*, N° 58.

848 Pontificio Consejo Justicia y Paz, Compendio de la Doctrina Social..., *op. cit.*, pp. 302-303, N° 439.

849 *Ibid.*

850 Francisco, Fratelli Tutti, *op. cit.*, párr. 174.

- Derechos humanos: las autoridades de la Iglesia y los católicos hemos actuado en contra del Magisterio. Sin embargo, éste siempre ha defendido los derechos humanos (aunque haya prescindido de usar este concepto moderno).[851] La práctica general de la Iglesia también ha procurado promoverlos. Esto se puede observar, por ejemplo, en su visión sobre la esclavitud, que logró que esta institución desapareciera en Europa (hasta que comenzó nuevamente con las incursiones en África), o con su crítica a la *cuestión social* y la defensa de los derechos económicos y sociales.[852] En materia internacional, esta defensa se ha hecho, por ejemplo, respaldando fuertemente la Declaración Universal de los Derechos Humanos (en la cual el pensamiento católico tuvo una importancia fundamental),[853] participando en varios comités relacionados con los derechos humanos, y con su permanente discurso sobre la dignidad humana, la paz, el desarme y la defensa de los pobres, entre otros. Aunque originalmente el Magisterio usó un leguaje más vinculado al derecho natural y los deberes, ha desarrollado un vocabulario compatible con el movimiento de los derechos humanos.[854]

  En las últimas décadas, organizaciones de derechos humanos han criticado las enseñanzas de la Iglesia en la materia. Sin embargo, se ha afirmado que los reproches de Occidente se deberían a que el Magisterio choca con la obsesión occidental por la búsqueda del placer sensual, lo que llevaría a los críticos a desconocer la preocupación de la Iglesia por los pobres, la educación universal, la prevención de la explotación de los migrantes, etc.[855] Posiblemente el choque entre el Magisterio y las corrientes hegemónicas en derechos humanos se debe a que estas fundamentan los derechos esenciales en la autonomía, mientras que el Magisterio lo hace en la naturaleza humana.
- Derecho natural a nivel internacional y reforma de los corazones: la Iglesia enseña que "la misma ley que rige la vida de los hombres debe regular también las relaciones entre los Estados".[856] Por ello, el derecho natural debe ser uno de los fundamentos

851 Históricamente no se usaba esta expresión moderna, sino que se hacía énfasis en el derecho objetivo según el derecho natural (García-Huidobro, J.; Martínez, J. I.; Núñez, M. A. Lecciones de Derechos Humanos. Valparaíso: Edeval, 1997, pp. 15-17). En general, véase Borgoño, C. Cristianismo y Derechos Humanos. Influencias Recíprocas, Desafíos Comunes. Santiago: Ediciones Universidad Católica de Chile, 2018.

852 Esto último se puede observar en la encíclica que dio origen a la doctrina social de la Iglesia: León XIII, Rerum Novarum, 1891.

853 Véase Glendon, The Forgotten Crucible..., *op. cit.*, pp. 35-36.

854 Sobre este tema, véase Carozza, P. G.; Philpott, D. The Catholic Church, Human Rights, and Democracy. Convergence and Conflict with the Modern State, Logos: A Journal of Catholic Thought and Culture 15, 3, 2012.

855 Lo afirmó un académico de derecho, que es también monje budista (Bruce, A. Cognitive Dissonance in the Contribution of the Catholic Church to International Human Rights Law Discourse, Adelaide Law Review 30, 2009, pp. 158-159).

856 Pontificio Consejo Justicia y Paz, Compendio de la Doctrina Social..., *op. cit.*, p. 300, N° 436 (con versalita en el original).

del orden del mundo, tanto a nivel nacional como en las relaciones internacionales.[857] Este formula principios universales como "la unidad del género humano, la igual dignidad de todos los pueblos, el rechazo de la guerra para superar las controversias, la obligación de cooperar al bien común, la exigencia de mantener los acuerdos escritos («*pacta sunt servanda*»)".[858] Cuando el derecho internacional se separa del derecho natural, se termina apoyando "en la voluntad autónoma del Estado como fundamento exclusivo", lo que implica reemplazar el fundamento firme y honorable del derecho, por uno basado en "la apresurada y destemplada ambición del interés privado y del egoísmo colectivo, que solo buscan la afirmación de sus derechos propios y la negación de los derechos ajenos".[859]

En todo caso, contar con un orden jurídico adecuado no basta para alcanzar una sana convivencia internacional, pues para esto es necesario que las personas procuren vivir conforme a la ley natural y la revelación divina. En efecto, es necesario que las personas —que hacen parte de la comunidad internacional— reformen sus corazones, pues las "energías que han de renovar la faz de la tierra tienen que proceder del interior de las almas".[860]

4.2. PUEBLOS (TERRITORIOS NO AUTÓNOMOS)

Podría decirse que los pueblos son grupos humanos unidos por una combinación de factores, como pueden ser la "raza, etnicidad, afiliación territorial, lenguaje y religión".[861] Cuando estos pueblos viven en territorios no autónomos, ellos tienen cierta personalidad legal, que provendría del principio de la autodeterminación de los pueblos.[862] Este principio se observa en varios instrumentos, por ejemplo, en:

- La Carta de las Naciones Unidas. Uno de los principios de las Naciones Unidas es el de "[f]omentar entre las naciones relaciones de amistad basadas en el respeto al principio de la igualdad de derechos y al de la libre determinación de los pueblos".[863] Además, la Carta de las Naciones Unidas, al referirse a los territorios fideicomitidos (relacionados con el Consejo de Administración Fiduciaria), buscaba darles una mayor libertad. Ella consideraba legítimo que existieran pueblos fideicomitidos, pero lo entendía como una situación que debía cambiar en algún momento.

---

857 Pío XII, Summi Pontificatus, *op. cit.*, N° 60.

858 Pontificio Consejo Justicia y Paz, Compendio de la Doctrina Social..., *op. cit.*, p. 301, N° 437.

859 Pío XII, Summi Pontificatus, *op. cit.*, N° 57. En relación con esta materia, el Magisterio también ha afirmado que "las excesivas desigualdades económicas y sociales entre [...] los pueblos" se oponen a la paz internacional. Iglesia Católica, Gaudium et Spes, *op. cit.*, N° 29.

860 Pío XII, Summi Pontificatus, *op. cit.* N° 60.

861 Wuerth, I. International Law in the Post-Human Rights Era, Texas Law Review 96, 2017, p. 298 (la traducción es nuestra).

862 Crawford, Brownlie's Principles..., *op. cit.*, p. 113.

863 Art. 1.2, Carta de las NU.

- La Declaración sobre la Concesión de Independencia a los Países y Pueblos Coloniales, de la Asamblea General de Naciones Unidas.[864] En ella se declara que los pueblos tienen el *derecho* a la autodeterminación, de modo que ya no se trata solo de una obligación de los Estados con sus colonias, sino que de un derecho de estas.
- El Pacto Internacional de Derechos Civiles y Políticos, y el Pacto Internacional de Derechos Económicos, Sociales y Culturales reconocen en su primer artículo —que es igual en ambos tratados— que todos los pueblos tienen derecho a la libre determinación.

El derecho de libre determinación debe interpretarse en conjunto con el principio de la integridad territorial, también reconocido en la Declaración sobre Concesión de Independencia, que dispone que "[t]odo intento encaminado a quebrantar total o parcialmente la unidad nacional y la integridad territorial de un país es incompatible con los propósitos y principios de la Carta de las Naciones Unidas".[865] El principio de integridad territorial está confinado a las relaciones entre Estados, por lo que no es aplicable a lo que ocurra dentro de un Estado,[866] pero sí impediría intervenciones extranjeras que aleguen auxiliar a estos pueblos, como ha ocurrido con las intervenciones rusas en Ucrania.

En consecuencia, la Asamblea General ha afirmado que un pueblo no puede independizarse de un Estado que se conduzca "de conformidad con el principio de la igualdad de derechos y de la libre determinación de los pueblos", y cuente con un gobierno "que represente a la totalidad del pueblo perteneciente al territorio, sin distinción por motivos de raza, credo o color".[867] Como corolario de la afirmación anterior, suele hablarse de la secesión-remedio (*remedial secession*), es decir, la secesión como única salida para un pueblo que es sometido a graves y sistemáticas violaciones de derechos humanos.[868] El derecho internacional no concibe la secesión-remedio como un derecho de los pueblos, pero en los casos en que ella se da, es más probable que los demás Estados terminen reconociendo esa nueva realidad.[869]

---

864 ONU, AG: "Declaración sobre la Concesión de la Independencia a los Países y Pueblos Coloniales", A/RES/1514(XV) (14/12/1960).

865 *Ibid.*, N° 6.

866 CIJ, *Accordance with International Law of the Unilateral Declaration of Independence in Respect of Kosovo*, 2010, párr. 80.

867 ONU, AG: "Declaración sobre los Principios de Derecho Internacional Referentes a las Relaciones de Amistad y a la Cooperación entre los Estados de Conformidad con la Carta de las Naciones Unidas", A/RES/2625(XXV) (24/10/1970).

868 Vidmar, J. Remedial Secession in International Law: Theory and (Lack of) Practice, St Antony's International Review 6, 1, 2010, p. 38.

869 Véase *Ibid.*

Se distingue entre autodeterminación externa e interna, dependiendo de si ella requiere independencia o ciertas medidas que permitan el desarrollo del grupo dentro de un Estado ya existente.[870] Algunas manifestaciones políticas de la autodeterminación, cuya admisibilidad depende de si se está en el contexto colonial o no, pueden ser:[871]

- La independencia.
- La libre asociación con otro Estado.[872]
- La libre integración en un Estado, es decir, empezar a ser parte de un Estado[873] (podría decirse que éste fue el modo como la Isla de Pascua o Rapa Nui comenzó a formar parte del Estado de Chile).[874]
- Cierta autonomía dentro del Estado donde se encuentra.
- Algún otro sistema político libremente decidido por el pueblo.[875]

La independencia, como manifestación de la autodeterminación, solo puede darse en el contexto colonial.[876] Para que se dé ese contexto, no basta con que se esté frente a un pueblo diverso, sino que este debe estar separado geográficamente de la metrópoli.[877] Esto debe distinguirse de lo que ocurre si el territorio de un pueblo está siendo ocupado por un Estado vecino, como ocurre con Palestina, porque la independencia del pueblo ocupado también es exigible, pues el derecho a la autodeterminación en estas circunstancias es *jus cogens*.[878]

En definitiva, el ordenamiento internacional no reconoce el derecho de un pueblo a independizarse, sino que el derecho de ese pueblo a ser reconocido como tal. Por ejemplo,

870 Cassese, A. International Law. Oxford: Oxford University Press, 2005, pp. 61-62. Sin embargo, también se ha dicho que no existe un texto legal autoritativo en el que descanse la tesis de la autodeterminación interna, y que esta sería, incluso, incompatible con una verdadera autodeterminación para establecer el futuro político de una entidad (Orakhelashvili, Akehurst's Modern Introduction…, *op. cit.*, p. 379).

871 Expresiones no políticas son, por ejemplo, el derecho a su integridad como pueblo, a ejercer soberanía sobre los recursos naturales, y a buscar su desarrollo económico, social y cultural (CIJ, *Legal Consequences Arising from the Policies and Practices of Israel in the Occupied Palestinian Territory, Including East Jerusalem*, 2024, párrs. 239-241).

872 CIJ, *Western Sahara*, 1975, párr. 57.

873 *Ibid.*

874 Para un recuento de las relaciones de este pueblo con Occidente, y las distintas teorías sobre su incorporación al Estado de Chile, véase Farfán Saldaña, G. La Incorporación de la Isla de Pascua a la República de Chile, En las Fronteras del Derecho 3, 3.3318, 2024.

875 ONU, AG: "Declaración sobre los Principios de Derecho Internacional Referentes a las Relaciones de Amistad y a la Cooperación entre los Estados de Conformidad con la Carta de las Naciones Unidas", A/RES/2625(XXV) (24/10/1970).

876 También podía afirmarse en el caso de los antiguos mandatos. Véase CIJ, *Legal Consequences for States of the Continued Presence of South Africa in Namibia (South West Africa) Notwithstanding Security Council Resolution 276 (1970)*, 1971.

877 Para reconocer esta separación geográfica, incluso se propuso la "teoría del agua salada", donde se exigía que la colonia estuviera separada de la metrópoli por el mar (Christakis, Self-Determination…, *op. cit.*, pp. 82-83).

878 CIJ, *Legal Consequences Arising from the Policies and Practices of Israel in the Occupied Palestinian Territory, including East Jerusalem*, 2024, párrs. 233 y 237.

el ordenamiento internacional no avalaría que el pueblo aimara se independizara, pero reconoce su derecho a que se respete su cultura y tradiciones distintivas (por ejemplo, que ellos puedan constituir escuelas donde enseñen a los niños en lengua indígena) y, de ser el caso, hasta a contar con cierto grado de autonomía, si lo autoriza el ordenamiento nacional, pero dentro de la soberanía del Estado.

La personalidad de los pueblos en el derecho internacional se orienta, principalmente, a la búsqueda de su autodeterminación (interna o externa). También se le ha concedido personalidad internacional para otros actos concretos. Por ejemplo, en el caso *Pueblo Indígena Kichwa de Sarayaku vs Ecuador*, la Corte Interamericana de Derechos Humanos comenzó a entregar a los pueblos indígenas legitimación para actuar ante el Sistema Interamericano de Derechos Humanos.[879] En algunas ocasiones, se les puede permitir cierta participación en organizaciones internacionales (a pesar de que estas suelen estar formadas solo por Estados), cuando son representados por movimientos de liberación nacional. Por ejemplo, la Organización para la Liberación Palestina fue un observador en las Naciones Unidas.[880]

4.3. REBELDES RECONOCIDOS COMO BELIGERANTES

Es posible hablar de tres diversas etapas de conflictos internos: la rebelión, la insurgencia y la beligerancia.[881] Los beligerantes son insurgentes que se han levantado en armas contra el Gobierno central de un Estado y controlan parte significativa de su territorio.[882] Si el Gobierno del Estado en que se encuentran los reconoce como beligerantes, quedará "libre de responsabilidad respecto de terceros Estados por los actos ilícitos que cometan los insurrectos dentro de la zona que controlan".[883] Estos grupos deben respetar las reglas del derecho internacional en el curso de las hostilidades,[884] pues si no lo hacen, y terminan siendo el Gobierno del Estado, serán sindicados como responsables de conductas que hayan violado el derecho internacional humanitario. No obstante estas obligaciones, se ha afirmado que los grupos insurgentes serán "los más interesados en obtener ese reconocimiento", por motivos de prestigio internacional, que los "puede colocar en un cierto plano de igualdad con el gobierno del Estado en que actúan".[885]

---

879 Corte IDH, *Pueblo Indígena Kichwa de Sarayaku vs. Ecuador*, Fondo y Reparaciones, 2012, párrs. 124 y 284.

880 Para un mayor desarrollo sobre los movimientos de liberación nacional, véase Shaw, International Law, *op. cit.*, p. 215.

881 Cullen, A. Key Developments Affecting the Scope of Internal Armed Conflict in International Humanitarian Law, Military Law Review 183, 2005, p. 69. La rebelión se referiría a insurrecciones breves contra el Gobierno, y que, por lo mismo, se encuentran fuera del ámbito de competencia del derecho internacional humanitario (*Ibid.*).

882 Los insurgentes son quienes llevan adelante una rebelión que no es fácilmente suprimida por las fuerzas de un Estado (Cullen, Key Developments..., *op. cit.*, p. 71).

883 Benadava, Derecho Internacional Público, *op. cit.*, p. 147.

884 Shaw, International Law, *op. cit.*, p. 226.

885 Vargas Carreño, Derecho Internacional Público, *op. cit.*, p. 260.

Los terceros Estados deben mantenerse neutrales frente al conflicto, pero también pueden reconocer a los insurrectos como beligerantes, lo que les concede cierta subjetividad en el ámbito internacional.[886] Los tratos de terceros Estados con un grupo beligerante (por ejemplo, compra de recursos ubicados en el área que controlan los revolucionarios) no significan que ellos los apoyen ni que quiebren su neutralidad.

Crawford considera que la aplicación práctica de lo que se viene de afirmar puede ser difícil cuando los insurgentes buscan la secesión, pues ellos no suelen ser reconocidos como beligerantes (salvo que esto se produzca en el contexto colonial).[887] Más aún, hoy en día casi no se reconocen beligerantes, por ejemplo, Colombia nunca reconoció a las FARC como tales.[888] Shaw afirma que el derecho tradicional sobre la materia está en un proceso de reforma, pues hoy es necesario incorporar en el análisis principios como el de la autodeterminación y el de la integridad territorial, entre otros.[889]

4.4. OTROS ENTES Y SUJETOS *SUI GENERIS*

Además de los sujetos de derecho internacional nombrados precedentemente, existen otros más peculiares, como la Soberana Orden de Malta.[890] También existen otras entidades cuya subjetividad es más discutida, por ejemplo, se dice que las organizaciones no gubernamentales (ONG) o las empresas transnacionales podrían considerarse sujetos del derecho internacional público para ciertos efectos. Es indiscutible que las ONG tienen una gran influencia en el derecho internacional, pues, por ejemplo, influyen en conferencias internacionales que redactan tratados, y elaboran informes que presentan ante organismos internacionales. Asimismo, las ONG tienen personalidad internacional para algunos efectos, como comparecer ante la Comisión Interamericana de Derechos Humanos.[891] En materia de ONG, tiene un rol preponderante el Comité Internacional de la Cruz Roja —creado bajo la legislación suiza[892]—, pues las Convenciones de Ginebra le entregan ciertas tareas en materia de protección de prisioneros de guerra;[893] cumple el rol de entidad protectora

886 Benadava, Derecho Internacional Público, *op. cit.*, p. 147.

887 Crawford, Brownlie's Principles..., *op. cit.*, pp. 108-109.

888 En forma reciente, un decreto ecuatoriano "[r]econo[ció] la existencia de un conflicto armado interno" (Art. 1), y se refirió a ciertos grupos del crimen organizado como "organizaciones terroristas y actores no estatales beligerantes" (Art. 4). Sin embargo, no es claro el propósito ni los efectos del uso de la expresión beligerante (Ecuador, Decreto No. 111 (09/01/2024). Fecha de consulta: 07/11/2024. Disponible en: https://bit.ly/3Gj5Qdu).

889 Shaw, International Law, *op. cit.*, p. 226.

890 Véase Cassese, International Law, *op. cit.*, pp. 132-133.

891 Art. 44, CADH.

892 Art. 2.1, Suiza (Reglamento Privado), Statutes of the International Committee of the Red Cross (21/12/2017). Fecha de consulta: 03/07/2024. Disponible en: https://bit.ly/42Di75k. Para facilitar la labor humanitaria en países tradicionalmente musulmanes, se estableció también la Media Luna Roja.

893 Klabbers, International Law, *op. cit.*, p. 95.

en ciertos conflictos armados, y promueve la redacción de instrumentos humanitarios y el cumplimiento de la legislación relevante durante conflictos.[894] En cuanto a la subjetividad de las empresas transnacionales, ellas tienen ciertas atribuciones en el ámbito internacional, como legitimidad activa para comparecer ante el CIADI y ante el Tribunal Internacional del Derecho del Mar.[895] La subjetividad a nivel internacional no es un tema que pueda ser fijado en forma definitiva, pues la creación de instituciones, o la concesión de nuevos poderes a entidades ya existentes, tiene como consecuencia que se plantee la posibilidad del surgimiento de nuevos sujetos del derecho internacional público.[896]

894 Cassese, International Law, *op. cit.*, pp. 133-134.

895 Véanse Art. 25, Convenio sobre Arreglo de Diferencias Relativas a Inversiones entre Estados y Nacionales de Otros Estados (18 de marzo de 1965), y Art. 187.c), Convención de las Naciones Unidas sobre el Derecho del Mar (10 de diciembre de 1982).

896 Por ejemplo, se ha planteado que las COP podrían ser consideradas un nuevo sujeto de derecho internacional público. Rioseco, S.; Rao, T. COPs as Emerging Subjects of International Law? Rethinking Legal Personality in Global Governance, *EJIL:Talk! Blog of the European Journal of International Law*, 2024. Fecha de consulta: 20/11/2024. Disponible en: https://bit.ly/44kEk9z.

TERCERA PARTE

RESPONSABILIDAD INTERNACIONAL, CONTROVERSIAS Y OTRAS MATERIAS

CAPÍTULO 1

RESPONSABILIDAD INTERNACIONAL DEL ESTADO

1.1. ELEMENTOS DE LA RESPONSABILIDAD DEL ESTADO

1.1.1. Cuestiones generales

La responsabilidad consiste en la obligación de reparar los perjuicios causados por una acción u omisión contraria a derecho. Dicha obligación es un principio general del derecho, que también es aplicable en las relaciones internacionales. La Corte Permanente de Justicia Internacional reconoció esto al resolver el *caso de la Fábrica de Chorzow* (1928).[1] La responsabilidad *internacional* se refiere a la obligación de reparar, aplicada a los sujetos internacionales.

La Comisión de Derecho Internacional elaboró el instrumento más importante en esta materia: los Artículos sobre Responsabilidad del Estado por Hechos Internacionalmente Ilícitos ("Artículos" o "Arsiwa", por sus siglas en inglés). Este documento no es un tratado; podría haber sido propuesto como uno, pero se consideró inconveniente hacerlo, por lo que solo fue aprobado por una resolución de la Asamblea General de las Naciones Unidas.[2] Se trata de *soft law*, pero su poder viene dado porque, en gran medida, codifica costumbre internacional, según ha reconocido la CIJ.[3]

El artículo primero de Arsiwa establece el principio básico en la materia: "todo hecho internacionalmente ilícito del Estado genera su responsabilidad internacional". El segundo artículo establece los requisitos necesarios para la existencia de un hecho internacionalmente ilícito del Estado. Ellos son de una importancia fundamental.

---

1 La CPJI afirmó: "Es un principio de derecho internacional que la violación de un compromiso implica la obligación de hacer una reparación en forma adecuada". CPJI, *Case Concerning the Factory at Chorzów (Claim for Indemnity)*, 1927, p. 21 (la traducción es nuestra). En el mismo caso, pero en la etapa sobre el fondo, agregó que este principio es "una concepción general del derecho" (CPJI, *Case Concerning the Factory at Chorzów (Claim for Indemnity)*, 1928, p. 29; la traducción es nuestra).

2 ONU, AG: "Responsabilidad del Estado por Hechos Internacionalmente Ilícitos", A/RES/56/83 (12/12/2001). En adelante, ARSIWA.

3 Véase, por ejemplo, CIJ, *Case Concerning Application of the Convention on the Prevention and Punishment of the Crime of Genocide (Bosnia and Herzegovina v. Serbia and Montenegro)*, 2007, párrs. 385, 398, 401, 420 y 460.

> Artículo 2: Elementos del hecho internacionalmente ilícito del Estado
> Hay hecho internacionalmente ilícito del Estado cuando un comportamiento consistente en una acción u omisión:
> a. Es atribuible al Estado según el derecho internacional; y
> b. Constituye una violación de una obligación internacional del Estado.

Estos elementos serán explicados con más detalle en el próximo apartado. El tercer artículo de Arsiwa le da exclusividad al derecho internacional para calificar la ilicitud de una acción u omisión del Estado. Así, el que una ley interna del Estado califique como lícito un determinado acto es irrelevante para efectos del derecho internacional. Dicho artículo tres es análogo al artículo 27 de la Convención de Viena sobre el Derecho de los Tratados.

1.1.2. Elementos del hecho internacionalmente ilícito

a. Acción u omisión

El primer elemento de un hecho internacionalmente ilícito no es enumerado como tal por Arsiwa, pero se desprende del encabezado de su segundo artículo. Este requisito consiste en que debe existir una *acción u omisión*. La omisión debe producirse cuando el derecho exigía actuar.

b. Atribuible a un Estado

El segundo elemento es que el acto u omisión sea atribuible al Estado. Esta cuestión es más compleja de lo que se podría pensar, y por eso los Artículos le dedican todo el capítulo II, donde se enumeran ocho situaciones que deben atribuirse al Estado.

Como es lógico, el comportamiento de un órgano del Estado es atribuible a este, sea que dicho órgano "ejerza funciones legislativas, ejecutivas, judiciales o de otra índole, cualquiera que sea su posición en la organización del Estado y tanto si pertenece al gobierno central como a una división territorial del Estado".[4] Se entiende que la expresión "órgano incluye toda persona o entidad que tenga esa condición según el derecho interno del Estado".[5]

Además de dicha situación, son atribuibles a un Estado:

- El actuar de una persona o entidad que ejerce atribuciones del poder público,[6] como sería el caso de una compañía aérea privada que ejerza "ciertas facultades en relación con el control de la inmigración o la cuarentena".[7]

4 Art. 4, Arsiwa.

5 *Ibid.* Este es uno de los casos excepcionales en que el derecho interno es relevante para efectos del derecho internacional.

6 Art. 5, Arsiwa.

7 Comisión de Derecho Internacional, Anuario de la Comisión de Derecho Internacional 2001, Naciones Unidas, Nueva York y Ginebra, 2007, p. 44. Fecha de consulta 08/11/2024. Disponible en: https://bit.ly/4jpNbLp.

- El comportamiento de un órgano de un Estado puesto a disposición de otro Estado,[8] por ejemplo, el caso "de una sección del servicio sanitario o alguna otra dependencia puesta a las órdenes de otro país para ayudar en la lucha contra una epidemia o un desastre natural".[9]
- La acción de órganos del Estado o de alguna de las entidades recién mencionadas, cuando "se exceda en su competencia" o contravenga las instrucciones que se le han dado.[10] Esto ocurriría, por ejemplo, si agentes de la policía de un Estado abusan de su poder y torturan a un nacional extranjero.
- El accionar de una persona o grupo de personas que "actúa de hecho por instrucciones o bajo la dirección o el control de ese Estado al observar ese comportamiento".[11] Esto podría ocurrir, por ejemplo, si rebeldes que combaten contra el Gobierno de su país están bajo el control de un Estado vecino. La CIJ ha afirmado que, según la costumbre internacional, para hacer responsable a un Estado debe ejercerse un *control efectivo*, no un simple control general, como podría ser el derivado de una contribución financiera a un grupo insurgente.[12]
- El "comportamiento de una persona o de un grupo de personas si esa persona o ese grupo de personas ejerce de hecho atribuciones del poder público en ausencia o en defecto de las autoridades oficiales y en circunstancias tales que requieren el ejercicio de esas atribuciones".[13] Este caso es bastante particular, pues ocurre cuando personas actúan "en ausencia de las autoridades oficiales y sin potestad real para ello".[14] Un ejemplo de esto se dio antes de la redacción de los Artículos, cuando guardias revolucionarios iraníes, inmediatamente después de la revolución en Irán, sin autorización expresa para hacerlo, desempeñaban "funciones de inmigración, aduanas y otras semejantes en el aeropuerto de Teherán".[15]

---

8 Art. 6, Arsiwa.

9 Comisión de Derecho Internacional, Anuario de la Comisión de Derecho Internacional 2001, *op. cit.*, p. 45. En esta situación, el Estado que envía el órgano deja de ejercer autoridad sobre él, de modo que ya no es responsable por su actuar; si el órgano recibiera instrucciones conjuntas de ambos Estados, el comportamiento sería atribuible a ambos (*Ibid.*, pp. 45-46).

10 Art. 7, Arsiwa (el destacado es nuestro).

11 Art. 8, Arsiwa (el destacado es nuestro).

12 CIJ, *Case Concerning Military and Paramilitary Activities in and Against Nicaragua (Nicaragua v. United States of America)*, 1986. La CIJ tuvo oportunidad de reiterar este criterio al desestimar lo resuelto por otro tribunal internacional (la Corte Penal Internacional para la Ex Yugoslavia en el *caso Tadić*); dicho tribunal penal usó el control general (*overall control*), pero la CIJ afirmó que el control general no era el tipo de control recogido en Arsiwa (CIJ, *Case Concerning Application of the Convention on the Prevention and Punishment of the Crime of Genocide (Bosnia and Herzegovina v. Serbia and Montenegro)*, 2007, párrs. 401-406).

13 Art. 9, Arsiwa (el destacado es nuestro).

14 Comisión de Derecho Internacional, Anuario de la Comisión de Derecho Internacional 2001, *op. cit.*, p. 51.

15 *Ibid.*

- El actuar "de un movimiento insurreccional que se convierta en el nuevo gobierno del Estado".[16]
- Un acto que no sea originalmente atribuible al Estado, "en el caso y en la medida en que el Estado reconozca y adopte ese comportamiento como propio" (Art. 11).[17] Esto puede ejemplificarse con los hechos del *caso de los Rehenes de Teherán*, referido a estudiantes iraníes que ocuparon la embajada de Estados Unidos, destruyeron los archivos y tomaron de rehenes a los estadounidenses que se hallaban en ella.[18] Estos actos no eran originalmente atribuibles a Irán, pero este los avaló posteriormente en diversas declaraciones, con lo que se hizo responsable por ellos.[19]

Un acto internacionalmente ilícito puede deberse a la colaboración de varios Estados, ya sea que cada uno de ellos desempeñe un papel específico, o que actúen a través de un órgano común, o que un Estado actúe "en nombre de otro Estado en la comisión del hecho de que se trate".[20] Arsiwa trata de esas situaciones entre los artículos 16 y 19.

c. Que viole una obligación estatal internacional

El tercer elemento es que se viole una obligación estatal internacional. Arsiwa dispone que "[h]ay violación de una obligación internacional por un Estado cuando un hecho de ese Estado no está en conformidad con lo que de él exige esa obligación, sea cual fuere el origen o la naturaleza de esa obligación".[21] Según se desprende de esta norma, "el derecho internacional público establece un sistema de responsabilidad objetiva que no requiere que concurra algún tipo de dolo, culpa o *mens rea*".[22]

Las obligaciones estatales se encuentran en tratados y otras fuentes del derecho internacional que generan obligaciones. Arsiwa no las define, pues las obligaciones estatales dependen de los compromisos de cada Estado, por lo que los Artículos no podrían enumerarlas. En otras palabras, los Artículos se enfocan "en las condiciones generales que han de satisfacerse, en derecho internacional, para que el Estado sea considerado responsable de acciones u omisiones ilícitas, y en las consecuencias jurídicas que nacen de esas acciones u omisiones".[23]

---

16 Art. 10, Arsiwa (el destacado es nuestro).

17 Art. 11, Arsiwa (el destacado es nuestro).

18 Entre otras acciones. CIJ, *Case Concerning United States Diplomatic and Consular Staff in Tehran (United States of America v. Iran)*, 1980.

19 *Ibid.*, párr. 74.

20 Comisión de Derecho Internacional, Anuario de la Comisión de Derecho Internacional 2001, *op. cit.*, p. 67.

21 Art. 12, Arsiwa.

22 Delgado Casteleiro, A. La Responsabilidad Internacional. En Jaime Tijmes, Andrés Delgado Casteleiro, Andrea Lucas Garín (eds.), Derecho Internacional Público. Valencia: Tirant lo Blanch, 2023, p. 264.

23 Comisión de Derecho Internacional, Anuario de la Comisión de Derecho Internacional 2001, *op. cit.*, p. 31. Estas son las llamadas *normas secundarias* de responsabilidad de los Estados. Las *normas*

1.2. CIRCUNSTANCIAS QUE EXCLUYEN LA ILICITUD DE UN ACTO U OMISIÓN ESTATAL

No obstante cumplirse todos los requisitos anteriores (acto u omisión, atribuible e ilícito), existen circunstancias que pueden excluir la ilicitud de actos u omisiones que, en otros contextos, generarían responsabilidad internacional. Los artículos 20 y siguientes de Arsiwa se refieren a estas circunstancias. Ellas no anulan ni ponen término a las obligaciones que se incumplen, sino que justifican su incumplimiento mientras persistan los hechos que lo motivan.[24] A continuación, se detallan estas circunstancias. Ninguna de ellas excluye la ilicitud de hechos contrarios a normas de *jus cogens*.[25]

1.2.1. Consentimiento

> Artículo 20: Consentimiento
> El consentimiento válido de un Estado a la comisión por otro Estado de un hecho determinado excluye la ilicitud de tal hecho en relación con el primer Estado en la medida en que el hecho permanece dentro de los límites de dicho consentimiento.

Esta circunstancia es bastante clara, y puede ejemplificarse con la autorización de un Estado a que aviones extranjeros sobrevuelen su espacio aéreo.[26] El consentimiento debe darse antes de que se realice el acto, pues de otro modo se estaría frente a una "forma de renuncia o aquiescencia, conducente a la pérdida del derecho a invocar la responsabilidad".[27]

1.2.2. Legítima defensa

> Artículo 21: Legítima Defensa
> La ilicitud del hecho de un Estado queda excluida si ese hecho constituye una medida lícita de legítima defensa tomada de conformidad con la Carta de las Naciones Unidas.

primarias, en cambio, se refieren al contenido de las obligaciones internacionales (Art. 11, Arsiwa), por lo que son incontables y, como se dijo, no podrían ser reproducidas por Arsiwa.

24 CIJ, *Case Concerning the Gabčíkovo-Nagymaros Project (Hungary/Slovakia)*, 1997, párr. 48.

25 Art. 26, Arsiwa.

26 Comisión de Derecho Internacional, Anuario de la Comisión de Derecho Internacional 2001, *op. cit.*, p. 77. El sobrevuelo del espacio aéreo extranjero genera responsabilidad cuando no se cuenta con una autorización del Estado con soberanía sobre dicho espacio.

27 *Ibid.* Puede decirse que Arsiwa fue inexacta al incluir el consentimiento junto con las demás causales que excluyen la ilicitud, pues aquí no habría ocurrido nunca un acto ilícito propiamente tal, pues se habría actuado contando ya con una autorización.

Esta circunstancia se relaciona con el derecho inmanente de todo Estado a repeler un ataque en su contra, consagrado en el artículo 51 de la Carta de la ONU. Más adelante, al tratar del uso de la fuerza en el derecho internacional, se revisarán las condiciones que debe reunir un acto para calificarse de legítima defensa conforme con la Carta de la ONU. Por mientras, y siguiendo con el ejemplo de los aviones, la regla general dispone que es ilícito derribar las aeronaves de otro Estado, pero no lo sería si ello busca evitar que dichos aviones sigan bombardeando el territorio del Estado.

1.2.3. Fuerza mayor

> Artículo 23: Fuerza mayor
>
> 1. La ilicitud del hecho de un Estado que no esté de conformidad con una obligación internacional de ese Estado queda excluida si ese hecho se debe a un caso de fuerza mayor, es decir, a una fuerza irresistible o un acontecimiento imprevisto, ajenos al control del Estado, que hacen materialmente imposible, en las circunstancias del caso, cumplir con la obligación.
>
> 2. El párrafo 1 no es aplicable si:
>
> a) La situación de fuerza mayor se debe, únicamente o en combinación con otros factores, al comportamiento del Estado que la invoca; o
>
> b) El Estado ha asumido el riesgo de que se produzca esa situación.

Deben reunirse tres elementos para que se dé una situación de fuerza mayor que excluya la ilicitud:

- El hecho en cuestión debe ser suscitado por una fuerza irresistible o un acontecimiento imprevisto.
- La situación debe ser ajena al control del Estado interesado.
- En esas circunstancias debe ser materialmente imposible cumplir la obligación.[28]

Como se puede apreciar, la fuerza mayor tiene que causar la imposibilidad *material* de cumplir. Esta imposibilidad *material* implica que el Estado simplemente *no puede* cumplir; no cubre situaciones en que se hace solo más gravoso o difícil el cumplimiento, por ejemplo, en razón de una crisis económica.[29] La fuerza mayor puede producirse por acontecimientos naturales, por intervenciones humanas, o por una combinación de ambas.[30] Un ejemplo del primer caso sería un temporal que empuja a una aeronave de un Estado hacia el espacio aéreo de otro sin su autorización (aquí, el piloto no decide desviar el avión; no hay un acto

28 *Ibid.*, p. 81.

29 *Ibid.*

30 *Ibid.*

de su voluntad).[31] Un ejemplo del segundo caso sería que un grupo terrorista destruya el objeto de la obligación internacional.

1.2.4. Peligro extremo

> Artículo 24: Peligro extremo
>
> 1. La ilicitud del hecho de un Estado que no esté de conformidad con una obligación internacional de ese Estado queda excluida si el autor de ese hecho no tiene razonablemente otro modo, en una situación de peligro extremo, de salvar su vida o la vida de otras personas confiadas a su cuidado.
>
> 2. El párrafo 1 no es aplicable si:
>
> a) La situación de peligro extremo se debe, únicamente o en combinación con otros factores, al comportamiento del Estado que la invoca; o
>
> b) Es probable que el hecho en cuestión cree un peligro comparable o mayor.

Esta causal de inexigibilidad se aplica cuando no hay otro modo de salvar vidas. A diferencia de lo que ocurre con la fuerza mayor, "una persona que actúa en condiciones de peligro extremo no lo hace involuntariamente, aunque la elección queda efectivamente anulada por la situación de extremo peligro".[32] Así, un ejemplo similar al visto en materia de fuerza mayor sería que, avizorando un temporal que resulta peligroso para las vidas de los pasajeros de un avión, el piloto decide desviar la nave y hacerla sobrevolar el espacio aéreo de otro Estado sin su permiso.

El artículo 24 dispone que hay situaciones en que no es aplicable esta circunstancia eximente de responsabilidad. Con ello, el derecho internacional no busca impedir que se salven vidas, sino que espera que, después de haberse salvado, el Estado que violó el derecho internacional responda por la violación, para que sea más consciente de las consecuencias de sus actos.

En el *caso del Rainbow Warrior*, y sobre la base de afirmaciones de la Comisión de Derecho Internacional, el Tribunal Arbitral afirmó que no es necesario que esté en peligro el bien de la vida, sino que podía tratarse de otros bienes igualmente importantes, como la integridad física.[33]

31 *Ibid.*

32 *Ibid.*, p. 83.

33 Tribunal Arbitral, *Case Concerning the Difference between New Zealand and France Concerning the Interpretation or Application of Two Agreements Concluded on 9 July 1986 Between the Two States and Which Related to the Problems Arising from the Rainbow Warrior Affair*, 1990, párr. 78. Esta decisión se tomó antes de la redacción definitiva de Arsiwa. Sin embargo, atendido que los artículos solo tienen fuerza jurídica en cuanto codifican costumbre, no es necesario ajustarse a ellos, si se considera que la costumbre internacional prescribe algo distinto.

1.2.5. Estado de necesidad[34]

> Artículo 25: Estado de necesidad
>
> 1. Ningún Estado puede invocar el estado de necesidad como causa de exclusión de la ilicitud de un hecho que no esté de conformidad con una obligación internacional de ese Estado a menos que ese hecho:
>
> a) Sea el único modo para el Estado de salvaguardar un interés esencial contra un peligro grave e inminente; y
>
> b) No afecte gravemente a un interés esencial del Estado o de los Estados con relación a los cuales existe la obligación, o de la comunidad internacional en su conjunto.
>
> 2. En todo caso, ningún Estado puede invocar el estado de necesidad como causa de exclusión de la ilicitud si:
>
> a) La obligación internacional de que se trate excluye la posibilidad de invocar el estado de necesidad; o
>
> b) El Estado ha contribuido a que se produzca el estado de necesidad.

El estado de necesidad se refiere a una situación en la que el Estado debe elegir proteger un bien mayor, que está amenazado por un peligro grave e inminente, sacrificando bienes menores (obligaciones internacionales de menor importancia o urgencia). Esta situación no solo se observa en el derecho internacional, sino que también en el nacional,[35] donde puede ejemplificarse con una persona perdida en despoblado que, para guarecerse de animales salvajes, entra ilegalmente en una casa deshabitada (el bien mayor es la vida, y el bien menor es la propiedad).

A diferencia de las otras causales, el estado de necesidad está planteado en términos negativos, es decir, la regla general es que una amenaza a un bien jurídico del Estado no justifica incumplir obligaciones internacionales, salvo cuando se observen las circunstancias excepcionales descritas en el artículo 25. Si ellas se dan, puede alegarse el estado de necesidad, siempre que no se observen las contra excepciones pertinentes.[36]

La regla del artículo 25 se estableció en términos negativos para evitar abusos de la causal, pues ciertas naciones alegaban la existencia de intereses esenciales (los "derechos fundamentales del Estado") para dejar de cumplir obligaciones o afectar a otros Estados.[37]

---

34 Aquí, la palabra "estado" se refiere a "situación", no al sujeto de derecho internacional público.

35 Art. 10 N° 7, Código Penal de Chile. Sobre el tema en general, véase Balmaceda Hoyos, G. Manual de Derecho Penal. Parte General. Santiago: Librotecnia, 2014, pp. 199-201.

36 La redacción del estado de necesidad "refleja la redacción del artículo 62 de la Convención de Viena de 1969, que trata del cambio fundamental en las circunstancias", pero no deben confundirse ambos regímenes. Comisión de Derecho Internacional, Anuario de la Comisión de Derecho Internacional 2001, *op. cit.*, p. 88.

37 *Ibid.* La CIJ, junto con afirmar la excepcionalidad de esta causal y su carácter consuetudinario, analiza un alegato sobre el estado de necesidad —aunque sin aceptarlo— en CIJ, *Case Concerning the Gabčíkovo-Nagymaros Project (Hungary/Slovakia)*, 1997, párrs. 49-58.

1.2.6. Contramedidas

> Artículo 22: Contramedidas en razón de un hecho internacionalmente ilícito
>
> La ilicitud del hecho de un Estado que no esté en conformidad con una obligación internacional suya para con otro Estado queda excluida en el caso y en la medida en que ese hecho constituya una contramedida tomada contra ese otro Estado de acuerdo con lo dispuesto en el capítulo II de la tercera parte.

Las contramedidas son acciones que no implican el uso de la fuerza, mediante las cuales un Estado responde frente al hecho internacionalmente ilícito de otro, con el fin de que este cese dicho acto u omisión y repare el daño que ha causado.[38] Esto ocurriría, por ejemplo, si un Estado establece aranceles a las importaciones que provengan de otro, contrariando un tratado de libre comercio, con el fin de presionar para que dicho otro Estado cumpla con su obligación —emanada de un tratado diverso— de enviar cierta cantidad de un producto al primer Estado.

Los artículos 49 y siguientes establecen los requisitos que deben cumplir las contramedidas para excluir la ilicitud de un hecho. Al leer dichas normas, debe siempre recordarse que las contramedidas no son una sanción, sino que una forma de presionar para que otro Estado cumpla con sus obligaciones internacionales.

a. Límites de las contramedidas

> Artículo 49: Objeto y límites de las contramedidas
>
> 1. El Estado lesionado solamente podrá tomar contramedidas contra el Estado responsable del hecho internacionalmente ilícito con el objeto de inducirlo a cumplir las obligaciones que le incumban en virtud de lo dispuesto en la segunda parte.
>
> 2. Las contramedidas se limitarán al incumplimiento temporario de obligaciones internacionales que el Estado que toma tales medidas tiene con el Estado responsable.
>
> 3. En lo posible, las contramedidas serán tomadas en forma que permitan la reanudación del cumplimiento de dichas obligaciones.

b. Obligaciones que las contramedidas no pueden afectar

> Artículo 50: Obligaciones que no pueden ser afectadas por las contramedidas
>
> 1. Las contramedidas no afectarán:
>
> a) La obligación de abstenerse de recurrir a la amenaza o al uso de la fuerza, como está enunciada en la Carta de las Naciones Unidas;
>
> b) Las obligaciones establecidas para la protección de los derechos humanos fundamentales;

[38] Comisión de Derecho Internacional, Anuario de la Comisión de Derecho Internacional 2001, *op. cit.*, p. 79.

c) Las obligaciones de carácter humanitario que prohíben las represalias;

d) Otras obligaciones que emanan de normas imperativas del derecho internacional general.

2. El Estado que tome contramedidas no quedará exento del cumplimiento de las obligaciones que le incumban:

a) En virtud de cualquier procedimiento de solución de controversias aplicable entre dicho Estado y el Estado responsable;

b) De respetar la inviolabilidad de los agentes, locales, archivos y documentos diplomáticos o consulares.

c. Proporcionalidad de las contramedidas

Artículo 51: Proporcionalidad

Las contramedidas deben ser proporcionales al perjuicio sufrido, teniendo en cuenta la gravedad del hecho internacionalmente ilícito y los derechos en cuestión.

Esta es una regla tradicional sobre las contramedidas, lo que no significa que sea fácil de ponderar en un caso concreto.[39]

d. Requisitos para adoptar contramedidas

Artículo 52: Condiciones del recurso a las contramedidas

1. Antes de tomar contramedidas, el Estado lesionado:

a) Requerirá al Estado responsable, de conformidad con el artículo 43, que cumpla las obligaciones que le incumben en virtud de la segunda parte; y

b) Notificará al Estado responsable cualquier decisión de tomar contramedidas y ofrecerá negociar con ese Estado.

2. No obstante lo dispuesto en el apartado b) del párrafo 1, el Estado lesionado podrá tomar las contramedidas urgentes que sean necesarias para preservar sus derechos.

3. Las contramedidas no podrán tomarse y, en caso de haberse tomado, deberán suspenderse sin retardo injustificado, si:

a) El hecho internacionalmente ilícito ha cesado; y

b) La controversia está sometida a una corte o un tribunal facultados para dictar decisiones vinculantes para las partes.

4. No se aplicará el párrafo 3 si el Estado responsable no aplica de buena fe los procedimientos de solución de controversias.

39 Tribunal Arbitral, *Case Concerning the Air Service Agreement of 27 March 1946 between the United States of America and France*, 1978, Reports of International Arbitral Awards XVIII, párr. 83.

e. TÉRMINO DE LAS CONTRAMEDIDAS

> Artículo 53: Terminación de las contramedidas
>
> Se pondrá fin a las contramedidas tan pronto como el Estado responsable haya cumplido sus obligaciones en relación con el hecho internacionalmente ilícito de conformidad con lo dispuesto en la segunda parte.[40]

1.3. CONSECUENCIAS DE LA RESPONSABILIDAD INTERNACIONAL

Si se comprueba la responsabilidad de un Estado por incumplimiento de una obligación internacional, dicho Estado deberá cesar el incumplimiento y reparar íntegramente el daño causado.[41] El principio de la reparación integral fue reconocido por la Corte Permanente de Justicia Internacional en el *caso Chorzów*, mencionado al comienzo de esta unidad. En dicho caso, la Corte afirmó que "la reparación debe, en cuanto sea posible, borrar todas las consecuencias del acto ilegal y reestablecer la situación que, en toda probabilidad, habría existido si ese acto no se hubiera cometido".[42]

La reparación íntegra puede contemplar las siguientes medidas:

- Restitución: implica que el Estado incumplidor restablezca "la situación que existía antes de la comisión del hecho ilícito".[43]
- Indemnización: exige entregar una suma de dinero que cubra todo daño susceptible de evaluación financiera, incluyendo daños efectivos y morales, pero en ningún caso será una indemnización de carácter punitivo.[44]
- Satisfacción: busca reparar el daño causado cuando este no puede ser resarcido por medio de la restitución o indemnización. Las disculpas públicas son un ejemplo de estas medidas.

El artículo 30 de Arsiwa dispone que el tribunal que declare la responsabilidad puede ordenar al Estado que ofrezca una seguridad o garantía de no repetición "si las circunstancias lo exigen". No debe ordenarse esta garantía, a menos que haya elementos para pensar que

40 La "segunda parte" se llama "Contenido de la responsabilidad internacional del Estado", y define las obligaciones que tiene el Estado que ha incurrido en un ilícito internacional.

41 Arts. 30 y 31, Arsiwa.

42 CPJI, *Case Concerning the Factory at Chorzów (Claim for Indemnity)*, 1928, p. 47 (la traducción es nuestra).

43 Art. 35, Arsiwa.

44 Las *indemnizaciones punitivas* son cargos que se hacen con la finalidad de castigar al infractor, en lugar de restaurar el daño efectivamente causado (por ello, no son realmente *indemnizaciones*). Arsiwa no contempla este tipo de indemnizaciones (Crawford, Artículos sobre Responsabilidad..., *op. cit.*, p. 6).

el Estado incumplirá nuevamente su obligación, como afirmó la CIJ en el *caso Relativo a la Controversia sobre Derechos de Navegación y Derechos Conexos (Costa Rica contra Nicaragua)*, pues se presume la buena fe de los Estados.[45]

1.4. VIOLACIONES GRAVES

Durante la redacción de Arsiwa, algunos miembros de la Comisión de Derecho Internacional alegaban que los Estados podían cometer *crímenes internacionales*, y buscaban sancionarlos.[46] Muchos autores estuvieron en contra de este concepto, al igual que los Estados. Finalmente, se acordó solo establecer que los Estados pueden ser responsables de *violaciones graves* de obligaciones emanadas de normas imperativas de derecho internacional general (*jus cogens*).[47]

Los Estados tienen el deber de cooperar para poner fin a cualquier violación seria de una norma perentoria, y de no reconocer como legal una situación de ese tipo.[48] Dicha cooperación puede darse de diversos modos, por ejemplo, persiguiendo estas violaciones mediante las herramientas provistas por tratados en la materia, como lo hizo Gambia, al usar la Convención contra el Genocidio para demandar a Myanmar ante la CIJ, alegando que dicho Estado estaba cometiendo un genocidio respecto de la minoría rohingya.[49] Este es un ejemplo de la existencia de cooperación internacional *prima facie* desinteresada, en atención a que ambos Estados se encuentran a miles de kilómetros, en regiones distintas, y no habría un interés económico en esta demanda.

---

45 CIJ, *Dispute Regarding Navigational and Related Rights (Costa Rica v. Nicaragua)*, 2009, párr. 150.

46 Crawford, Artículos sobre Responsabilidad..., *op. cit.*, pp. 6-8.

47 Arts. 40 y 41, Arsiwa.

48 Art. 41.2, Arsiwa.

49 La CIJ consideró esta demanda admisible. CIJ, *Application of the Convention on the Prevention and Punishment of the Crime of Genocide (The Gambia v. Myanmar)*, 2022.

CAPÍTULO 2
SOLUCIÓN PACÍFICA DE CONTROVERSIAS

2.1. CUESTIONES GENERALES

Una controversia internacional es un desacuerdo que existe sobre un punto de derecho o de hecho, entre dos o más sujetos de derecho internacional.[50] Un ejemplo sería que un Estado afirme que un tratado bilateral terminó, y que su contraparte niegue dicha terminación. A la existencia de controversias jurídicas o factuales, se agrega también la existencia de controversias políticas, aunque toda controversia entre Estados tiene una dimensión política.[51]

Para solucionar sus controversias, los Estados deben ajustarse a estos principios:

- Prohibición del uso o amenaza del uso de la fuerza.
- Obligación de resolver las controversias por vías pacíficas. Puede decirse que este principio incluye el anterior.[52] Ambos se encuentran establecidos en la Carta de la ONU[53] y en la Resolución 2625 de la Asamblea General de las Naciones Unidas, sobre Principios de Derecho Internacional Referentes a las Relaciones de Amistad y a la Cooperación entre los Estados.[54] Esta última resolución refleja normas de carácter consuetudinario.[55]
- Libre elección de los medios de solución de controversias. Los Estados son libres para elegir el mecanismo que utilizarán para solucionar pacíficamente sus controversias. Parte de este principio se vio al comienzo de este libro, al notar que una de las características del derecho internacional es que la jurisdicción tiene una base voluntaria, es decir, que el Estado debe consentir antes de ser sometido a la jurisdicción de algún órgano judicial.

---

50 *Cfr.* CPJI, *Mavrommatis Palestine Concessions*, 1924, p. 11.

51 Pastor Ridruejo, Curso de Derecho Internacional…, *op. cit.*, p. 621. Todos estos aspectos se pudieron observar en: Tribunal Arbitral, *Case Concerning the Difference between New Zealand and France Concerning the Interpretation or Application of Two Agreements Concluded on 9 July 1986 Between the Two States and Which Related to the Problems Arising from the Rainbow Warrior Affair*, 1990.

52 Se dice que la prohibición del uso de la fuerza y la obligación de resolver las controversias por vías pacíficas son dos caras de una misma moneda, pero esta última obligación es un poco más amplia, pues no solo tiene la faceta negativa de evitar el uso de la fuerza, sino que una faceta positiva que los obliga a buscar resolver sus controversias (Lowe, International Law, *op. cit.*, p. 104).

53 Arts. 2.3 y 2.4, Carta de las NU.

54 ONU, AG: "Declaración sobre los Principios de Derecho Internacional Referentes a las Relaciones de Amistad y a la Cooperación entre los Estados de Conformidad con la Carta de las Naciones Unidas", A/RES/2625(XXV) (24/10/1970).

55 CIJ, *Case Concerning Military and Paramilitary Activities in and Against Nicaragua (Nicaragua v. United States of America)*, 1986, párr. 202.

La elección de los medios es libre, pero esta libertad puede haberse expresado en forma anticipada. Así, por ejemplo, Chile podría haber estado en desacuerdo con que Bolivia lo demandara ante la CIJ por la supuesta obligación de negociar una salida al Océano Pacífico,[56] pero años atrás había ratificado el Pacto de Bogotá, en el que accedió a llevar asuntos futuros ante dicho tribunal. Así, la libertad de Chile no se expresó al comparecer ante la CIJ, sino que al comprometerse en forma anticipada.

La regulación de la solución pacífica de controversias se encuentra en los siguientes instrumentos o tipos de instrumentos:

- La Carta de las Naciones Unidas, que cuenta con un capítulo dedicado al tema, debido a que las controversias pueden poner en peligro el mantenimiento de la paz y la seguridad internacionales.[57] El Consejo de Seguridad tiene un rol importante en la investigación y proposición de soluciones a la controversia.[58]
- Tratados abiertos o universales sobre solución pacífica de controversias, como los dos Convenios Internacionales para el Arreglo Pacífico de los Conflictos Internacionales, que regulan la Corte Permanente de Arbitraje Internacional[59] (Chile se obligó por ambos instrumentos);[60]
- Tratados regionales sobre solución pacífica de controversias, como el Pacto de Bogotá en América o la Convención Europea para la Solución Pacífica de Controversias.[61]
- Tratados que crean o regulan tribunales internacionales concretos, como el Estatuto de la CIJ y el Pacto de San José.[62]

Los mecanismos de solución pacífica de controversias se pueden clasificar como medios diplomáticos (o no judiciales)[63] y medios judiciales. Los primeros buscan solucionar los

56 Por ello interpuso una excepción preliminar.

57 Arts. 33 a 38 (Capítulo VI), Carta de las NU.

58 *Ibid.*

59 El primero es el resultado de la *Conferencia de Paz de La Haya de 1899*, y el segundo, de su revisión en la conferencia de 1907. También hay otros tratados, como el Acta General de Arbitraje, aprobada en el marco de la Liga de Naciones en 1928 (General Act, Pacific Settlement of International Disputes; 26 de septiembre de 1928), y luego revisada por la AGNU en 1949 (Revised General Act for the Pacific Settlement of International Disputes; 28 de abril de 1949). Ninguna de estas dos "actas" tiene muchas ratificaciones, y Chile no es parte de ellas (véanse: UN Treaty Collection, *General Act of Arbitration (Pacific Settlement of International Disputes)*. Fecha de consulta: 30/10/2024. Disponible en: https://bit.ly/4j2VzRb, y UN Treaty Collection, *Revised General Act for the Pacific Settlement of International Disputes*. Fecha de consulta: 30/10/2024. Disponible en: https://bit.ly/42xTqWT).

60 Permanent Court of Arbitration, *Contracting Parties*. Fecha de consulta: 30/10/2024. Disponible en: https://bit.ly/3GjUiqo.

61 European Convention for the Peaceful Settlement of Disputes (29 de abril de 1957).

62 Este último creó la Corte IDH.

63 Antes se les llamaba "medios políticos", con lo que se les distinguía de los supuestos "medios jurídicos", en atención a la distinción que se hacía entre disputas *políticas* y *jurídicas*, siendo las primeras aquellas que afectaban los intereses vitales del Estado, por lo que no podía entregarse su resolución a un tercero. Véase Llanos Mansilla, Teoría y Práctica..., vol. II. Santiago. Editorial Jurídica de Chile, 1980, pp. 553-555.

conflictos mediante acuerdos entre las partes, mientras que los segundos le entregan a un tercero la competencia para resolver el asunto en forma vinculante.

El artículo IV del Pacto de Bogotá dispone: "Iniciado uno de los procedimientos pacíficos, sea por acuerdo de las partes, o en cumplimiento del presente Tratado, o de un pacto anterior, no podrá incoarse otro procedimiento antes de terminar aquel". La CIJ ha dado una interpretación muy flexible a este artículo. Por una parte, ha señalado que no se requiere ningún acto formal que indique que un procedimiento pacífico ha concluido.[64] Por otra parte, para iniciar un nuevo mecanismo de solución, basta con que el proceso se haya interrumpido y que, de las circunstancias, se pueda concluir que no hay esperanza de que continuará.[65]

Chile cuenta con la Unidad de Defensa en Controversias Internacionales, dependiente del Ministerio de Relaciones Exteriores, "encargada de velar por los intereses de Chile en procesos internacionales, tanto en arbitrajes, litigios y otros mecanismos de resolución pacífica de controversias de esa naturaleza".[66]

2.2. MEDIOS DIPLOMÁTICOS DE SOLUCIÓN PACÍFICA DE CONTROVERSIAS

Hay distintos medios diplomáticos de solución de controversias, como la negociación directa y la conciliación. En ocasiones es difícil saber si un proceso concreto debe clasificarse en una categoría u otra, pues puede tener elementos de dos o más de ellas. A continuación, se describen los distintos medios diplomáticos de solución pacífica de controversias.

2.2.1. Negociación directa

Se trata, "básicamente, de discusiones entre las partes interesadas, con miras a reconciliar opiniones divergentes o, a lo menos, entender las diferentes posiciones que se mantienen".[67] Es el mecanismo a través del cual se solucionan la mayoría de las disputas internacionales.[68] La negociación directa se suele llevar adelante por vía diplomática, a través de representantes (frecuentemente ministros de relaciones exteriores o negociadores especializados), o delegaciones nombradas para tal efecto, o mediante correspondencia escrita.[69] Las negociaciones serán útiles cuando pongan fin a la controversia, pero también cuando

64 CIJ, *Case Concerning Border and Transborder Armed Actions (Nicaragua v. Honduras)*, 1988, párr. 80.

65 *Ibid.*

66 Chile, Decreto Supremo 180 (09/08/2023), *Establece Unidad de Asesoría Especializada Encargada de Velar por los Intereses de Chile en Procesos Internacionales.*

67 Shaw, International Law, *op. cit.*, pp. 882-883 (la traducción es nuestra).

68 United Nations, Office of Legal Affairs, Handbook on the Peaceful Settlement of Disputes Between States. New York: United Nations, 1992, p. 10. Fecha de consulta 08/11/2024. Disponible en: https://bit.ly/42amSmM.

69 *Ibid.*, p. 13.

constituyan un avance en su resolución, por ejemplo, si permiten definir los contornos del desacuerdo, o cuando en ellas se decide someter la controversia a otro mecanismo de solución pacífica.

Algunas convenciones, como el *Tratado de Paz y Amistad entre Chile y Argentina*, de 1984, requieren que se lleve a cabo una negociación directa antes de acudir a cualquier otro sistema de solución pacífica de controversias.[70]

2.2.2. Buenos oficios

Según el Pacto de Bogotá, los buenos oficios consisten en la gestión de uno o más Gobiernos o "de uno o más ciudadanos eminentes [...], ajenos a la controversia, en el sentido de aproximar a las partes, proporcionándoles la posibilidad de que encuentren directamente una solución adecuada".[71] Organizaciones internacionales también pueden ejercer sus buenos oficios;[72] en efecto, lo han hecho la ONU y su secretario general.[73]

Los buenos oficios son muy útiles cuando existe una gran hostilidad entre las partes de la controversia, lo que dificulta llegar a una solución negociada.[74] Las formas en que puede actuar el tercero que ejerce sus buenos oficios son muy variadas, por ejemplo, Turquía trató de ayudar en la solución de la guerra entre Rusia y Ucrania, ofreciéndoles un lugar neutral para llevar a cabo sus negociaciones.[75] En varias ocasiones el Consejo de Seguridad le ha solicitado al secretario general de Naciones Unidas que ejerza sus buenos oficios. Así, durante la guerra entre Argentina y el Reino Unido, el Consejo le solicitó al secretario general que entrara en contacto con las partes, con la finalidad de lograr términos aceptables de cese al fuego[76] (estos buenos oficios no lograron su objetivo, y el conflicto solo terminó una vez que Argentina se rindió ante el Reino Unido).

---

70 Art. 4, Tratado de Paz y Amistad (Chile y Argentina) (29 de noviembre de 1984). Lo difícil será determinar cuándo se ha cumplido con esta obligación, y es probable que prime un criterio como el de la CIJ, ya mencionado (que no es necesario un acto formal de conclusión de un procedimiento pacífico, y que basta con que el proceso se haya interrumpido, pudiendo concluirse que no haya esperanza de que continuará; *Case Concerning Border and Transborder Armed Actions (Nicaragua v. Honduras)*, 1988, párr. 80).

71 Artículo IX, Pacto de Bogotá. La norma habla de Gobiernos "americanos", pero eso no es parte del concepto mismo de buenos oficios.

72 United Nations, Office of Legal Affairs, Handbook on the Peaceful Settlement..., *op. cit.*, p. 11.

73 Collier; Lowe, The Settlement of Disputes..., *op. cit.*, pp. 28-29.

74 *Ibid.*, p. 27.

75 Aydogan, M.; Kazanci, H. Presidente de Turquía afirma que los Diálogos entre Ucrania y Rusia en Estambul Incrementaron "las Esperanzas de Paz", *AA*, 2022. Fecha de consulta: 30/10/2024. Disponible en: https://bit.ly/4j6WZuh.

76 ONU, C. de S.: "Resolución 505(1982)" [Solicita Nueva Misión de Buenos Oficios en las Malvinas (Falkland Islands)], S/RES/505(1982) (26 de mayo de 1982). Véase también ONU, C. de S. Representatives, Mediators, Coordinators, and Good Offices. Fecha de consulta: 30/10/2024. Disponible en: https://bit.ly/3ElY2ar.

2.2.3. Mediación

La mediación consiste en someter la controversia, de común acuerdo, a uno o más Gobiernos o ciudadanos eminentes extraños a la disputa.[77] El mediador propondrá una solución al conflicto,[78] pero los Estados son libres para aceptarla. Un ejemplo reciente de mediación fue la que llevó a cabo Estados Unidos para resolver la disputa marítima entre Israel y el Líbano.[79] Un ejemplo clásico de este mecanismo es la mediación realizada por la Santa Sede en el conflicto del canal Beagle, entre Argentina y Chile.[80] En este, el fracaso diplomático tornó inminente la guerra, y solo pudo ser evitada por el involucramiento de Juan Pablo II y la rapidez de los buenos oficios vaticanos, que llevaron a acordar una mediación.[81] Una vez que la Santa Sede propuso una solución a este conflicto, los Estados tuvieron que decidir si la aceptaban o no (Argentina celebró un plebiscito sobre el punto).[82]

En ocasiones, la mediación y los buenos oficios se dan en forma conjunta, por lo que algunos los tratan como un solo mecanismo.[83] Sin embargo, son distintos, pues quienes ejercen los buenos oficios permanecen pasivos en la controversia, mientras que los mediadores proponen una solución.[84]

2.2.4. Investigación

La investigación busca que una comisión internacional auxilie en la solución de una controversia "dilucidando los hechos mediante una investigación imparcial y meticulosa".[85] Este mecanismo es pertinente cuando las controversias surgen por la incertidumbre sobre cuestiones fácticas.[86] Muchos tratados adoptaron este modelo de comisiones investigadoras,

77 Art. XI, Pacto de Bogotá.

78 Merrills, J. G. International Dispute Settlement. Cambridge: Cambridge University Press, 2011, p. 26. Este autor considera que la mediación es un mecanismo que se encuentra a medio camino entre los buenos oficios y la conciliación (*Ibid.*).

79 RTVE.es. Israel Anuncia un "Acuerdo Histórico" con Líbano para la Demarcación de la Frontera Marítima, *RTVE.es*, 2022. Fecha de consulta: 30/10/2024. Disponible en: https://bit.ly/4ctAgpt.

80 En este desacuerdo, antes de la mediación, se hizo un arbitraje, según se detalla en la sección referida al arbitraje internacional.

81 Frías, P. J. Una Experiencia Diplomática. En Bélgica, la Santa Sede y la Mediación Papal. Córdoba: El Copista, 1999, pp. 121-124. La operación de ocupación argentina iba a comenzar pocas horas después de que Juan Pablo II anunciara el envío de un delegado papal a Buenos Aires. Briceño Monzón, C. A. La Frontera Chilena-Argentina: La Controversia por el Canal del Beagle, Tiempo y Espacio 62, 2014, p. 225.

82 Para una relación detallada sobre este conflicto, así como las diferencias entre el arbitraje de su majestad británica y el tratado resultante final suscrito entre Chile y Argentina, véase Briceño Monzón, La Frontera Chilena-Argentina..., *op. cit.*

83 Collier; Lowe, The Settlement of Disputes..., *op. cit.*, pp. 27-29.

84 *Ibid.*, p. 27.

85 Art. 9, Convención para la Resolución Pacífica de Controversias Internacionales (18 de octubre de 1907) (traducción disponible en: https://bit.ly/3YuZPkf. Fecha de consulta: 07/11/2024).

86 Shaw, International Law, *op. cit.*, p. 887.

por ejemplo, Chile tiene uno con Estados Unidos, el "tratado Bryan" de 1914,[87] que fue usado para determinar las indemnizaciones que se pagarían por el asesinato de Orlando Letelier y Ronni Moffit, en 1976, en Washington DC.[88]

Otro ejemplo del uso de la investigación se da en 1904, en el *incidente del Dogger Bank* (este es una superficie marina entre el Reino Unido y Dinamarca), durante la guerra ruso-japonesa. En este suceso, un buque ruso atacó a una flota de barcos pesqueros ingleses, creyendo que se trataba de buques japoneses.[89] Este incidente podría haber generado una guerra entre el Reino Unido y Rusia, pero la constitución de una comisión investigadora evitó dicha situación.[90] La comisión declaró que nunca hubo barcos japoneses involucrados, por lo que Rusia era responsable del ataque.[91] Esta aceptó la conclusión de la comisión, y pagó una indemnización.[92]

El Pacto de Bogotá trata la investigación en forma conjunta con la conciliación,[93] entendiendo que ella será llevada a cabo por una comisión que propondrá mecanismos para solucionar la controversia.

2.2.5. Conciliación

La conciliación consiste en que un tercero —generalmente una comisión— plantee una propuesta para resolver una controversia. Ella contiene elementos de la mediación y de la investigación, pues se investigan hechos que fundamentan la disputa, y se propone un acuerdo.[94] Se distinguiría de la mediación por el rol activo del conciliador en la determinación de los hechos, es decir, mientras que en la mediación se suele proponer una solución basada en los argumentos de las partes, la propuesta de conciliación se basa en una investigación independiente de la comisión conciliadora.[95] Algunos tratados establecen la posibilidad o la obligación de acudir a una conciliación, como la Convemar,[96] la CVDT[97] y el tratado de Paz y Amistad entre Chile y Argentina.[98]

---

87 Forma parte de los *tratados Bryan*, que impulsó EE. UU. con distintas naciones entre 1913 y 1914 (Collier; Lowe, The Settlement of Disputes..., *op. cit.*, p. 25).

88 *Ibid.*, pp. 25-26. No se determinó la responsabilidad de Chile, pero este, sin reconocer su responsabilidad por los hechos, aceptó pagar *ex gratia* la cantidad de dinero que le habría correspondido pagar en caso de que hubiera sido responsable. La comisión de investigación se constituyó solo para declarar el monto de dicha indemnización (*Ibid.*).

89 Collier; Lowe, The Settlement of Disputes..., *op. cit.*, p. 25.

90 Merrills, International Dispute Settlement, *op. cit.*, p. 43.

91 *Ibid.*

92 *Ibid.*

93 Arts. XV ss., Pacto de Bogotá.

94 Collier; Lowe, The Settlement of Disputes..., *op. cit.*, p. 29.

95 Merrills, International Dispute Settlement, *op. cit.*, p. 26.

96 Art. 284, Convemar.

97 Art. 66, CVDT (descrita también en el anexo respectivo).

98 Art. 5, Tratado de Paz y Amistad (Chile y Argentina) (29 de noviembre de 1984).

2.2.6. Mayor uso de los medios diplomáticos

Los medios diplomáticos son más usados que los judiciales, por varias razones:

- Ellos, particularmente la negociación, suelen ser un paso previo al uso de un medio judicial.[99] En efecto, antes de someter un caso ante un tribunal internacional, debiera haber una negociación diplomática directa entre los Estados, que les permita conocer su grado de desacuerdo y la necesidad de recurrir a una instancia judicial (más aún, muchos tratados exigen haber agotado los esfuerzos para resolver la controversia por negociación, antes de recurrir a un mecanismo judicial).[100]
- Los Estados mantienen en todo momento el control sobre la solución propuesta en un medio diplomático, pudiendo aceptarla o no (el rechazo de una propuesta no genera responsabilidad internacional), mientras que pierden este control en los medios judiciales, al dejar el resultado en manos de un tercero.
- Los mecanismos diplomáticos permiten más flexibilidad a las partes de una controversia.
- Ellos tienden a ser de menor costo.

A pesar de estos beneficios, los mecanismos diplomáticos tienen la desventaja de no garantizar que se resolverá el conflicto, pues nada asegura que se llegará a una solución aceptable para ambas partes. Finalmente, la utilidad de cada medio de solución pacífica de controversias dependerá de la naturaleza de la disputa y de su contexto.

2.3. MEDIOS JUDICIALES DE SOLUCIÓN PACÍFICA DE CONTROVERSIAS

2.3.1. Arbitraje internacional

a. CUESTIONES GENERALES

El árbitro es un tercero que, sin ser juez, está autorizado por las partes para resolver una controversia.[101] Los árbitros no son tribunales permanentes, sino que personas o grupos de personas a quienes se les encarga decidir un asunto con valor vinculante. El arbitraje es un mecanismo de solución de controversias que opera a nivel nacional e internacional, y entre privados o Estados, o entre ambos. En el ámbito nacional, hay arbitrajes forzosos y voluntarios.[102] Las personas, incluso sin darse cuenta, someten ciertas eventuales disputas

99 Merrills, International Dispute Settlement, *op. cit.*, p. 16.

100 *Ibid.*, pp. 17-19.

101 Las partes deben tener una confianza especial en este tercero. Por ejemplo, en el caso del tratado que resolvió la cuestión sobre Arica y Tacna, Chile y Perú designaron como eventual árbitro al presidente de EE. UU., pues este había ayudado en la solución de la controversia. Tratado de Paz y Amistad (Chile y Perú) (3 de junio de 1929).

102 Por ejemplo, son forzosos los arbitrajes en materia de particiones y liquidación de bienes comunes o hereditarios. Art. 227, Chile, *Código Orgánico de Tribunales* (09/07/1943).

o controversias a arbitrajes voluntarios, como cuando aceptan los términos y condiciones de *softwares* o de aplicaciones telefónicas que así lo exigen. Esta sección se referirá a los arbitrajes internacionales entre sujetos de derecho internacional.[103]

El arbitraje internacional es un mecanismo antiguo que ha evolucionado.[104] Para someter un asunto a arbitraje, los Estados deben acordarlo en un tratado internacional, celebrado al momento de surgir la controversia o en forma previa, buscando anticiparse a potenciales disputas. Chile y Argentina recurrieron bastante al arbitraje en el siglo XX, pues lo usaron para delimitar la frontera en la Cordillera de los Andes en 1902,[105] en Palena en 1966,[106] en el canal Beagle en 1977[107] (arbitraje que Argentina declaró insanablemente nulo),[108] y en la Laguna del Desierto en 1994.[109] Muchos tratados de libre comercio ratificados por Chile establecen este mecanismo de solución de controversias.[110]

---

103 Al tratar el derecho internacional económico, se hará una breve referencia a la posibilidad de que particulares demanden a Estados en tribunales arbitrales. En el ámbito internacional, puede haber arbitrajes entre privados, pero este libro no los tratará. En esta materia, es relevante la siguiente ley chilena: Chile, Ley 19.971 (29/09/2004), *Sobre Arbitraje Comercial Internacional*.

104 Se dice que el arbitraje internacional moderno tiene su origen en el *Tratado Jay* (Treaty of Amity, Commerce and Navigation between His Britannic Majesty and the United States of America, by Their President, with the Advice and Consent of Their Senate; 19 de noviembre de 1794). Habría comenzado a adoptar su forma actual al final del siglo XIX, cuando EE. UU. y el Reino Unido establecieron un tribunal arbitral para conocer de los asuntos surgidos entre ellos, a propósito de los daños causados por el buque de guerra Alabama (Collier; Lowe, The Settlement of Disputes..., *op. cit.*, p. 32). Adoptó la forma que conocemos hoy recién en el "Convenio para la Solución Pacífica de los Conflictos Internacionales", de 1899, para luego seguir desarrollándose en el siglo XX, en la Liga de Naciones y el Acta General de Arbitraje (1928). Existen tratados regionales que regulan arbitrajes como, por ejemplo, el Pacto de Bogotá.

105 Edward VII, *The Cordillera of the Andes Boundary Case (Argentina, Chile)*, 1902. En Reports of International Arbitral Awards IX, pp. 37-49.

106 Elizabeth II, *Controversy between the Argentine Republic and the Republic of Chile Concerning Certain Parts of the Boundary between their Territories*, 1966. En International Law Reports 38, pp. 16-98.

107 Tribunal Arbitral, *Beagle Channel Arbitration between the Republic of Argentina and the Republic of Chile*, 1977. Reports of International Arbitral Awards XXI, pp. 57-193.

108 Argentina, *Note from the Minister for Foreign Affairs of the Argentine Republic to the Ambassador of Chile in Argentina*, 1978. Reports of International Arbitral Awards XXI, pp. 226-234. El árbitro fue su majestad británica (aunque ella dispuso que fallara un tribunal arbitral de cinco jueces de la CIJ, elegidos por consenso de las partes). Fue reprochable que Argentina declarara unilateralmente el laudo arbitral como "insanablemente nulo" (según se verá en la sección sobre nulidad de las sentencias internacionales). También es reprochable que, en la actualidad, habiendo ya dos tratados sobre el área (el de 1881 y 1984), que establecen que el estrecho de Magallanes se ubica en territorio chileno, la Directiva de Política de Defensa Nacional argentina señale que existe un "control conjunto sobre el Estrecho de Magallanes". Argentina, Decreto 457 (19/07/2021), *Directiva de Política de Defensa Nacional*. Argentina se encontraría revisando este decreto. González, V. Argentina Informa a Chile que Derogará Decreto que Alude a Mando Conjunto del Estrecho de Magallanes, El Mercurio, 23/03/2025, p. C4.

109 Tribunal Arbitral, *Dispute Concerning the Course of the Frontier between BP 62 and Mount Fitzroy (Argentina/Chile) ("Laguna del Desierto")*, 1994. International Law Reports 113, pp. 2-194.

110 Por ejemplo, Arts. 22.6 ss., Tratado de Libre Comercio entre el Gobierno de la República de Chile y el Gobierno de los Estados Unidos de América (6 de junio de 2003).

El arbitraje es particularmente útil cuando un Estado quiere resolver una controversia con entidades no estatales, pues estas no pueden acudir a la CIJ, la que solo puede conocer casos que se den entre Estados.[111] Por ejemplo, el Movimiento de Liberación Popular de Sudán (que logró la independencia de Sudán del Sur) tuvo un arbitraje con el Estado de Sudán, lo que fue posible porque no es necesario ser un Estado para someterse a arbitraje.[112]

b. Tipos de arbitrajes

El arbitraje puede ser:

- Facultativo o *ad hoc*: es aquel que se acuerda cuando ya existe una controversia. El convenio mediante el cual las partes deciden someter una controversia a arbitraje se llama compromiso[113] o *compromis*.
- Obligatorio: Se trata del que acuerdan las partes antes de que surja una controversia. Este arbitraje no es esencialmente obligatorio, pues "un Estado no puede ser obligado a someter sus disputas a arbitraje sin su consentimiento".[114] Sin embargo, se le llama obligatorio porque, al momento de surgir una controversia, ella debe ser resuelta mediante un arbitraje, porque fue el mismo Estado el que se obligó a ello previamente. El acuerdo de arbitraje se puede establecer mediante:
  - Una cláusula compromisoria. Se trata de una cláusula en un tratado cualquiera; por ejemplo, un tratado comercial que establece en una de sus disposiciones (cláusulas) que las controversias que surjan de la aplicación de dicho tratado serán resueltas por un tribunal arbitral.[115]
  - Un tratado de arbitraje o uno sobre solución pacífica de controversias. Estos son tratados generales, que se aplican a cualquier controversia que pueda surgir entre dos Estados.[116] Un ejemplo es el Pacto de Bogotá.

Se debe ser cuidadoso al redactar un tratado o cláusula de arbitraje obligatorio, para evitar que el acuerdo sea inexigible. Esto podría pasar, por ejemplo, si el tratado dispusiera que las partes designarán al árbitro solo de común acuerdo, pues bastaría con que una de ellas no consienta en la designación del árbitro concreto, para impedir que el asunto sea sometido a arbitraje.[117] También podría ocurrir que el tratado designara a un árbitro en particular, pero que dicha persona o cargo deje de existir, por ejemplo, el Tratado de Paz y Amistad de 1904, entre Chile y Bolivia, establece que todas las cuestiones que se susciten

111 Art. 34.1, Estatuto de la CIJ.

112 Corte Permanente de Arbitraje, *The Government of Sudan / The Sudan People's Liberation Movement/ Army (Abyei Arbitration)*, 2009.

113 El derecho interno también llama así al acuerdo sobre arbitraje entre particulares.

114 CIJ, *Ambatielos Case (Greece v. United Kingdom)*, 1953, p. 19 (la traducción es nuestra).

115 Casanovas; Rodrigo, Compendio de Derecho Internacional Público, *op. cit.*, p. 582.

116 *Ibid.*

117 Un caso similar se observa en: CIJ, *Interpretation of Peace Treaties with Bulgaria, Hungary and Romania*, 1950 (second phase).

con respecto al tratado serán "sometidas al arbitraje de su Majestad el Emperador de Alemania",[118] dignidad que ya no existe.

c. Otras cuestiones sobre el arbitraje

Una de las partes puede controvertir la competencia del tribunal arbitral, es decir, puede alegar que una disputa en concreto no cabe dentro de los supuestos en los que se le dio competencia al tribunal (por ejemplo, si un tratado da competencia a un árbitro para decidir sobre controversias surgidas después de un año determinado, y la parte demandada afirma que la controversia surgió con anterioridad). En estos casos se aplicará el principio *compétence de la compétence*, que dispone que el mismo tribunal arbitral es competente para determinar si tiene competencia para conocer del asunto.[119]

En materia sustantiva, los tribunales arbitrales deben aplicar el derecho internacional, es decir, el mismo que aplica la CIJ. Sin embargo, las partes pueden acordar en el *compromis* que los árbitros aplicarán otros principios o reglas (por ejemplo, derecho nacional).[120] En materia formal, las partes definirán el procedimiento que el tribunal arbitral debe seguir.[121]

La sentencia o laudo arbitral es vinculante. Contra la sentencia del tribunal, solo proceden los recursos que las partes hayan acordado, pero en caso de silencio sobre este tema, se entiende que proceden el recurso de interpretación[122] y el de revisión.[123] Si la CIJ tuviera competencia sobre los Estados parte, podría recurrirse ante ella en casos de errores procedimentales graves del tribunal arbitral, o de su falta de jurisdicción.[124] Incumplir un laudo arbitral es un hecho internacionalmente ilícito. Algo más sobre esta materia se verá al hablar sobre la nulidad de las sentencias internacionales.

---

118 Art. 12, Tratado de Paz y Amistad (Chile y Bolivia) (20 de octubre de 1904).

119 Esto se reconoce en CIJ, *Nottebohm (Liechstenstein v. Guatemala)*, 1953, p. 119.

120 Shaw, International Law, *op. cit.*, p. 919.

121 Los Convenios Internacionales para el Arreglo Pacífico de Controversias —ratificados por Chile—, establecen principios procedimentales que deben ser aplicados en caso de falta de regulación de los procedimientos (*Ibid.*).

122 Recurso mediante el que se solicita al mismo tribunal arbitral que aclare alguna disposición oscura de su sentencia. No se le pide que la cambie, sino que la aclare.

123 Casanovas; Rodrigo, Compendio de Derecho Internacional Público, *op. cit.*, p. 585. El recurso de revisión es uno que busca dejar sin efecto una sentencia firme e inamovible, por haberse conocido un hecho que hace que la sentencia o el laudo arbitral sea una injusticia flagrante; por ejemplo, si después de dictada la sentencia, sale a la luz que los árbitros fueron sobornados o que todos los testigos —en los que se basó la sentencia— cometieron perjurio. Es extremadamente infrecuente solicitar la revisión de un fallo, pues constituye una excepción al principio de la cosa juzgada. El Pacto de Bogotá establece, expresamente, que dentro de un año de notificado un fallo arbitral, las partes podrán solicitar su revisión. Art. XLVIII, Pacto de Bogotá.

124 Collier; Lowe, The Settlement of Disputes…, *op. cit.*, p. 35.

d. Corte Permanente de Arbitraje Internacional

La *Convención para la Resolución Pacífica de Controversias Internacionales*, de 1899, estableció la Corte Permanente de Arbitraje.[125] Esta no es realmente una corte, sino que una sede que actúa como ente administrador de los arbitrajes que se lleven a cabo bajo su auspicio.[126] La Corte Permanente de Arbitraje provee, entre otras cosas, un espacio físico para desarrollar las audiencias, y cuenta con una lista de árbitros entre los cuales las partes pueden elegir.[127] Para conformar esta lista, cada Estado designa un máximo de cuatro potenciales árbitros. Las personas designadas por los distintos Estados conforman los llamados "grupos nacionales",[128] que tendrán un rol en la designación de los jueces de la CIJ.[129] Las decisiones de los árbitros se toman a nombre de la Corte Permanente de Arbitraje.[130]

El sistema recién mencionado no es el único que opera como sede de arbitrajes, pues se podría decir algo similar del Centro Internacional de Arreglo de Diferencias Relativas a Inversiones (Ciadi),[131] bajo cuyo alero se pueden constituir tribunales arbitrales que resuelvan disputas entre inversionistas extranjeros y Estados.[132] Otro mecanismo es el de la Organización Mundial del Comercio, que cuenta con un sistema de solución de diferencias, cuya primera instancia se da ante *grupos especiales*, que son tribunales *ad hoc*, formados por tres o cinco expertos, nombrados para cada caso.[133]

---

125 Arts. 20 ss., Convención para la Resolución Pacífica de Controversias Internacionales (29 de julio de 1899) (traducción disponible en: https://bit.ly/42k8Z5L. Fecha de consulta: 07/11/2024). Con posterioridad, este tratado fue modificado por la Convención para la Resolución Pacífica de Controversias Internacionales (18 de octubre de 1907) (traducción disponible en: https://bit.ly/3YuZPkf. Fecha de consulta: 07/11/2024). El edificio que se construyó para esta corte es también ocupado por la CIJ, y antes por la CPJI.

126 Collier; Lowe, The Settlement of Disputes..., *op. cit.*, pp. 35-36.

127 Arts. 43, 44 y 47, Convención para la Resolución Pacífica de Controversias Internacionales (18 de octubre de 1907).

128 Benadava, Derecho Internacional Público, *op. cit.*, p. 349. Los miembros designados por Chile se pueden ver en: Permanent Court of Arbitration, *Members of the Court*. Fecha de consulta: 21/01/2025. Disponible en: https://bit.ly/4j9aObz. Los miembros de los grupos nacionales se designan por un periodo de seis años y pueden ser renovados.

129 Arts. 4-7, Estatuto de la CIJ.

130 Benadava, Derecho Internacional Público, *op. cit.*, p. 349.

131 Ruiz Fabri, H. Regulating Trade, Investment and Money. En James Crawford, Martti Koskenniemi (eds.), The Cambridge Companion to International Law. Cambridge: Cambridge University Press, 2013, p. 359.

132 Lim, C. L.; Ho, J.; Paparinskis, M. International Investment Law and Arbitration. Commentary, Awards and Other Materials. Cambridge: Cambridge University Press, 2018, p. 63.

133 Organización Mundial del Comercio, Órganos de la OMC que participan en el proceso de solución de diferencias. Fecha de consulta: 21/01/2025. Disponible en: https://bit.ly/OMCgrupos.

2.3.2. Arreglo judicial

a. Cuestiones generales

El arreglo judicial es la solución de una controversia por parte de un tribunal internacional permanente, como podrían ser la CIJ, el Tribunal Europeo de Justicia y la Corte Interamericana de Derechos Humanos.[134] Un beneficio que tiene frente al arbitraje, es que los Estados ya conocen el tribunal, sus jueces, sus procedimientos y su jurisprudencia, cosa que no sucede necesariamente en el caso del arbitraje internacional. Una de sus desventajas es su menor flexibilidad[135] (por ejemplo, los Estados no pueden determinar mayormente ni a sus jueces ni su procedimiento)[136]. Además, puede ser más lento.

b. Corte Internacional de Justicia

El tribunal internacional más importante es la CIJ. En ocasiones se le llama la Corte de La Haya, pero esa expresión no es la mejor, pues no es el único tribunal internacional ubicado en dicha ciudad. La CIJ es la sucesora de la Corte Permanente de Justicia Internacional (CPJI). Ella se organiza y regula por el Estatuto de la CIJ, un tratado internacional que es, esencialmente, la reproducción del que regía a la CPJI. Por ello, no suele hacerse mayor distinción entre la jurisprudencia de una y de otra corte al momento de citar sentencias previas.[137] Como se afirmó anteriormente, solo los Estados pueden someter el conocimiento de un conflicto a la competencia de la CIJ.[138] Tanto los Estados miembros de las Naciones Unidas como los no miembros pueden ser parte del Estatuto de la CIJ.

Este tribunal se estableció, principalmente, para resolver asuntos contenciosos,[139] pero también puede dictar opiniones consultivas[140] —no vinculantes— a solicitud de ciertos órganos de la ONU, principalmente la Asamblea General y el Consejo de Seguridad.[141] El procedimiento de tramitación de estas opiniones consultivas permite que los Estados y organizaciones internacionales interesados manifiesten su opinión,[142] posibilidad que Chile ha aprovechado.[143]

---

134 Benadava, Derecho Internacional Público, *op. cit.*, p. 349.

135 Crawford, Artículos sobre Responsabilidad…, *op. cit.*, p. 706.

136 Aunque en el caso de la CIJ, pueden designar a un juez *ad hoc*.

137 Shaw, International Law, *op. cit.*, p. 925.

138 Esto constituye una desventaja frente a los arbitrajes, pues ellos permiten la participación de entidades no Estatales (beligerantes, ONG, privados, etc.).

139 Arts. 34 ss., Estatuto de la CIJ.

140 Arts. 65 ss., *Ibid.*

141 Art. 96, Carta de las NU.

142 Art. 66, Estatuto de la CIJ.

143 Por ejemplo, Chile presentó sus comentarios escritos y orales en la opinión consultiva sobre las consecuencias jurídicas surgidas de las políticas y prácticas de Israel en los territorios palestinos ocupados. Véase Chile, Written Comments of the Republic of Chile (Second Round of Written Statements), *Legal Consequences arising from the Policies and Practices of Israel in the Occupied Palestinian Territory, including East Jerusalem* (25/10/2023). Fecha de consulta: 04/11/2024. Disponible en: https://bit.ly/4jsZtCH.

La CIJ está compuesta por quince jueces que duran nueve años y pueden ser reelectos.[144] Se eligen a partir de los candidatos nombrados por los "grupos nacionales" (potenciales árbitros de la Corte Permanente de Arbitraje), en dos elecciones paralelas: una ante la Asamblea General y otra ante el Consejo de Seguridad; para ser electo, un candidato debe asegurar una mayoría en ambas elecciones.[145] La composición de la CIJ debe representar la variedad de los principales sistemas de justicia del mundo.[146] Por ello, se busca que la CIJ tenga representatividad geográfica, pero no hay una división absolutamente estática de cupos según regiones del mundo.[147] Los miembros permanentes del Consejo de Seguridad suelen proponer un juez de su nacionalidad, y son generalmente electos.[148]

Generalmente, la CIJ actúa en pleno, pero también puede hacerlo en salas.[149] Cuando un Estado tiene un caso ante la CIJ, pero no tiene un juez nacional (es decir, cuando ninguno de los jueces permanentes es de su nacionalidad), puede designar un juez *ad hoc*, que se suma a los miembros de la Corte para conocer la controversia.[150] La CIJ resuelve por sí misma las controversias sobre su competencia, en virtud del principio *compétence de la compétence*, al que se hizo referencia al hablar del arbitraje.[151]

La jurisdicción de la CIJ es voluntaria, incluso para los Estados parte del Estatuto de la Corte.[152] Por eso, para que la CIJ tenga competencia para conocer casos concretos sobre un Estado, este debe haberle entregado jurisdicción a través de uno de los siguientes mecanismos:

- Un compromiso, es decir, un acuerdo en el que las partes le dan jurisdicción a la CIJ respecto de una controversia actual.[153] Esta jurisdicción se entrega después de que ya ha surgido la controversia.
- Una cláusula compromisoria, que consiste en una disposición de un tratado que establezca la posibilidad de acudir a la CIJ si surgiera una controversia sobre uno de los temas que regula el tratado.[154]

---

144 Arts. 3 y 13, Estatuto de la CIJ. Normalmente se renuevan por parcialidades cada tres años (Thirlway, The International Court of Justice, *op. cit.*, p. 9).

145 Arts. 4-12, Estatuto de la CIJ.

146 Art. 9, *Ibid.*

147 Thirlway, The International Court of Justice, *op. cit.*, p. 9.

148 *Ibid.*, p. 11. Sin embargo, ha habido excepciones, por ejemplo, China entre 1967 y 1985 (Collier; Lowe, The Settlement of Disputes..., *op. cit.*, p. 127), y más recientemente, el Reino Unido (Bowcott, O. No British Judge on World Court for First Time in its 71-Year History, *The Guardian*, 2017. Fecha de consulta: 04/11/2024. Disponible en: https://bit.ly/4cr3qpg).

149 Arts. 26 a 29, Estatuto de la CIJ.

150 Art. 31, *Ibid.* Esta disposición buscó asemejarse a lo que ocurría en los tribunales arbitrales, para no representar un quiebre absoluto con el mecanismo judicial usado en la época.

151 Art. 36.6, *Ibid.* Es frecuente que la CIJ deje esta decisión para la sentencia definitiva.

152 No obstante, los Estados que ratifican el Estatuto le dan a la CIJ, necesariamente, jurisdicción para determinar su propia competencia, según el principio *compétence de la compétence* (Crawford, Brownlie's Principles..., *op. cit.*, p. 698).

153 Art. 36.1, Estatuto de la CIJ.

154 Cuando las cláusulas compromisorias se refieren a la antigua CPJI, se entienden hechas a la actual CIJ. Arts. 36.5 y 37, Estatuto de la CIJ.

- Un tratado de solución pacífica de controversias, es decir, uno que se refiera exclusivamente a los modos de resolver controversias, como el Pacto de Bogotá.
- Una declaración según la cláusula opcional del artículo 36 del Estatuto de la CIJ. En ella, los Estados declaran como obligatoria *ipso facto* la jurisdicción de la CIJ para resolver sobre todas o algunas materias de derecho internacional, respecto de cualquier otro Estado que acepte la misma obligación (condición de reciprocidad).[155] Es decir, el Estado hace una oferta vinculante de someter sus casos a la CIJ. Los Estados que han hecho tales declaraciones son alrededor de un tercio de los miembros de Naciones Unidas, y esta cifra se ha mantenido relativamente constante en el tiempo.[156] Estas declaraciones, aunque son actos unilaterales, pueden sujetarse a reservas.[157]
- Una prórroga de jurisdicción en un caso concreto (*forum prorogatum*).[158] Esta se produce cuando se demanda a un Estado respecto del cual la CIJ no tiene jurisdicción, pero dicho Estado le entrega competencia para ese caso concreto, ya sea total o parcialmente, de forma explícita o tácita.[159] Esto último se observa cuando el Estado concurre a los procedimientos sin alegar que la CIJ no tiene jurisdicción, siempre y cuando quede claro que hay un verdadero consentimiento en someter el asunto ante la Corte.[160]

Un caso ante la CIJ puede comenzar mediante una presentación conjunta de ambas partes, o por la demanda de una de las partes.[161] En este segundo caso, el proceso comienza con la notificación que hace un Estado a la Corte, de la intención de instituir un procedimiento en contra de otro Estado.[162] Esto será notificado a la contraparte,[163] dando lugar a dos fases, una escrita y otra oral. En la primera se presentan la memoria (demanda), la contramemoria (contestación), la réplica y la dúplica.[164] Luego, viene una fase oral, que "consistirá en la audiencia que la Corte otorgue a testigos, peritos, agentes, consejeros y abogados".[165]

Antes de contestar la demanda, un Estado puede interponer objeciones preliminares, en las que afirmará que la CIJ no tiene competencia, o que la demanda de la contraparte es inadmisible por carecer de algún requisito para su interposición.[166] Así, por ejemplo, puede

---

155 Art. 36.2, *Ibid.*

156 Thirlway, The International Court of Justice, *op. cit.*, p. 47.

157 *Ibid.*, pp. 47-51.

158 Crawford, Brownlie's Principles..., *op. cit.*, p. 702.

159 *Ibid.*

160 *Ibid.*

161 Art. 39, ONU, Corte Internacional de Justicia: "Rules of Court" (14 de abril de 1978, con enmiendas).

162 Art. 40, Estatuto de la CIJ.

163 Art. 38.4, ONU, Corte Internacional de Justicia: "Rules of Court" (14 de abril de 1978, con enmiendas).

164 Art. 43.1-2, Estatuto de la CIJ.

165 Art. 43.5, *Ibid.*

166 Las objeciones preliminares son una institución procesal general, por lo que se interponen también en los procesos judiciales a nivel nacional.

alegar que él no le ha concedido jurisdicción a la CIJ para conocer ese tipo de demandas; o que el Estado demandante no tiene legitimación activa (*standing*) para presentar una demanda; o que, para conocer de un asunto, se requiere la presencia de un tercer Estado que no le ha concedido jurisdicción a la Corte.[167] Las objeciones preliminares se alegan antes de responder a la demanda, pues si la CIJ acepta una de ellas, no será necesario presentar la contestación (o, al menos, no será necesario hacerlo respecto de todas las cuestiones demandadas). Ello es así, porque la CIJ se habrá declarado incompetente respecto de parte o de toda la demanda, o fallará que la demanda del Estado estuvo mal interpuesta, con lo que podría terminar el juicio. La CIJ puede resolver las objeciones preliminares antes de que se presente la contestación, pero en muchas ocasiones ella decide resolverlas en conjunto con el fondo del asunto, porque piensa que las objeciones están muy ligadas con el fondo del caso. En algunos casos, Estados que consideraban a la CIJ incompetente ni siquiera comparecieron formalmente ante ella presentando objeciones preliminares, para mostrar así una oposición radical a su jurisdicción.[168]

La CIJ puede decretar medidas provisionales.[169] Estas son órdenes que buscan proteger el objeto del juicio, para que este no se dañe por el transcurso del tiempo que dura el proceso. Por ejemplo, en el *caso sobre los Ensayos Nucleares*, donde se discutía si Francia podía continuar con sus pruebas nucleares atmosféricas cercanas a Australia, la CIJ decretó la medida cautelar que Francia detuviera sus ensayos nucleares (si se esperaba a la sentencia, las partículas radioactivas podían afectar el territorio del Estado demandante).[170] En dos conflictos recientes, se han usado las medidas provisionales para intentar detener guerras, sin éxito.[171]

Según se vio al comienzo de este libro, el artículo 38 del Estatuto de la CIJ dispone el derecho que debe aplicar esta corte, pero la CIJ ha aplicado fuentes que no estarían

---

167 Este último es el llamado *principio del oro monetario*, fijado en CIJ, *Case of the Monetary Gold Removed from Rome in 1943 (Italy v. France, United Kingdom of Great Britain and Northern Ireland and United States of America)*, 1954, p. 34, y reiterado en CIJ, *Case Concerning East Timor (Portugal v. Australia)*, 1995, párr. 35.

168 Por ejemplo, CIJ, *Allegations of Genocide under the Convention on the Prevention and Punishment of the Crime of Genocide (Ukraine v. Russian Federation)*, 16 de marzo de 2022 (*order*). El Estado que no comparece, puede igualmente enviar a la CIJ cartas y documentos que ilustren su posición, los que pueden ser tenidos en consideración por ella, como en *ibid*, párr. 22.

169 Art. 41, Estatuto de la CIJ. Esta figura también existe en los procesos nacionales. En general, ellas se decretan cuando existe *fumus boni juris*, es decir, una apariencia de que quien solicita la medida tiene derecho al objeto pedido, y *periculum in mora*, es decir, que la demora pueda generar un perjuicio al objeto pedido. Véase Cortez Matcovich, G. La Configuración del *Periculum in Mora* en el Régimen Cautelar Chileno, Revista de Derecho Universidad de Concepción 205, 1999, p. 101.

170 CIJ, *Nuclear Test (Australia v. France)*, order, 22 de junio de 1973, p. 106.

171 Respecto de la guerra entre Rusia y Ucrania, véase CIJ, *Allegations of Genocide under the Convention on the Prevention and Punishment of the Crime of Genocide (Ukraine v. Russian Federation)*, 16 de marzo de 2022 (*order*). Respecto de la guerra entre Israel y Palestina, véase CIJ, *Application of the Convention on the Prevention and Punishment of the Crime of Genocide in the Gaza Strip (South Africa v. Israel)*, 26 de enero de 2024 (*order*).

contempladas expresamente en el Estatuto, como los actos unilaterales.[172] El segundo párrafo de dicho artículo establece también la posibilidad de obviar las fuentes allí establecidas, en caso de que las partes le den el poder de fallar *ex aequo et bono*.

Si los Estados incumplen las decisiones de la CIJ, se le puede solicitar al Consejo de Seguridad de la ONU que tome medidas al respecto. Sin embargo, el Consejo tiene la potestad discrecional de decidir si las toma o no[173] y, hasta el momento, nunca ha usado esta atribución, a pesar de que se le ha solicitado en unas pocas ocasiones.[174]

2.3.3. Nulidad de las sentencias internacionales

El Modelo de Reglas sobre Procedimiento Arbitral, de la Comisión de Derecho Internacional, señala que podría haber nulidad de una sentencia en casos de exceso de poder, corrupción de un miembro del tribunal, falta de motivación, infracción grave de una regla fundamental de procedimiento, y nulidad del compromiso o cláusula compromisoria.[175] Estas causales de nulidad, que se predican sobre los arbitrajes que sigan el Modelo de Reglas, debieran poder alegarse también respecto de otras sentencias arbitrales, pues ellas derivan de la justicia natural. Incluso es imaginable que pueda alegarse la nulidad respecto de fallos de tribunales internacionales permanentes. Sin embargo, es muy infrecuente que se alegue la nulidad de un fallo.

Un Estado no puede declarar unilateralmente que una sentencia sea nula. Se requiere acuerdo entre las partes de un caso.[176] Si no lo hay, se generará una controversia que tendrá que resolverse mediante un mecanismo de solución pacífica de controversias, lo que explica que la CIJ haya conocido algunos casos donde se ha alegado la nulidad de laudos arbitrales.[177]

172 Thirlway no estaría de acuerdo con esta afirmación, pues él considera que los actos unilaterales son solo relevantes cuando son aceptados por otro Estado, en cuyo caso sería una forma rudimentaria de tratado (Thirlway, The Sources of International Law, *op. cit.*, pp. 51-59).

173 Tanzi, A. Problems of Enforcement of Decisions of the International Court of Justice and the Law of the United Nations, European Journal of International Law 6, 1995, pp. 540-542.

174 Véanse Pastor Ridruejo, Curso de Derecho Internacional, *op. cit.*, p. 789; Thirlway, The International Court of Justice, *op. cit.*, p. 139, y Tanzi, Problems of Enforcement..., *op. cit.*, p. 540. Nicaragua solicitó al C. de S. usar este mecanismo para dar cumplimiento a la sentencia de su caso contra EE. UU., pero este vetó la decisión en el C. de S. (*Ibid.*, pp. 552 y 553).

175 Casanovas; Rodrigo, Compendio de Derecho Internacional Público, *op. cit.*, p. 585.

176 Por eso, fue reprochable que Argentina declarara por sí misma la nulidad del laudo arbitral de su majestad británica relativo al conflicto del Beagle (*Ibid.*).

177 Por ejemplo, en CIJ, *Case Concerning the Arbitral Award of 31 July 1989 (Guinea-Bissau v. Senegal)*, 1991, p. 53.

CAPÍTULO 3

NACIONALIDAD Y PROTECCIÓN DIPLOMÁTICA

3.1. NACIONALIDAD

3.1.1. Cuestiones generales

La nacionalidad es un vínculo jurídico entre una persona y un Estado, que les genera derechos y obligaciones.[178] Los Estados tienen libertad para definir jurídicamente quiénes son sus nacionales,[179] para establecer los requisitos para adquirir la nacionalidad, y para determinar los efectos que ella tiene en el ámbito nacional. Sin embargo, la nacionalidad también le interesa a la comunidad internacional, pues los Estados han internacionalizado algunos asuntos relacionados con ella en tratados internacionales, como la Convención Americana sobre Derechos Humanos, que se refiere al derecho a la nacionalidad.[180] Así, aunque la nacionalidad es un asunto primariamente de interés y regulación nacional, los demás Estados pueden condicionar su reconocimiento a que la legislación nacional respete "las convenciones internacionales, la costumbre internacional, y los principios del derecho generalmente reconocidos sobre la nacionalidad".[181]

El derecho internacional toma en cuenta la nacionalidad en diversas situaciones, algunas de ellas nacen de la costumbre y otras de tratados internacionales. Dentro de las materias reguladas por la costumbre, en las que tiene relevancia la nacionalidad, se encuentran:

- La protección diplomática, que solo se puede ejercer respecto de nacionales, según se verá a continuación.
- El ejercicio de la jurisdicción sobre nacionales residentes en otros Estados.[182]

---

178 La CIJ ha dado una definición más extensa, que incluye sostener que la nacionalidad se basa en una conexión genuina entre el ciudadano y el Estado. CIJ, *Nottebohm (Liechstenstein v. Guatemala)*, 1955, p. 23.

179 Casanovas; Rodrigo, Compendio de Derecho Internacional Público, *op. cit.*, pp. 305-307. Los criterios más utilizados para determinar la nacionalidad son el *jus soli* (según el lugar donde nace una persona), y el *jus sanguinis* (según la nacionalidad de sus padres) (*Ibid.*, pp. 306-307).

180 Art. 20, Convención Americana sobre Derechos Humanos (Pacto de San José) (7 al 22 de noviembre de 1969). Otro ejemplo es el tratado sobre doble nacionalidad chilena y española. Convenio entre los Gobiernos de Chile y España sobre Doble Nacionalidad (24 de mayo de 1958).

181 Convention on Certain Questions Relating to the Conflict of Nationality Laws (12 de abril de 1930) (la traducción es nuestra). Solo unos pocos Estados han ratificado este tratado (Chile no lo ha hecho).

182 En la sección relativa a la jurisdicción del Estado, se vio que la nacionalidad es una base de jurisdicción en materia penal respecto de delitos cometidos en el extranjero. También es una base de jurisdicción tributaria.

- Para el otorgamiento o limitación de derechos o privilegios, como ocurre con la limitación de inmunidad diplomática a cónyuges de los agentes diplomáticos, que sean nacionales del Estado donde residen.[183]

Varios tratados utilizan la nacionalidad como criterio para aplicar algunas de sus normas, por ejemplo:

- Para facilitar el ingreso de extranjeros al territorio.[184]
- Para coordinar la acción estatal que afecta a las personas, como los tratados de doble tributación.[185]
- Para consagrar derechos, como el de toda persona a no ser arbitrariamente privada del derecho a entrar en su propio país.[186]

La CIJ se ha referido a la nacionalidad en varios casos. Uno de los más famosos es *Nottebohm*, donde ella afirmó que la nacionalidad solo sería oponible a otros Estados cuando el vínculo entre la persona y el Estado fuera real y efectivo.[187] Sin embargo, hoy se considera que dicho estándar no existía en el derecho internacional público cuando lo aplicó la CIJ, y no es comúnmente aceptado.[188] Este tema es muy importante en la actualidad, dado el creciente uso de programas que entregan pasaportes a cambio de inversiones en el Estado que los emite.[189]

El derecho internacional —principalmente de los derechos humanos— limita la libertad de los Estados para regular la pérdida de la nacionalidad, pues busca evitar la apatridia (la carencia de una nacionalidad).[190] Esta puede ser una forma de atentar contra los derechos

---

183 Esta costumbre fue recogida en la Convención sobre Relaciones Diplomáticas, que dispone que los miembros de la familia del embajador que sean nacionales del Estado receptor no tendrán los privilegios e inmunidades que les corresponderían en caso de que fueran extranjeros. Art. 37.1, Convención de Viena sobre Relaciones Diplomáticas (18 de abril de 1961).

184 Por ejemplo, en el capítulo 14 del Tratado de Libre Comercio entre el Gobierno de la República de Chile y el Gobierno de los Estados Unidos de América (6 de junio de 2003).

185 Por ejemplo, Art. 4, Convenio entre la República de Chile y el Reino de España para Evitar la Doble Imposición y Prevenir la Evasión Fiscal en Materia de Impuestos sobre la Renta y sobre el Patrimonio (7 de julio de 2003).

186 Art. 12.4, Pacto Internacional de Derechos Civiles y Políticos (16 de diciembre de 1966).

187 CIJ, *Nottebohm (Liechstenstein v. Guatemala)*, 1955, p. 24.

188 Algunos tribunales fallaban en contra de dicha regla, por ejemplo, Italian-United States Conciliation Commission, *Flegenheimer Case*, 1958, párr. 62. La Comisión de Derecho Internacional tampoco adoptó este enfoque, según se observa en Comisión de Derecho Internacional, Protección diplomática, en "Informe de la Comisión de Derecho Internacional. 58° período de sesiones (1 de mayo a 9 de junio y 2 de julio a 11 de agosto de 2006)", vol. A/61/10, 2006, Art. 4 y sus comentarios.

189 La Gran Sala del Tribunal de Justicia de la Unión Europea declaró que los "golden passports" de Malta eran contrarios al derecho de la Unión. Tribunal de Justicia de la Unión Europea, *Commission v Malta (Citizenship by Investment)* [2024] EUECJ C-181/23.

190 Dos convenciones de NU —de 1954 y 1961— buscan evitar esta situación. Convención sobre el Estatuto de los Apátridas (28 de septiembre de 1954), y Convención para Reducir los Casos de Apatridia (30 de agosto de 1961). Chile es parte de ambas convenciones.

humanos, como cuando los nazis despojaron de la nacionalidad alemana a los judíos viviendo fuera de dicho Estado.[191]

3.1.2. Nacionalidad no individual

No solo las personas naturales tienen una nacionalidad, sino que también las personas jurídicas y ciertos objetos. En general, la nacionalidad de las empresas se puede conceder siguiendo dos principios: el de la incorporación y el de la sede social. El primero lo usan, principalmente, Estados anglosajones, e implica que se concede la nacionalidad del Estado donde se constituyó legalmente la sociedad.[192] Otros Estados, como los de Europa continental, le dan preferencia al sistema de la sede social, entendiéndose que la nacionalidad de la empresa corresponde al país donde está domiciliada su sede social o matriz.[193] En el caso *Barcelona Traction*, la CIJ tuvo en consideración dónde se había constituido la empresa, pero también se fijó en que hubiera una "conexión permanente" con dicho Estado.[194] Por último, y en menor medida, algunos sistemas siguen el principio de control, es decir, que la empresa adquiere la nacionalidad del grupo controlador.[195] Este sistema presenta grandes problemas por lo difícil que puede ser determinar al grupo controlador (por la existencia de estructuras corporativas complejas y multinacionales), y por lo rápido que puede cambiar dicho grupo. En todo caso, hoy en día, según afirmó la CIJ en el *caso Diallo*, la protección de los derechos de empresas y sus accionistas está generalmente regulada por acuerdos multilaterales o bilaterales para la protección de las inversiones extranjeras.[196]

Los buques tienen la nacionalidad de su pabellón, es decir, de la bandera que enarbolan con la debida autorización estatal.[197] Algunos barcos tienen el llamado *pabellón por conveniencia*, es decir, se registran como nacionales de un Estado que tenga regulaciones que les parezcan favorables, a pesar de que sus dueños y trabajadores sean de una nacionalidad diversa. La Convención sobre el Derecho del Mar trata de evitar esta situación al exigir "una relación auténtica entre el Estado y el buque".[198]

---

191 Sobre la norma que estableció esta vejación, véase Salwin, L. N. Uncertain Nationality Status of German Refugees, Minnesota Law Review, 1946, pp. 374-375.

192 Casanovas; Rodrigo, Compendio de Derecho Internacional Público, *op. cit.*, p. 307.

193 *Ibid.*

194 CIJ, *Case Concerning the Barcelona Traction, Light and Power Company, Limited (New Application: 1962) (Belgium v. Spain)*, 1970, párr. 71.

195 Casanovas y Rodrigo afirman que, desde la Primera Guerra Mundial, este criterio se usa "exclusivamente para determinar la condición de 'sociedades enemigas' con la finalidad de prohibir las relaciones comerciales con ellas y eventualmente proceder a su incautación" (Casanovas; Rodrigo, Compendio de Derecho Internacional Público, *op. cit.*, p. 307).

196 CIJ, *Case Concerning Ahmadou Sadio Diallo (Republic of Guinea v. Democratic Republic of the Congo)*, 2007, párr. 88.

197 Art. 91.1, Convemar.

198 *Ibid.*

Las aeronaves tienen la nacionalidad del Estado donde se matricularon, y los objetos espaciales tienen la nacionalidad con la que se inscriban en el registro espacial de los Estados de lanzamiento.[199]

3.2. PROTECCIÓN DIPLOMÁTICA

3.2.1. Cuestiones generales

La Comisión de Derecho Internacional define la protección diplomática como

> la invocación por un Estado, mediante la acción diplomática o por otros medios de solución pacífica, de la responsabilidad de otro Estado por el perjuicio causado por un hecho internacionalmente ilícito de ese Estado a una persona natural o jurídica que es un nacional del primer Estado con miras a hacer efectiva esa responsabilidad.[200]

En otras palabras, si el Estado A realiza un acto internacionalmente ilícito que afecta a un nacional del Estado B, este último Estado puede invocar la responsabilidad internacional de A, para hacerla efectiva. La protección diplomática es un derecho del Estado, no de la persona afectada.[201] En ella, el Estado adopta como propio el reclamo del sujeto nacional suyo, que alega que otro Estado lo habría tratado de una forma prohibida por el derecho internacional. Entonces, las partes en una controversia sobre protección diplomática son dos Estados, a pesar de que quien motiva el reclamo es un individuo o una persona jurídica. Sin embargo, aunque el Estado adopta como propio el reclamo, lo esperado será que entregue al individuo la indemnización que obtenga.

La protección diplomática es una institución tradicional en el derecho internacional, por lo que tiene una regulación consuetudinaria (sin perjuicio del proyecto de artículos sobre la materia, de la Comisión de Derecho Internacional de Naciones Unidas). La protección diplomática no debe confundirse ni con la inmunidad diplomática (que es exceptuar a miembros de una misión diplomática, del sometimiento a la jurisdicción de un Estado) ni con la asistencia consular (que es la ayuda que presta un consulado a los nacionales del Estado al que representa, que se encuentran en el extranjero).

199 Casanovas; Rodrigo, Compendio de Derecho Internacional Público, *op. cit.*, p. 308.

200 Art. 1, Comisión de Derecho Internacional, Protección diplomática, *op. cit.* Este proyecto de artículos es *soft law*, pero ha sido tomado en cuenta por la CIJ al momento de resolver litigios relacionados con la materia, como el *caso Diallo*, señalando que el Art. 1 forma parte del derecho consuetudinario. CIJ, *Case Concerning Ahmadou Sadio Diallo (Republic of Guinea v. Democratic Republic of the Congo)*, 2007, párr. 39.

201 Esto fue reconocido en CPJI, *Mavrommatis Palestine Concessions*, 1924, p. 12.

3.2.2. Requisitos para ejercer la protección diplomática

a. Nacionalidad del reclamo

Quien sufra el daño debe ser un nacional del Estado reclamante. Si la persona tiene múltiples nacionalidades, no puede solicitarle a uno de los Estados del que sea nacional que invoque la protección diplomática en contra de otro Estado del que también sea nacional, a menos que la nacionalidad del Estado reclamante sea "predominante".[202] En algunos casos, organizaciones como la ONU podrían ejercer protección diplomática.[203]

Cuando el daño afecta a una empresa, solo puede ejercer protección diplomática el Estado del cual la compañía es nacional; no pueden hacerlo los Estados de la nacionalidad de los accionistas de la empresa, a menos que las medidas tomadas por el Estado infractor afecten directamente los derechos de los accionistas y no de la empresa, por ejemplo, que se les hubiera impedido recibir los dividendos o asistir a las juntas de accionistas.[204] Esto lo afirmó la CIJ en el *caso Barcelona Traction*.

b. Agotamiento de recursos internos

Para ejercer la protección diplomática, es necesario que se hayan agotado todos los recursos disponibles, ya sean judiciales o administrativos, para reclamar del ilícito a nivel interno en el Estado infractor. Esta regla tiene excepciones, por ejemplo, si dentro del Estado no hay recursos efectivos que se puedan agotar, basta con demostrar dicha circunstancia. Las excepciones a este principio se observan en el artículo 15 del Proyecto de Artículos sobre Protección Diplomática.

> Artículo 15: Excepciones a la regla del agotamiento de los recursos internos
>
> No será necesario agotar los recursos internos cuando:
>
> a) No haya razonablemente disponibles recursos internos que provean una reparación efectiva o los recursos internos no ofrezcan ninguna posibilidad razonable de obtener esa reparación;

202 Art. 7, Comisión de Derecho Internacional, Protección diplomática, *op. cit.* Esta regla es anterior al Proyecto de Artículos, según se observa en algunos asuntos previos, por ejemplo, British-Venezuelan Commission, *Stevenson Case*, 1903, en Reports of International Arbitral Awards IX, p. 494, e Italian-United States Conciliation Commission, *Mergé Case*, 1955, en Reports of International Arbitral Awards XIV, pp. 241-248.

203 La CIJ afirmó que ciertas organizaciones como la ONU pueden enviar a representantes a los Estados, y si esos Estados violan sus obligaciones respecto de estos individuos, están impidiendo que estas organizaciones cumplan su labor, afectando sus propios derechos, por lo que pueden ejercer la protección diplomática. CIJ, *Reparation for Injuries Suffered in the Service of the United Nations*, 1949, p. 184.

204 CIJ, *Case Concerning the Barcelona Traction, Light and Power Company, Limited (New Application: 1962) (Belgium v. Spain)*, 1970, párrs. 44-49. En dicho caso, la CIJ determinó que Bélgica no podía ejercer protección diplomática por los accionistas belgas, porque la titular de los derechos afectados era la compañía (de nacionalidad canadiense).

b) En la tramitación del recurso exista dilación indebida atribuible al Estado cuya responsabilidad se invoca;

c) No existía en la fecha en la que se produjo el perjuicio vínculo pertinente entre la persona perjudicada y el Estado cuya responsabilidad se invoca;

d) La persona perjudicada esté manifiestamente impedida de ejercer los recursos internos; o

e) El Estado cuya responsabilidad se invoca haya renunciado al requisito de que se agoten los recursos internos.[205]

c. ¿Conducta correcta del favorecido por la protección?

Algunos sostienen, siguiendo la doctrina anglosajona de las manos limpias (*clean hands*), que la protección diplomática solo puede ejercerse cuando la persona natural o jurídica, en cuyo favor se alega la protección, no ha tenido una conducta contraria al derecho del Estado contra el que se plantea.[206] Sin embargo, en general, la doctrina y jurisprudencia internacional no aceptan este requisito.[207] La mayoría considera que bastaría con que el Estado contra el que se alega la protección diplomática haya actuado indebidamente, sin perjuicio de que la conducta incorrecta del afectado pueda tener efectos al momento de fijar la reparación debida.[208] Por su parte, la Corte Internacional de Justicia tampoco ha reconocido la doctrina de las manos limpias como parte de la costumbre internacional o de los principios generales del derecho.[209]

d. ¿No haber renunciado a la protección diplomática?

Para evitar que los inversionistas extranjeros hicieran uso de la protección diplomática, se ideó la cláusula Calvo.[210] Ella tiene diversas fórmulas, dos de las cuales son las siguientes:[211]

205 Comisión de Derecho Internacional, Protección diplomática, *op. cit.*

206 Diez de Velasco, Instituciones…, *op. cit.*, p. 937.

207 *Ibid.*, p. 928.

208 *Ibid.*, pp. 937-938.

209 CIJ, *Application of the International Convention for the Suppression of the Financing of Terrorism and of the International Convention on the Elimination of All Forms of Racial Discrimination (Ukraine v. Russian Federation)*, 2024, párr. 37.

210 Su nombre deriva del jurista nacionalizado argentino que la propuso. Tamburini, F. Historia y Destino de la "Doctrina Calvo": ¿Actualidad u Obsolescencia del Pensamiento de Carlos Calvo?, Revista de Estudios Histórico-Jurídicos 24, 2002, p. 81.

211 Pastor Ridruejo, Curso de Derecho Internacional…, *op. cit.*, pp. 269-270. Existen otros tipos de cláusulas Calvo. Tamburini, Historia y Destino…, *op. cit.*, p. 91. Estas diversas formulaciones pueden deberse al hecho de que Carlos Calvo no fue quien elaboró ni la doctrina ni la cláusula Calvo, pues fueron terceros los que las elaboraron sobre la base de las afirmaciones de dicho jurista. *Ibid.*, p. 82.

- Una cláusula contractual por la que el inversionista extranjero renuncia a la protección diplomática, y acepta ser tratado como nacional. Sin embargo, la protección diplomática es un derecho del Estado, no de la compañía, por lo que esta no podría renunciar a un derecho que no es suyo.[212]
- Una cláusula que somete todas las diferencias entre las partes a un arbitraje privado, renunciando a la protección diplomática. Esta formulación se aplica bastante hoy en día, gracias a acuerdos interestatales sobre la protección de inversiones,[213] y a la llamada Convención de Washington, que creó el Centro Internacional de Arreglo de Diferencias Relativas a Inversiones (Ciadi).[214] Este tratado establece que un Estado no ejercerá la protección diplomática cuando un inversionista nacional suyo se haya sometido a un arbitraje conforme a lo dispuesto en dicha convención.[215] Aquí no se presenta el problema de que la protección diplomática sea un derecho del Estado, pues el mismo Estado habrá renunciado a la protección, al ratificar la Convención de Washington o algún otro acuerdo sobre protección de inversiones.

La cláusula Calvo ha sido recogida por textos jurídicos nacionales americanos[216] y por el Pacto de Bogotá —del que Chile es parte—, que dispone que las partes

> se obligan a no intentar reclamación diplomática para proteger a sus nacionales, ni a iniciar al efecto una controversia ante la jurisdicción internacional, cuando dichos nacionales hayan tenido expeditos los medios para acudir a los tribunales domésticos competentes del Estado respectivo.[217]

212 Pastor Ridruejo, Curso de Derecho Internacional…, *op. cit.*, p. 269.

213 *Ibid.*, p. 270.

214 Convenio sobre Arreglo de Diferencias Relativas a Inversiones entre Estados y Nacionales de Otros Estados (18 de marzo de 1965).

215 Salvo excepciones, como cuando el Estado no haya acatado el laudo arbitral. Art. 27, Convenio sobre Arreglo de Diferencias Relativas a Inversiones entre Estados y Nacionales de Otros Estados (18 de marzo de 1965).

216 Vargas Carreño, Derecho Internacional Público, *op. cit.*, p. 482. Como en México, Constitución Política de los Estados Unidos Mexicanos (05/02/1917), Art. 27, inc. 10, N° 1.

217 Art. VII, Pacto de Bogotá.

CAPÍTULO 4

USO DE LA FUERZA EN LAS RELACIONES INTERNACIONALES

4.1. SURGIMIENTO DE LA PROHIBICIÓN DEL USO O AMENAZA DEL USO DE LA FUERZA

4.1.1. Historia anterior a la Segunda Guerra Mundial

Cicerón se refirió a la distinción entre la guerra justa e injusta en Roma, que dependía de que se hubieran hecho agravios y que se siguieran algunos procedimientos, como advertencias al enemigo.[218] En la cristiandad, san Agustín comenzó la sistematización del concepto de la guerra justa.[219] Esta doctrina se desarrolló durante la Edad Media, principalmente por Santo Tomás de Aquino, y fue recogida por los padres del derecho internacional.[220] Así, por ejemplo, Francisco de Vitoria sostenía que la única causa para hacer la guerra justa era haber recibido una injuria grave.[221] En el siglo XVII, Grocio también aceptó esta idea, agregando que las guerras preventivas también serían justas.[222]

Con el surgimiento de los Estados soberanos y la pérdida de autoridades comunes, la distinción entre guerras justas e injustas empieza a perder importancia, pues cada Estado calificaría las suyas como justas, y ningún otro Estado estaría en una posición de superioridad como para calificar la justicia de sus causas.[223] Como consecuencia de esta idea, en el derecho internacional clásico bastaba con que la guerra la hiciera un príncipe, previa declaración de guerra, lo que equivalía a que los Estados tuvieran derecho a hacer la guerra.[224]

---

218 Dinstein, War, Aggression and Self-Defense, *op. cit.*, pp. 65-66. Sobre la historia del uso de la fuerza, véase Lesaffer, R. Too Much History: From War as Sanction to the Sanctioning of War. En Marc Weller (ed.), The Oxford Handbook of The Use of Force in International Law. Oxford: Oxford University Press, 2015.

219 Estas enseñanzas no se encuentran sistematizadas en una sola obra, sino que en varias (como *Civitas Dei*, *Contra Faustum* y *Quaestiones Haptateuchum*), y en diversos lugares de ellas.

220 Lesaffer, Too Much History..., *op. cit.*, pp. 37-41.

221 Pastor Ridruejo, Curso de Derecho Internacional..., *op. cit.*, p. 667.

222 *Ibid.*

223 Lesaffer, Too Much History..., *op. cit.*, pp. 39-40.

224 Pastor Ridruejo, Curso de Derecho Internacional..., *op. cit.*, p. 667.

Sin embargo, a finales del siglo XIX empieza a haber un interés mayor en el mantenimiento de la paz, lo que lleva a celebrar las Conferencias de Paz de La Haya en 1899 y 1907.[225] En 1919, los muchos costos humanos y materiales de la Primera Guerra Mundial motivaron a los Estados a obligarse, en el tratado que creó la Sociedad de Naciones, a "aceptar ciertas obligaciones de no recurrir a la guerra".[226] Durante los años veinte también se ratificaron varios tratados de no agresión. Dentro de ellos se encuentra el Tratado General de Renuncia a la Guerra, de 1928,[227] también conocido como el Pacto de París o Pacto de Kellogg-Briand.[228] Este tratado "llegó a estar en vigor entre más de sesenta Estados, incluyendo las grandes potencias",[229] pero no impidió el desencadenamiento de la Segunda Guerra Mundial.[230]

4.1.2. Situación posterior a la Segunda Guerra Mundial

Después de la Segunda Guerra Mundial se establece, por primera vez en la historia, que la guerra de agresión está prohibida. Esto se consagra en el artículo 2.4 de la Carta de la ONU, que prohíbe de forma general el uso y amenaza del uso de la fuerza, al disponer:

---

225 En esta última se firmó la II Convención de 1907 —el *Convenio Relativo a la Limitación del Empleo de la Fuerza para el Cobro de Deudas Contractuales*—, en la que se prohibió usar la fuerza para cobrar deudas estatales, a menos que se cumplieran ciertas condiciones (Convention Concernant la Limitation de l'Emploi de la Force pour le Recouvrement de Dettes Contractuelles; 18 de octubre de 1907). Esta convención es conocida como *Convención Porter*, en honor al delegado estadounidense que la promovió (Dinstein, War, Aggression and Self-Defense, *op. cit.*, p. 81). También se le conoce como *Convención Drago-Porter*, en atención a que recoge la doctrina del ministro de RR. EE. argentino José María Drago (formulada como respuesta al bloqueo que Alemania, el Reino Unido e Italia hicieron de las costas de Venezuela en 1902, para forzar el pago de una deuda) (Benadava, Derecho Internacional Público, *op. cit.*, pp. 370 y 371).

226 La oración citada es tomada de la versión francesa del preámbulo de: Pacte de la Société des Nations (28 de junio de 1919) (la versión en inglés no contiene la palabra "ciertas"). Ejemplos de esas obligaciones son: que si algunas de las partes tuvieran una controversia que pudiera generar una ruptura, someterían el asunto a un arbitraje o investigación; que las partes se comprometían a no recurrir a la guerra antes de haber transcurrido tres meses contados desde el fallo arbitral o el informe del Consejo que hiciera la investigación, y que tampoco entrarían en guerra con Estados que hubieran cumplido los fallos dictados por los árbitros. En general, véanse Arts. 11-17, Pacte de la Société des Nations (28 de junio de 1919).

227 General Treaty for Renunciation of War as an Instrument of National Policy (27 de agosto de 1928).

228 Este nombre viene por los apellidos de los representantes de EE. UU. y Francia, que abogaron por la ratificación de este tratado (Orakhelashvili, Akehurst's Modern Introduction..., *op. cit.*, p. 451).

229 Pastor Ridruejo, Curso de Derecho Internacional..., *op. cit.*, p. 669. Dentro de estos Estados parte estaban Alemania, Italia y Japón. En el pacto de Kellogg-Briand, las partes renunciaban a la guerra, y establecían sanciones para los Estados que iniciaran una guerra en violación de sus normas, pero algunas partes invocaron supuestos vacíos legales para iniciar actuaciones bélicas (*Ibid.*). Chile fue parte de este tratado.

230 Sin embargo, sus normas fueron posteriormente usadas por los tribunales militares de Núremberg y Tokio, y algunos tribunales internos, para sancionar a quienes iniciaron la guerra de agresión (Pastor Ridruejo, Curso de Derecho Internacional..., *op. cit.*, p. 669).

> Los Miembros de la Organización, en sus relaciones internacionales, se abstendrán de recurrir a la amenaza o al uso de la fuerza contra la integridad territorial o la independencia política de cualquier Estado, o en cualquier otra forma incompatible con los Propósitos de las Naciones Unidas.

En 1970, dicha prohibición fue desarrollada por la Asamblea General de Naciones Unidas,[231] y en la sentencia de 1986, del caso *Nicaragua contra Estados Unidos*, la CIJ afirmó que la prohibición del uso de la fuerza venía no solo de la Carta de las Naciones Unidas, sino que era una prohibición del derecho consuetudinario.[232] Esto no impide, desgraciadamente, que la agresión y la guerra mantengan su relevancia, como se observa en los conflictos bélicos actuales.

En su resolución 3314, la Asamblea General de Naciones Unidas definió la agresión como "el uso de la fuerza armada por un Estado contra la soberanía, la integridad territorial o la independencia política de otro Estado, o en cualquier otra forma incompatible con la Carta de las Naciones Unidas".[233] Se entiende que la prohibición de la agresión incluye la agresión indirecta, por ejemplo, la que se realiza apoyando a rebeldes o utilizando a terceros Estados o mercenarios.[234] La Asamblea General ha dispuesto que "[e]l primer uso de la fuerza armada por un Estado en contravención de la Carta constituirá prueba *prima facie*[235] de un acto de agresión".[236] En otras palabras, se presume que el Estado que usó la fuerza primero es el agresor, aunque es posible probar lo contrario.

Se entiende que la agresión se refiere a aquella que involucra el contacto físico, la fuerza armada, no a otro tipo de coacciones, como la económica.[237] Sin embargo, muchos afirman que hoy es aplicable también a los ciberataques,[238] pues ellos pueden tener efectos muy tangibles, por ejemplo, cortar la electricidad o dejar inoperativos servicios esenciales.[239]

---

231 ONU, AG: "Contiene la Declaración Relativa a los Principios de Derecho Internacional Referentes a las Relaciones de Amistad y a la Cooperación entre los Estados de Conformidad con la Carta de las Naciones Unidas", Resolución 2625 (XXV) (24/10/1970).

232 CIJ, *Case Concerning Military and Paramilitary Activities in and Against Nicaragua (Nicaragua v. United States of America)*, 1986, párr. 181.

233 Art. 1, Anexo a ONU, AG: "Definición de la Agresión", A/RES/3314(XXIX) (14/12/1974).

234 Crawford, Brownlie's Principles..., *op. cit.*, p. 720.

235 Significa "a primera vista".

236 Art. 2, Anexo a ONU, AG: "Definición de la Agresión", A/RES/3314(XXIX) (14/12/1974).

237 Klabbers, International Law, *op. cit.*, p. 211.

238 En atención a ciberataques rusos a Estonia, en 2007, la OTAN creó en 2008 el Centro de Excelencia para la Ciberdefensa Cooperativa, que elaboró la primera versión del Manual de Tallín, que busca aplicar la normativa internacional sobre la agresión a este tipo de ataques. La version actual es Schmitt (ed.), Tallinn Manual 2.0..., *op. cit.* Véase también Hathaway, O. A. y otros, The Law of Cyber-Attack, California Law Review 100, 2012.

239 Estos ataques han dañado sistemas necesarios para el desarrollo de la capacidad nuclear de Estados, afectado sistemas de distribución de combustible, deshabilitado sistemas de defensa aéreos, dejado inoperativos cajeros automáticos y sistemas bancarios, causado cortes eléctricos por horas, infectado computadores de empresas y servicios esenciales, atentado contra sistemas de provisión de agua

Además de estar prohibido, iniciar una guerra de agresión constituye un crimen internacional contra la paz,[240] con lo que se puede sancionar a los individuos responsables.

4.2. EXCEPCIONES A LA PROHIBICIÓN DEL USO O AMENAZA DEL USO DE LA FUERZA

4.2.1. Legítima defensa

El artículo 51 de la Carta de la ONU reconoce que los Estados tienen un "derecho inmanente de legítima defensa". Esto significa que se trata de un derecho que existe con anterioridad a la misma Carta. Por la importancia de esta norma, se copia a continuación.

> Artículo 51
> Ninguna disposición de esta Carta menoscabará el derecho inmanente de legítima defensa, individual o colectiva, en caso de ataque armado contra un Miembro de las Naciones Unidas, hasta tanto que el Consejo de Seguridad haya tomado las medidas necesarias para mantener la paz y la seguridad internacionales. Las medidas tomadas por los Miembros en ejercicio del derecho de legítima defensa serán comunicadas inmediatamente al Consejo de Seguridad, y no afectarán en manera alguna la autoridad y responsabilidad del Consejo conforme a la presente Carta para ejercer en cualquier momento la acción que estime necesaria con el fin de mantener o restablecer la paz y la seguridad internacionales.

La legítima defensa es distinta de las represalias y la autotutela (hacer justicia por las propias manos). Ella no busca sancionar, sino que solo rechazar la agresión que un Estado le hace a otro. La agresión debe ser física,[241] y su blanco deben ser objetos o personas de otro Estado, ya sea en tierra, mar o aire, aunque se encuentren fuera del territorio del Estado atacado.[242] Aunque el derecho internacional prohíbe el uso de la fuerza y la *amenaza* de

---

y tratamiento de desechos, robado dinero de sistemas financieros, entre otros tipos de atentados (Willett, M. Cyber Operations and Their Responsible Use. Abingdon - New York: Routledge, 2024, pp. 68, 69, 75, 79, 81, 82, 93, 95).

240 Art. 8 *bis*, Estatuto de Roma de la Corte Penal Internacional (17 de julio de 1998).

241 Algunos alegan que podría haber excepciones muy calificadas, por ejemplo, Farer, T. Political and Economic Coercion in Contemporary International Law, The American Journal of International Law 79, 2, 1985, p. 413.

242 Dinstein, War, Aggression and Self-Defense, *op. cit.*, pp. 216-217. Sin embargo, la CIJ ha resuelto que el ataque a un buque que no flamea la bandera de un Estado, no puede ser equiparado a un ataque al Estado de su nacionalidad. CIJ, *Case Concerning Oil Platforms (Islamic Republic of Iran v. United States of America)*, 2003, párr. 64. En dicha sentencia, la CIJ también da a entender que un ataque solamente dará origen al derecho a la legítima defensa si tuvo la intención de afectar al Estado en concreto (*Ibid.*).

su uso, no puede alegarse la legítima defensa ante una simple amenaza.[243] Tampoco puede invocarse por incidentes sin mayores consecuencias, pues deben tener cierta "magnitud y efectos".[244]

El derecho internacional consuetudinario afirma que la legítima defensa debe ser:

- Necesaria: esto implica la imposibilidad o inutilidad de recurrir a medios pacíficos para detener la agresión.[245]
- Proporcional al ataque:[246] esto es difícil de definir, y puede depender de elementos como el daño causado, el tipo de armas utilizadas, y la probabilidad de futuros ataques.[247]
- Inmediata:[248] para constituir una respuesta inmediata, suele usarse la conceptualización que hizo el secretario de Estado estadounidense a propósito del *incidente del buque Caroline*, de 1837. Este afirmó que, para alegar la legítima defensa, debe mostrarse una necesidad de defenderse que sea "instantánea, irresistible, que no permita elegir los medios y no dé tiempo para deliberar".[249]

Si un Estado ejerce la legítima defensa, debe inmediatamente reportarlo al Consejo de Seguridad de Naciones Unidas, el que puede adoptar medidas para mantener o restablecer la paz y la seguridad.[250] En todo caso, las acciones de legítima defensa deben respetar los principios y reglas del derecho internacional humanitario,[251] el que se estudia en una sección más adelante en este libro.

El artículo 51 de la Carta de las Naciones Unidas se refiere a la legítima defensa colectiva, que permite defender a terceros Estados que son atacados y solicitan ayuda,[252] o que son parte de tratados que establecen —en forma previa a un ataque— que la agresión contra una de las partes se entenderá constituir un ataque contra todas, como se observa

243 En ese caso, solo se podría hacer preparaciones militares y notificar del asunto al C. de S. de NU (*Ibid.*, p. 200).

244 En el caso Nicaragua, la CIJ afirmó que es necesario que las operaciones armadas tengan cierta magnitud y efectos (*scale and effects*), para que puedan ser consideradas como una agresión. CIJ, *Case Concerning Military and Paramilitary Activities in and Against Nicaragua (Nicaragua v. United States of America)*, 1986, párr. 195.

245 Así, por ejemplo, si no se prevé una nueva agresión, lo apropiado sería resolver la disputa por vías pacíficas (Dinstein, War, Aggression and Self-Defense, *op. cit.*, p. 232).

246 CIJ, *Case Concerning Military and Paramilitary Activities in and Against Nicaragua (Nicaragua v. United States of America)*, 1986, párr. 176; CIJ, *Legality of the Threat or Use of Nuclear Weapons*, 1996, párr. 41, y CIJ, *Case Concerning Armed Activities on the Territory of the Congo (Democratic Republic of the Congo v. Rwanda)*, 2005, párr. 147.

247 Shaw, International Law, *op. cit.*, pp. 1002-1003.

248 Diez de Velasco, Instituciones..., *op. cit.*, p. 1073.

249 Webster, To Lord Ashburton, 1842. Fecha de consulta 17/04/2024. Disponible en: https://bit.ly/44nJQIr. Extracto adjuntado en la carta (la traducción es nuestra).

250 Art. 51, Carta de las NU.

251 CIJ, *Legality of the Threat or Use of Nuclear Weapons*, 1996, párr. 42.

252 CIJ, *Case Concerning Military and Paramilitary Activities in and Against Nicaragua (Nicaragua v. United States of America)*, 1986, párr. 199.

en el Tratado Interamericano de Asistencia Recíproca (del cual Chile es parte)[253] o en el tratado que creó la OTAN.[254]

Históricamente se aceptaba la legítima defensa preventiva, pero ella tiene menos apoyo desde la aprobación de la Carta de Naciones Unidas, según se aprecia en la práctica estatal.[255] Sin embargo, Estados Unidos apoya la legítima defensa anticipatoria,[256] y la usó en su "guerra al terror", combatiendo al grupo terrorista Al-Qaeda.[257] Relacionado con esto último, existen quienes alegan que la legítima defensa puede invocarse en contra de ataques armados de entidades no estatales.[258]

4.2.2. Medidas de fuerza aprobadas por el Consejo de Seguridad

Según se vio al estudiar las Naciones Unidas, el capítulo VII de su tratado constitutivo afirma que, ante amenazas a la paz, quebrantamientos de la paz y actos de agresión, el Consejo de Seguridad puede adoptar medidas que lleguen a incluir el uso de fuerzas aéreas, navales o terrestres.[259] Como las Naciones Unidas no cuentan con un Ejército propio,[260] el Consejo recomienda a los Estados parte que presten su apoyo para garantizar la paz y la seguridad, como ocurrió en los casos de Corea,[261] Kuwait,[262] Bosnia y Herzegovina[263] y Libia.[264] Estas medidas no deben ser confundidas con las fuerzas de mantenimiento de la paz de las Naciones Unidas —tratadas previamente—,[265] pues ellas actúan, en principio, con consentimiento del Estado donde operan, y su rol es mantener ciertas condiciones básicas de paz y orden.[266]

---

253 Art. 3, Tratado Interamericano de Asistencia Recíproca (9 de febrero de 1947).

254 Art. 5, Tratado del Atlántico Norte (4 de abril de 1949).

255 Crawford, Brownlie's Principles..., *op. cit.*, pp. 723-725. Dinstein considera que sería posible alegar legítima defensa cuando el ataque está en el proceso de ser ejecutado, sin necesidad de esperar a que las bombas caigan (Dinstein, War, Aggression and Self-Defense, *op. cit.*, p. 200).

256 Dinstein, War, Aggression and Self-Defense, *op. cit.*, p. 194.

257 Crawford, Brownlie's Principles..., *op. cit.*, p. 725. Esto ocurrió durante la Administración de G.W. Bush, en que se emitió una política revisada sobre la legítima defensa anticipatoria, que recibió el nombre de *doctrina Bush* (Dinstein, War, Aggression and Self-Defense, *op. cit.*, pp. 194-195).

258 Trapp, K. N. Can Non-State Actors Mount an Armed Attack? En Marc Weller (ed.), The Oxford Handbook of The Use of Force in International Law. Oxford: Oxford University Press, 2015. Véase también Dinstein, War, Aggression and Self-Defense, *op. cit.*, pp. 224-230.

259 Arts. 39, 41 y 42, Carta de las NU.

260 Arts. 43 a 49, Carta de las NU.

261 ONU, C. de S.: "Resolución 83(1950)" [Corea del Norte], S/RES/83(1950) (27/06/1950).

262 ONU, C. de S.: "Resolución 678(1990)" [Irak-Kuwait; todos los medios necesarios], S/RES/678(1990) (29/11/1990).

263 ONU, C. de S.: "Resolución 816(1993)" [República de Bosnia y Herzegovina], S/RES/816(1993) (31/03/1993).

264 ONU, C. de S.: "Resolución 1973(2011)" [Libia], S/RES/1973(2011) (17/03/2011).

265 También se les llama *cascos azules*.

266 En general, véase Dinstein, War, Aggression and Self-Defense, *op. cit.*, pp. 330-333.

4.2.3. Posibles excepciones en las que no hay acuerdo

a. Protección de la vida de nacionales

Se discute si existe un derecho a usar la fuerza para rescatar y evacuar a nacionales que se hallan en peligro inminente de muerte en el territorio de otro Estado. Entre quienes son favorables a este derecho, no hay acuerdo sobre si formaría parte del derecho a la legítima defensa de los individuos, o si sería una excepción adicional al uso de la fuerza.[267] El *rescate de los rehenes de Entebbe*, en 1976, constituye un caso paradigmático de esta excepción. Esto ocurrió luego de que terroristas del Frente Popular para la Liberación de Palestina secuestraran —aparentemente con el apoyo de Uganda— un avión que viajaba desde Francia a Israel.[268] Muchos rehenes eran nacionales de este último, por lo que el Gobierno israelí envió fuerzas militares a rescatarlos y evacuarlos, en una operación que contó con bajas de israelíes, de terroristas y de miembros del ejército ugandés, así como con muchos daños materiales.[269] Israel alegó que este acto constituía una forma de legítima defensa; que un Estado podía usar la fuerza cuando sus nacionales se encuentran en un Estado que está imposibilitado de protegerlos, o no tiene intenciones de hacerlo.[270] Este tipo de intervenciones debe reunir los requisitos de la legítima defensa.

b. Intervención humanitaria

La intervención humanitaria es la acción militar de uno o más Estados en otro, con la finalidad de terminar con las crueldades que el Gobierno de dicho Estado comete contra sus propios nacionales, cuando dichas atrocidades horrorizan la conciencia de la humanidad.[271] Esta institución es muy antigua, pues habría sido planteada por Grocio o, incluso, antes. Ella ha sido bien y mal usada.[272] El apoyo a la intervención humanitaria es variado; algunos la han reivindicado en forma relativamente reciente, como ocurrió después de la

267 Dörr, O. Turkey's Intervention in Cyprus—1974. En Tom Ruys, Olivier Corten, Alexandra Hofer (eds.), The Use of Force in International Law. A Case-Based Approach. Oxford: Oxford University Press, 2018, p. 211.

268 Kreß, C.; Nußberger, B. K. The Entebbe Raid—1976. En Tom Ruys, Olivier Corten, Alexandra Hofer (eds.), The Use of Force in International Law. A Case-Based Approach. Oxford: Oxford University Press, 2018, p. 220.

269 *Ibid.*, pp. 220-221.

270 *Ibid.*, p. 222.

271 Benadava, Derecho Internacional Público, *op. cit.*, p. 377.

272 Ejemplos de uso verdaderamente humanitario serán aquellos ordenados por el C. de S., o algunos casos no ordenados por el Consejo, como Kosovo en 1999 y Liberia en 2003 (Rogers, A. P. V. Humanitarian Intervention and International Law, Havard Journal of Law and Public Policy 77, 3, 2004, p. 729). Ejemplos de mal uso en el siglo XIX serían las muchas intervenciones de poderes europeos fuera de dicho continente (De Jonge Oudraat, C. Humanitarian Intervention: The Lessons Learned, Current History, December, 2000, p. 422). En el siglo XX, las potencias del Eje invadieron algunos territorios con la excusa de intervención humanitaria. En 2022, Rusia atacó Ucrania alegando la supuesta comisión de actos de genocidio, entre otros motivos (CIJ, *Allegations of Genocide under the Convention on the Prevention and Punishment of the Crime of Genocide (Ukraine v. Russian Federation)*, 16 de marzo de 2022 (order), párr. 39).

intervención de la OTAN en Kosovo.[273] El acta constitutiva de la Unión Africana también acepta su uso.[274] No obstante, desde la prohibición del uso de la fuerza, la intervención humanitaria debiera contar con la aprobación del Consejo de Seguridad, para evitar una mala utilización.[275] Sin embargo, la comunidad internacional ha tolerado o resistido débilmente varias intervenciones armadas dirigidas a proteger a la población, pero sin contar con la aprobación del Consejo de Seguridad.[276]

El término *responsabilidad de proteger* se relaciona con la intervención humanitaria. Este concepto se usa desde 2001 para afirmar que los Estados no solo estarían autorizados, sino que tendrían la responsabilidad, de proteger a los nacionales de un Estado frente a las agresiones de sus gobernantes, es decir, sería una obligación.[277] Esta idea ha sido recogida por el Consejo de Seguridad y en algunos documentos de Naciones Unidas, pero se ha entendido que estas medidas debieran, igualmente, adoptarse en el marco de una decisión del Consejo, por lo que no puede decirse que haya surgido una nueva excepción a la prohibición del uso de la fuerza.[278] Tampoco puede afirmarse que este concepto constituya una doctrina en sí misma, sino que es una relectura de la intervención humanitaria,[279] que busca tener una mirada más holística, incluyendo, entre otros elementos, la asistencia internacional a los Estados para que puedan cumplir con su misión de resguardar los derechos humanos a nivel interno.[280]

4.3. AUTOTUTELA O AUTOPROTECCIÓN

La autotutela consiste en hacer justicia por mano propia. Atendido que hoy se prohíbe el uso de la fuerza o amenaza del uso de la fuerza, la autotutela se encuentra bastante limitada, prohibiéndose, por ejemplo, el bloqueo armado.[281] No obstante ello, hay manifestaciones

273 Franchini, D.; Tzanakopoulos, A. The Kosovo Crisis—1999. En Tom Ruys, Olivier Corten, Alexandra Hofer (eds.), The Use of Force in International Law. A Case-Based Approach. Oxford: Oxford University Press, 2018, pp. 613-614.

274 Art. 4.h, Constitutive Act of the African Union (11 de julio de 2000).

275 De adoptarse esta solución, Rusia no podría haberla alegado para atacar Ucrania.

276 Rogers, Humanitarian Intervention…, *op. cit.*, p. 729.

277 Crawford, Brownlie's Principles…, *op. cit.*, pp. 729-730. La responsabilidad de proteger es también llamada R2P, en alusión a la expresión en inglés *responsibility to protect*. Esta doctrina no es aceptada transversalmente. El concepto de la responsabilidad de proteger es más amplio que el de intervención humanitaria, pues incluye tres pilares: la protección que deben hacer los Estados de los derechos humanos de sus propios nacionales, la asistencia internacional para que los Estados cumplan su función, y solo en tercer lugar la respuesta colectiva, y potencialmente armada. Sobre algunas controversias sobre la responsabilidad de proteger, véase Newman, E. R2P: Implications for World Order, Global Responsibility to Protect 5, 2013.

278 Crawford, Brownlie's Principles…, *op. cit.*, pp. 730-731.

279 *Ibid.*, p. 729.

280 Véase ONU, AG: "Implementing the Responsibility to Protect. Report of the Secretary-General", A/63/677 (12 de enero de 2009).

281 Benadava, Derecho Internacional Público, *op. cit.*, p. 378.

claras de autotutela en el derecho internacional, aunque ya no pueden contemplar el uso de la fuerza. La primera de ellas son las contramedidas,[282] tratadas en el apartado sobre la responsabilidad internacional. La segunda son las *retorsiones*, es decir, acciones que no contrarían ninguna norma internacional, a diferencia de las contramedidas, pero que son políticamente inamistosas.[283] Las retorsiones suelen ser de carácter diplomático (como la expulsión de agentes diplomáticos) o económico (como "la imposición de embargos fuera de las obligaciones convencionales, o la no admisión de buques extranjeros a puertos, o el establecimiento de límites cuantitativos a la importación de ciertas mercancías").[284] A diferencia de las contramedidas, que pueden imponerse solo contra actos ilícitos, las retorsiones pueden también responder a acciones meramente inamistosas;[285] tampoco se exige que ellas sean temporales o reversibles.[286] Existen también otras formas de autotutela, como la cuestionada *exceptio inadimpleti contractus,* que se refiere a justificar el incumplimiento de un tratado en atención al principio de reciprocidad.[287]

282 Antes se les llamaba también represalias.

283 Pastor Ridruejo, Curso de Derecho Internacional..., *op. cit.*, p. 616.

284 *Ibid.*

285 Crawford, J. State Responsibility. The General Part. Cambridge: Cambridge University Press, 2013, p. 677.

286 *Ibid.*

287 Ella permitiría a una parte dejar de observar una obligación contractual debido al incumplimiento de la otra parte. Se discute si ella es permisible en atención a que la CVDT estableció la posibilidad de suspender los tratados (*Ibid.*, pp. 678-682).

CAPÍTULO 5

DERECHO INTERNACIONAL HUMANITARIO

5.1. CUESTIONES GENERALES

El antiguo derecho de guerra fue sucedido por el derecho internacional humanitario, que busca limitar la violencia en los combates.[288] Esta rama del derecho internacional aspira a equilibrar el principio de necesidad militar con el principio de humanidad, regulando los medios y métodos usados durante la guerra, y estableciendo reglas que limiten los efectos de conflictos armados, para proteger así a la persona humana y a ciertos bienes.[289] El origen de esta área del derecho se remonta a mediados del siglo XIX. Su génesis y desarrollo se encuentran ligados íntimamente al nacimiento de la Cruz Roja Internacional, pues los fundadores de esta instaron por la regulación convencional de los conflictos armados.

El derecho internacional humanitario, si bien se encuentra ampliamente codificado, tiene su principal fuente en la costumbre, lo que permite aplicarlo a Estados que no han ratificado los tratados correspondientes.[290] La Asamblea General de Naciones Unidas ha reconocido los principios del derecho internacional humanitario,[291] y sus normas básicas son consideradas *jus cogens*.[292]

Esta área del derecho cuenta con dos ramas fuertemente conectadas, que forman "un único sistema complejo".[293] La primera de dichas ramas está constituida por los Convenios de La Haya de 1899 y 1907, que regularon los derechos y deberes de los beligerantes al conducir sus operaciones, limitando la elección de los métodos o medios para hacer la guerra; se conoce como el *Derecho de La Haya*.[294] La segunda la constituye el *Derecho de Ginebra*, formada por los Convenios de Ginebra, incluyendo los de 1949 y sus Protocolos Adicionales de 1977.[295] Estos tratados codifican el derecho que protege a las personas que no toman parte en los conflictos armados, así como a los militares fuera de combate.[296]

---

288 Casanovas; Rodrigo, Compendio de Derecho Internacional Público, *op. cit.*, p. 510.

289 Véase Schmitt, M. N. Military Necessity and Humanity in International Humanitarian Law: Preserving the Delicate Balance, Virginia Journal of International Law 50, 4, 2010.

290 Shaw, International Law, *op. cit.*, pp. 1030-1031.

291 Por ejemplo, en: ONU, AG: "Respeto de los Derechos Humanos en los Conflictos Armados", A/RES/2444(XXIII) (19/12/1968).

292 Comisión de Derecho Internacional; AGNU, Normas Imperativas..., *op. cit.*, pp. 160-161.

293 CIJ, *Legality of the Threat or Use of Nuclear Weapons*, 1996, párr. 75 (la traducción es nuestra).

294 *Ibid.*

295 *Ibid.* El primer instrumento del Derecho de Ginebra nació en el siglo XIX.

296 *Ibid.*

El derecho internacional humanitario también tipifica los crímenes de guerra, con lo que se produce una cierta intersección con el derecho penal internacional.

5.2. PRINCIPIOS BÁSICOS

Existen dos principios cardinales que dan forma y adecúan el derecho internacional humanitario, no obstante los cambios materiales que afecten su ámbito de aplicación, tales como innovaciones en el armamento militar.[297] El primero es el principio de distinción, según el cual debe ser posible discriminar entre "objetivos militares y bienes civiles, por un lado, y combatientes y población civil, por otro".[298] El segundo es el principio de proporcionalidad, "en virtud del cual están prohibidas las acciones militares cuyos daños, incluidos los incidentales —como el número de víctimas en la población civil o los daños a bienes civiles— claramente excedan la ventaja militar que pueda obtenerse".[299] Estos principios conllevan, por ejemplo, que sea prácticamente imposible justificar el uso de armas nucleares.

Además, en derecho internacional humanitario se suele dar gran importancia a la cláusula Martens, que dispone:

> En espera de que un Código más completo de las leyes de la guerra pueda ser dictado, las Altas Partes contratantes[300] juzgan oportuno hacer constar que en los casos no comprendidos en las disposiciones reglamentarias adoptadas por ellas, los pueblos y los beligerantes quedan bajo la salvaguardia y el imperio de los principios del derecho de gentes, tales como resultan de los usos establecidos entre naciones civilizadas, de las leyes de humanidad y de las exigencias de la conciencia pública.[301]

297 Casanovas; Rodrigo, Compendio de Derecho Internacional Público, *op. cit.*, p. 512.

298 *Ibid.*, p. 513.

299 *Ibid.*

300 "Altas Partes Contratantes" es una expresión que se usa para referirse en forma protocolar a los Estados parte de un tratado.

301 Preámbulo, Convención Relativa a las Leyes y Costumbres de la Guerra Terrestre (Convenio IV de La Haya) (18 de octubre de 1907) (la traducción se obtiene de Méndez Silva, R.; López Ortiz, L. Derecho de los Conflictos Armados. Compilación de Instrumentos Internacionales, Regionales y Otros Textos Relacionados, vol. 1. México: Universidad Nacional Autónoma de México - Comité Internacional de la Cruz Roja, 2003, p. 49). Esta cláusula apareció por primera vez en el preámbulo de la Convención Relativa a las Leyes y Costumbres de la Guerra Terrestre (Convenio II de La Haya) (29 de julio de 1899). Fue modificada levemente en 1907.

Esta cláusula habría surgido como una especie de transacción entre los negociadores de los convenios de La Haya, pero se discute su alcance. No hay duda de que ella recuerda que la omisión de un tema en un tratado de derecho internacional humanitario no exime de cumplir con las obligaciones que surjan de la costumbre internacional en la materia.[302] Sin embargo, algunos afirman que la Cláusula Martens exige que las nuevas armas sean juzgadas según el estándar de "la conciencia pública", aunque no sean contrarias a la costumbre internacional. Dicho estándar es muy vago, por lo que esta interpretación no ha recibido gran apoyo.[303]

5.3. CONFLICTOS DE CARÁCTER NO INTERNACIONAL

El derecho internacional humanitario no solo se aplica a los conflictos armados de carácter internacional, sino que también a los que ocurren al interior de un Estado, los conflictos no internacionales. En efecto, el artículo 3 de los cuatro convenios de Ginebra de 1949, usualmente llamado "artículo 3 común", establece lo siguiente:

> En caso de conflicto armado sin carácter internacional y que surja en el territorio de una de las Altas Partes contratantes, cada una de las Partes contendientes tendrá la obligación de aplicar por lo menos las disposiciones siguientes:
>
> 1) Las personas que no participen directamente en las hostilidades, incluso los miembros de las fuerzas armadas que hayan depuesto las armas y las personas que hayan quedado fuera de combate por enfermedad, herida, detención, o por cualquiera otra causa, serán, en todas circunstancias, tratadas con humanidad, sin distinción alguna de carácter desfavorable basada en la raza, el color, la religión o las creencias, el sexo, el nacimiento o la fortuna, o cualquier otro criterio análogo. A tal efecto, están y quedan prohibidos, en cualquier tiempo y lugar, respecto a las personas arriba mencionadas:
>
> a) los atentados a la vida y a la integridad corporal, especialmente el homicidio en todas sus formas, las mutilaciones, los tratos crueles, torturas y suplicios;
>
> b) la toma de rehenes;
>
> c) los atentados a la dignidad personal, especialmente los tratos humillantes y degradantes;
>
> d) las condenas dictadas y las ejecuciones efectuadas sin previo juicio, emitido por un tribunal regularmente constituido[304], provisto de garantías judiciales reconocidas como indispensables por los pueblos civilizados.

302 O'Connell, M. E. Historical Development and Legal Basis. En Dieter Fleck (ed.), The Handbook of International Humanitarian Law, 3. Oxford - New York: Oxford University Press, 2014, p. 34.

303 *Ibid.*

304 En el original dice "constituído".

> 2) Los heridos y enfermos serán recogidos y cuidados.
>
> Un organismo humanitario imparcial, tal como el Comité Internacional de la Cruz Roja podrá ofrecer sus servicios a las Partes contendientes.
>
> Las Partes contendientes se esforzarán por otra parte, para poner en vigor por vía de acuerdos especiales todas o partes de las demás disposiciones del presente Convenio.
>
> La aplicación de las disposiciones precedentes no tendrá efecto sobre el estatuto jurídico de las Partes contendientes.[305]

Cerca de treinta años después de la regulación recién referida, se elaboró el Protocolo II Adicional a los Convenios de Ginebra de 1949, Relativo a la Protección de las Víctimas de los Conflictos Armados sin Carácter Internacional.[306] Este protocolo representa un avance, pero su regulación "es menos completa y detallada que la concedida en el caso de los conflictos armados internacionales".[307]

305 Traducción tomada de Chile, Decreto Supremo 752 (05/12/1950), *Fija el Texto Revisado del Convenio de Ginebra para Mejorar la Suerte de los Heridos y Enfermos de los Ejércitos en Campaña.*

306 Protocolo II Adicional a los Convenios de Ginebra de 1949 Relativo a la Protección de las Víctimas de los Conflictos Armados Sin Carácter Internacional (8 de junio de 1977).

307 Casanovas; Rodrigo, Compendio de Derecho Internacional Público, *op. cit.*, p. 512.

CAPÍTULO 6

ALGUNAS MATERIAS DE DERECHO INTERNACIONAL ECONÓMICO

6.1. CUESTIONES GENERALES

El concepto de derecho internacional económico no es unívoco, pero podría decirse que es "el derecho que rige el orden económico internacional", lo que se refiere, principalmente, a la producción de bienes y su intercambio,[308] además de aspectos monetarios y financieros.[309] En la actualidad, y en forma creciente, los tratados en materia económica están incorporando asuntos ajenos a esta área, como cuestiones de género, derechos humanos[310] y medio ambiente.

El primer plan para crear un orden económico internacional surgió al alero de las Naciones Unidas.[311] Ello es entendible, pues uno de sus propósitos es "[r]ealizar la cooperación internacional en la solución de problemas internacionales", incluyendo explícitamente aquellos de carácter económico.[312] Este primer plan buscaba crear regímenes convencionales administrados por organizaciones internacionales con estatus de agencias especializadas de las Naciones Unidas, que desarrollarían la cooperación económica internacional en tres áreas: monetaria, financiera y comercial.[313] El área de la inversión quedó fuera de esta solución institucional, por lo que las inversiones internacionales se regulaban en tratados comerciales.[314]

En 1944, en la conferencia de Bretton Woods, los Estados formaron dos organizaciones correspondientes a los dos primeros pilares: el Fondo Monetario Internacional (FMI) y el Banco Internacional para la Reconstrucción y Desarrollo (BIRD), también llamado Banco Mundial.[315] El FMI busca "establecer las normas del sistema monetario internacional,

---

308 Diez de Velasco, M. Instituciones..., *op. cit.*, p. 733.

309 "Las definiciones más amplias [del derecho internacional económico] comparten el DI del comercio como su núcleo central y le suelen agregar otras áreas temáticas, como p. ej. el DI de las inversiones, el DI del desarrollo, el DI de la propiedad intelectual, el DI ambiental, etc." (Tijmes, El Derecho Internacional Económico, *op. cit.*, p. 437).

310 *Ibid.*, pp. 436-437. Dicho autor hace presente que Chile ha sido pionero en algunos de estos temas, que participa en el *Inclusive Trade Action Group*, y suscribió el *Global Trade and Gender Arrangement*.

311 Ruiz Fabri, Regulating Trade..., *op. cit.*, p. 354.

312 Art. 1.3, Carta de las NU.

313 Ruiz Fabri, Regulating Trade..., *op. cit.*, p. 354.

314 *Ibid.*, p. 358.

315 *Ibid.*, p. 354.

facilitar asistencia financiera a los Estados miembros, y promover —mediante un mecanismo de consultas— la cooperación y colaboración de los Estados en cuestiones monetarias internacionales".[316] Por su parte, el Banco Mundial busca "ayudar a la reconstrucción y desarrollo de los Estados miembros mediante el fomento de inversiones de capital con fines productivos; función que cumple otorgando o garantizando los préstamos requeridos para la realización de proyectos con fines productivos presentados por los Estados y previamente aprobados por el Banco Mundial".[317]

Faltaba abordar adecuadamente el tercer pilar, el comercial. Por ello, como medida provisional, se creó en 1947 el *General Agreement on Tariffs and Trade* (GATT),[318] un acuerdo que se preocupaba solo del intercambio de bienes.[319] El tratado se pensó como un acuerdo transitorio, pero hubo que esperar medio siglo para que se creara un arreglo definitivo, la Organización Mundial del Comercio (OMC), en 1995.

6.2. COMERCIO INTERNACIONAL

El GATT de 1947 era un tratado multilateral que contenía las premisas según las cuales los Estados negociarían una reducción sustancial de los aranceles y otras barreras del comercio, bajo el principio "de reciprocidad y de mutuas ventajas".[320] Este tratado restringía los cobros que los Estados miembros podían aplicarle a los bienes importados,[321] y exigía regulaciones transparentes.[322] El GATT de 1947 llegó a regir en casi todas las relaciones comerciales a nivel mundial.[323]

Los principios más importantes de este tratado buscaban prohibir la discriminación en el comercio. El primero de ellos es el principio del trato general de la nación más favorecida, según el cual, si un Estado concede una ventaja o privilegio a la importación de un producto originario de otro país, deberá concederlo también a los productos similares originarios de los Estados miembros del GATT (en otras palabras, no debe discriminarse a los Estados

---

316 Diez de Velasco, Instituciones..., *op. cit.*, p. 731.

317 *Ibid.*

318 Acuerdo General sobre Aranceles Aduaneros y Comercio (GATT de 1947) (30 de octubre de 1947).

319 Después, en la Carta de la Habana de 1948, se propuso como arreglo definitivo la creación de la *Organización Internacional del Comercio* —que no debe confundirse con la actual Organización Mundial del Comercio (OMC)—. Sin embargo, ella nunca se creó (Ruiz Fabri, Regulating Trade..., *op. cit.*, p. 354).

320 Preámbulo, Acuerdo General sobre Aranceles Aduaneros y Comercio (GATT de 1947) (30 de octubre de 1947).

321 Solo se permiten algunos, como los aranceles que buscan encarecer los bienes importados que se venden en el mercado por debajo su costo real (aranceles *anti-dumping*), y los aranceles compensatorios para contrarrestar los subsidios extranjeros a la exportación (August, R.; Mayer, D.; Bixby, M. International Business Law. Text, Cases, and Readings. Essex: Pearson, 2013, p. 363).

322 *Ibid.*

323 *Ibid.* A pesar de ello, el GATT no entró nunca en vigor en forma definitiva, sino que mediante un protocolo de aplicación provisional.

participantes del GATT).[324] Este principio no impide establecer uniones aduaneras y tratados de libre comercio, pues se entiende que el GATT es un piso mínimo.[325] El segundo principio es el del trato nacional en materia de tributación y reglamentación internas, lo que significa que, una vez que los productos extranjeros han pagado los aranceles o cargos necesarios para ingresar a un Estado, tendrán el mismo trato que el que se le da a los productos nacionales.

En 1995, después de unos cincuenta años de aplicación "provisoria" del GATT, y producto de negociaciones entre 120 Estados, durante la llamada Ronda de Uruguay —que duró siete años y medio—, entró en vigor el GATT de 1994.[326] Este incluye las disposiciones del GATT de 1947, pero busca atenuar las políticas proteccionistas, por ejemplo, reincorporando la agricultura a las disciplinas generales (pues muchos Estados tienen posiciones proteccionistas sobre la agricultura, y buscan que ella se exceptúe del régimen de liberalización).[327] Los muchos asuntos tratados en el GATT de 1994 fueron objeto de diversos acuerdos, pero se agruparon todos en una unidad, de modo que no se pudiera aceptar solo algunos de ellos. Desde un punto de vista institucional, se crea la Organización Mundial del Comercio (OMC), que busca facilitar la aplicación, administración y funcionamiento de los diversos acuerdos.[328] Ella también cuenta con un sistema de monitoreo de las políticas comerciales,[329] y con un mecanismo para la solución de diferencias (resolución de controversias), el que incluye paneles que pueden resolver disputas sobre comercio internacional.[330] Además del GATT de 1994, existen otros tratados que buscan liberalizar el comercio.[331]

---

324 Arts. I y II, Acuerdo General sobre Aranceles Aduaneros y Comercio (GATT de 1947) (30 de octubre de 1947).

325 Art. XXIV, *Ibid.*

326 Ruiz Fabri, Regulating Trade..., *op. cit.*, pp. 355-356. El término "ronda" se refiere a un periodo de negociaciones multilaterales (que puede durar varios años), dentro de un conjunto de dichos periodos. Así, la Ronda de Uruguay fue la octava ronda de negociaciones durante la época del GATT (Organización Mundial del Comercio, Los Años del GATT: De La Habana a Marrakech. Fecha de consulta: 07/11/2024. Disponible en: https://bit.ly/4j6VmMS).

327 Ruiz Fabri, Regulating Trade..., *op. cit.*, p. 356.

328 Acuerdo por el que se Establece la Organización Mundial del Comercio (15 de abril de 1994). A pesar de que el GATT 1994 está conformado, esencialmente, por las mismas reglas del GATT 1947, la OMC los trata como dos instrumentos legalmente diversos (August y otros, International Business Law..., *op. cit.*, p. 376).

329 Se trata del Mecanismo de Examen de las Políticas Comerciales (Tijmes, El Derecho Internacional Económico, *op. cit.*, p. 447).

330 Estos paneles ya existían en el GATT 1947. El nuevo sistema de la OMC los hizo más efectivos y estableció un mecanismo de apelación (Merrills, International Dispute Settlement, *op. cit.*, p. 197). Sin embargo, EE. UU. ha paralizado el funcionamiento del mecanismo de apelación, mediante el bloqueo del nombramiento de sus integrantes (Tijmes, El Derecho Internacional Económico, *op. cit.*, p. 448). El marco de la OMC también cuenta con un sistema de tribunales arbitrales.

331 Por ejemplo, el GATS, que es un acuerdo con un objetivo similar, pero en el área de los servicios. Acuerdo General sobre el Comercio de Servicios (15 de abril de 1994).

Junto con los regímenes generales, los Estados suelen celebrar acuerdos de libre comercio. Chile ha suscrito más de treinta de estos acuerdos,[332] la mayoría con Estados concretos,[333] pero también con bloques comerciales como la Unión Europea[334] y con grupos de Estados, como el tratado de libre comercio con Centroamérica.[335] Además, hay varios tratados que, sin estar aún ratificados, están ya firmados o en negociación.[336] Los tipos de acuerdos de libre comercio celebrados por Chile son cuatro:[337]

- Acuerdos de alcance parcial: "[e]s el tipo de acuerdo bilateral más básico en materias arancelarias que persigue liberar parcialmente el comercio de listados acotados de productos. Normalmente se le concibe como una primera etapa en un proceso de apertura mayor a largo plazo".[338]
- Acuerdos de asociación estratégica: son tratados con efectos intermedios entre los acuerdos de alcance parcial y los de libre comercio, que, "además de abrir arancelariamente mercados puede abordar acuerdos en otros temas conexos no directamente comerciales, tales como cooperación en materias científicas, tecnológicas, sociales y educacionales".[339]
- Acuerdos de libre comercio: son tratados que reducen o eliminan, entre los Estados contratantes, los aranceles, cuotas y otras barreras al comercio que puedan existir, creando una zona de libre comercio.[340] Hoy en día, se entiende que "deben asegurar bases competitivas homologables o comunes en ámbitos no directamente comerciales, pero que pueden tener una alta incidencia competitiva".[341] Es por esto que regulan materias como la laboral, medioambiental, de propiedad intelectual, etcétera.
- Acuerdos de complementación económica: es el nombre que se da a tratados arancelarios acordados en el marco de la Asociación Latinoamericana de Integración (Aladi).[342]

---

332 Véase Subsecretaría de Relaciones Económicas Internacionales, Acuerdos Económico-Comerciales Vigentes. Fecha de consulta: 07/11/2024. Disponible en: https://bit.ly/3ElYZQ4.

333 Por ejemplo, el Acuerdo de Libre Comercio Chile-Perú (22 de agosto de 2006).

334 Otros bloques con los que se tienen acuerdos son el Mercosur y la Asociación Europea de Libre Comercio (Tijmes, El Derecho Internacional Económico, *op. cit.*, p. 440).

335 Este tratado incluye a Costa Rica, El Salvador, Guatemala, Honduras y Nicaragua (Tratado de Libre Comercio entre Chile y Centroamérica; 18 de octubre de 1999).

336 Véase Subsecretaría de Relaciones Económicas Internacionales, Acuerdos en Negociación y Suscritos. Fecha de consulta: 07/11/2024. Disponible en: https://bit.ly/4loOmfX.

337 Subsecretaría de Relaciones Económicas Internacionales, Preguntas Frecuentes. Fecha de consulta: 07/11/2024. Disponible en: https://bit.ly/3Rhk15q.

338 *Ibid.*

339 *Ibid.*

340 Folsom, R. H.; Gordon, M. W.; Spanogle, J. A.; Van Alstine, M. P. International Trade and Economic Relations in a Nutshell. Saint Paul: West, Thomson Reuters, 2012, p. 205.

341 Subsecretaría de Relaciones Económicas Internacionales, Preguntas frecuentes. Fecha de consulta: 07/11/2024. Disponible en: https://bit.ly/3Rhk15q.

342 *Ibid.*

Además de los tipos de acuerdos celebrados por Chile, pueden nombrarse otros, como las uniones aduaneras, los mercados comunes, y las comunidades y uniones económicas.[343] Los Estados suelen también formar parte de iniciativas de integración comercial; en América Latina, por ejemplo, existen varias iniciativas formadas por diversos Estados, como la Aladi, la Comunidad Andina, el Mercado Común del Caribe (Caricom), el Mercado Común del Sur (Mercosur), el Sistema de la Integración Centroamericana (Sica) y la Alianza del Pacífico.[344]

6.3. DERECHO DE LA INVERSIÓN

El derecho de la inversión se funda en las normas consuetudinarias sobre el modo de tratar a los extranjeros. Ellas exigen un trato justo y equitativo, no solo a las personas extranjeras, sino que también a su propiedad e inversiones.[345] Estos estándares implican que se debe indemnizar a quienes son desposeídos de sus inversiones.[346] Fuera de eso, la legislación nacional de los Estados regulaba la inversión extranjera. Sin embargo, los Estados comprendieron que era muy valiosa para desarrollar las economías internas, por lo que empezaron a protegerla dentro de tratados dedicados a temas más amplios, como el comercio.[347] En 1959 se acordó el primer tratado bilateral de inversión (BIT, por su sigla en inglés).[348] Desde entonces se han multiplicado este tipo de tratados, y Chile cuenta con decenas de ellos.[349] Los BIT suelen incluir garantías de trato justo y equitativo, protecciones contra la expropiación, arreglos para la repatriación de utilidades y mecanismos de solución de controversias.[350]

En los años cincuenta, la Organización para la Cooperación y el Desarrollo Económicos (OCDE) elaboró propuestas de tratados multilaterales sobre la inversión, pero la única convención que prosperó fue la Convención de Washington de 1965, auspiciada por el Banco Mundial, que creó el Centro Internacional de Arreglo de Diferencias Relativas a Inversiones (Ciadi).[351] Este es un mecanismo de arbitraje y conciliación, al que pueden

---

343 Folsom y otros, International Trade..., *op. cit.*, p. 205.

344 Tijmes, El Derecho Internacional Económico, *op. cit.*, pp. 448-449. Este autor hace notar, en el ámbito latinoamericano, "el contraste entre la cantidad de acuerdos y sus magros resultados" (*Ibid.*, p. 449).

345 Ruiz Fabri, Regulating Trade..., *op. cit.*, p. 358.

346 *Ibid.*

347 Esta protección podía darse en tratados de amistad, comercio y navegación, como los celebrados por EE. UU. en el siglo XIX y comienzos del XX (Lim y otros, International Investment Law..., *op. cit.*, p. 60). También puede encontrarse en capítulos de acuerdos de libre comercio (*Ibid.*, p. 57).

348 El primero de ellos se acordó entre Paquistán y Alemania (August y otros, International Business Law..., *op. cit.*, p. 239).

349 UNCTAD, Investment Policy Hub, International Investment Agreements Navigator, Chile. Fecha de consulta: 07/11/2024. Disponible en: https://bit.ly/3EkaTtL.

350 August y otros, International Business Law..., *op. cit.*, p. 239.

351 Ruiz Fabri, Regulating Trade..., *op. cit.*, p. 359. El nombre oficial de la Convención de Washington es Convenio sobre Arreglo de Diferencias Relativas a Inversiones entre Estados y Nacionales de Otros Estados (18 de marzo de 1965).

acudir directamente los inversionistas para demandar a un Estado.[352] Si un inversionista se somete a un arbitraje ante el Ciadi, el Estado del cual es nacional el inversionista no podrá ejercer la protección diplomática en contra del Estado sometido al arbitraje, salvo algunas situaciones excepcionales.[353]

El Ciadi permaneció inactivo hasta que los BIT se volvieron populares, a partir de 1990. Se activó debido a que los BIT incluían cláusulas de resolución de controversias inversionista-Estado, principalmente bajo el sistema del Ciadi.[354] Muchos critican los sistemas de solución pacífica de controversias de estos BIT;[355] por ejemplo, esta fue la posición oficial de Ecuador durante el mandato de Rafael Correa,[356] y del Gobierno chileno al tiempo de ratificar el CPTPP (también conocido como TPP-11).[357] Chile ha debido comparecer en varias ocasiones ante tribunales del Ciadi, y tiene algunos casos vigentes.[358] Para enfrentar estos casos, Chile estableció un comité interministerial que coordina la defensa del Estado en controversias internacionales en materia de inversiones.[359]

Hoy en día, existe una tendencia a incorporar normas sobre inversión extranjera en acuerdos de integración comercial,[360] y a reducir la protección a los inversionistas frente al espacio regulatorio estatal.[361]

---

352 Lim y otros, International Investment Law..., *op. cit.*, p. 63.

353 *Ibid.*, p. 62.

354 Ruiz Fabri, Regulating Trade..., *op. cit.*, p. 359.

355 August y otros, International Business Law..., *op. cit.*, p. 239.

356 Véase Procuraduría General del Estado. Ecuador, Visión Crítica del Arbitraje de Inversiones desde la Experiencia del Ecuador, 2016, Quito. Fecha de consulta: 07/11/2024. Disponible en: https://bit.ly/4i8wK57. Esto habría motivado que Ecuador denunciara en 2009 el tratado que crea el Ciadi, aunque luego volvió a ratificarlo en 2021 (Jijón Letort R.; Castro Zurita, F. Ecuador y el Convenio CIADI: Una Historia de Idas y Vueltas, Iurgium 50, 2024, p. 49). Algunos Estados de la Región no son parte de esta convención, como Brasil, Bolivia y Venezuela (*Ibid.*).

357 Por ese motivo, se negoció con Estados miembros, para tratar de acordar *side letters* que pudieran excluir la aplicación del mecanismo de solución de controversias. Sobre estas *side letters*, véase Tijmes-Ihl, J. Tramitación Constitucional de las *Side Letters* al CPTPP, Latin American Legal Studies 12, 2, 2024.

358 Al 17 de diciembre de 2024, Chile contaba con dos casos vigentes en tribunales Ciadi, y cinco casos ya concluidos. Ello puede revisarse en Ciadi, Search Cases Es. Fecha de consulta: 17/12/2024. Disponible en: https://bit.ly/3RebrEv.

359 Chile, Decreto Supremo 125 (27/12/2016), *Crea Comité Interministerial para la Defensa del Estado en Controversias Internacionales en Materias Relativas a Inversiones y Regula la Coordinación para la Solución de Dichas Controversias.*

360 Tijmes, El Derecho Internacional Económico, *op. cit.*, p. 455.

361 *Ibid.*, p. 454.

BIBLIOGRAFÍA

Abello-Galvis, R., «La Jerarquía Normativa en la Corte Interamericana de Derechos Humanos: Evolución Jurisprudencial del *Jus Cogens* (1993-2012)», *Revista do Instituto Brasileiro de Direitos Humanos*, vol. 12, 2012, pp. 357-75.

Aguilar Cavallo, G., «La Corte Suprema y la Aplicación del Derecho Internacional: Un Proceso Esperanzador», *Estudios Constitucionales*, vol. 7, n.º 1, 2009, pp. 91-136.

Alcalde Silva, J., «Sobre la Legitimación Procesal de la Iglesia Católica en el Derecho Chileno», *Revista Chilena de Derecho*, vol. 46, n.º 2, 2019, pp. 601-625.

Aldunate Lizana, E., «La Posición de los Tratados Internacionales en el Sistema de Fuentes del Ordenamiento Jurídico Chileno a la Luz del Derecho Positivo», *Ius et Praxis*, vol. 16, n.º 2, 2010, pp. 185-210.

Allott, P., «El Derecho Internacional como Verdadero Derecho: Un Nuevo Enfoque para un Problema Antiguo», *Revista Tribuna Internacional*, vol. 11, n.º 21, 2022, pp. 1-6.

Almutawa, A., «The Arab Court of Human Rights and the Enforcement of the Arab Charter on Human Rights», *Human Rights Law Review*, vol. 21, 2021, pp. 506-532.

Alvarez, A., *Le Droit International Américain, son Fondement, sa Nature. D'Après l'Histoire Diplomatique des Etats du Nouveau Monde et leur Vie Politique et Économique*, Reimpresión, Forgotten Books, London, 2017.

Alvarez, J. E., *International Organizations as Law-makers*, Oxford University Press, Oxford, 2005.

d'Arienzo, M., «The Lateran Treaty and the Hermeneutics of the Holy See Neutrality. The Final Defeat of the Papal State and the Roman Question», en Marshall J. Breger, Herbert R. Reginbogin (eds.) *The Vatican and Permanent Neutrality*, Lexington Books, London, 2022, pp. 39-59.

Arrighi, J. M., *La OEA y el Derecho Internacional*, Porrúa, México D.F., 2015.

Asamblea General, N. U., *Informe de la Comisión de Derecho Internacional. 70° Período de Sesiones (30 de Abril a 1 de Junio y 2 de Julio a 10 de Agosto de 2018)*, Nueva York, 2018.

d'Aspremont, J., *Formalism and the Sources of International Law. A Theory of the Ascertainment of Legal Rules*, Oxford University Press, New York, 2011.

d'Aspremont, J., «The International Court of Justice as a Master of the Sources», en Carlos Espósito, Kate Parlett (eds.) *The Cambridge Companion to the International Court of Justice*, Cambridge University Press, Cambridge, 2023, pp. 165-186.

August, R.; Mayer, D.; Bixby, M., *International Business Law. Text, Cases, and Readings*, 6, Pearson, Essex, 2013.

Aust, A., *Modern Treaty Law and Practice*, 3, Cambridge University Press, Cambridge, 2014.

Ayala Corao, C., «Inconstitucionalidad de la Denuncia de la Convención Americana sobre Derechos Humanos», *Estudios Constitucionales*, vol. 10, n.º 2, 2012, pp. 643-682.

Balmaceda Hoyos, G., *Manual de Derecho Penal. Parte General*, Librotecnia, Santiago, 2014.

BARROS JARPA, E., *Manual de Derecho Internacional Público*, 3, Editorial Jurídica de Chile, Santiago, 1964.

BECKER LORCA, A., «International Law in Latin America or Latin American International Law? Rise, Fall, and Retrieval of a Tradition of Legal Thinking and Political Imagination», *Harvard International Law Journal*, vol. 47, n.° 1, 2006, pp. 283-305.

BECKER LORCA, A., *Mestizo International Law. A Global Intellectual History 1842-1933*, Cambridge University Press, Cambridge, 2016.

BEDERMAN, D. J., «The *Reparation for Injuries Case*: The Law of Nations is Transformed into International Law», en John E. Noyes, Laura A. Dickinson, Mark W. Janis (eds.) *International Law Stories*, Foundation Press, New York, 2007, pp. 307-337.

BEHRENDT, C., *La Ratification des Traités Internationaux, une Perspective de Droit Comparé. Belgique*, Parlement Européen, Service de recherche, 2020, p. 44, fecha de consulta 8 noviembre 2024, en https://www.europarl.europa.eu/RegData/etudes/STUD/2020/646197/EPRS_STU(2020)646197_FR.pdf.

BELLO, A., «Congreso Americano», en *Obras Completas de Don Andrés Bello*, vol. X, Pedro G. Ramírez, Santiago, 1886, pp. 493-507.

BELLO, A., «Derecho Internacional», en *Obras Completas de Don Andrés Bello*, vol. X, Pedro G. Ramírez, Santiago, 1886, pp. 1-400.

BENADAVA CATTAN, S., «Las Relaciones entre Derecho Internacional y Derecho Interno ante los Tribunales Chilenos», en Santiago Benadava Cattan, Samuel Durán Bächler, Claudio Grossman Guiloff, Avelino León Steffens, Francisco Orrego Vicuña (eds.) *Nuevos Enfoques del Derecho Internacional*, Editorial Jurídica de Chile, Santiago, 1992, pp. 9-59.

BENADAVA, S., *Derecho Internacional Público*, 4, Editorial Jurídica Conosur, Santiago, 1993.

BENAVIDES CASALS, M. A., «Reservas en el Ámbito del Derecho Internacional de los Derechos Humanos», *Ius et Praxis*, vol. 13, n.° 1, 2007, pp. 167-204.

BENTHAM, J., *The Works of Jeremy Bentham, Published under the Superintendence of His Executor, John Bowring*, vol. 1 (An Introduction to the Principles of Morals and Legislation), Simpkin, Marshall, & Co., Edimburgh, 1843.

BENVENISTI, E.; HAREL, A., «Embracing the Tension Between National and International Human Rights Law: The Case for Discordant Parity», *International Journal of Constitutional Law*, vol. 15, 2017, pp. 36-59.

BERTELSEN REPETTO, R., «Rango Jurídico de los Tratados Internacionales en el Derecho Chileno», *Revista Chilena de Derecho*, vol. 23, n.° 2-3, 1996, pp. 211-222.

BIANCHI, A., *International Law Theories. An Inquiry into Different Ways of Thinking*, Oxford University Press, Oxford, 2016.

BINDER, C., «The Prohibition of Amnesties by the Inter-American Court of Human Rights», *German Law Journal*, vol. 12, n.° 5, 2011, pp. 1203-1211.

VON BOGDANDY, A., «Pluralism, Direct Effect, and the Ultimate Say: On the Relationship Between International and Domestic Constitutional Law», *International Journal of Constitutional Law*, vol. 6, n.° 3-4, 2008, pp. 397-413.

VON BOGDANDY, A.; GOLDMANN, M.; VENZKE, I., «From Public International to International Public Law: Translating World Public Opinion into International Public Authority», *The European Journal of International Law*, vol. 28, n.° 1, 2017, pp. 115-145.

Boggero, G.; Costamagna, F.; Mola, L., «The European Social Charter Turns 60: Advancing Economic and Social Rights Across Jurisdictions», *European Papers*, vol. 7, n.º 3, 2022, pp. 1489-1494.

Borgoño, C., *Cristianismo y Derechos Humanos. Influencias Recíprocas, Desafíos Comunes*, Ediciones Universidad Católica de Chile, Santiago, 2018.

Borlini, L.; Crema, L., «The Legal Status of Decisions by Human Rights Treaty Bodies: International Supervision, Authoritative Interpretations or *mission éducatrice*?», *ESIL Conference Paper Series*, vol. 13, n.º 3, 2019, pp. 1-31.

Briceño Monzón, C. A., «La Frontera Chilena-Argentina: La Controversia por el Canal del Beagle», *Tiempo y Espacio*, vol. 62, 2014, pp. 221-261.

Bruce, A., «Cognitive Dissonance in the Contribution of the Catholic Church to International Human Rights Law Discourse», *Adelaide Law Review*, vol. 30, 2009, pp. 149-174.

Buergenthal, T.; Shelton, D.; Stewart, D. P., *International Human Rights in a Nutshell*, 4, West Publishing Co., Saint Paul, Minnesota, 2009.

Bui, H., «The ASEAN Human Rights System: A Critical Analysis», *Asian Journal of Comparative Law*, vol. 11, n.º 1, 2016, pp. 111-140.

Burgorgue-Larsen, L., *El Diálogo Judicial: Máximo Desafío de los Tiempos Jurídicos Modernos*, Editorial Porrúa - IMDPC, México D.F., 2013.

Burkle Jr., F. M., «United Nations Charter, Chapter VII, Article 43: Now or Never», *Disaster Medicine and Public Health Preparedness*, vol. 13, n.º 4, 2018, pp. 655-662.

Byers, M., *International Law and the Arctic*, Cambridge University Press, Cambridge, 2013.

Carozza, P. G., «Subsidiarity as a Structural Principle of International Human Rights Law», *The American Journal of International Law*, vol. 97, 2003, pp. 38-79.

Carozza, P. G., «The Problematic Applicability of Subsidiarity to International Law and Institutions», *The American Journal of Jurisprudence*, vol. 61, n.º 1, 2016, pp. 51-67.

Carozza, P. G.; Philpott, D., «The Catholic Church, Human Rights, and Democracy. Convergence and Conflict with the Modern State», *Logos: A Journal of Catholic Thought and Culture*, vol. 15, n.º 3, 2012, pp. 15-43.

Cartes Rodríguez, J. B., «El Sistema Regional Africano de Derechos Humanos y de los Pueblos: Evolución, Innovaciones y Desafíos», *Anuario de los Cursos de Derechos Humanos de Donostia-San Sebastián*, vol. 21, 2021, pp. 45-85.

Casanovas, O.; Rodrigo, Á. J., *Compendio de Derecho Internacional Público*, 12, Tecnos, Madrid, 2024.

Cassese, A., *International Law*, 2, Oxford University Press, Oxford, 2005.

Cassese, A.; Gaeta, P.; Baig, L.; Fan, M.; Gosnell, C.; Whiting, A., *Cassese's International Criminal Law*, 3, Oxford University Press, Oxford, 2013.

Castaño, S. R., *El Estado en el Orden Internacional*, EDUCA, Buenos Aires, 2019.

Castilla Juárez, K. A., «¿Control Interno o Difuso de Convencionalidad? Una Mejor Idea: La Garantía de Tratados», *Anuario Mexicano de Derecho International*, vol. XIII, 2013, pp. 51-97.

Cea Egaña, J. L., *Derecho Constitucional Chileno*, tomo III, Santiago, Ediciones Universidad Católica de Chile, 2013.

Céspedes Proto, R., «Sucesión de Estados y la Guerra del Pacífico», *Derecho Público Iberoamericano*, vol. 21, 2022, pp. 121-139.

CHARLESWORTH, H., «Law-making and Sources», en James Crawford, Martti Koskenniemi (eds.) *The Cambridge Companion to International Law*, Cambridge University Press, Cambridge, 2013, pp. 187-202.

CHARLESWORTH, H.; CHINKIN, C.; WRIGHT, S., «Feminist Approaches to International Law», *The American Journal of International Law*, vol. 85, n.º 4, 1991, pp. 613-645.

CHENG, B., *General Principles of Law as Applied by International Courts and Tribunals*, Reprint, Cambridge University Press, Cambridge, 2006.

CHENG, B., *Studies in International Space Law*, Oxford University Press, Oxford - New York, 1997.

CHESTERMAN, S.; JOHNSTONE, I.; MALONE, D. M., *Law and Practice of the United Nations. Documents and Commentary*, 2, Oxford University Press, New York, 2016.

CHIMNI, B. S., «The Past, Present and Future of International Law: A Critical Third World Approach», *Melbourne Journal of International Law*, vol. 8, n.º 2, 2007, pp. 499-515.

CHRISTAKIS, T., «Self-Determination, Territorial Integrity and *Fait Accompli* in the Case of Crimea», *Heidelberg Journal of International Law*, vol. 75, 2015, pp. 75-100.

CLAPHAM, A., *Brierly's Law of Nations*, 7, Oxford University Press, Oxford, 2012.

COBO ROMANÍ, N., «La Protección de la Inmunidad en el Derecho Chileno», *The Yearbook of Diplomatic and Consular Law*, vol. 3, 2018, pp. 1-17.

COHEN, H. G., «Fragmentation», en Jean d'Aspremont, Sahib Singh (eds.) *Concepts for International Law. Contributions to Disciplinary Thought*, Edward Elgar Publishing, Cheltenham - Northampton, 2019, pp. 315-327.

COLLIER, J.; LOWE, V., *The Settlement of Disputes in International Law. Institutions and Procedures*, Oxford University Press, Cambridge - New York, 2009.

COMISIÓN DE DERECHO INTERNACIONAL, *Anuario de la Comisión de Derecho Internacional 2001*, Naciones Unidas, Nueva York y Ginebra, 2007, fecha de consulta 8 noviembre 2024, en https://legal.un.org/ilc/publications/yearbooks/spanish/ilc_2001_v2_p2.pdf.

COMISIÓN DE DERECHO INTERNACIONAL, *Anuario de la Comisión de Derecho Internacional 2011*, Naciones Unidas, Nueva York y Ginebra, 2016, fecha de consulta 8 noviembre 2024, en https://legal.un.org/ilc/publications/yearbooks/spanish/ilc_2011_v2_p2.pdf.

COMISIÓN DE DERECHO INTERNACIONAL, «Fragmentación del Derecho Internacional: Dificultades Derivadas de la Diversificación y Expansión del Derecho Internacional», *Anuario de la Comisión de Derecho Internacional 2006. Informe de la Comisión a la Asamblea General sobre la Labor Realizada en su Quincuagésimo Octavo Período de Sesiones*, vol. II, A/CN.4/SER.A/2006/Add. 1 (Part 2), 2006, pp. 192-202.

COMISIÓN DE DERECHO INTERNACIONAL, *Informe de la Comisión de Derecho Internacional. 73er período de sesiones*, Asamblea General, Naciones Unidas, New York, A/77/10, 2022, fecha de consulta 14 mayo 2024, en https://undocs.org/A/77/10.

COMISIÓN DE DERECHO INTERNACIONAL, «Informes de la Comisión a la Asamblea General», en *Anuario de la Comisión de Derecho Internacional 1966*, vol. II, Naciones Unidas, Nueva York, 1967 (A/CN.4/SER.A/1966/Add.1), pp. 185-400.

COMISIÓN DE DERECHO INTERNACIONAL, *Inmunidad de Jurisdicción Penal Extranjera de los Funcionarios del Estado. Textos y Títulos del Proyecto de Artículos Aprobados por el Comité de Redacción en Primera Lectura*, Naciones Unidas, Ginebra, 2022, pp. 1-7, fecha de consulta 8 noviembre 2024, en https://documents-dds-ny.un.org/doc/UNDOC/LTD/G22/354/02/PDF/G2235402.pdf?OpenElement.

Comisión de Derecho Internacional, «Los Acuerdos Ulteriores y la Práctica Ulterior en Relación con la Interpretación de Tratados», en *Informe de la Comisión de Derecho Internacional sobre la Labor Realizada en su 70º período de sesiones*, Nueva York, 2018, fecha de consulta 9 agosto 2024, en https://legal.un.org/ilc/reports/2018/spanish/chp4.pdf.

Comisión de Derecho Internacional, «Model Rules on Arbitral Procedure», *Yearbook of the International Law Commission 1958. Documents of the Tenth Session Including the Report of the Commission to the General Assembly*, vol. II, A/CN.4/SER.A/1958/Add. 1, 1958, pp. 83-86.

Comisión de Derecho Internacional, *Primer informe sobre los acuerdos internacionales jurídicamente no vinculantes, elaborado por Mathias Forteau, Relator Especial*, Naciones Unidas, Ginebra, 2024, pp. 1-60, fecha de consulta 5 septiembre 2024, en https://documents.un.org/doc/undoc/gen/n24/029/58/pdf/n2402958.pdf.

Comisión de Derecho Internacional, *Principios Generales del Derecho. Texto Consolidado de los Proyectos de Conclusión 1 a 11 Aprobados Provisionalmente por el Comité de Redacción*, Naciones Unidas, A/CN.4/L.971, 2022.

Comisión de Derecho Internacional, «Principios Rectores Aplicables a las Declaraciones Unilaterales de los Estados Capaces de Crear Obligaciones Jurídicas», *Anuario de la Comisión de Derecho Internacional 2006. Informe de la Comisión a la Asamblea General sobre la Labor Realizada en su Quincuagésimo Octavo Período de Sesiones*, vol. II, A/CN.4/SER.A/2006/Add. 1 (Part 2), 2006, pp. 176-177.

Comisión de Derecho Internacional, «Protección diplomática», en *Informe de la Comisión de Derecho Internacional. 58vo período de sesiones (1 de mayo a 9 de junio y 2 de julio a 11 de agosto de 2006)*, vol. A/61/10, Nueva York, 2006.

Comisión de Derecho Internacional; Naciones Unidas, «Guía de la Práctica sobre las Reservas a los Tratados», en *Anuario de la Comisión de Derecho Internacional 2011. Informe de la Comisión a la Asamblea General sobre la Labor Realizada en su Sexagésimo Tercer Período de Sesiones*, vol. II, Naciones Unidas, Nueva York y Ginebra, 2011, pp. 27-44, fecha de consulta 14 mayo 2024, en https://legal.un.org/ilc/reports/2011/spanish/chp4.pdf.

Comisión de Derecho Internacional; Naciones Unidas, *Informe de la Comisión de Derecho Internacional. 63° período de sesiones (26 de abril a 3 de junio y 4 de julio a 12 de agosto de 2011)*, Naciones Unidas, Nueva York, A/66/10/Add.1, 2011, fecha de consulta 13 mayo 2024, en https://undocs.org/A/66/10/Add.1.

Comisión de Derecho Internacional; Naciones Unidas, A. G., «Normas Imperativas de Derecho Internacional General (Ius Cogens)», en *Informe de la Comisión de Derecho Internacional. 71er período de sesiones (29 de abril a 7 de junio y 8 de julio a 9 de agosto de 2019)*, 2019, pp. 154-227.

Comisión de Estudio de la Nueva Constitución, *Actas Oficiales de la Comisión de Estudio de la Nueva Constitución, Política de la República*, vol. XI, 1978, fecha de consulta 8 noviembre 2024, en https://obtienearchivo.bcn.cl/obtienearchivo?id=recursoslegales/10221.3/3769/2/Tomo_XI_Comision_Ortuzar.pdf.

Comisión Experta, «Anteproyecto de Constitución Política de la República de Chile».

Comisión Interamericana de Derechos Humanos, *Estándares Jurídicos Vinculados a la Igualdad de Género y a los Derechos de las Mujeres en el Sistema Interamericano de Derechos Humanos: Desarrollo y Aplicación. Actualización del 2011-2014*, 2015, p. 155, fecha de consulta 8 enero 2025, en https://www.oas.org/es/cidh/informes/pdfs/EstandaresJuridicos.pdf.

CONSEJO CONSTITUCIONAL, «Propuesta Constitución Política de la República de Chile (2023)».

CONTRERAS AGUIRRE, S., «Ley Natural, *Determinatio* y Derecho Positivo. Lo Indiferente y las Determinaciones del Legislador», *Veritas*, vol. 25, n.º Septiembre, 2011, pp. 39-54.

CONVENCIÓN CONSTITUCIONAL, «Propuesta de Constitución Política de la República de Chile (2022)».

CORRAL SALVADOR, C., *Derecho Internacional Concordatario*, Biblioteca de Autores Cristianos, Madrid, 2009.

CORREA VERA, L.; GARCÍA PINZÓN, V., «Aunque las Aguas Nos Dividan: Las Relaciones Chileno-Bolivianas y la Construcción de una Agenda Común», *Política Exterior Latinoamericana*, vol. 54, n.º 1, 2012, pp. 75-110.

CORTEZ MATCOVICH, G., «La Configuración del *Periculum in Mora* en el Régimen Cautelar Chileno», *Revista de Derecho Universidad de Concepción*, vol. 205, 1999, pp. 99-114.

CRAVEN, M., «Statehood, Self-Determination, and Recognition», en Malcolm D. Evans (ed.) *International Law*, 4, Oxford University Press, New York, 2014, pp. 201-247.

CRAVEN, M.; PARFITT, R., «Statehood, Self-Determination and Recognition», en *International Law*, 6, Oxford University Press, Oxford, 2024, pp. 206-247.

CRAWFORD, J., «Artículos sobre Responsabilidad Internacional del Estado por Hechos Internacionalmente Ilícitos», fecha de consulta 8 noviembre 2024, en https://legal.un.org/avl/pdf/ha/rsiwa/rsiwa_s.pdf.

CRAWFORD, J., *Brownlie's Principles of Public International Law*, 9, Oxford University Press, Oxford, 2019.

CRAWFORD, J., *State Responsibility. The General Part*, Cambridge University Press, Cambridge, 2013.

CREMA, L., «The ILC's New Way of Codifying International Law, the Motives Behind It, and the Interpretive Approach Best Suited to It», en Panos Merkouris, Jörg Kammerhofer, Noora Arajärvi (eds.) *The Theory, Practice and Interpretation of Customary International Law*, Cambridge University Press, Cambridge, 2022 (The Rules of Interpretation of Customary International Law), pp. 161-182.

CUEVA, A., «Ecuador: 1925-1975», en Pablo González Casanova (ed.) *América Latina: Historia de Medio Siglo*, vol. I (América del Sur), 8, Siglo XXI Editores, México, 1979.

CULLEN, A., «Key Developments Affecting the Scope of Internal Armed Conflict in International Humanitarian Law», *Military Law Review*, vol. 183, 2005, pp. 66-109.

CUMPLIDO, F., «Historia de una Negociación para la Protección y Garantía de los Derechos Humanos», en Jeannette Irigoin Barrenne (ed.) *Nuevas Dimensiones en la Protección del Individuo*, Instituto de Estudios Internacionales de la Universidad de Chile, Santiago, 1991, pp. 191-197.

DE JONGE OUDRAAT, C., «Humanitarian Intervention: The Lessons Learned», *Current History*, n.º December, 2000, pp. 419-429.

DE VATTEL, E., *The Law of Nations, or, Principles of the Law of Nature, Applied to the Conduct and Affairs of Nations and Sovereigns. From the French of Monsieur de Vattel*, London, 1797.

DELGADO CASTELEIRO, A., «La Responsabilidad Internacional», en Jaime Tijmes, Andrés Delgado Casteleiro, Andrea Lucas Garín (eds.) *Derecho Internacional Público*, Tirant lo Blanch, Valencia, 2023, pp. 253-279.

DENZA, E., *Diplomatic Law. Commentary on the Vienna Convention on Diplomatic Relations*, 3, Oxford University Press, Oxford, 2008.

DÍAZ ALBÓNICO, R., «La Reforma al Artículo 5° de la Constitución Política», en Jeannette Irigoin Barrenne (ed.) *Nuevas Dimensiones en la Protección del Individuo*, Instituto de Estudios Internacionales de la Universidad de Chile, Santiago, 1991, pp. 199-208.

DÍAZ TOLOSA, R. I., «El Reconocimiento del *Ius Cogens* en el Ordenamiento Jurídico Chileno», *Revista Chilena de Derecho*, vol. 41, n.° 2, 2014, pp. 555-587.

DÍAZ TOLOSA, R. I., «Relaciones entre el Derecho Internacional Público y los Ordenamientos Jurídicos Internos», en Jaime Tijmes, Andrés Delgado Casteleiro, Andrea Lucas Garín (eds.) *Derecho Internacional Público*, Tirant lo Blanch, Valencia, 2023, pp. 131-161.

DIEZ DE VELASCO, M., *Instituciones de Derecho Internacional Público*, 18, Editorial Tecnos, Madrid, 2018.

DINGWALL, J., «Commercial Mining Activities in the Deep Seabed Beyond National Jurisdiction: The International Legal Framework», en Catherine Banet (ed.) *The Law of the Seabed: Access, Uses, and Protection of Seabed Resources*, Brill Nijhoff, Leiden - Boston, 2020 (Publications on ocean development), pp. 139-162.

DINSTEIN, Y., *War, Aggression and Self-Defense*, 5, Cambridge University Press, Cambridge - New York, 2012.

DOMINGO, R.; RODRÍGUEZ-ANTOLÍN, B., *Reglas Jurídicas y Aforismos (con Jurisprudencia Actualizada y Remisiones a la Legislación Vigente)*, Aranzadi, Pamplona, 2000.

DÖRR, O., «Turkey's Intervention in Cyprus—1974», en Tom Ruys, Olivier Corten, Alexandra Hofer (eds.) *The Use of Force in International Law. A Case-Based Approach*, Oxford University Press, Oxford, 2018, pp. 201-212.

DUNOFF, J. L.; POLLACK, M. A. (eds.), *International Legal Theory. Foundations and Frontiers*, Cambridge University Press, Cambridge, 2022.

DUPUY, P.-M., *Droit International Public*, 8, Dalloz, París, 2006.

EVATT, E., «Democratic People's Republic of Korea and the ICCPR: Denunciation as an Exercise of the Right of Self-Defence?», *Australian Journal of Human Rights*, vol. 5, n.° 1, 1999, pp. 215-224.

FARER, T., «Political and Economic Coercion in Contemporary International Law», *The American Journal of International Law*, vol. 79, n.° 2, 1985, pp. 405-413.

FARFÁN SALDAÑA, G., «La Incorporación de la Isla de Pascua a la República de Chile», *En las Fronteras del Derecho*, vol. 3, n.° 3.3318, 2024, pp. 1-21.

FERNÁNDEZ GONZÁLEZ, M. Á., «La Aplicación por los Tribunales Chilenos del Derecho Internacional de los Derechos Humanos», *Estudios Constitucionales*, vol. 8, n.° 1, 2010, pp. 425-442.

FERRADA WALKER, L. V. (ed.), *Reflexiones sobre la Nueva Ley Chilena Antártica*, Facultad de Derecho Universidad de Chile - U-Antártica, Santiago, 2021.

FERRADA WALKER, L. V., «La Antártica ante la Corte Internacional de Justicia: A 60 Años de los Casos Reino Unido c. Chile y Reino Unido c. Argentina», *Revista Tribuna Internacional*, vol. 4, n.° 7, 2015, pp. 155-172.

FIGUEROA PLA, U., *Organismos Internacionales. Funcionamiento y Actividades*, LexisNexis, Santiago, 2002.

FINEGAN, T., «Neither Dualism nor Monism: Holism and the Relationship Between Municipal and International Human Rights Law», *Transnational Legal Theory*, vol. 2, n.° 4, 2011, pp. 477-503.

FITZMAURICE, M., «The Practical Working of the Law of Treaties», en Malcolm D. Evans (ed.) *International Law*, 3, Oxford University Press, Oxford, 2014, pp. 166-197.

FOLLESDAL, A., «The Principle of Subsidiarity as a Constitutional Principle in International Law», *Global Consitutionalism*, vol. 2, n.º 1, 2013, pp. 37-62.

FOLSOM, R. H.; GORDON, M. W.; SPANOGLE, J. A.; VAN ALSTINE, M. P., *International Trade and Economic Relations in a Nutshell*, 5, West, Thomson Reuters, Saint Paul, Minnesota, 2012.

FOX, H., «The Pinochet Case N°.3», *The International and Comparative Law Quarterly*, vol. 48, n.º 3, 1999, pp. 687-702.

FOX, H.; WEBB, P., *The Law of State Immunity*, 3, Oxford University Press, Oxford, 2015.

FRANCHINI, D.; TZANAKOPOULOS, A., «The Kosovo Crisis—-1999», en Tom Ruys, Olivier Corten, Alexandra Hofer (eds.) *The Use of Force in International Law. A Case-Based Approach*, Oxford University Press, Oxford, 2018, pp. 594-622.

FRANCISCO, «Discurso del Santo Padre (Visita a la Organización de las Naciones Unidas)», 2015, fecha de consulta 14 agosto 2024, en https://www.vatican.va/content/francesco/es/speeches/2015/september/documents/papa-francesco_20150925_onu-visita.html.

FRANCISCO, *Fratelli Tutti*, 2020.

FRANCISCO, *Laudato Si'*, 2015.

FRANCISCO, «Mensaje a la Conferencia de la ONU para la Negociación de un Instrumento Jurídicamente Vinculante sobre la Prohibición de las Armas Nucleares que Conduzca a su Total Eliminación», 2017, fecha de consulta 12 septiembre 2024, en https://www.vatican.va/content/francesco/es/messages/pont-messages/2017/documents/papa-francesco_20170323_messaggio-onu.html.

FRÍAS, P. J., *Una Experiencia Diplomática. En Bélgica, la Santa Sede y la Mediación Papal*, El Copista, Córdoba, Argentina, 1999.

FUENTES ALONSO, J. A., «La Función de Enseñar», en Instituto Martín de Aspilcueta (ed.) *Manual de Derecho Canónico*, 2, Eunsa, Pamplona, 1991, pp. 427-458.

FUENTES TORRIJO, X., «Las Fuentes del Derecho Internacional Público: Los Tratados», en Jaime Tijmes, Andrés Delgado Casteleiro, Andrea Lucas Garín (eds.) *Derecho Internacional Público*, Tirant lo Blanch, Valencia, 2023, pp. 81-103.

FUENTES TORRIJO, X., «Una Nueva Constitución para Chile y el Diseño de un Esquema de Incorporación del Derecho Internacional al Sistema Jurídico Chileno», en Eduardo A. Chía, Flavio Quezada (eds.) *Propuestas para una Nueva Constitución (Originada en Democracia)*, Instituto Igualdad - Facultad de Derecho Universidad de Chile - Friedrich Ebert-Stiftung, Santiago, 2015, pp. 171-193.

FUENTES TORRIJO, X.; PÉREZ FARÍAS, D., «El Efecto Directo del Derecho Internacional en el Derecho Chileno», *Revista de Derecho (Coquimbo)*, vol. 25, n.º 2, 2018, pp. 119-156.

FUNDACIÓN JAIME GUZMÁN, *Ideas y Propuestas 2012-2013*, Santiago, Editorial JGE Ltda., 2013.

FUNDACIÓN TOMÁS MORO, *Diccionario Jurídico*, Espasa Calpe, Madrid, 1991.

GAMBOA SERAZZI, F.; FERNÁNDEZ UNDURRAGA, M., *Tratado de Derecho Internacional Público y Derecho de Integración*, 2, LexisNexis, Santiago, 2008.

GARCÍA-HUIDOBRO, J.; MARTÍNEZ, J. I.; NÚÑEZ, M. A., *Lecciones de Derechos Humanos*, Edeval, Valparaíso, 1997.

GATHII, J. T., «TWAIL: A Brief History of its Origins, its Decentralized Network, and a Tentative Bibliography», *Trade, Law and Development*, vol. 3, n.° 1, 2011, pp. 26-64.

GIFKINS, J., *Inside the UN Security Council: Legitimation Practices and Darfur*, Oxford University Press, Oxford, 2023.

GIL GIL, A.; MACULAN, E. (eds.), «Qué es el Derecho Penal Internacional», en *Derecho Penal Internacional*, 2, Dykinson, Madrid, 2019, pp. 39-52.

GLENDON, M. A., «The Forgotten Crucible: The Latin American Influence on the Universal Human Rights Idea», *Harvard Human Rights Journal*, vol. 16, 2003, pp. 27-39.

GOLDMANN, M., «Inside Relative Normativity: From Sources to Standard Instruments for the Exercise of International Public Authority», *German Law Journal*, vol. 9, n.° 11, 2008, pp. 1865-1908.

GOLDMANN, M., «Relative Normativity», en Jean d'Aspremont, Sahib Singh (eds.) *Concepts for International Law. Contributions to Disciplinary Thought*, Edward Elgar Publishing, Cheltenham - Northampton, 2019, pp. 740-759.

GROTIUS, H., *The Law of War and Peace*, Walter J. Black, New York, 1949.

GUTHRIE, W. P., *Battles of the Thirty Years War. From White Mountain to Nordlingen, 1618-1635*, Greenwood Press, Westport, 2002.

HANDEYSIDE, H., «The *Lotus* Principle in ICJ Jurisprudence: Was the Ship Ever Afloat?», *Michigan Journal of International Law*, vol. 29, n.° 1, 2007, pp. 71-94.

HARRIS, D. J.; O'BOYLE, M.; BATES, E.; BUCKLEY, C. M., *Harris, O'Boyle & Warbrick. Law of the European Convention on Human Rights*, 5, Oxford University Press, Oxford, 2023.

HATHAWAY, O. A.; CROOTOF, R.; LEVITZ, P.; NIX, H.; NOWLAN, A.; PERDUE, W.; Y OTROS, «The Law of Cyber-Attack», *California Law Review*, vol. 100, 2012, pp. 817-886.

HAWKINS, D.; JACOBI, W., «Partial Compliance: A Comparison of the European and Inter-American Courts for Human Rights», *Journal of International Law and International Relations*, vol. 6, n.° 1, 2010, pp. 35-85.

HENKIN, L., *How Nations Behave*, 2, Columbia University Press, New York, 1979.

HENRÍQUEZ VIÑAS, M., *Las Fuentes del Orden Constitucional Chileno*, Legal Publishing Chile, Santiago, 2016.

HENRÍQUEZ VIÑAS, M. L., «¿Cómo se Controla la Infracción Constitucional Originada en el No Sometimiento de un Tratado a la Aprobación del Congreso Nacional?», *Revista de Derecho (Valdivia)*, vol. XXIX, n.° 1, 2016, pp. 161-175.

HUGHES, J., «The *Charming Betsy* Canon, American Legal Doctrine, and the Global Rule of Law», *Vanderbilt Journal of Transnational Law*, vol. 53, n.° 4, 2020, pp. 1147-1206.

IGLESIA CATÓLICA, *Catecismo de la Iglesia Católica*, San Pablo, Santafé de Bogotá, 2000.

IGLESIA CATÓLICA, *Código de Derecho Canónico. Edición Anotada*, 5, Eunsa, Pamplona, 1992.

IGLESIA CATÓLICA, *Concilio Ecuménico Vaticano II. Constituciones, Decretos y Declaraciones*, Biblioteca de Autores Cristianos, Madrid, 2015.

IGLESIA CATÓLICA, *Gaudium et Spes*, 1965.

INFANTE CAFFI, M. T., «Los Tratados en el Derecho Interno Chileno: El Efecto de la Reforma Constitucional de 1989 Visto por la Jurisprudencia», *Revista Chilena de Derecho*, vol. 23, n.° 2 y 3, 1996, pp. 277-297.

INSTITUT DE DROIT INTERNATIONAL, *La Reconnaissance des Nouveaux Etats et des Nouveaux Gouvernements*, Bruselas, 1936, fecha de consulta 5 agosto 2024, en https://www.idi-iil.org/app/uploads/2017/06/1936_brux_01_fr.pdf.

INSTITUT DE DROIT INTERNATIONAL, «La Successión d'Etats en Matière de Responsailité Internationale», *Annuaire de l'Institut de Droit International*, vol. 76, 2015, pp. 703-711.

IRIGOIN BARRENNE, J., «La Convención Americana de Derechos Humanos como Derecho Interno Chileno», *Revista Chilena de Derecho*, vol. 23, n.° 2 y 3, 1996, pp. 299-307.

IWASAWA, Y., «Domestic Application of International Law», *Collected Courses of the Hague Academy of International Law*, vol. 378, 2016, pp. 9-261.

JALLOH, C. C., «Identification of Customary International Law. Statement of the Chair of the Drafting Committee», fecha de consulta 8 noviembre 2024, en https://legal.un.org/ilc/documentation/english/statements/2018_dc_chairman_statement_icil.pdf.

JIJÓN LETORT, R.; CASTRO ZURITA, F., «Ecuador y el Convenio CIADI: Una Historia de Idas y Vueltas», *Iurgium*, vol. 50, 2024, pp. 49-60.

JUAN XXIII, *Pacem in Terris*, 1963.

KASSOTI, E., *The Juridical Nature of Unilateral Acts of States in International Law*, Brill Nijhoff, Leiden - Boston, 2015.

KELSEN, H., *Principios de Derecho Internacional Público*, Comares, Granada, 2013.

KELSEN, H., *The Law of the United Nations*, The Law Book Exchange, New Jersey, 1950.

KING, J., *The Doctrine of Odious Debt in International Law. A Restatement*, Cambridge University Press, New York, 2016.

KIRCHMAIR, L., «The Theory of the Law Creators' Circle: Re-Conceptualizing the Monism-Dualism-Pluralism Debate», *German Law Journal*, vol. 17, n.° 2, 2016, pp. 179-214.

KLABBERS, J., *International Law*, 4, Cambridge University Press, Cambridge, 2024.

KLABBERS, J., «Reflections on Soft International Law in a Privatized World», *Finnish Yearbook of International Law*, vol. XVI, 2005, pp. 313-328.

KOBAYASHI, T., «Revisiting the Legal Nature of "Un-Signing" an Unratified Treaty: Broader Implications of the U.S.' Withdrawal from the TPP», *Asian Center for WTO & International Health Law and Policy*, vol. 12, 2017, pp. 381-403.

KOLB, ROBERT, *An Introduction to the Law of the United Nations*, Hart Publishing, Portland, 2010.

KOLB, ROBERT, «Du Domaine Réservé : Réflexions sur la Théorie de la Compétence Nationale», *Revue Générale de Droit International Public*, vol. XV, n.° 3, 2006, pp. 597-646.

KRESS, C.; NUSSBERGER, B. K., «The Entebbe Raid—1976», en Tom Ruys, Olivier Corten, Alexandra Hofer (eds.) *The Use of Force in International Law. A Case-Based Approach*, Oxford University Press, Oxford, 2018, pp. 220-233.

KRISCH, N.; KINGSBURY, B., «Introduction: Global Governance and Global Administrative Law in the International Legal Order», *The European Journal of International Law*, vol. 17, n.° 1, 2006, pp. 1-13.

LASOK, D., «The Eichmann Trial», *International and Comparative Law Quarterly*, vol. 11, n.° 2, 1962, pp. 355-374.

LAUTERPACHT, S. H., *Recognition in International Law*, Cambridge University Press, Cambridge, 1947.

LEMMENS, K., «General Survey of the Convention», en Pieter Van Dijk, Fried Van Hoof, Arjen Van Rijn, Leo Zwaak (eds.) *Theory and Practice of the European Convention on Human Rights*, 5, Intersentia, Cambridge, 2018, pp. 1-78.

LEÓN XIII, *Rerum Novarum*, 1891.

LESAFFER, R., «Too Much History: From War as Sanction to the Sanctioning of War», en Marc Weller (ed.) *The Oxford Handbook of The Use of Force in International Law*, Oxford University Press, Oxford, 2015, pp. 35-55.

LETSAS, G., «Two Concepts of the Margin of Appreciation», *Oxford Journal of Legal Studies*, vol. 26, n.º 4, 2006, pp. 705-732.

LIM, C. L.; HO, J.; PAPARINSKIS, M., *International Investment Law and Arbitration. Commentary, Awards and Other Materials*, Cambridge University Press, Cambridge, 2018.

LIMA, L. C.; MAROTTI, L., «An Unlikely Duo? Regionalism and *Jus Cogens* in International Law», *Goettingen Journal of International Law*, vol. 12, n.º 1, 2022, pp. 219-239.

LLANOS MANSILLA, H., *Teoría y Práctica del Derecho Internacional Público. Introducción y Fuentes*, vol. I, 4, Editorial Jurídica de Chile, Santiago, 2009.

LLANOS MANSILLA, H., *Teoría y Práctica del Derecho Internacional Público. Introducción y Fuentes*, vol. II, Editorial Jurídica de Chile, Santiago, 1980.

LLANOS MANSILLA, H., *Teoría y Práctica del Derecho Internacional Público. Las Relaciones entre el Derecho Internacional y el Derecho Interno*, vol. IV, 2, Editorial Jurídica de Chile, Santiago, 2011.

LONDOÑO LÁZARO, M. C., *Las Garantías de No Repetición en la Jurisprudencia Interamericana. Derecho Internacional y Cambios Estructurales del Estado*, Tirant lo Blanch, México D.F., 2014.

LÓPEZ ESCARCENA, S., «Contextualizando el Derecho Administrativo Global», *Anuario Colombiano de Derecho Internacional*, vol. 11, 2018, pp. 259-305.

LÓPEZ ESCARCENA, S., «Derecho Internacional y Derecho Chileno. Análisis y Propuestas», en Domingo Lovera (ed.) *Anuario de Derecho Público 2021*, Ediciones Universidad Diego Portales, Santiago, 2021, pp. 37-63.

LÓPEZ ESCARCENA, S.; NÚÑEZ POBLETE, M., «Procesos Cautelares Extraterritoriales: Los Casos Ledezma y López y Caballos en las Cortes Chilenas», en *Sentencias Destacadas 2015. Una Mirada desde la Perspectiva de las Políticas Públicas*, Ediciones LYD, Santiago, 2016, pp. 115-147.

LOWE, V., *International Law*, Oxford University Press, Oxford, 2007.

LOWE, V.; ROBERTS, A.; WELSH, J.; ZAUM, D., *The United Nations Security Council and War. The Evolution of Thought and Practice since 1945*, Oxford University Press, Oxford, 2010.

MAGLIVERAS, K. D., «The Protection of Human Rights and Fundamental Freedoms in the League of Arab States and in the Arab-Islamic World: An Overview», *Diritti Umani e Diritto Internazionale*, vol. 12, n.º 1, 2018, pp. 105-125.

MAIA, C., «Le *Jus Cogens* dans la Jurisprudence de la Cour Interamericaine des Droits de l'Homme», en Ludovic Hennebel, Hélène Tigroudja (eds.) *Le Particularisme Interaméricain des Droits de l'Homme. En l'Honneur du 40e Anniversaire de la Convention Américaine des Droits de l'Homme*, Pedone, Paris, 2009, pp. 271-311.

MALARINO, E., «Activismo Judicial, Punitivización y Nacionalización. Tendencias Antidemocráticas y Antiliberales de la Corte Interamericana de Derechos Humanos», en Gisela Elsner (ed.) *Sistema Interamericano de Protección de los Derechos Humanos y Derecho Penal Internacional*, vol. I, Konrad-Adenauer-Stiftung e. V., Montevideo, 2010, pp. 25-61, fecha de consulta 20 enero 2025, en http://www.kas.de/wf/doc/5804-1442-4-30.pdf.

Marín López, A., «La Sucesión de Estados y Cambio de Nacionalidad. Las Transformaciones Territoriales en Europa en los Años Noventa», *Anuario de Derecho Internacional*, vol. XVIII, 2002, pp. 125-170.

Mariño Menéndez, F. M., *Derecho Internacional Público. Parte General*, 4, Editorial Trotta, Madrid, 2005.

Martens, K., «The Holy See and Neutrality in the Aftermath of World War I: The Consequences of the Treaty of Versailles and Other Peace Treaties», en Marshall J. Breger, Herbert R. Reginbogin (eds.) *The Vatican and Permanent Neutrality*, Lexington Books, London, 2022, pp. 23-37.

Mastorodimos, K., «National Liberation Movements: Still a Valid Concept (with Special Reference to International Humanitarian Law)?», *Oregon Review of International Law*, vol. 17, 2015, pp. 71-109.

Medina Quiroga, C., *Constitución, Tratados y Derechos Esenciales. Estudio Preliminar y Selección de Textos*, Corporación Nacional de Reparación y Reconciliación, s.l., 1994.

Medina Quiroga, C., «Modificación de los Reglamentos de la Corte Interamericana de Derechos Humanos y de la Comisión Interamericana de Derechos Humanos al Procedimiento de Peticiones Individuales ante la Corte», *Anuario de Derechos Humanos (Chile)*, 2011, pp. 117-126.

Melé, D., *Cristianos en la Sociedad. Introducción a la Doctrina Social de la Iglesia*, 3, Rialp, Madrid, 2020.

Méndez Silva, Ricardo; López Ortiz, L., *Derecho de los Conflictos Armados. Compilación de Instrumentos Internacionales, Regionales y Otros Textos Relacionados*, vol. 1, Universidad Nacional Autónoma de México - Comité Internacional de la Cruz Roja, México, 2003.

Merrills, J. G., *International Dispute Settlement*, 5, Cambridge University Press, Cambridge, 2011.

Milanovic, M., «Revisiting Coercion as an Element of Prohibited Intervention in International Law», *The American Journal of International Law*, vol. 117, n.º 4, 2023, pp. 601-650.

Mohor Abuauad, S.; Fiamma Olivares, G., «La Jerarquía Normativa de los Tratados Internacionales», *Revista de Derecho Público*, vol. 55/56, 1994, pp. 115-126.

Molina Vergara, M., «Estándares Jurídicos Internacionales: Necesidad de un Análisis Conceptual», *Revista de Derecho (Coquimbo)*, vol. 25, n.º 1, 2018, pp. 233-256.

Moore, D. H., «Treaty Interpretation at the Human Rights Committee: Reconciling International Law and Normativity», *UC Davis Law Review*, vol. 56, 2023, pp. 1311-1360.

Müller Guzmán, K., «Transferencia de Atribuciones Soberanas a Organizaciones Internacionales en el Derecho Chileno», *Revista de Derecho de la Pontificia Universidad Católica de Valparaíso*, vol. XLIV, n.º 1, 2015, pp. 493-529.

Murphy, S. D., *Principles of International Law*, 3, West Academic Publishing, Saint Paul, Minnesota, 2018.

Mutua, M., «Standard Setting in Human Rights: Critique and Prognosis», *Human Rights Quarterly*, vol. 29, 2007, pp. 547-630.

Naciones Unidas, Sección de Tratados de la Oficina de Asuntos Jurídicos, *Manual de Tratados*, Naciones Unidas, Nueva York, 2013, fecha de consulta 11 noviembre 2024, en https://treaties.un.org/doc/source/publications/thb/spanish.pdf.

Nash Rojas, C., *Las Reparaciones ante la Corte Interamericana de Derechos Humanos (1988-2007)*, 2, Universidad de Chile, Facultad de Derecho, Centro de Derechos Humanos, Santiago, 2009.

Newman, E., «R2P: Implications for World Order», *Global Responsibility to Protect*, vol. 5, 2013, pp. 235-259.

Nieto-Navia, R., «El Valor Jurídico de las Recomendaciones de los Comités de Derechos Humanos y el Bloque de Constitucionalidad», *International Law. Revista Colombiana de Derecho Internacional*, vol. 18, 2011, pp. 155-190.

Nogueira Alcalá, H., «Los Tratados Internacionales en el Ordenamiento Jurídico Chileno», *Revista Chilena de Derecho*, vol. 23, n.º 2 y 3, 1996, pp. 341-380.

O'Connell, M. E., «Historical Development and Legal Basis», en Dieter Fleck (ed.) *The Handbook of International Humanitarian Law*, 3, Oxford University Press, Oxford & New York, 2014, pp. 1-42.

O'Connell, M. E., «The Crisis in Ukraine—2014», en Tom Ruys, Olivier Corten, Alexandra Hofer (eds.) *The Use of Force in International Law. A Case-Based Approach*, Oxford University Press, Oxford, 2018, pp. 855-872.

O'Connell, M. E.; Day, C. M., «Sources and the Legality and Validity of International Law. Natural Law as Source of Extra-Positive Norms», en Samantha Besson, Jean d'Aspremont (eds.) *The Oxford Handbook on the Sources of International Law*, Oxford University Press, Oxford, 2017, pp. 562-580.

O'Flaherty, M.; Alston, P.; Anmeghichean, M.; Cabral, M.; Cameron, E.; Corrêa, S. O., «Principios de Yogyakarta. Principios sobre la Aplicación de la Legislación Internacional de Derechos Humanos en Relación con la Orientación Sexual y la Identidad de Género», fecha de consulta 14 mayo 2024, en https://yogyakartaprinciples.org/wp-content/uploads/2016/08/principles_sp.pdf.

Olásolo Alonso, H., «El Principio *Nullum Crimen Sine Iure* en Derecho Internacional Contemporáneo», *Anuario Ibero-Americano de Derecho Internacional Penal*, vol. 1, 2013, pp. 18-42.

Oppenheim, L., *International Law. A Treatise*, vol. I., London, Longmans, Green and Co., 1912.

Orakhelashvili, A., *Akehurst's Modern Introduction to International Law*, 8, Routledge, Abingdon - New York, 2019.

Orakhelashvili, A., «Jurisdictional Immunity of States and General International Law—Explaining the Jus Gestionis v. Jus Imperii Divide», en Tom Ruys, Nicolas Angelet, Luca Ferro (eds.) *The Cambridge Handbook of Immunities and International Law*, Cambridge University Press, Cambridge, 2019, pp. 105-124.

Orakhelashvili, A., *Peremptory Norms in International Law*, Oxford University Press, Oxford, 2006.

Orakhelashvili, A., *The Interpretation of Acts and Rules in Public International Law*, Oxford University Press, Oxford, 2008.

Orrego Vicuna, F., «Diplomatic and Consular Immunities and Human Rights», *International & Comparative Law Quarterly*, vol. 40, n.º 1, 1991, pp. 34-48.

Orrego Vicuña, F., «Inmunidades Diplomáticas y Consulares y Derechos Humanos», en Santiago Benadava Cattan, Samuel Durán Bächler, Claudio Grossman Guiloff, Avelino León Steffens, Francisco Orrego Vicuña (eds.) *Nuevos Enfoques del Derecho Internacional*, Editorial Jurídica de Chile, Santiago, 1992, pp. 103-124.

ORREGO VICUÑA, F., *La Participación de Chile en el Sistema Internacional*, Gabriela Mistral, Santiago, 1974.

ORREGO VICUÑA, F.; ORREGO BAUZÁ, F., «La Aplicación del Derecho Internacional de los Derechos Humanos por los Tribunales Nacionales: Nuevas Tendencias Derivadas de la Experiencia Chilena», en *Héctor Gros Espiell Amicorum Liber. Persona Humana y Derecho Internacional*, vol. 2, Bruylant, Bruselas, 1997, pp. 965-982.

ORTÚZAR, P. (ed.), *Subsidiariedad. Más Allá del Estado y del Mercado*, Instituto de Estudios de la Sociedad, Santiago, 2015.

PASCAL GARCÍA-HUIDOBRO, E., «Tercera Conferencia del Derecho del Mar», *Revista de Marina*, vol. 749, n.° 4, 1982.

PASTOR RIDRUEJO, J. A., *Curso de Derecho Internacional Público y Organizaciones Internacionales*, 28, Tecnos, Madrid, 2024.

PAÚL, Á., «El Derecho Internacional en los Recientes Proyectos Constitucionales Chilenos», *Revista de Derecho (Montevideo)*, vol. 23, n.° 45, 2024, pp. 113-121.

PAÚL, Á., «Las Fuentes del Derecho Internacional Público: Cuestiones Generales», en Jaime Tijmes, Andrés Delgado Casteleiro, Andrea Lucas Garín (eds.) *Derecho Internacional Público*, Tirant lo Blanch, Valencia, 2023, pp. 53-80.

PAÚL, Á., *Los Trabajos Preparatorios de la Declaración Americana de los Derechos y Deberes del Hombre y el Origen Remoto de la Corte Interamericana*, Universidad Nacional Autónoma de México, Instituto de Investigaciones Jurídicas, México, 2017.

PAÚL, Á., «Nueva Constitución y Derecho Internacional», *Revista Chilena de Derecho*, vol. 48, n.° 1, 2021, p. V-XXV.

PAÚL, Á., «*Soft Law*: Ni Derecho ni tan Blando», en Sebastián López Escarcena (ed.) *Temas de Derecho Internacional para el Diálogo Constitucional Chileno*, Ediciones UC, Santiago, 2021, pp. 209-234.

PAÚL, Á., «The American Convention on Human Rights: Updated by the Inter-American Court», *Juris Dictio*, vol. 20, 2017, pp. 53-86.

PAÚL D., Á., «Derechos Humanos y su Institucionalidad en Chile», *Serie Informe. Sociedad y Política*, n.° 181, 2022, pp. 1-36.

PAÚL DÍAZ, Á., «El Derecho Internacional como Excusa para Cuantificar el Derecho al Agua (Corte Suprema)», *Revista de Derecho (Valdivia)*, vol. XXXV, n.° 2, 2022, pp. 353-362.

PAÚL DÍAZ, Á., «La Corte Interamericana in Vitro: Comentarios sobre su Proceso de Toma de Decisiones a Propósito del Caso Artavia», *Derecho Público Iberoamericano*, vol. 2, 2013, pp. 303-345.

PAÚL DÍAZ, Á., «Los Enfoques Acotados del Control de Convencionalidad. Las Únicas Versiones Aceptables de esta Doctrina», *Revista de Derecho Universidad de Concepción*, vol. 87, n.° 246, 2019, pp. 49-82.

PAÚL DÍAZ, Á., «Protocolo 14: Mejorando la Eficiencia del Tribunal Europeo de Derechos Humanos», *Revista Chilena de Derecho*, vol. 37, n.° 2, 2010, pp. 613-615.

PAÚL DÍAZ, Á., «Tradiciones Indígenas en la Aplicación de la Ley Penal», *Revista de Derecho (Valdivia)*, vol. 27, n.° 2, 2014, pp. 271-276.

PAUWELYN, J.; WESSEL, R. A.; WOUTERS, J., «When Structures Become Shackles: Stagnation and Dynamics in International Lawmaking», *The European Journal of International Law*, vol. 25, n.º 3, 2014, pp. 733-763.

PELLET, A., «Repenser les Rapports entre Ordres Juridiques ? *Oui, Mais pas Trop…*», en *Traité des Rapports entre Ordres Juridiques*, LGDJ, Paris, 2016, pp. 1781-1789.

PÉREZ GODOY, F., «Historia del Derecho Internacional Público», en Jaime Tijmes, Andrés Delgado Casteleiro, Andrea Lucas Garín (eds.) *Derecho Internacional Público*, Tirant lo Blanch, Valencia, 2023, pp. 23-52.

PETERSEN, N., «Customary Law Without Custom? Rules, Principles, and the Role of State Practice in International Norm Creation», *American University International Law Review*, vol. 23, n.º 2, 2007, pp. 275-310.

PETERSEN, N., «Karlsruhe's *Lochner* Moment? A Rational Choice Perspective on the German Federal Constitutional Court's Relationship to the CJEU After the PSPP Decision», *German Law Journal*, vol. 21, 2020, pp. 995-1005.

PINOCHET DE LA BARRA, Ó., *La Antártica Chilena*, 5, AthenaLab, Santiago, 2023.

PÍO IX, *Ubi Nos*, 1871.

PÍO XI, *Quadragesimo Anno*, 1931.

PÍO XII, *Summi Pontificatus*, 1939.

POLITOFF L., S.; MATUS A., J. P.; RAMÍREZ G., M. C., *Lecciones de Derecho Penal Chileno. Parte General*, 2, Editorial Jurídica de Chile, Santiago, 2003.

POLLARD, J., «A Court in Exile: The Vatican, 1870-1929», *The Court Historian*, vol. 12, n.º 1, 2007, pp. 35-47.

POLLARD, J. F., «The Holy See and Neutrality: Vatican Diplomacy 1870-1929», en Marshall J. Breger, Herbert R. Reginbogin (eds.) *The Vatican and Permanent Neutrality*, Lexington Books, London, 2022, pp. 3-22.

PONTIFICIO CONSEJO JUSTICIA Y PAZ, *Compendio de la Doctrina Social de la Iglesia*, 2, San Pablo, Santiago, 2008.

PRECHT PIZARRO, J., «Vino Nuevo en Odres Viejos: Derecho Internacional Convencional y Derecho Interno Chileno», *Ius et Praxis*, vol. 2, n.º 2, 1997, pp. 121-154.

PROCURADURÍA GENERAL DEL ESTADO. ECUADOR, «Visión Crítica del Arbitraje de Inversiones desde la Experiencia del Ecuador», 2016, Quito, p. 178.

QUINTANA, F.-J., «Approaching "Latin American Approaches to International Law"», *Proceedings of the ASIL Annual Meeting*, vol. 117, 2023, pp. 355-357.

RAUB, L., «Positioning Hybrid Tribunals in International Criminal Justice», *International Law and Politics*, vol. 41, 2009, pp. 1013-1053.

RIBERA NEUMANN, T.; GORNIG, G., *Relaciones entre el Derecho Internacional Público y el Derecho Interno en Europa y Sudamérica*, Thomson Reuters Aranzadi, Pamplona, 2016.

RÍOS ÁLVAREZ, L., «Jerarquía Normativa de los Tratados Internacionales sobre Derechos Humanos», *Gaceta Jurídica*, vol. 215, 1998, pp. 7-14.

RIOSECO, S., «Conferences of the Parties Beyond International Environmental Law: How COPs Influence the Content and Implementation of their Parent Treaties», *Leiden Journal of International Law*, vol. 36, 2023, pp. 699-719.

RIOSECO S., S.; COZZI E., R.; FUENTES-CONTRERAS, É.; LÓPEZ E., S.; PAÚL D., Á.; SALINAS B., H., *Derecho Internacional. Comentario al Anteproyecto de Nueva Constitución*, Facultad de Derecho, Pontificia Universidad Católica de Chile, 2023, p. 16, fecha de consulta 8 noviembre 2024, en https://foroconstitucional.uc.cl/wp-content/uploads/2023/06/Derecho-Internacional-VF.pdf.

ROBERTS, A.; SIVAKUMARAN, S., «The Theory and Reality of the Sources of International Law», en Malcolm D. Evans (ed.) *International Law*, 6, Oxford University Press, Oxford, 2024, pp. 93-123.

RODRÍGUEZ ALCÓCER, A.; BARTOLINI ESPARZA, M., «Las Recomendaciones de los Organismos Internacionales como Herramientas de Presión Política», *Derecho Público Iberoamericano*, vol. 5, 2014, pp. 231-249.

ROGERS, A. P. V., «Humanitarian Intervention and International Law», *Havard Journal of Law and Public Policy*, vol. 77, n.º 3, 2004, pp. 725-736.

ROMERO SEGUEL, A., *Curso de Derecho Procesal Civil. Los Presupuestos Procesales Relativos al Órgano Jurisdiccional y a las Partes*, vol. II, 2, Legalpublishing - Thomson Reuters, Santiago, 2014.

RUIZ FABRI, H., «Regulating Trade, Investment and Money», en James Crawford, Martti Koskenniemi (eds.) *The Cambridge Companion to International Law*, Cambridge University Press, Cambridge, 2013, pp. 353-372.

RUTLEY, D., «Alleged Serious and Significant Offences (Diplomatic Immunity): 2019 - 2022», 2023, Londres, fecha de consulta 7 agosto 2024, en https://questions-statements.parliament.uk/written-statements/detail/2023-09-14/hcws1028.

SALMÓN, E., *Curso de Derecho Internacional Público*, Fondo Editorial de la Pontificia Universidad Católica del Perú, Lima, 2016.

SALWIN, L. N., «Uncertain Nationality Status of German Refugees», *Minnesota Law Review*, 1946, pp. 372-394.

SANGER, A., «Immunity of State Officials from the Criminal Jurisdiction of a Foreign State», *The International and Comparative Law Quarterly*, vol. 62, n.º 1, 2013, pp. 193-224.

SAUL, B.; STEPHENS, T. (eds.), *Antarctica in International Law*, Hart Publishing, Oxford - Portland Oregon, 2015.

SCHACHTER, O., *International Law in Theory and Practice*, Kluwer Law International, Boston - The Hague - London, 1994.

SCHMALENBACH, K., «Can International Organizations Turn 'Rogue'? The Many Facets of Institutional Capture», *International Organizations Law Review*, vol. 21, 2024, pp. 446-453.

SCHMITT, M. N., «Military Necessity and Humanity in International Humanitarian Law: Preserving the Delicate Balance», *Virginia Journal of International Law*, vol. 50, n.º 4, 2010, pp. 795-839.

SCHMITT, M. N. (ed.), *Tallinn Manual on the International Law Applicable to Cyber Warefare. Prepared by the International Group of Experts at the Invitation of the NATO Cooperative Cyber Defence Centre of Excellence*, Cambridge University Press, Cambridge - New York, 2013.

SCHÖNSTEINER, J.; COUSO, J., «La Implementación de las Decisiones de los Órganos del Sistema Interamericano de Derechos Humanos en Chile: Ensayo de un Balance», *Revista de Derecho Universidad Católica del Norte*, vol. 22, n.º 2, 2015, pp. 315-355.

SCOTT, J. B., *The Catholic Conception of International Law: Francisco de Vitoria, Founder of the Modern Law of Nations; Francisco Suárez, Founder of the Modern Philosophy of Law in General and in Particular of the Law of Nations. A Critical Examination and a Justified Appreciation*, The Lawbook Exchange, New Jersey, 2014.

Scovazzi, T., «Where the Judge Approaches the Legislator: Some Cases Relating to Law of the Sea», en Nerina Boschiero, Tullio Scovazzi, Cesare Pitea, Chiara Ragni (eds.) *International Courts and the Development of International Law. Essays in Honour of Tullio Treves*, Asser Press - Springer-Verlag, La Haya, 2013, pp. 299-309.

Sferrazza Taibi, P., «Daniela Marzi Muñoz, Presidenta del Tribunal Constitucional de Chile: La Importancia de Acercar el Tribunal Constitucional a la Ciudadanía», *Anuario de Derechos Humanos (Chile)*, vol. 20, n.º 2, 2024, pp. 377-382.

Shaffer, G., «The New Legal Realist Approach to International Law», *Leiden Journal of International Law*, vol. 28, n.º 2, 2015, pp. 189-210.

Shaw, M. N., *International Law*, 9, Cambridge University Press, Cambridge, 2021.

Shelton, D., «International Law and "Relative Normativity"», en Malcolm D. Evans (ed.) *International Law*, 4, Oxford University Press, Oxford, 2014, pp. 137-165.

Simma, B., «The Antarctic Treaty as a Treaty Providing for an Objective Regime», *Cornell International Law Journal*, vol. 19, n.º 2, 1986, pp. 189-209.

Soto Velasco, S., «El Control Preventivo y la Inaplicabilidad de los Tratados Internacionales en Chile», en Sebastián López Escarcena (ed.) *Temas de Derecho Internacional para el Diálogo Constitucional Chileno*, Ediciones UC, Santiago, 2021, pp. 141-174.

Staker, C., «Jurisdiction», en *International Law*, 4, Oxford University Press, Oxford, 2014, pp. 309-335.

Starke, J. G., «Monism and Dualism in the Theory of International Law», *British Year book of International Law*, vol. 17, 1936, pp. 66-81.

Stewart, D. P., *International Criminal Law in a Nutshell*, West Academic Publishing, Saint Paul, Minnesota, 2014.

Talmon, S., «Determining Customary International Law: The ICJ's Methodology between Induction, Deduction and Assertion», *The European Journal of International Law*, vol. 26, n.º 2, 2015, pp. 417-443.

Tamburini, F., «Historia y Destino de la "Doctrina Calvo": ¿Actualidad u Obsolescencia del Pensamiento de Carlos Calvo?», *Revista de Estudios Histórico-Jurídicos*, vol. 24, 2002, pp. 81-101.

Tanaka, Y., *The International Law of the Sea*, 3, Cambridge University Press, Cambridge, 2019.

Tanzi, A., «Problems of Enforcement of Decisions of the International Court of Justice and the Law of the United Nations», *European Journal of International Law*, vol. 6, 1995, pp. 539-572.

Tapia Herrera, R.; Candia Falcón, G., «Los Estándares Interamericanos de Derechos Humanos y el Estado de Derecho: Una Evaluación Crítica», *Revista Chilena de Derecho*, vol. 50, n.º 2, 2023, pp. 157-184.

Téllez Soto, C., «Valor Jurídico de los Tratados Internacionales en el Derecho Chileno», *Revista de Derecho (Valdivia)*, vol. IX, n.º 2, 1998, pp. 179-190.

Thirlway, H., *The International Court of Justice*, Oxford University Press, Oxford, 2016.

Thirlway, H., *The Sources of International Law*, 2, Oxford University Press, Oxford, 2019.

Tijmes, J., «El Derecho Internacional Económico», en Jaime Tijmes, Andrés Delgado Casteleiro, Andrea Lucas Garín (eds.) *Derecho Internacional Público*, Tirant lo Blanch, Valencia, 2023, pp. 435-467.

TIJMES-IHL, J., «Tramitación Constitucional de las *Side Letters* al CPTPP», *Latin American Legal Studies*, vol. 12, n.° 2, 2024, pp. 366-398.

TRAPP, K. N.; WELLER, M., «Can Non-State Actors Mount an Armed Attack?», en *The Oxford Handbook of The Use of Force in International Law*, Oxford University Press, Oxford, 2015, pp. 679-696.

TRIEPEL, H., «Les Rapports entre le Droit Interne et le Droit International», *Collected Courses of the Hague Academy of International Law*, vol. 1, 1923, pp. 73-121.

TRONCOSO REPETTO, C.; VIAL SOLAR, T., «Sobre los Derechos Humanos Reconocidos en Tratados Internacionales y en la Constitución», *Revista Chilena de Derecho*, vol. 20, 1993, pp. 695-704.

UNITED NATIONS, DEPARTMENT OF PEACE OPERATIONS, DEPARTMENT OF OPERATIONAL SUPPORT, *United Nations Military Manual*, United Nations, New York, 2024.

UNITED NATIONS, OFFICE OF LEGAL AFFAIRS, *Handbook on the Peaceful Settlement of Disputes Between States*, United Nations, New York, 1992, fecha de consulta 8 noviembre 2024, en https://legal.un.org/cod/books/HandbookOnPSD.pdf.

UNITED STATES DEPARTMENT OF STATE, *Diplomatic and Consular Immunity: Guidance for Law Enforcement and Judicial Authorities*, Washington D.C., 2015, fecha de consulta 8 agosto 2024, en https://2009-2017.state.gov/documents/organization/149734.pdf.

URRUTIA S., O., «Chile Frente al Nuevo Acuerdo sobre Conservación de la Biodiversidad Marina: Áreas Protegidas e Interacciones con el Régimen Jurídico de la Pesca en Altamar», *Revista Chilena de Derecho*, vol. 51, n.° 3, 2024, pp. 197-237.

VARGAS CARREÑO, E., *Derecho Internacional Público*, 3, El Jurista, Santiago, 2023.

VAUTHIER BORGES DE MACEDO, P. E., *Catholic and Reformed Traditions in International Law. A Comparison Between the Suarezian and the Grotian Concept of Ius Gentium*, Springer, Cham, Suiza, 2017.

VENZKE, I., «Public Interests in the International Court of Justice—A Comparison Between *Nuclear Arms Race* (2016) and *Southwest Africa* (1966)», *AJIL Unbound*, vol. 111, 2017, pp. 68-74.

VERDIER, P.-H.; VERSTEEG, M., «International Law in National Legal Systems: An Empirical Investigation», *The American Journal of International Law*, vol. 109, 2015, pp. 514-533.

VERDROSS, A., *Derecho Internacional Público*, 6, Aguilar, Madrid, 1982.

VERDROSS, A., «Jus Dispositivum and Jus Cogens in International Law», *The American Journal of International Law*, vol. 60, n.° 1, 1966, pp. 55-63.

VERDUGO, S., «¿Control Obligatorio para Todos los Tratados Internacionales? Crítica a una Propuesta Inconveniente», en Javier Couso (ed.) *Anuario de Derecho Público 2010*, Ediciones Universidad Diego Portales, Santiago, 2010, pp. 449-477.

VIDMAR, J., «Remedial Secession in International Law: Theory and (Lack of) Practice», *St Antony's International Review*, vol. 6, n.° 1, 2010, pp. 37-56.

VIDMAR, J., «Rethinking *Jus Cogens* After *Germany* v. *Italy*: Back to Article 53?», *Netherlands International Law Review*, vol. 60, n.° 1, 2013, pp. 1-25.

VILLANUEVA FLORES, R., «Activismo Judicial y Límites del Derecho en la Actuación de la Corte Interamericana de Derechos Humanos», *DOXA, Cuadernos de Filosofía del Derecho*, vol. 41, 2018, pp. 151-169.

VILLARROEL BARRIENTOS, C.; VILLARROEL BARRIENTOS, G., *Derecho Internacional Privado*, 2, Editorial Jurídica de Chile, Santiago, 2015.

Vio Grossi, E., «La Naturaleza No Vinculante de las Opiniones Consultivas de la Corte Interamericana de Derechos Humanos», *Revista Jurídica Digital UANDES*, vol. 2, n.º 2, 2018, pp. 200-214.

Vitale, A., «The Higher Law and the Principle of Non-Recognition», *Chinese Journal of International Law*, vol. 22, n.º 1, 2023, pp. 11-38.

de Vitoria, O.P., F., *Relecciones Jurídicas y Teológicas*, vol. II, Editorial San Esteban, Salamanca, 2017.

Vivanco Martínez, Á.; Martínez Estay, J. I., «Acerca de la Supremacía de la Constitución», *Revista de Derecho de la Universidad Católica de Valparaíso*, vol. XVIII, 1997, pp. 63-76.

Wahyuningrum, Y., «A decade of institutionalizing human rights in ASEAN: Progress and challenges», *Journal of Human Rights*, vol. 20, n.º 2, 2021, pp. 158-175.

Watson, G. R., «Offenders Abroad: The Case for Nationality-Based Criminal Jurisdiction», *Yale Journal of International Law*, vol. 17, pp. 41-84.

Webster, D., «To Lord Ashburton», 1842, fecha de consulta 17 abril 2024, en https://avalon.law.yale.edu/19th_century/br-1842d.asp.

Weil, P., «Towards Relative Normativity in International Law?», *The American Journal of International Law*, vol. 77, 1983, pp. 413-442.

Willett, M., *Cyber Operations and Their Responsible Use*, Routledge, 2024.

Wouters, J.; Ryngaert, C.; Ruys, T.; De Baere, G., *International Law. A European Perspective*, Hart Publishing, Oxford - Portland, 2020.

Wuerth, I., «International Law in the Post-Human Rights Era», *Texas Law Review*, vol. 96, 2017, pp. 279-349.

Young, M. A. (ed.), *Regime Interaction in International Law. Facing Fragmentation*, Cambridge University Press, Cambridge, 2012.

Yusuf, A. A., «Why International Law Matters. Inaugural McNair Lecture», *McNair International*, fecha de consulta 21 enero 2025, en https://bit.ly/intnllawmatters.

Zaum, D., «The Security Council, the General Assembly, and War: The Uniting for Peace Resolution», en Vaughan Lowe, Adam Roberts, Jennifer Welsh, Dominik Zaum (eds.) *The United Nations Security Council and War. The Evolution of Thought and Practice since 1945*, Oxford University Press, Oxford, 2010, pp. 154-174.

Zavala Achurra, M. E., «Atrapada entre Sistemas Legales: Valor del Precedente para la Corte Interamericana de Derechos Humanos», *Revista Facultad de Derecho*, vol. 48, n.º ene-jun, 2020, pp. 1-27.

Zepeda Coll, H., «Ley Fundamental del Estado de la Ciudad del Vaticano en Actual Vigencia. Sus Antecedentes y Complementos. Memoria para Optar al Grado de Licenciado en Ciencias Jurídicas y Sociales», 2011, Universidad de Chile, Santiago, fecha de consulta 8 noviembre 2024, en https://repositorio.uchile.cl/handle/2250/111659.

LISTADO DE DECISIONES JUDICIALES Y ARBITRALES

A continuación de la decisión, se indica su ubicación en el libro según el número de sección. Las letras A, B y C en mayúsculas indican si la decisión se ubica en la primera, segunda o tercera parte del libro, respectivamente.

Sentencias, resoluciones y opiniones consultivas de la CIJ y CPJI

Casos contenciosos CIJ y CPJI

CPJI, *Case of the S.S. "Wimbledon"*, 1923 (17 de agosto): B.1.1.2; B.1.4.3.

CPJI, *Mavrommatis Palestine Concessions*, 1924: C.2.1; C.3.2.1.

CPJI, *Case Concerning the Factory at Chorzów (Claim for Indemnity)*, 1927: C.1.1.1.

CPJI, *Case of the S.S. "Lotus"*, 1927: A.1.1.1.

CPJI, *Case Concerning the Factory at Chorzów (Claim for Indemnity)*, 1928: C.1.1.1; C.1.3.

CPJI, *Legal Status of Eastern Greenland*, 1933: B.1.4.4.b.

CIJ, *Colombian - Peruvian Asylum Case (Colombia v. Peru)*, 1950: A.1.3.3; A.2.3.1; B.1.5.3.c.

CIJ, *Fisheries Case (United Kingdom v. Norway)*, 1951: A.2.5.2; B.1.4.5.c.

CIJ, *Ambatielos Case (Greece v. United Kingdom)*, 1953: C.2.3.1.b.

CIJ, *Nottebohm (Liechstenstein v. Guatemala)*, 1953: C.2.3.1.c.

CIJ, *Case of the Monetary Gold Removed from Rome in 1943 (Italy v. France, United Kingdom of Great Britain and Northern Ireland and United States of America)*, 1954: C.2.3.2.b.

CIJ, *Nottebohm (Liechstenstein v. Guatemala)*, 1955: C.3.1.1.

CIJ, *Case Concerning the Right of Passage Over Indian Territory (Portugal v. India)*, 1960: A.2.3.1.

CIJ, *Case Concerning the Temple of Preah Vihear (Cambodia v Thailand)*, 1962: A.2.6.1.c.

CIJ, *South West Africa Cases (Ethiopia v. South Africa; Liberia v. South Africa)*, 1966: A.2.1.2; B.1.1.5.d.

CIJ, *North Sea Continental Shelf Cases (Federal Republic of Germany/Denmark; Federal Republic of Germany/Netherlands)*, 1969: A.2.3.1; A.2.3.3.b; B.1.4.4.b.

CIJ, *Case Concerning the Barcelona Traction, Light and Power Company, Limited (New Application: 1962) (Belgium v. Spain)*, 1970: A.2.7.1; B.1.4.5.d; C.3.1.2; C.3.2.2.a.

CIJ, *Nuclear Test (Australia v. France)*, 22 de junio de 1973 (*order*): C.2.3.2.b.

CIJ, *Nuclear Test (New Zealand v. France)*, 1974: A.2.6.1.b.

CIJ, *Aegean Sea Continental Shelf Case (Greece v. Turkey)*, 1978: A.3.1.4; A.3.1.5.

CIJ, *Case Concerning United States Diplomatic and Consular Staff in Tehran (United States of America v. Iran)*, 1980: B.1.5.3.c; C.1.1.2.b.

CIJ, *Case Concerning Delimitation of the Maritime Boundary in the Gulf of Maine Area (Canada v. United States of America)*, 1984: A.2.6.1.c.

CIJ, *Case Concerning Military and Paramilitary Activities in and Against Nicaragua (Nicaragua v. United States of America)*, 1986: A.2.1.2; A.2.3.1; C.1.1.2.b; C.2.1; C.4.1.2; C.4.2.1.

CIJ, *Case Concerning the Frontier Dispute (Burkina Faso/Republic of Mali)*, 1986: A.2.4.3.

CIJ, *Case Concerning Border and Transborder Armed Actions (Nicaragua v. Honduras)*, 1988: C.2.1; C.2.2.1.

CIJ, *Case Concerning the Arbitral Award of 31 July 1989 (Guinea-Bissau v. Senegal)*, 1991: C.2.3.3.

CIJ, *Land, Island and Maritime Frontier Dispute (El Salvador/Honduras: Nicaragua intervening)*, 1992: B.1.4.4.b.

CIJ, *Case Concerning Maritime Delimitation and Territorial Questions Between Qatar and Bahrain (Qatar v. Bahrain)*, 1994: A.3.1.4.

CIJ, *Case Concerning East Timor (Portugal v. Australia)*, 1995: A.2.7.1; C.2.3.2.b.

CIJ, *Case Concerning the Gabčíkovo-Nagymaros Project (Hungary/Slovakia)*, 1997: C.1.2; C.1.2.5.

CIJ, *Case Concerning the Arrest Warrant of 11 April 2000 (Democratic Republic of the Congo v. Belgium)*, 2002: B.1.5.2.a.

CIJ, *Case Concerning Sovereignty over Pulau Ligitan and Pulau Sipadan (Indonesia/Malaysia)*, 2002: B.1.4.4.a.

CIJ, *Case Concerning Oil Platforms (Islamic Republic of Iran v. United States of America)*, 2003: C.4.2.1.

CIJ, *Case Concerning Armed Activities on the Territory of the Congo (Democratic Republic of the Congo v. Rwanda)*, 2005: C.4.2.1.

CIJ, *Case Concerning Armed Activities on the Territory of the Congo (New Application: 2002) (Democratic Republic of the Congo v. Rwanda)*, 2006: A.2.6.1.b; A.2.7.1; B.1.1.3.

CIJ, *Case Concerning Ahmadou Sadio Diallo (Republic of Guinea v. Democratic Republic of the Congo)*, 2007: C.3.1.2; C.3.2.1.

CIJ, *Case Concerning Application of the Convention on the Prevention and Punishment of the Crime of Genocide (Bosnia and Herzegovina v. Serbia and Montenegro)*, 2007: B.3.2.2; B.3.5.1; C.1.1.1; C.1.1.2.b.

CIJ, *Case Concerning Application of the Convention on the Prevention and Punishment of the Crime of Genocide (Croatia v. Serbia)*, 2008: A.2.1.2.

CIJ, *Case Concerning Sovereignty Over Pedra Branca/Pulau Batu Puteh, Middle Rocks and South Ledge (Malaysia v. Singapore)*, 2008: B.1.4.4.b.

CIJ, *Dispute Regarding Navigational and Related Rights (Costa Rica v. Nicaragua)*, 2009: A.2.3.1; B.1.4.2; C.1.3.

CIJ, *Case Concerning Pulp Mills on the River Uruguay (Argentina v. Uruguay)*, 2010: A.3.1.4.

CIJ, *Jurisdictional Immunities of the State (Germany v. Italy: Greece intervening)*, 2012: A.2.7.1.

CIJ, *Questions Relating to the Obligation to Prosecute or Extradite (Belgium v. Senegal)*, 2012: A.2.7.1.

CIJ, *Maritime Dispute (Peru v. Chile)*, 2014: B.1.4.2.

CIJ, *Obligation to Negotiate Access to the Pacific Ocean (Bolivia v. Chile)*, 2018: A.2.1.2; A.2.6.1.b.

CIJ, *Allegations of Genocide under the Convention on the Prevention and Punishment of the Crime of Genocide (Ukraine v. Russian Federation)*, 16 de marzo de 2022 (*order*): A.1.1.5; C.2.3.2.b; C.4.2.3.b.

CIJ, *Application of the Convention on the Prevention and Punishment of the Crime of Genocide (The Gambia v. Myanmar)*, 2022: C.1.4.

CIJ, *Question of the Delimitation of the Continental Shelf Between Nicaragua and Colombia Beyond 200 Nautical Miles from the Nicaraguan Coast (Nicaragua v. Colombia)*, 2023: A.2.3.1.

CIJ, *Application of the International Convention for the Suppression of the Financing of Terrorism and of the International Convention on the Elimination of All Forms of Racial Discrimination (Ukraine v. Russian Federation)*, 2024: C.3.2.2.c.

CIJ, *Application of the Convention on the Prevention and Punishment of the Crime of Genocide in the Gaza Strip (South Africa v. Israel)*, 26 de enero de 2024 (*order*): C.2.3.2.b.

CIJ (Mexico), *Application Instituting Proceedings Containing a Request for Provisional Measures (Mexico v. Ecuador)*, 11 de abril de 2024: B.1.5.3.c.

Opiniones consultivas

CPJI, *Nationality Decrees Issued in Tunis and Morocco*, 1923: A.1.1.6.

CPJI, *Exchange of Greek and Turkish Populations*, 1925: A.4.1.2.c.

CPJI, *The Greco-Bulgarian "Communities"*, 1930: A.4.1.2.c.

CIJ, *Reparation for Injuries Suffered in the Service of the United Nations*, 1949: B(intro); B.2.1.1; B.2.1.2; B.2.2.1; C.3.2.2.a.

CIJ, *Interpretation of Peace Treaties with Bulgaria, Hungary and Romania*, 1950 (second phase): C.2.3.1.b.

CIJ, *Reservations to the Convention on the Prevention and Punishment of the Crime of Genocide*, 1951: A.3.2.2.

CIJ, *Certain Expenses of the United Nations (Article 17, Paragraph 2, of the Charter)*, 1962: B.2.1.2.

CIJ, *Legal Consequences for States of the Continued Presence of South Africa in Namibia (South West Africa) notwithstanding Security Council Resolution 276 (1970)*, 1971: B.2.2.2.b; B.4.2.

CIJ, *Western Sahara*, 1975: B.1.4.4.a; B.4.2.

CIJ, *Legality of the Threat or Use of Nuclear Weapons*, 1996: A.2.6.2.b; C.4.2.1; C.5.1.

CIJ, *Legal Consequences of the Construction of a Wall in the Occupied Palestinian Territory*, 2004: B.2.2.2.a.

CIJ, *Accordance with International Law of the Unilateral Declaration of Independence in Respect of Kosovo*, 2010: A.1.1.1; B.2.2.2.a; B.4.2.

CIJ, *Legal Consequences of the Separation of the Chagos Archipelago from Mauritius in 1965*, 2019: A.2.3.2.

CIJ, *Legal Consequences Arising from the Policies and Practices of Israel in the Occupied Palestinian Territory, including East Jerusalem*, 2024: B.1.2.2; B.4.2.

Sentencias y opiniones consultivas de la Corte IDH

Sentencias

Corte IDH, *Caballero Delgado y Santana vs. Colombia*, fondo, 1995: B.3.3.3.

Corte IDH, *Genie Lacayo vs. Nicaragua*, Fondo, Reparaciones y Costas, 1997: B.3.3.3.

Corte IDH, *Almonacid Arellano y otros vs. Chile*, Excepciones Preliminares, Fondo, Reparaciones y Costas, 2006: B.3.3.4.

Corte IDH, *Pueblo Indígena Kichwa de Sarayaku vs. Ecuador*, Fondo y Reparaciones, 2012: B.3.3.4; B.4.2.

Corte IDH, *Norín Catrimán y Otros (Dirigentes, Miembros y Activista del Pueblo Indígena Mapuche) vs. Chile*, Fondo, Reparaciones y Costas, 2014: A.4.4.2.

Corte IDH, *Lagos del Campo vs. Perú*, Excepciones Preliminares, Fondo, Reparaciones y Costas, 2017: B.3.3.2.

Corte IDH, *Órdenes Guerra vs. Chile*, Fondo, Reparaciones y Costas, 2018: A.4.3.2.c.

Corte IDH, *Poblete Vilches y Otros vs. Chile*, Fondo, Reparaciones y Costas, 2018: B.3.3.2.

Corte IDH, *Habitantes de La Oroya vs. Perú*, Excepciones Preliminares, Fondo, Reparaciones y Costas, 2024: A.2.7.1.

Opiniones consultivas

Corte IDH, *El Efecto de las Reservas sobre la Entrada en Vigencia de la Convención Americana sobre Derechos Humanos*, Opinión Consultiva OC-2/82: A.3.2.2.

Corte IDH, *Titularidad de Derechos de las Personas Jurídicas en el Sistema Interamericano de Derechos Humanos*, Opinión Consultiva OC-22/16: B.3.3.4.

Sentencias de otros tribunales (internacionales o nacionales extranjeros)

Aguilar-Amory and Royal Bank of Canada Claims, *Great Britain versus Costa Rica (Tinoco Case)*, 1923: B.1.2.5.

British-Venezuelan Commission, *Stevenson Case*, 1903, en Reports of International Arbitral Awards, Vol. IX, pp. 494-510: C.3.2.2.a.

Corte Permanente de Arbitraje, *Island of Palmas Case (Netherlands, USA)*, 1928, en Reports of International Arbitral Awards, Vol. II: B.1.4.4.b.

Corte Permanente de Arbitraje, *The Government of Sudan / The Sudan People's Liberation Movement/ Army (Abyei Arbitration)*, 2009: C.2.3.1.a.

Edward VII, *The Cordillera of the Andes Boundary Case (Argentina, Chile)*, 1902, en Reports of International Arbitral Awards, Vol. IX, pp. 37-49: C.2.3.1.a.

Elizabeth II, *Controversy between the Argentine Republic and the Republic of Chile Concerning Certain Parts of the Boundary between their Territories*, 1966, en International Law Reports, Vol. 38, pp. 16-98: C.2.3.1.a.

EE.UU., CS, *Murray v. Schooner Charming Betsy*, 6 U. S. 64 (1804): A.4.1.2.c.

EE.UU., CS, *Budha Ismail Jam, et al. v. International Finance Corporation*, 586 U. S. ____ (2019): B.1.5.2.a.

ITLOS, *On the Request for an Advisory Opinion Submitted by the Commission of Small Island States on Climate Change and International Law*, Opinión Consultiva, Caso N° 31, 2024: B.1.4.5.d.

Italian-United States Conciliation Commission, *Mergé Case*, 1955, en Reports of International Arbitral Awards, Vol. XIV: C.3.2.2.a.

Italian-United States Conciliation Commission, *Flegenheimer Case*, 1958, en Reports of International Arbitral Awards, Vol. XIV, pp. 327-390: C.3.1.1.

Mixed Claims Commission Germany-Venezuela. Constituted under the Protocols of 13 February and 7 May 1903, 1903, en Reports of International Arbitral Awards, Vol. X, pp. 357-476: A.2.4.3.

Reino Unido, House of Lords, *Regina v. Bow Street Metropolitan Stipendiary Magistrate and Others,* Ex parte *Pinochet Ugarte (No. 3)* (1999) [2000] 1 A.C. 147: B.1.5.2.a.

Reino Unido, The Supreme Court, *Maduro Board v Guaidó Board* [2020] EWCA Civ 1249: B.1.2.3.

TEDH, *Belilos v. Switzerland*, 10328/83, 1988: A.3.2.2; A.3.2.3.

TEDH, *Jones and Others v. The United Kingdom*, 34356/06 y 40528/06, 2014: B.1.5.2.a.

TEDH, *Öcalan v. Turkey*, 46221/99, 2005: A.3.1.3.b.

Tribunal Arbitral, *Case Concerning the Air Service Agreement of 27 March 1946 between the United States of America and France*, 1978, en Reports of International Arbitral Awards, Vol. XVIII, pp. 417-493: C.1.2.6.c.

Tribunal Arbitral, *Beagle Channel Arbitration between the Republic of Argentina and the Republic of Chile*, 1977, en Reports of International Arbitral Awards, Vol. XXI, pp. 57-193: C.2.3.1.a.

Tribunal Arbitral, *Dispute Concerning the Course of the Frontier between BP 62 and Mount Fitzroy (Argentina/Chile) ("Laguna del Desierto")*, 1994, en International Law Reports, Vol. 113, pp. 2-194: C.2.3.1.a.

Tribunal Arbitral, *Case Concerning the Difference between New Zealand and France Concerning the Interpretation or Application of Two Agreements Concluded on 9 July 1986 Between the Two States and Which Related to the Problems Arising from the Rainbow Warrior Affair*, 1990: C.1.2.4; C.2.1.

Tribunal de Justicia de la Unión Europea, *Commission v Malta (Citizenship by Investment)* [2024] EUECJ C-181/23: C.3.1.1.

Venezuela, Tribunal Supremo de Justicia, Sala de Casación Social, sentencia N° 580, 19 de diciembre de 2023: A.4.1.2.c.

Víctor Emmanuel III, *Sentence Arbitrale au Sujet du Différend Relatif à la Souveraineté sur l'Île de Clipperton*, 1931, en *Revue Générale de Droit International Public*, Vol. XXXIX, pp. 129-132: B.1.4.4.a.

Sentencias nacionales

C. de Ap. de Valdivia, apelación, 13/04/1943, *Revista de Derecho y Jurisprudencia*, tomo XL, núms. 9 y 10, 2ª parte, sec. 2ª, pp. 70-74 (*Gastellu y Otros con Dirección General de Impuestos*): A.4.3.3.d.

C. de Ap. de Santiago, reclamo tributario, 07/03/1988, *Revista de Derecho y Jurisprudencia*, tomo LXXXV, 1ª parte, sec. 2ª, pp. 11-12 (*Cía. Molinera San Cristóbal con S.I.I.*): A.4.3.3.b.

C. de Ap. de Santiago, Rol 6428/2006, casación en la forma y apelación, 06/06/2007 (*Contreras Sepúlveda y otros*): A.4.3.2.c.

CS, casación en el fondo, 21/11/1950, *Revista de Derecho y Jurisprudencia*, tomo XLVII, 2ª parte, sec. 1ª, pp. 509-514 (*Holzmann con Gainsborg*): A.4.3.3.e.

CS, apelación, 19/12/1955, *Revista de Derecho y Jurisprudencia*, tomo LII, 2ª parte, sec. 1ª, pp. 444-534 (*Lauritzen y otros con Fisco*): A.4.3.2.c.

CS, jurisdicción de oficio, 03/09/1969, *Revista de Derecho y Jurisprudencia*, tomo LXVI, 2ª parte, sec. 3ª, pp. 125-130 (*Marchant con República de China*): A.4.3.2.a, A.4.3.2.c, B.1.5.2.c.

CS, queja, 02/06/1975, *Fallos del Mes*, Año XVII, N° 199, pp. 444-534 (*Presidente del Consejo de Defensa del Estado - Senerman*): A.4.3.2.c; B.1.5.2.c.

CS, Rol N° 20.187-146, apelación de amparo, 25/08/1976 (*Velasco y Castillo, PIDCP*). Disponible en: https://www.vicariadelasolidaridad.cl/sites/default/files/VS0001151.pdf. Fecha de consulta: 07/11/2024: A.4.3.2.a.

CS, Rol N° 24.128, apelación de amparo, 22/10/1984, *Fallos del Mes*, N° 311, pp. 588-594 (*Ortega e Insunza, PIDCP*): A.4.3.2.a.

CS, recurso de protección, 11/11/1986, *Fallos del Mes*, Año XXVIII, N° 336, pp. 796-799 (*Falta de Publicación*): A.4.3.2.a.

CS, Rol AD-701-2004, recurso de queja, 18/11/2004 (*Embajada de Marruecos*): A.4.3.2.c; B.1.5.2.c.

CS, Rol N° 2666-2004, casación en el fondo, 18/01/2007 (*Sergio Rivera y otros*): A.4.3.2.d.

CS, Rol N° 3125-2004, casación en el fondo, 13/03/2007 (*Caso Chena*): A.4.3.2.d.

CS, Rol N° 3452-2006, casación en el fondo, 10/05/2007 (*Krassnoff Martchenko y otros*): A.4.3.2.d.

CS, Rol 3907-2007, casación en el fondo, 21/01/2009 (*Contreras Sepúlveda y otros*): A.4.3.2.b, A.4.3.2.c.

CS, Rol N° 4691-2007, casación en el fondo, 28/01/2009 (*Ruiz Bunger*): A.4.3.2.c.

CS, Rol N° 8314-2009, casación en el fondo (sentencia de reemplazo), 27/01/2011 (*Pinochet Ugarte y otros*): A.4.3.3.a.

CS, Rol 1224-2013, recurso de unificación de jurisprudencia, 13/08/2013 (*Hernán Vera Marre con la Embajada de la República Federal de Alemania*): A.4.3.2.c.

CS, Rol 17.393-2015, recurso de protección (apelación), 18/11/2015 (*López y Ceballos*): A.4.3.2.c; B.1.5.1.g.

CS, Rol 17.964-2015, unificación de jurisprudencia, 21/07/2016 (*Ausencia de Trabajador*): A.4.3.2.d.

CS, Rol 120-2017, recurso de protección (apelación), 15/05/2017 (*Fuero Maternal*): B.3.3.4.

CS, Rol 55.213-2016, casación en la forma y fondo, 16/05/2017 (*Mena Salinas y otros*): A.4.3.2.d.

CS, Rol 70.584-2016, solicitud de cambio de nombre y sexo (casación en el fondo), 29/05/2018 (*Cambio de Sexo*): A.2.6.3; A.3.1.3.b.

CS, Rol 19.301-2018, casación en la forma y fondo, 20/09/2018 (*Acción civil*): A.4.3.2.d.

CS, Rol 19.069-2018, casación en el fondo, 20/09/2018 (*Almonacid con Fisco de Chile*): A.4.3.2.d.

CS, Rol 31.605-2018, recurso de casación en el fondo civil, 13/05/2019 (*Marta Muñoz y otros con Fisco de Chile*): A.4.3.2.c.

CS, Rol AD-1386-2014, antecedente administrativo, 16/05/2019 (*Sujeción a Corte IDH*): A.4.4.2.

CS, Rol 15.186-2018, casación en el fondo, 23/06/2020 (*Pérez Sánchez*): A.4.3.2.d.

CS, Rol 33.316-2019, recurso de protección (apelación), 20/07/2020 (*Arias con Registro Civil*): B.3.3.4.

CS, Rol 131.140-2020, recurso de protección (apelación), 23/03/2021 (*Derecho al Agua*): A.4.3.1.

CS, Rol 22.198-2019, casación en el fondo, 23/04/2021 (*Newcom con Proveedora*): A.4.3.3.g.

CS, Rol 24.683-2018, casación en la forma y fondo, 17/10/2022 (*Episodio Machuca*): A.4.3.2.d.

CS, Rol 36.435-2019, casación en la forma y fondo, 25/10/2022 (*Episodio B*): A.4.3.2.d; B.3.3.3.

CS, Rol 7130-2022, recurso de protección (apelación), 25/11/2022 (*Deuda Histórica Post Fallo Corte IDH*): A.2.5.2; B.3.3.4.

CS, Rol 26.513-2023, extradición, 17/04/2023 (*Extradición al Perú*): B.1.5.1.j.

CS, Rol 79.947-2023, casación en el fondo, 15/12/2023 (*Acción Civil*): B.3.3.4.

Juzgado de Garantía de Arica, RUC 1201207535-7, RIT 648-2013, juicio oral simplificado efectivo, 04/12/2013 (*Tradición indígena en ley penal*): A.4.3.1.

TC, Rol 309, requerimiento de inconstitucionalidad (preventivo), 04/08/2000 (*Convenio 169, durante su tramitación*): A.4.2.2; A.4.3.2.b.

TC, Rol 346, requerimiento de inconstitucionalidad (preventivo), 08/04/2002 (*Estatuto de Roma*): A.4.3.3.a; A.4.4.2.

TC, Rol 1288-2008, requerimiento de inconstitucionalidad (obligatorio), 25/08/2009 (*LOC del TC*): A.4.2.4.

TC, Roles 2387-12-CPT y 2388-12-CPT (acumulados), requerimiento de inconstitucionalidad (preventivo), 23/01/2013 (*Ley de Pesca*): A.4.3.3.a.

TC, Rol 2789-15-INA, inaplicabilidad, 25/03/2015 (*Inaplicabilidad Convención Niños*): A.4.2.4.

TC, Rol 3016(3026)-16-CPT, requerimiento de inconstitucionalidad (preventivo), 09/05/2016 (*Reforma al Código del Trabajo*): A.2.6.3; A.4.3.2.e; A.4.3.3.f.

TC, Rol 7102-19-INA, inaplicabilidad, 12/09/2019 (*Inaplicabilidad Convención Americana y Estatuto*): A.4.2.4.

TC, Rol 8872-2020, inaplicabilidad, 04/03/2021 (*Inaplicabilidad Estatuto de Roma*): A.4.2.4.

TC, Rol 12.174-2021 INA, inaplicabilidad, 14/03/2023 (*Juicio de Partición*): B.3.3.4.

TC, Rol 13.055-2022, inaplicabilidad, 07/03/2023 (*Tomar Parte en Elecciones*): A.2.6.3.

TC, Rol 13.587-2022, inaplicabilidad, 30/05/2023 (*Juzgados de Policía Local*): B.3.3.4.

TC, Rol 13.783-2022, inaplicabilidad, 11/10/2023 (Cierre de la Investigación): A.2.6.3; A.4.3.2.a; B.3.3.4.

TC, Rol 14.445-23 INA, inaplicabilidad, 15/11/2023 (*Código de Justicia Militar*): B.3.3.4.

LISTADO DE NORMAS Y OTROS INSTRUMENTOS

Tratados

II Protocolo Complementario al Tratado de Maipú de Integración y Cooperación entre la República de Chile y la República Argentina Relativo al Proyecto "Túnel Internacional Paso de Agua Negra" (21 de noviembre de 2015).

Accordo tra la Santa Sede e la Repubblica Italiana che Apporta Modificazioni al concordato Lateranense (18 de febrero de 1984).

Acuerdo de Libre Comercio Chile-Perú (22 de agosto de 2006).

Acuerdo de París (12 de diciembre de 2015).

Acuerdo en el Marco de la Convención de las Naciones Unidas sobre el Derecho del Mar Relativo a la Conservación y el Uso Sostenible de la Diversidad Biológica Marina de las Zonas Situadas Fuera de la Jurisdicción Nacional (19 de junio de 2023).

Acuerdo General sobre Aranceles Aduaneros y Comercio (GATT de 1947) (30 de octubre de 1947).

Acuerdo General sobre el Comercio de Servicios (15 de abril de 1994).

Acuerdo Marco Avanzado entre Chile y la Unión Europea y sus Estados Miembros (13 de diciembre de 2023).

Acuerdo por el que se Establece la Organización Mundial del Comercio (15 de abril de 1994).

Acuerdo Regional sobre el Acceso a la Información, la Participación Pública y el Acceso a la Justicia en Asuntos Ambientales en América Latina y el Caribe (4 de marzo de 2018).

Acuerdo sobre Servicios Aéreos Subregionales (17 de diciembre de 1996).

African Charter on Human and Peoples' Rights (27 de junio de 1981).

Agreement for the Prosecution and Punishment of the Major War Criminals of the European Axis (8 de agosto de 1945).

Agreement under the United Nations Convention on the Law of the Sea on the Conservation and Sustainable Use of Marine Biological Diversity of Areas beyond National Jurisdiction (19 de junio de 2023).

Carta de la Organización de los Estados Americanos, Reformada por el Protocolo de Reformas a la Carta de la OEA "Protocolo de Buenos Aires" (27/02/1967), por el Protocolo de Reformas a la Carta de la OEA "Protocolo de Cartagena de Indias" (05/12/1985), por el Protocolo de Reformas a la Carta de la OEA "Protocolo de Washington" (14/12/1992), y por el Protocolo de Reformas a la Carta de la OEA "Protocolo de Managua" (10/06/1993) (30 de abril de 1948).

Carta de las Naciones Unidas (26 de junio de 1945).

Carta Social Europea (18 de octubre de 1961).

Carta Social Europea (Revisada) (3 de mayo de 1996)

Charter of the Association of Southeast Asian Nations (20 de noviembre de 2007).

Concordato fra la Santa Sede e l'Italia (11 de febrero de 1929).

Constitutive Act of the African Union (11 de julio de 2000).

Convención Americana sobre Derechos Humanos (Pacto de San José) (22 de noviembre de 1969).

Convención contra la Tortura y Otros Tratos o Penas Crueles, Inhumanos o Degradantes (10 de diciembre de 1984).

Convención de las Naciones Unidas contra la Delincuencia Organizada Transnacional (15 de noviembre de 2000).

Convención de las Naciones Unidas sobre el Derecho del Mar (10 de diciembre de 1982).

Convención de las Naciones Unidas sobre las Inmunidades Jurisdiccionales de los Estados y sus Bienes (2 de diciembre de 2004).

Convención de Viena sobre el Derecho de los Tratados (23 de mayo de 1969).

Convención de Viena sobre el Derecho de los Tratados entre Estados y Organizaciones Internacionales o entre Organizaciones Internacionales (21 de marzo de 1986).

Convención de Viena sobre la Representación de los Estados en sus Relaciones con las Organizaciones Internacionales de Carácter Universal (14 de marzo de 1975).

Convención de Viena sobre la Sucesión de Estados en Materia de Bienes, Archivos y Deudas de Estado (8 de abril de 1983).

Convención de Viena sobre la Sucesión de Estados en Materia de Tratados (23 de agosto de 1978).

Convención de Viena sobre Relaciones Consulares (24 de abril de 1963).

Convención de Viena sobre Relaciones Diplomáticas (18 de abril de 1961).

Convención Internacional para la Protección de Todas las Personas contra las Desapariciones Forzadas (20 de diciembre de 2006).

Convención Internacional sobre la Protección de los Derechos de Todos los Trabajadores Migrantes y de sus Familias (18 de diciembre de 1990).

Convención Internacional sobre la Represión y el Castigo del Crimen de Apartheid (30 de noviembre de 1973).

Convención Internacional sobre la Eliminación de Todas las Formas de Discriminación Racial (21 de diciembre de 1965).

Convención para la Conservación de Focas Antárticas (1 de junio de 1972).

Convención para la Prevención y la Sanción del Delito de Genocidio (9 de diciembre de 1948).

Convención para la Reglamentación de las Actividades sobre Recursos Minerales Antárticos (2 de junio de 1988).

Convención para la Resolución Pacífica de Controversias Internacionales (29 de julio de 1899) (traducción disponible en: https://docs.pca-cpa.org/2016/01/Convenci%C3%B3n-de-1899-para-la-resoluci%C3%B3n-pac%C3%ADfica-de-controversias-internacionales.pdf. Fecha de consulta: 07/11/2024).

Convención para la Resolución Pacífica de Controversias Internacionales (18 de octubre de 1907) (traducción disponible en: https://docs.pca-cpa.org/2016/01/Convenci%C3%B3n-de-1907-para-la-resoluci%C3%B3n-pac%C3%ADfica-de-controversias-internacionales.pdf. Fecha de consulta: 07/11/2024).

Convención para Reducir los Casos de Apatridia (30 de agosto de 1961).

Convención Relativa a las Leyes y Costumbres de la Guerra Terrestre (Convenio II de La Haya) (29 de julio de 1899).

Convención Relativa a las Leyes y Costumbres de la Guerra Terrestre (Convenio IV de La Haya) (18 de octubre de 1907).

Convención sobre Asilo Diplomático (28 de marzo de 1954).

Convención sobre Derecho Internacional Privado (Código de Bustamante) (2 de febrero de 1928).

Convención sobre Derechos y Deberes de los Estados (Convención de Montevideo) (26 de diciembre de 1933).

Convención sobre el Estatuto de los Apátridas (28 de septiembre de 1954).

Convención sobre el Mar Territorial y la Zona Contigua (29 de abril de 1958).

Convención sobre la Alta Mar (29 de abril de 1958).

Convención para la Conservación de los Recursos Vivos Marinos Antárticos (20 de mayo de 1980).

Convención sobre la Pesca y Conservación de los Recursos Vivos de la Alta Mar (29 de abril de 1958).

Convención sobre la Plataforma Continental (29 de abril de 1958).

Convención sobre las Misiones Especiales (8 de diciembre de 1969).

Convención sobre los Derechos del Niño (20 de noviembre de 1989).

Convención sobre la Eliminación de Todas las Formas de Discriminación contra la Mujer (18 de diciembre de 1979).

Convenio de Aviación Civil Internacional (7 de diciembre de 1944).

Convenio de Estatuto de la Corte Centroamericana de Justicia (10 de diciembre de 1992).

Convenio de Viena para la Protección de la Capa de Ozono (22 de marzo de 1985).

Convenio entre la República de Cuba y los Estados Unidos de América para Arrendar a los Estados Unidos Tierras en Cuba para Estaciones Carboneras y Navales (23 de febrero de 1903).

Convenio entre los Gobiernos de Chile y España sobre Doble Nacionalidad (24 de mayo de 1958).

Convenio entre la República de Chile y el Reino de España para Evitar la Doble Imposición y Prevenir la Evasión Fiscal en Materia de Impuestos sobre la Renta y sobre el Patrimonio (7 de julio de 2003).

Convenio Europeo para la Protección de los Derechos Humanos y de las Libertades Fundamentales, Reformada por el Protocolo 11 (11/05/1994), por el Protocolo 14 (13/05/2004) y por el Protocolo 15 (24/06/2013) (4 de noviembre de 1950).

Convenio Internacional sobre Búsqueda y Salvamento Marítimos (27 de abril de 1979).

Convenio Marco para la Protección de las Minorías Nacionales (1 de febrero de 1995).

Convenio N° 169 de la Organización Internacional del Trabajo sobre Pueblos Indígenas y Tribales en Países Independientes (27 de junio de 1989).

Convenio para la Protección de los Derechos Humanos y la Dignidad del Ser Humano Respecto de las Aplicaciones de la Biología y la Medicina (4 de abril de 1997).

Convenio sobre Arreglo de Diferencias Relativas a Inversiones entre Estados y Nacionales de Otros Estados (18 de marzo de 1965).

Convention for the Protection of Human Rights and Dignity of the Human Being with regard to the Application of Biology and Medicine (Oviedo Convention) (4 de abril de 1997).

Convention on Certain Questions Relating to the Conflict of Nationality Laws (12 de abril de 1930).

Convention Concernant la Limitation de l'Emploi de la Force pour le Recouvrement de Dettes Contractuelles (18 de octubre de 1907).

Convenzione Finanziaria (11 de febrero de 1929).

Estatuto de la Conferencia de La Haya de Derecho Internacional Privado (31 de octubre de 1951).

Estatuto de la Corte Internacional de Justicia (26 de junio de 1945).

Estatuto de la Corte Permanente de Justicia (16 de diciembre de 1920).

Estatuto de Roma de la Corte Penal Internacional (17 de julio de 1998).

European Convention for the Peaceful Settlement of Disputes (29 de abril de 1957).

General Act (Pacific Settlement of International Disputes) (26 de septiembre de 1928).

General Treaty for Renunciation of War as an Instrument of National Policy (27 de agosto de 1928).

Louisiana Purchase Treaty (30 de abril de 1803).

Pact of the League of Arab States (22 de marzo de 1945).

Pacte de la Société des Nations (28 de junio de 1919).

Pacto Internacional de Derechos Civiles y Políticos (16 de diciembre de 1966).

Pacto Internacional de Derechos Económicos, Sociales y Culturales (16 de diciembre de 1966).

Protocol No. 11 to the Convention for the Protection of Human Rights and Fundamental Freedoms, Restructuring the Control Machinery Established Thereby (11 de mayo de 1994).

Protocol No. 14bis to the Convention for the Protection of Human Rights and Fundamental Freedoms (27 de mayo de 2009).

Protocol No. 15 Amending the Convention on the Protection of Human Rights and Fundamental Freedoms (24 de junio de 2013).

Protocolo Adicional a la Convención Americana sobre Derechos Humanos en Materia de Derechos Económicos, Sociales y Culturales (Protocolo de San Salvador) (17 de noviembre de 1988).

Protocolo Adicional del Tratado de Paz y Amistad (Chile y Perú) el 3 de Junio de 1929 (3 de junio de 1929).

Protocolo al Tratado Antártico sobre Protección del Medio Ambiente (4 de octubre de 1991).

Protocolo II Adicional a los Convenios de Ginebra de 1949 Relativo a la Protección de las Víctimas de los Conflictos Armados Sin Carácter Internacional (8 de junio de 1977).

Protocolo Facultativo de la Convención sobre la Eliminación de Todas las Formas de Discriminación contra la Mujer (6 de octubre de 1999)

Protocolo Facultativo del Pacto Internacional de Derechos Civiles y Políticos (16 de diciembre de 1966).

Protocolo Facultativo del Pacto Internacional de Derechos Económicos, Sociales y Culturales (10 de diciembre de 2008).

Revised General Act for the Pacific Settlement of International Disputes (28 de abril de 1949).

Segundo Protocolo Facultativo del Pacto Internacional de Derechos Civiles y Políticos, Destinado a Abolir la Pena de Muerte (15 de diciembre de 1989).

Statute of the Council of Europe (5 de mayo de 1949).

Traité Destiné à Adapter et à Confirmer les Rapports d'Amitié et de Coopération entre la République Française et la Principauté de Monaco (24 de octubre de 2002).

Tratado Americano de Soluciones Pacíficas "Pacto de Bogotá" (30 de abril de 1948).

Tratado Concerniente a la Neutralidad Permanente del Canal y al Funcionamiento del Canal de Panamá (7 de septiembre de 1977).

Tratado de Ancón (20 de octubre de 1883).

Tratado de Canal (Panamá y Estados Unidos) (18 de noviembre de 1903).

Tratado de Extradición (Chile-Perú) (5 de noviembre de 1932).

Tratado de Funcionamiento de la Unión Europea (Versión consolidada, 30 de marzo de 2010).

Tratado de la Unión Europea (Versión consolidada, 7 de junio de 2016).

Tratado de Libre Comercio entre Chile y Centroamérica (18 de octubre de 1999).

Tratado de Libre Comercio entre el Gobierno de la República de Chile y el Gobierno de los Estados Unidos de América (6 de junio de 2003).

Tratado de Límites (Chile y Argentina) (23 de julio de 1881).

Tratado de Paz y Amistad (Chile y Argentina) (29 de noviembre de 1984).

Tratado de Paz y Amistad (Chile y Bolivia) (20 de octubre de 1904).

Tratado de Paz y Amistad (Chile y Perú) (3 de junio de 1929).

Tratado del Atlántico Norte (4 de abril de 1949).

Tratado del Canal de Panamá (7 de septiembre de 1903).

Tratado entre la República de Chile y la Gran Bretaña para la Abolición del Tráfico de Esclavos (19 de enero de 1839).

Trattato fra la Santa Sede e l'Italia (11 de febrero de 1929).

Tratado Interamericano de Asistencia Recíproca (9 de febrero de 1947).

Tratado sobre los Principios que Deben Regir las Actividades de los Estados en la Exploración y Utilización del Espacio Ultraterrestre, Incluso la Luna y Otros Cuerpos Celestes (27 de enero de 1967).

Treaty Concerning the Cession of the Russian Possessions in North America (30 de marzo de 1867)

Treaty of Amity, Commerce and Navigation between His Britannic Majesty and the United States of America, by Their President, with the Advice and Consent of Their Senate ("Tratado Jay") (19 de noviembre de 1794).

Resoluciones de Órganos de las Naciones Unidas

ONU, AG: "Derechos Políticos de la Mujer", A/RES/56(I) (11/12/1946).

ONU, AG: "Establecimiento de una Comisión de Derecho Internacional", A/RES/174(II) (21/11/1947).

ONU, AG: "Carta Internacional de los Derechos del Hombre", A/RES/217A(III) (10/12/1948).

ONU, AG: "Proyecto de Declaración de Derechos y Deberes de los Estados", Res 375(IV) (6 de diciembre 1949).

ONU, AG: "Unión pro Paz", A/RES/377(V) (03/11/1950).

ONU, AG: "Declaración de los Derechos del Niño", A/RES/1386(XIV) (20/11/1959).

ONU, AG: "Declaración sobre la Concesión de la Independencia a los Países y Pueblos Coloniales", A/RES/1514(XV) (14/12/1960).

ONU, AG: "La Situación Respecto de la Aplicación de la Declaración sobre Concesión de la Independencia a los Países y Pueblos Coloniales", A/RES/1654(XVI) (27/11/1961).

ONU, AG: "Cooperación Internacional para la Utilización del Espacio Ultraterrestre con Fines Pacíficos", A/RES/1721(XVI) (20/12/1961).

ONU, AG: "Declaración de los Principios Jurídicos que Deben Regir las Actividades de los Estados en la Exploración y Utilización del Espacio Ultraterrestre", A/RES/1962(XVIII) (13/12/1963).

ONU, AG: "Declaración sobre la Inadmisibilidad de la Intervención en los Asuntos Internos de los Estados y Protección de su Independencia y Soberanía", A/RES/2131(XX) (21/12/1965).

ONU, AG: "Respeto de los Derechos Humanos en los Conflictos Armados", A/RES/2444(XXIII) (19/12/1968).

ONU, AG: "Declaración sobre los Principios de Derecho Internacional Referentes a las Relaciones de Amistad y a la Cooperación entre los Estados de Conformidad con la Carta de las Naciones Unidas", A/RES/2625(XXV) (24/10/1970).

ONU, AG: "Restoration of the Lawful Rights of the People's Republic of China in the United Nations", A/RES/2758(XXVI) (25/10/1971).

ONU, AG: "Definición de la Agresión", A/RES/3314(XXIX) (14/12/1974).

ONU, AG: "Identificación del Derecho Internacional Consuetudinario", A/RES/73/203 (20/12/2018).

ONU, AG: "Nacionalidad de las Personas Naturales en Relación con la Sucesión de Estados", A/RES/55/153 (30/01/2001).

ONU, AG: "Responsabilidad del Estado por Hechos Internacionalmente Ilícitos", A/RES/56/83 (12/12/2001).

ONU, AG: "Participación de la Santa Sede en la labor de las Naciones Unidas", A/RES/58/314 (01/07/2004).

ONU, AG: "Reglamento de la Asamblea General (con las Enmiendas y Adiciones Aprobadas por la Asamblea General hasta su Septuagésimo Quinto Período de Sesiones Inclusive)", A/520/Rev.20* (15/09/2022).

ONU, AG: "Admisión de Nuevos Miembros en las Naciones Unidas", A/RES/ES-10/23 (14/05/2024).

ONU, Comité de DD.HH.: "Comentario General 26: Comentario General sobre Cuestiones Relacionadas con la Continuidad de las Obligaciones del Pacto Internacional de Derechos Civiles y Políticos", CCPR/C/21/Rev.1/Add.8/Rev.1 (08/12/1997).

ONU, Consejo de DD.HH.: "Los Derechos Humanos y las Empresas Transnacionales y Otras Empresas", A/HRC/RES/17/4 (16/06/2011).

ONU, Consejo de DD.HH.: "Elaboración de un Instrumento Internacional Jurídicamente Vinculante sobre las Empresas Transnacionales y Otras Empresas con Respecto a los Derechos Humanos", A/HRC/RES/26/9 (26/06/2014).

ONU, C. de S.: "Resolución 83(1950)" [Corea del Norte], S/RES/83(1950) (27/06/1950).

ONU, C. de S.: "Resolución 138(1960)" [Cuestión relativa al caso de Adolfo Eichmann], S/RES/138(1960) (23/06/1960).

ONU, C. de S.: "Resolución 232(1966)" [Rhodesia del Sur], S/RES/232(1966) (16/12/1966).

ONU, C. de S.: "Resolución 269(1969)" [Namibia], S/RES/269(1969) (12/08/1969).

ONU, C. de S.: "Resolución 276(1970)" [La Situación en Namibia], S/RES/276(1970) (30/01/1970).

ONU, C. de S.: "Resolución 505(1982)" [Solicita Nueva Misión de Buenos Oficios en las Malvinas (Falkland Islands)], S/RES/505(1982) (26/05/1982).

ONU, C. de S.: "Resolución 661(1990)" [Irak-Kuwait], S/RES/661(1990) (06/08/1990).

ONU, C. de S.: "Resolución 678(1990)" [Irak-Kuwait; todos los medios necesarios], S/RES/678(1990) (29/11/1990).

ONU, C. DE S.: "Resolución 816(1993)" [República de Bosnia y Herzegovina], S/RES/816(1993) (31/03/1993).

ONU, C. DE S.: "Resolución 827(1993)" [Tribunal (ex Yugoslavia)], S/RES/827(1993) (25/05/1993).

ONU, C. DE S.: "Resolución 940(1994)" [Aprobación del Establecimiento de un Grupo de Avanzada de la UNIH para Restablecer la Democracia en Haití y el Pronto Retorno del Presidente Legítimamente Electo y las Autoridades del Gobierno de Haití, y Prorrogar el Mandato de la UNMIH], S/RES/940(1994) (31/07/1994).

ONU, C. DE S.: "Resolución 955(1994)" [Establecimiento de un Tribunal Internacional y Aprobación del Estatuto del Tribunal Penal Internacional], S/RES/955(1994) (08/11/1994).

ONU, C. DE S.: "Resolución 1132(1997)" [Situación en Sierra Leona], S/RES/1132(1997) (08/10/1997).

ONU, C. DE S.: "Resolución 1267(1999)" [La Situación en Afganistán], S/RES/1267 (1999) (15/10/1999).

ONU, C. DE S.: "Resolución 1846(2008)" [La Situación en Somalia], S/RES/1846(2008) (02/12/2008).

ONU, C. DE S.: "Resolución 1851(2008)" [La Situación en Somalia], S/RES/1851(2008) (16/12/2008).

ONU, C. DE S.: "Resolución 1973(2011)" [Libia], S/RES/1973(2011) (17/03/2011).

ONU, C. DE S.: "Resolución 2094(2013)" [No Proliferación/República Popular Democrática de Corea], S/RES/2094(2013) (07/03/2013).

ONU, CORTE INTERNACIONAL DE JUSTICIA: "Rules of Court" (14/04/1978, con enmiendas).

OTROS INSTRUMENTOS INTERNACIONALES

ARGENTINA, *Note from the Minister for Foreign Affairs of the Argentine Republic to the Ambassador of Chile in Argentina*, 1978. Reports of International Arbitral Awards XXI, pp. 226-234.

CHILE, *Written Comments of the Republic of Chile (Second Round of Written Statements), Legal Consequences arising from the Policies and Practices of Israel in the Occupied Palestinian Territory, including East Jerusalem* (25/10/2023). Disponible en: https://www.icj-cij.org/sites/default/files/case-related/186/186-20231025-wri-07-00-en.pdf. Fecha de consulta: 04/11/2024.

CORTE PENAL INTERNACIONAL, ASAMBLEA DE LOS ESTADOS PARTES: "El Crimen de Agresión", Resolución RC/Res.6 (11/06/2010).

NOTE FROM THE MINISTER FOR FOREIGN AFFAIRS OF THE ARGENTINE REPUBLIC TO THE AMBASSADOR OF CHILE IN ARGENTINA, 1978, en Reports of International Arbitral Awards, Vol. XXI, pp. 226-234.

NOVENA CONFERENCIA INTERNACIONAL AMERICANA: "Declaración Americana de los Derechos y Deberes del Hombre" (Bogotá, 30 de marzo al 2 de mayo de 1948).

OEA: "Estatuto de la Comisión Interamericana de Derechos Humanos", Res. 447(IX-O/79) (31/10/1979).

OEA: "Estatuto de la Corte Interamericana de Derechos Humanos", Res. 448(IX-O/79) (31/10/1979).

OEA, COMISIÓN INTERAMERICANA DE DERECHOS HUMANOS: "Política de Priorización de Peticiones y Casos", Res. 4/23 (20/12/2023).

OEA, Comisión Interamericana de Derechos Humanos: "Reglamento de la Comisión Interamericana de Derechos Humanos" (28/10/1009-13/11/2009, modificado en 2011 y 2013).

OEA, Consejo Permanente: "Reglamento del Consejo Permanente", OEA/Ser.G/CP/doc.1112/80 rev. 6 (01/10/1980, modificado hasta 14/07/2021).

OEA, Novena Reunión de Consulta de Ministros de Relaciones Exteriores para Servir de Órgano de Consulta en Aplicación del Tratado Interamericano de Asistencia Recíproca: "Acta Final", Doc. 48 Rev. 3 (21-26/07/1964).

Normas e historia de la ley

Alemania, *Code of Crimes against International Law* (26/06/2002) (traducción al inglés disponible en: https://www.gesetze-im-internet.de/englisch_vstgb/englisch_vstgb.html. Fecha de consulta: 07/11/2024).

Alemania, *Ley Fundamental para la República Federal Alemana* (23/05/1949) (traducción disponible en: https://www.btg-bestellservice.de/pdf/80206000.pdf. Fecha de consulta: 07/11/2024).

Argentina, *Constitución de la Nación Argentina* (01/05/1853).

Argentina, Decreto 457 (19/07/2021), *Directiva de Política de Defensa Nacional*.

Bélgica, *Constitution de la Belgique* (07/02/1831).

Biblioteca del Congreso Nacional de Chile (2020): *Historia de la Ley N° 20.050. Reforma Constitucional que Introduce Diversas Modificaciones a la Constitución Política de la República*, Primer Trámite Constitucional: Senado; Segundo Informe de Comisión de Constitución, pp. 106, 109-110. Disponible en: https://www.bcn.cl/historiadelaley/fileadmin/file_ley/6131/HLD_6131_d1ef0a5e8adaea66a33cc04b987d5ce2.pdf. Fecha de consulta: 07/11/2024.

Biblioteca del Congreso Nacional de Chile (2019): *Historia de la Ley N° 20.050. Reforma Constitucional que Introduce Diversas Modificaciones a la Constitución Política de la República*, Primer Trámite Constitucional: Senado; Primer Informe de Comisión de Constitución, p. 259. Disponible en: https://www.bcn.cl/historiadelaley/fileadmin/file_ley/6131/HLD_6131_e47ba7d45468d4ea63633103d9452aed.pdf. Fecha de consulta: 07/11/2024.

Bolivia, *Constitución Política del Estado Plurinacional de Bolivia* (07/02/2009).

Chile, *Aprueba el Tratado de Extradición entre la República de Chile y la República del Perú, suscrito en Santiago, República de Chile, el 29 de noviembre de 2016*. Boletín N° 11.834-10.

Chile, *Código Civil* (s.d.).

Chile, *Código Orgánico de Tribunales* (09/07/1943).

Chile, *Constitución Política de la República de Chile* (18/09/1925).

Chile, *Constitución Política de la República de Chile* (11/08/1980).

Chile, Decreto con Fuerza de Ley 1 (07/03/2005), *Fija el Texto Refundido, Coordinado y Sistematizado del Decreto Ley N° 211, de 1973*.

Chile, Decreto con Fuerza de Ley 1 (29/10/2009), *Fija Texto Refundido, Coordinado y Sistematizado de la Ley de Tránsito*.

Chile, Decreto con Fuerza de Ley 3 (31/01/2017), *Fija el Texto Refundido, Coordinado y Sistematizado de la Ley Orgánica del Ministerio de Justicia y Derechos Humanos*.

CHILE, Decreto Supremo 125 (27/12/2016), *Crea Comité Interministerial para la Defensa del Estado en Controversias Internacionales en Materias Relativas a Inversiones y Regula la Coordinación para la Solución de Dichas Controversias.*

CHILE, Decreto Supremo 135 (16/09/2020), *Aprueba el Reglamento del Comité Interministerial de Negociaciones Económicas Internacionales.*

CHILE, Decreto Supremo 162 (07/10/2017), *Promulga la Convención Interamericana sobre la Protección de los Derechos Humanos de las Personas Mayores.*

CHILE, Decreto Supremo 180 (09/08/2023), *Establece Unidad de Asesoría Especializada Encargada de Velar por los Intereses de Chile en Procesos Internacionales.*

CHILE, Decreto Supremo 280 (16/04/2010), *Promulga la Convención Internacional para la Protección de Todas las Personas contra las Desapariciones Forzadas.*

CHILE, Decreto Supremo 323 (06/12/2006, modificada en 2025), *Crea Comisión Coordinadora para Dar Cumplimiento a las Obligaciones del Estado de Chile en Materia de Derecho Internacional de los Derechos Humanos.*

CHILE, Decreto Supremo 463 (10/10/2001), *Aprueba Reglamento Orgánico de la Academia Diplomática de Chile "Andres Bello".*

CHILE, Decreto Supremo 736 (22/12/1982), *Promulga el Acuerdo Concertado entre Chile y Argentina, por Intermedio de Notas del 10 de Septiembre de 1982, por el Cual se Prorroga la Vigencia del Tratado General sobre Solución Judicial de Controversias Suscrito en Buenos Aires entre Ambos Países el 5 de Abril de 1972.*

CHILE, Decreto Supremo 752 (05/12/1950), *Fija el Texto Revisado del Convenio de Ginebra para Mejorar la Suerte de los Heridos y Enfermos de los Ejércitos en Campaña.*

CHILE, Decreto Supremo 778 (30/11/1976), *Promulga el Pacto Internacional de Derechos Civiles y Políticos Adoptado por la Asamblea General de la Organización de las Naciones Unidas por Resolución N° 2.200, el 16 de Diciembre de 1966 y Suscrito por Chile en esa Misma Fecha.*

CHILE, Decreto Supremo 1747 (06/11/1940), *Antártica Chilena o Territorio Antártico Chileno. Se Fijan sus Límites.*

CHILE, Decreto Supremo 1862 (28/02/1998), *Dispone Cumplimiento de Resolución N° 1.132, de 1997, del Consejo de Seguridad de las Naciones Unidas, sobre Medidas contra Sierra Leona.*

CHILE, Ley 18.158 (09/09/1982), *Establece Normas sobre Publicación de Tratados Internacionales que Indica.*

CHILE, Ley 18.918 (05/02/1990), *Ley Orgánica Constitucional del Congreso Nacional.*

CHILE, Ley 19.067 (01/07/1991), *Establece Normas Permanentes sobre Entrada de Tropas Extranjeras en el Territorio de la Republica y Salida de Tropas Nacionales del Mismo.*

CHILE, Ley 19.913 (18/12/2003), *Crea la Unidad de Análisis Financiero y Modifica Diversas Disposiciones en Materia de Lavado y Blanqueo de Activos.*

CHILE, Ley 19.971 (29/09/2004), *Sobre Arbitraje Comercial Internacional.*

CHILE, Ley 21.080 (20/03/2018), *Modifica Diversos Cuerpos Legales con el Objeto de Modernizar el Ministerio de Relaciones Exteriores.*

CHILE, Ley 21.163 (13/07/2019), *Incorpora las Resoluciones del Consejo de Seguridad de las Naciones Unidas Referentes al Financiamiento del Terrorismo y la Proliferación de Armas de Destrucción Masiva en el Artículo 38 de la Ley N° 19.913, que Crea la Unidad de Análisis Financiero y Modifica Diversas Disposiciones en Materia de Lavado y Blanqueo de Activos.*

CHILE, Ley 21.255 (17/09/2020), *Establece el Estatuto Chileno Antártico*.

CHILE, *Proyecto de Reforma Constitucional que Modifica el N° 1) del Artículo 50 de la Carta Fundamental, en los Relativo a Aprobación de Tratados Internacionales*. Boletín N° 3025-07.

CONFEDERACIÓN PERÚ-BOLIVIANA, *Ley Fundamental de la Confederación Perú-Boliviana* (01/05/1837).

ECUADOR, *Constitución de la República del Ecuador* (20/10/2008).

ECUADOR, Decreto No. 111 (09/01/2024). Disponible en: https://drive.google.com/file/d/1GHTk3ITqi_28PRNpvbmeAcknQbKKUefV/view. Fecha de consulta: 07/11/2024.

ESPAÑA, *Constitución Española* (29/12/1978).

EE.UU., *Foreign Sovereign Immunities Act*, 28 U.S. Code §§ 1602-1611 (1976).

FRANCIA, *Constitution* (04/10/1958).

FRANCIA, Décret n° 53-192 (14/03/1953), *Relatif à la Ratification et à la Publication des Engagements Internationaux Souscrits par la France*.

MÉXICO, *Constitución Política de los Estados Unidos Mexicanos* (05/02/1917).

NICARAGUA, *Constitución Política de la República de Nicaragua* (09/01/1987).

POTENCIAS ALIADAS, *Charter of the International Military Tribunal for the Far East* (19/01/1946).

REINO UNIDO, *Agreement between the United Kingdom Government and the Scottish Government on a Referendum on Independence for Scotland* (15/10/2012).

REINO UNIDO, *State Immunity Act 1978* (20/07/1978).

SUDÁFRICA, *The Constitution of the Republic of South Africa* (04/12/1996).

SUIZA, *Constitution Fédérale de la Confédération Suisse* (18/04/1999).

SUIZA (REGLAMENTO PRIVADO), *Statutes of the International Committee of the Red Cross* (21/12/2017). Disponible en: https://www.icrc.org/en/download/file/63668/icrc-statutes-01-2018.pdf. Fecha de consulta: 16/04/2024.

TUVALU, *The Constitution of Tuvalu* (01/10/2023).

VENEZUELA, *Constitución de la República Bolivariana de Venezuela* (30/12/1999).

SITIOS WEB CONSULTADOS

ANADOLU AGENCY. Disponible en: https://www.aa.com.tr/. Fecha de consulta: 07/08/2024.

ARCTIC PORTAL. Disponible en: https://arcticportal.org/. Fecha de consulta: 25/04/2025.

BBC NEWS. Disponible en: https://www.bbc.com/news/. Fecha de consulta: 08/08/2024.

BIBLIOTECA DEL CONGRESO NACIONAL DE CHILE, LEY CHILE. Disponible en: https://www.bcn.cl/leychile. Fecha de consulta: 02/01/2024.

CÁMARA DE DIPUTADAS Y DIPUTADOS. Disponible en: https://www.camara.cl. Fecha de consulta: 02/01/2024.

CHILE EN EL EXTERIOR. Disponible en: https://www.chile.gob.cl/. Fecha de consulta: 26/03/2024.

CIADI. Disponible en: https://icsid.worldbank.org/es. Fecha de consulta: 07/11/2024.

CIPER. Disponible en: https://www.ciperchile.cl/. Fecha de consulta: 10/01/2024.

CNN CHILE. Disponible en: https://www.cnnchile.com/. Fecha de consulta: 07/08/2024.

COMISIÓN INTERAMERICANA DE DERECHOS HUMANOS. Disponible en: https://www.oas.org/es/cidh. Fecha de consulta: 02/01/2024.

CONSULADO.GOB.CL (sitio web). Disponible en: https://www.consulado.gob.cl/. Fecha de consulta: 17/01/2025.

CORTE IDH. Disponible en: https://www.corteidh.or.cr/. Fecha de consulta: 07/02/2024.

CORTE INTERNACIONAL DE JUSTICIA. Disponible en: https://www.icj-cij.org/. Fecha de consulta: 05/03/2024.

CORTE PERMANENTE DE ARBITRAJE. Disponible en: https://pca-cpa.org/en/home/. Fecha de consulta: 02/01/2024.

COUNCIL OF EUROPE. Disponible en: https://www.coe.int/en/web/portal. Fecha de consulta: 02/01/2024.

DICCIONARIO DE LA LENGUA ESPAÑOLA. Disponible en: https://www.rae.es/. Fecha de consulta: 14/05/2024.

DICCIONARIO PANHISPÁNICO DEL ESPAÑOL JURÍDICO. Disponible en: https://dpej.rae.es. Fecha de consulta: 02/01/2024.

EJIL:TALK! BLOG OF THE EUROPEAN JOURNAL OF INTERNATIONAL LAW. Disponible en: https://www.ejiltalk.org/. Fecha de consulta: 07/08/2024.

EL MUNDO. Disponible en: https://www.elmundo.es/. Fecha de consulta: 07/08/2024.

EL LÍBERO. Disponible en: https://ellibero.cl/. Fecha de consulta: 09/08/2024.

EMOL. Disponible en: https://www.emol.com/. Fecha de consulta: 07/08/2024.

EUROPEAN PARLIAMENT. Disponible en: https://www.europarl.europa.eu/. Fecha de consulta: 08/08/2024.

EX-ANTE. Disponible en: https://www.ex-ante.cl/. Fecha de consulta: 07/08/2024.

FRANCE 24. Disponible en: https://www.france24.com/. Fecha de consulta: 07/08/2024.

FISCALÍA. MINISTERIO PÚBLICO DE CHILE. Disponible en: http://www.fiscaliadechile.cl/. Fecha de consulta: 07/08/2024.

INSTITUT DE DROIT INTERNATIONAL. Disponible en: https://www.idi-iil.org/. Fecha de consulta: 07/08/2024.

LA TERCERA. Disponible en: https://www.latercera.com/. Fecha de consulta: 07/08/2024.

MINISTERIO DE RR.EE. Disponible en: https://www.minrel.gob.cl. Fecha de consulta: 02/01/2024.

MINISTRY OF FOREIGN AFFAIRS REPUBLIC OF CHINA (TAIWAN). Disponible en: https://en.mofa.gov.tw. Fecha de consulta: 02/01/2024.

ONU. Disponible en: https://www.un.org/es. Fecha de consulta: 02/01/2024.

ONU, C. DE S. Disponible en https://www.un.org/securitycouncil/. Fecha de consulta: 02/01/2024.

NEW ZEALAND FOREIGN AFFAIRS & TRADE. Disponible en: https://www.mfat.govt.nz. Fecha de consulta: 02/01/2024.

ORGANIZACIÓN DE AVIACIÓN CIVIL INTERNACIONAL. Disponible en: https://www.icao.int. Fecha de consulta: 02/01/2024.

OEA. Disponible en: https://www.oas.org. Fecha de consulta: 02/01/2024.

ORGANIZACIÓN MUNDIAL DEL COMERCIO. Disponible en: https://www.wto.org/indexsp.htm. Fecha de consulta: 06/12/2024.

PRINCIPALITY OF SEALAND. Disponible en: https://sealandgov.org/. Fecha de consulta: 09/08/2024.

RTVE. Disponible en: https://www.rtve.es. Fecha de consulta: 08/08/2024.

SUBSECRETARÍA DE RELACIONES ECONÓMICAS INTERNACIONALES. Disponible en: https://www.subrei.gob.cl. Fecha de consulta: 02/01/2024.

Secretaría del Tratado Antártico. Disponible en: https://www.ats.aq/index_s.html. Fecha de consulta: 02/01/2024.

Senado. Disponible en: https://www.senado.cl. Fecha de consulta: 02/01/2024.

Servicio Hidrográfico y Oceanográfico de la Armada de Chile. Disponible en: http://www.shoa.cl/php/index.php. Fecha de consulta: 02/01/2024.

The Guardian. Disponible en: https://www.theguardian.com/. Fecha de consulta: 08/08/2024.

United Nations Treaty Collection. Disponible en: https://treaties.un.org. Fecha de consulta: 02/01/2024.

UNCTAD (United Nations Conference on Trade and Development). Disponible en: https://investmentpolicy.unctad.org. Fecha de consulta: 02/01/2024.

United Nations, Oceans & Law of the Sea. Disponible en: https://www.un.org/depts/los. Fecha de consulta: 02/01/2024.

Universal Postal Union. Disponible en: https://www.upu.int/en/Home/. Fecha de consulta: 02/01/2024.

TABLA DE MATERIAS

No incluye autores, instrumentos ni casos. En la ubicación en el libro según el número de sección, las letras A, B y C en mayúsculas indican si la materia se ubica en la primera, segunda o tercera parte del libro, respectivamente.

D

Made in the USA
Monee, IL
18 October 2026

66036004R10214